Synopse zum
Münchener Neuen Testament

SYNOPSE ZUM MÜNCHENER NEUEN TESTAMENT

Für das Collegium Biblicum München e.V. herausgegeben von Josef Hainz

PATMOS VERLAG
DÜSSELDORF

Die Deutsche Bibliothek – CIP-Einheitsaufnahme

Synopse zum Münchener Neuen Testament/
für das Collegium Biblicum München e. V. hrsg. von Josef Hainz. –
2., durchges. und neu bearb. Aufl. – Düsseldorf: Patmos-Verl., 1998
Einheitssacht.: Evangelia <dt.>
Teilausg.
ISBN 3-491-71102-9 brosch.
ISBN 3-491-71093-6 Gb.
NE: Hainz, Josef [Hrsg.]; Münchener Neues Testament; EST

2., durchgesehene und neu bearbeitete Auflage 1998

Umschlagbild: Ravenna Mausoleo di Galla Placidia/
Lunetta con S. Lorenzo
Umschlaggestaltung: Peter J. Kahrl, Neustadt/Wied
Gesamtherstellung: Clausen & Bosse, Leck
3-491-71102-9 (Broschur)
3-491-71093-6 (Festeinband)

INHALTSÜBERSICHT

Nachgeschichten

VORWORT

Nachdem die Übersetzung *Münchener Neues Testament* 1991 bereits in 3. Auflage erscheint, legte es sich nahe, dieses inzwischen bewährte Arbeitsinstrument durch eine *Synopse* zu ergänzen, die das vergleichende Studium der synoptischen Evangelien des Markus, Matthäus und Lukas – mit den entsprechenden Johannesparallelen – ermöglicht.

Zwar gibt es eine Reihe von Synopsen auf dem Büchermarkt (u. a. die *Patmos-Synopse*, die vor allem in höheren Schulen in Gebrauch ist), aber von den meisten vorhandenen unterscheidet sich die MNT-Synopse durch ihre Wortgenauigkeit und den exakten Paralleldruck der Texte. Ergänzungen und Auslassungen werden sofort erkennbar; die Texte sind daher optimal vergleichbar.

Viele Synopsen stellen die bei Mk / Mt / Lk und Joh parallelen Texte nur abschnittweise blockhaft nebeneinander; das ist kaum mehr als eine erste Hilfe für einen exakten Textvergleich.

Andere Synopsen verwenden Übersetzungen, die sich zu synoptischen Gegenüberstellungen wenig oder gar nicht eignen. Entweder übersetzen sie so frei, daß der Urtext nicht mehr transparent wird, oder sie lösen so viele Urtextkonstruktionen auf, daß ein vergleichendes Studium zumindest sehr erschwert wird, oder sie nehmen um der besseren Lesbarkeit willen Streichungen, Ergänzungen und Glättungen vor, so daß die Unebenheiten, Brüche und Spannungen des Originaltextes verschwinden.

Die Übersetzung des MNT sucht alle diese „leserfreundlichen Bearbeitungen“ zu vermeiden und dem Urtext so nahe zu bleiben, wie das im Deutschen gerade noch erträglich schien und wie es nur wenige Übersetzungen wagen.

Der Vorteil dieses Vorgehens zeigte sich bei der Erstellung der *Synopse zum Münchener Neuen Testament* besonders deutlich: Keine Übersetzung eignet sich für eine deutsche Synopse besser als das MNT. Die Prinzipien einer möglichst weitgehenden Konkordanz, konsequenter Beibehaltung der griechischen Wortstellung, eines maximalen Verzichts auf Umstellungen und Auflösungen – das alles kommt dem vergleichenden Studium der Evangelien-Paralleltexte zugute. Nicht zuletzt erweist sich jetzt als Stärke, was manchem vielleicht bisher als Schwäche erscheinen mochte: daß auch die Komposita und Partizipien beibehalten wurden und selbst Aorist-Partizipien nicht aufgelöst wurden, um die Vorzeitigkeit etc. auszudrücken. So steht Wort weitgehend für Wort. Genaue Vergleiche lassen sich mühelos durchführen. Schon auf den ersten Blick ergeben sich wichtige Einsichten zur synoptischen Frage und zu den redaktionellen Vorgehensweisen der Evangelisten.

Grundlegend orientiert haben wir uns bei der *Synopse zum MNT* an Kurt Alands griechischen Textausgaben (26. Aufl. des NT und *Synopsis quattuor evangeliorum*, 13. Aufl. Stuttgart 1985) und an Josef Schmids *Synopse der drei ersten Evangelien* (9. Aufl. Regensburg 1983).

Wie Schmid schien es uns z. B. vernünftiger, auf eine Einarbeitung des gesamten Johannesevangeliums zu verzichten und nur die wichtigsten Parallelen daraus abzudrucken. Allerdings haben wir diese gegenüber Schmid vermehrt.

Im Unterschied zum Johannesevangelium sollten die drei synoptischen Evangelien je auch für sich verfolgt werden können. Darum sind alle Texte in *Grundschrift* zu lesen, wenn sie in Entsprechung zur Textabfolge wiedergegeben werden konnten, im *Kleindruck* hingegen, wenn es sich zwar um eine echte Parallele handelt, die jeweiligen Evangelisten sie aber verschieden eingeordnet haben.

Viele Texte mußten aus diesem Grunde zweimal abgedruckt werden: als Texte in ihrer Abfolge in den einzelnen Evangelien und als Paralleltexte.

Das Parallelenverzeichnis am Anfang der Synopse erfüllt auf diese Weise nicht nur seine Funktion als Verzeichnis der behandelten Texte, es bietet im *Fettdruck* die Übersicht über die fortlaufenden und wirklich parallelen Texte und im *Normaldruck* die Hinweise auf Paralleltexte ohne Berücksichtigung der Textabfolge. *Kleingedruckt* enthält es die Dubletten und die entfernteren Paralleltexte, die jeweils an Ort und Stelle als Anmerkungen abgedruckt sind. Im Text wurden diese mit Sternchen (* ** *** etc.) verankert.

Die Angaben am oberen Textrand verweisen ebenfalls im *Fettdruck* auf fortlaufende Textfolgen, im *Normaldruck* auf Paralleltexte, die um der Vergleichbarkeit willen aus ihrem jeweiligen Zusammenhang genommen sind. Der Nummernhinweis, der den Paralleltexten beigegeben ist, soll das rasche Auffinden des Originalzusammenhangs ermöglichen. Demselben Zweck dienen am Schluß Stellenregister und Stichwortregister.

Alttestamentliche Zitate sind – wie im MNT – kursiv gedruckt. Da nur wirkliche Zitate und nicht alle möglichen Anspielungen in dieser Weise hervorgehoben werden, haben wir am Rand auch jeweils den Fundort angeben können.

Eigens gekennzeichnet (mit dem Zeichen #) sind auch jene Verse, die in den wichtigsten Texthandschriften fehlen.

An die Beibehaltung der griechischen Schreibweisen vieler vertrauter Namen von Personen, Orten usw. wird man sich sicher erst gewöhnen müssen. Wir hielten es aber für gut, in dieser Hinsicht wieder einmal von den Vereinbarungen der sogenannten Loccumer Richtlinien abzuweichen, um auf die andersartigen Namen im griechischen Text aufmerksam zu machen und sie nicht in Vergessenheit geraten zu lassen.

So hoffen wir, daß insgesamt ein „Arbeitsinstrument" entstanden ist, das allen Benutzern hilfreich ist für das Studium der synoptischen Evangelien und der im Johannesevangelium vergleichbaren Texte.

Ich danke allen, die bei der Erstellung der Synopse mitgeholfen haben, insbesondere dem „Collegium Biblicum München e. V." und meinen Frankfurter Mitarbeiterinnen und Mitarbeitern.

Frankfurt, am 1. Mai 1991 Für das Collegium Biblicum München e. V.
Josef Hainz

VORWORT ZUR 2. AUFLAGE

Die Neuauflage der „Synopse zum MNT" – wie die 5. Auflage des MNT – ist ganz entscheidend geprägt von den Vorarbeiten zu einer „Konkordanz zum MNT". Erstmals konnten dabei die Hilfen des Computerzeitalters soll genutzt werden. „BibleWorks" bot die Voraussetzungen für eine gründliche Überarbeitung des MNT. Wort für Wort mußte der Text auf konkordante Wiedergaben überprüft werden; Tausende von Änderungen waren das Ergebnis.

Um so erfreulicher ist, daß sich am MNT gleichwohl nichts Wesentliches geändert hat: Es hat seinen Stil und seine Eigenart bewahrt; keiner der Übersetzungsgrundsätze mußte geändert werden; nur die Genauigkeit der Wiedergabe des Griechischen hat erheblich zugenommen.

Daß diese Verbesserungen des MNT-Textes nun auch der Neuauflage der „Synopse zum MNT" zugute kommen, versteht sich von selbst. Aber auch umgekehrt hatte die Überarbeitung der Synopse Rückwirkungen auf den MNT-Text. Denn bei aller Liebe zu konkordanter Wortgenauigkeit konnten und wollten wir nicht schematisch vorgehen. Immer sollten der Text und sein variabler Gebrauch von Wörtern und Begriffen die Übersetzung leiten – und nicht der Computer. Gerade bei den synoptischen Texten kommt den Bedeutungsabwandlungen oft entscheidendes Gewicht zu, so daß jede Art von Schablonisierung hier verheerende Wirkungen zeitigen würde.

Auf den ersten Blick wird also der Benutzer/die Benutzerin der „Synopse zum MNT" die vielen kleinen Änderungen gar nicht wahrnehmen. Das mag die einen trösten, die die 1. Auflage besitzen; es wird die anderen, die jetzt die 2. Auflage erwerben, freuen; denn sie erhalten ein deutlich verbessertes Arbeitsinstrument.

Allen, die an dieser Verbesserung mitgearbeitet haben, möchten wir an dieser Stelle herzlich danken. Ihre Namen sind im Vorwort der 5. Auflage des MNT verzeichnet.

Frankfurt, den 13. August 1998 Die Herausgeber *Josef Hainz*
Martin Schmidl
Josef Sunckel

PARALLELENVERZEICHNIS

Die Bergpredigt (Mt 5–7)

	Matthaios	Markos	Lukas	Johannes	Seite
83. Stillung des Seesturms	**8,23–27**	4,35–41	8,22–25		77
84. Heilung der Besessenen von Gadara	**8,28–34**	5,1–20	8,26–39		78
85. Heilung eines Gelähmten	**9,1–8**	2,1–12	5,17–26		80
				5,8–9a	
86. Berufung des Matthaios (bzw. Levi) und	**9,9–13**	2,13–17	5,27–32		81
Tischgemeinschaft mit Zöllnern	12,7				
87. Die Fastenfrage	**9,14–17**	2,18–22	5,33–39		82
				3,29	
88. Heilung einer an Blutfluß Leidenden und	**9,18–26**	5,21–43	8,40–56		83
Erweckung eines Mädchens					
89. Heilung zweier Blinder und eines Stummen	**9,27–34**				86
	20,29–34	10,46–52	18,35–43		
		1,43–45			
	12,22–24	3,22	11,14–15	10,20	
90. Der Spruch von der Ernte	**9,35–38**	6,6b.34	8,1;10,2		87
	4,23				
91. Die Aussendung der Zwölf	**10,1–16**	6,7–11;	9,1–5;		88
		3,14–19	6,13–16;10,3–12		
92. Vom Geschick der Boten	**10,17–25**				91
	24,9–14	13,9–13	21,12–19		
			12,11–12	15,21	
			6,40	13,16;	
				15,20	
93. Mahnung zu furchtlosem Bekennen	**10,26–33**		12,2–9		92
		4,22	8,17		
	6,26		12,23–24		
			21,18		
		8,38	9,26		
94. Haß unter Nächststehenden	**10,34–36**		12,51–53		93
	24,10	13,12	21,16		
95. Bedingungen der Nachfolge	**10,37–39**		14,26–27; 17,33		94
	16,24–25	8,34–35	9,23–24;	12,25	
96. Aufnahme der Schüler – Aufnahme Jesu	**10,40–11,1**	9,41	10,16		94
	18,5	9,37	9,48a	13,20	
97. Täuferanfrage und Antwort Jesu	**11,2–6**		7,18–23		95
98. Jesu Zeugnis über den Täufer	**11,7–19**		7,24–35;16,16		96
		1,2			
99. Weherufe über Städte in der Galilaia	**11,20–24**		10,13–15		97
	10,15		10,12		
100. Jesu Lobpreis des Vaters	**11,25–27**		10,21–22		97
				3,35; 17,1b–2	
				7,29; 10,14–15;	
101. Der Heilandsruf Jesu	**11,28–30**				98
102. Das Ährenrupfen an den Sabbaten	**12,1–8**	2,23–28	6,1–5		98
				5,10	
	9,13				
103. Heilung einer vertrockneten Hand	**12,9–14**	3,1–6	6,6–11		99
			14,5;13,15–16		
104. Eindrücke vom Wirken Jesu	**12,15–21**; 4,24–25	3,7–12	6,17–19		100
	8,16–17	1,34	4,41		
105. Jesus und seine Angehörigen		**3,20–21**			101
106. Verteidigung gegen den Beelzebulvorwurf	**12,22–37**	**3,22–30**	11,14–23; 12,10; 6,43–45		101
	9,32–34				
		9,40	9,50		
	17,18.16a				

	Matthaios	Markos	Lukas	Johannes	Seite
139. Die Zeichenforderung der Pharisaier (und Saddukaier)	**16,1–4**	**8,11–13**	12,54–56		131
	12,38–40		11,16.29–30	6,30	
140. Die unverständigen Schüler Jesu	**16,5–12**	**8,14–21**			132
			12,1		
				12,40	
141. Heilung eines Blinden		**8,22–26**			133
				9,1–7	
Auf dem Weg in die Passion					
142. Das Messiasbekenntnis des Petros	**16,13–20**	**8,27–30**	**9,18–21**		133
				6,66–71	
	18,18			20,22–23	
143. Erste Leidensankündigung	**16,21–23**	**8,31–33**	**9,22**		134
144. Von der Nachfolge Jesu	**16,24–28**	**8,34–9,1**	**9,23–27**		135
	10,38–39		14,27; 17,33	12,25	
	10,33		12,9		
				8,51–52	
145. Die Verklärung Jesu	**17,1–9**	**9,2–10**	**9,28–36**		136
146. Von der Wiederkunft des Elias	**17,10–13**	**9,11–13**			137
147. Heilung eines redelosen Knaben	**17,14–21**	**9,14–29**	**9,37–43a**; 17,6		138
	21,21	11,22–23			
148. Zweite Leidensankündigung	**17,22–23**	**9,30–32**	**9,43b–45**		140
				7,1	
149. Die Steuer für das Heiligtum	**17,24–27**	**9,33a**			141
150. Rangstreit der Schüler Jesu	**18,1–5**	**9,33b–37**; 10,15	**9,46–48**; 18,17		141
	20,26–27; 23,11	10,43–44	22,26		
	23,12		14,11; 18,14		
	10,40		10,16	13,20	
151. Mahnung zur Duldsamkeit	10,42	**9,38–41**	**9,49–50**		142
	12,30		11,23		
152. Warnung vor dem Anstoßgeben	**18,6–9**	**9,42–48**	17,1–3a		143
	5,29–30				
153. Mit Feuer gesalzen		**9,49–50**			144
	5,13		14,34–35		
154. Das Gleichnis vom verirrten (bzw. verlorenen) Schaf	**18,10–14**		15,3–7		144
155. Verhalten gegen den sündigen Bruder	**18,15–18**		17,3b		145
	16,19			20,23	
156. Erhörung gemeinsamen Gebets	**18,19–20**				145
157. Vom Erlaß der Sünden des Bruders	**18,21–22**		17,4		145
158. Das Gleichnis vom begnadigten Schuldner und vom Aufleben der Schuld	**18,23–35**				146
Die „Große Einschaltung" des Lukas (Lk 9,51–18,14)					
Der sogenannte lukanische Reisebericht (Lk 9,51–19,27)					
159. Das ungastliche Dorf der Samariter			**9,51–56**		146
160. Von der Nachfolge Jesu	8,19–22		**9,57–62**		146
161. Aussendung der [Zweiund] siebzig	9,37–38; 10,7–16.40; 11,21–23		**10,1–16**		147
	10,9–10	6,8–9	9,3		
	10,11b	6,10	9,4		
	10,14	6,11	9,5		
	18,5	9,37	9,48	13,20;5,23; 15,23	

	Matthaios	Markos	Lukas	Johannes	Seite
62. Rückkehr der [Zweiund] siebzig			**10,17–20**		149
				12,31	
63. Jesu Lobpreis des Vaters und Seligpreisung der Augenzeugen	11,25–27; 13,16–17		**10,21–24**		149
				3,35;17,1b–2; 7,29;10,14–15	
64. Frage nach dem Hauptgebot und Gleichnis vom barmherzigen Samariter	22,34–40	12,28–34	**10,25–37**		150
65. Martha und Mariam			**10,38–42**		151
				11,1;12,1–3	
66. Das Vater-Unser	6,9–13		**11,1–4**		151
67. Das Gleichnis vom bittenden Freund			**11,5–8**		151
68. Vom Bitten und von der Erhörung	7,7–11		**11,9–13**		152
69. Verteidigung gegen den Beelzebulvorwurf	12,22–30	3,22–27	**11,14–23**		152
	9,32–34			10,20	
		9,40	9,50		
70. Vom Rückfall	12,43–45		**11,24–26**		153
71. Seligpreisung der Mutter Jesu			**11,27–28**		154
72. Das Zeichen des Jonas	12,38–42		**11,**16.**29–32**		154
	16,1–2a.4	8,11–12			
73. Sprüche vom Licht	5,15;6,22–23		**11,33–36**		155
		4,21	8,16	8,12	
74. Rede gegen die Pharisaier und die Gesetzeskundigen	23,4–36		**11,37–54**		155
		12,38–39	20,46		
75. Mahnung zu furchtlosem Bekennen	10,26–33; 12,32		**12,1–12**		157
	16,6	8,15			
		4,22	8,17		
			21,18		
		8,38	9,26		
	12,31	3,28–29			
	10,19–20	13,11	21,14–15	14,26	
76. Wider die Habgier			**12,13–21**		159
77. Vom Sorgen und Schätzesammeln	6,25–33.19–21		**12,22–34**		159
78. Mahnung zur Wachsamkeit	24,43–51		**12,35–48**		160
				13,4–5	
		13,33.35			
79. Haß unter Nächststehenden	10,34–36		**12,49–53**		161
		10,38			
	24,10	13,12	21,16		
80. Die Zeichen der Zeit – Zeit für Versöhnung	16,2–3;5,25–26		**12,54–59**		162
81. Rechtzeitige Umkehr			**13,1–9**		162
82. Heilung einer verkrümmten Frau			**13,10–17**		163
	12,11–12		14,5		
83. Die Gleichnisse vom Senfkorn und Sauerteig	13,31–33	4,30–32	**13,18–21**		163
84. Die Gleichnisrede von der engen und verschlossenen Tür	7,13–14.22–23; 8,11–12		**13,22–30**		164
	19,30;20,16	10,31			
85. Wort über Herodes			**13,31–33**		165
86. Klage über Jerusalem	23,37–39		**13,34–35**		165
87. Heilung eines Wassersüchtigen			**14,1–6**		165
	12,11–12		13,15–16		
88. Wahl der Plätze			**14,7–11**		166
	23,12		18,14		
89. Von den rechten Gästen			**14,12–14**		166
90. Das Gleichnis vom großen Mahl	22,1–10		**14,15–24**		166

	Matthaios	Markos	Lukas	Johannes	Seite
191. Voraussetzungen der Nachfolge	10,37–38		**14,25–35**		167
	16,24	8,34	9,23		
	5,13	9,50			
192. Das Gleichnis vom verlorenen Schaf	18,12–14		**15,1–7**		168
193. Das Gleichnis von der verlorenen Drachme			**15,8–10**		169
194. Das Gleichnis vom verlorenen Sohn (bzw. den verlorenen Söhnen)			**15,11–32**		169
195. Das Gleichnis vom ungerechten Verwalter	6,24		**16,1–13**		170
196. Von der Selbstgerechtigkeit der Pharisaier			**16,14–15**		170
197. Geltung des Gesetzes und Ehescheidung	11,12–13;5,18.32		**16,16–18**		171
	19,9	10,11–12			
198. Gleichnis von einem Reichen und dem armen Lazaros			**16,19–31**		171
199. Warnung vor dem Anstoßgeben	18,6–7	9,42	**17,1–3a**		172
200. Verhalten gegen den sündigen Bruder	18,15.21–22		**17,3b–4**		172
201. Vom Glauben	17,20		**17,5–6**		172
	21,21	11,22–23			
202. Das Gleichnis vom Sklaven			**17,7–10**		173
203. Heilung der zehn Aussätzigen			**17,11–19**		173
204. Vom Kommen des Königtums Gottes			**17,20–21**		173
205. Das Kommen des Sohnes des Menschen	24,26–28.37–41; 10,39		**17,22–37**		174
	24,23–25	13,21–23			
	16,21	8,31	9,22		
	24,17–18	13,15–16			
	16,25	8,35	9,24	12,25	
206. Das Gleichnis vom Richter und von der Witwe			**18,1–8**		175
207. Das Gleichnis vom Pharisaier und vom Zöllner			**18,9–14**		176
	23,12		14,11		
Wirksamkeit in der Judaia					
208. Jesu Aufbruch von der Galilaia in die Judaia	**19,1–2**	**10,1**			176
209. Von Ehescheidung und Ehelosigkeit	**19,3–12**	**10,2–12**			176
	5,32		16,18		
210. Segnung der Kinder	**19,13–15** 18,3	**10,13–16**	**18,15–17**		177
				3,3.5	
211. Von Reichtum und Nachfolge	**19,16–30**	**10,17–31**	**18,18–30**; 22,28–30;13,30		178
212. Das Gleichnis von den Arbeitern im Weinberg	**20,1–16**				180
	19,30	10,31	13,30		
213. Dritte Leidensankündigung	**20,17–19**	**10,32–34**	**18,31–34**		180
214. Von der Rangordnung unter den Schülern Jesu	**20,20–28**	**10,35–45**	22,24–27		181
			12,50		
	23,11	9,35	9,48b	13,12–17	
215. Heilung eines Blinden	**20,29–34**	**10,46–52**	**18,35–43**		182
	9,27–31				
216. Jesus und Zakchaios			**19,1–10**		183
217. Das Gleichnis von den Mna (bzw. Talenten)	25,14–30		**19,11–27**		184
		13,34			
	13,12	4,25	8,18		

	Matthaios	Markos	Lukas	Johannes	Seite
etzte Wirksamkeit in Jerusalem (Mt 21–27/Mk 11–15/Lk 19,28–23,56)					
18. Der Einzug in Hierosolyma	**21,1–9**	**11,1-10**	**19,28–40**	**12,12–19**	185
19. Weissagung der Zerstörung der Stadt			**19,41–44**		188
20. Jesus im Heiligtum	**21,10–17**	**11,11**	19,45–46		188
21. Verfluchung des Feigenbaums	**21,18–19**	**11,12–14**			189
22. Reinigung des Heiligtums	21,12–13; 22,33	**11,15–19**	**19,45–48**; 21,37	2,13–17	190
23. Der vertrocknete Feigenbaum	**21,20–22**; 6,14–15	**11,20–25**			191
	17,20		17,6		
				4,13–14; 16,23	
24. Die Frage nach der Vollmacht Jesu	**21,23–27**	**11,27–33**	**20,1–8**		192
				2,18–22	
25. Das Gleichnis von den zwei Kindern	**21,28–32**				193
			7,29–30		
26. Das Gleichnis von den Weinbergpächtern	**21,33–46**	**12,1–12**	**20,9–19**		193
27. Das Gleichnis vom königlichen Hochzeitsmahl	**22,1–14**		14,15–24		195
28. Die Frage der Pharisaier nach der Kaisersteuer	**22,15–22**	**12,13–17**	**20,20–26**		196
29. Die Frage der Saddukaier nach der Auferstehung	**22,23–33**	**12,18–27**	**20,27–40**		197
30. Die Frage eines Gesetzeskundigen nach dem ersten Gebot	**22,34–40**	**12,28–34**	10,25–28		198
31. Der Christos als Davids Sohn bzw. Herr	**22,41–46**	**12,35–37a**	**20,41–44**		199
32. Rede gegen Schriftkundige und Pharisaier	**23,1–39**	**12,37b–40**	**20,45–47**; 11,39–44.46–52;13,34–35		200
		9,35	9,48b		
	20,26–27	10,43–44	22,26		
	18,4		14,11;18,14b		
33. Die arme Witwe		**12,41–44**	**21,1–4**		204
ie synoptische Apokalypse (Mt 24/Mk 13/Lk 21)					
34. Ankündigung der Zerstörung des Heiligtums	**24,1–2**	**13,1–2**	**21,5–6**		204
35. Der Anfang vom Ende	**24,3–8**	**13,3–8**	**21,7–11**		204
36. Ankündigung von Verfolgungen und Drangsalen	**24,9–14**	**13,9–13**	**21,12–19**		205
			12,11–12	14,26	
	10,35–36		12,52–53		
				15,21; 16,2	
	10,30		12,7		
	10,17–22				
37. Der Höhepunkt der Drangsal in der Judaia	**24,15–28**	**13,14–23**	**21,20–24;** 17,23–24,37		207
			17,31		
38. Die Ankunft des Sohnes des Menschen	**24,29–31**	**13,24–27**	**21,25–28**		208
39. Das Gleichnis vom Feigenbaum	**24,32–36**	**13,28–32**	**21,29–33**		209
40. Mahnung zur Wachsamkeit (nach Lukas)			**21,34–36**		210
41. Mahnung zur Wachsamkeit (nach Markos)	25,14–15; 24,42.44	**13,33–37**	19,12–13; 12,38.40		210
	25,13				
42. Mahnung zur Wachsamkeit (nach Matthaios)	**24,37–42**		17,26–27.30.34–35		210
43. Das Gleichnis vom treuen und vom üblen Sklaven	**24,43–51**		12,39–40.42–46		211

	Matthaios	Markos	Lukas	Johannes	Seite
244. Das Gleichnis von den zehn Jungfrauen	**25,1–13**				212
245. Das Gleichnis von den Talenten (bzw. Mna)	**25,14–30**		19,12–27		212
	13,12	13,34 4,25	8,18b		
246. Vom Weltgericht	**25,31–46**				214
247. Schlußbemerkung des Lukas zum Wirken Jesu in Jerusalem	21,17	11,19	**21,37–38**		214

Leiden, Sterben und Auferstehung Jesu (Mt 26–27 / Mk 14–15 / Lk 22–23)

	Matthaios	Markos	Lukas	Johannes	Seite
248. Der Beschluß des Synhedrions, Jesus zu töten	**26,1–5**	**14,1–2**	**22,1–2**		215
				11,47–53	
249. Die Salbung in Bethania	**26,6–13**	**14,3–9**		**12,1–8**	215
			7,36–50		
250. Der Verrat des Judas Iskarioth	**26,14–16**	**14,10–11**	**22,3–6**		216
251. Die Bereitung des Paschamahles	**26,17–19**	**14,12–16**	**22,7–13**		217
252. Die Bezeichnung des Verräters	**26,20–25**	**14,17–21**	**22,14.21–23**	**13,21–30**	218
253. Die Feier des letzten Abendmahles	**26,26–29**	**14,22–25**	**22,15–20**	**1 Kor 11,23–25**	219
254. Von der Rangordnung unter den Schülern Jesu	20,25–28	10,42–45	**22,24–30**		221
	23,11	9,35	9,48b		
				13,12–14	
255. Abschiedsworte beim letzten Abendmahl			**22,31–38**		221
				13,36–38	
256. Auf dem Weg nach Gethsemani	**26,30–35**	**14,26–31**	**22,39**.33–34	**18,1a**;13,36–38	222
				16,32	
257. Jesus in Gethsemani	**26,36–46**	**14,32–42**	**22,40–46**	**18,1b**	223
				12,27 18,11	
258. Die Gefangennahme Jesu	**26,47–56**	**14,43–52**	**22,47–53**	**18,2–11**	225
259. Jesus vor dem Synhedrion und die Verleugnung des Petros	**26,57–75**	**14,53–72**	**22,54–71**	**18,12.15–18. 24–27**	228
				18,19–23 2,19	
260. Die Übergabe Jesu an Pilatos	**27,1–2**	**15,1**	**23,1**;22,66	**18,28a**	233
261. Der Tod des Judas	**27,3–10**		Apg 1,15–20		233
262. Das Verhör vor Pilatos	**27,11–14**	**15,2–5**	**23,2–5**		234
				18,29–38	
263. Jesus vor Herodes			**23,6–12**		235
264. Freilassung des Barabbas und Verurteilung Jesu	**27,15–26**	**15,6–15**	**23,13–25**	**18,39–40;** 19,16a	235
265. Verspottung durch die Soldaten	**27,27–31a**	**15,16–20a**		**19,2–3**	238
266. Der Gang nach Golgotha	**27,31b–32**	**15,20b–21**	**23,26–32**	**19,16b–17a**	239
267. Die Kreuzigung Jesu	**27,33–44**	**15,22–32**	**23,33–43**	**19,17b–24**	240
268. Der Tod Jesu	**27,45–56**	**15,33–41**	**23,44–49**	**19,28–30.25**	243
269. Die Grablegung Jesu	**27,57–61**	**15,42–47**	**23,50–56**	**19,38–42**	245
270. Die Grabwächter	**27,62–66**				247
271. Die Auferstehungsbotschaft und das leere Grab	**28,1–10**	**16,1–8**	**24,1–12**		247
		16,9–11		20,1–18	

1. Die Anfänge der Evangelien

Mt 1,1

[1]Buch (des) Ursprungs
von Jesus Christos,
(dem) Sohn
Davids, (dem) Sohn Abrahams.

Mk 1,1

[1]Anfang des Evangeliums
von Jesus Christos,
[(dem) Sohn Gottes)].

Lk 1,1–4

[1]Da nun viele versuchten, abzu-
fassen eine Erzählung über die
Dinge, die sich bei uns erfüllt haben, [2]gleichwie uns übergaben
die von Anfang (an) Augenzeu-
gen und Diener des Wortes Ge-
wordenen, [3]schien es auch mir
(gut), der ich von vorn an allem
gefolgt bin, genau nacheinander
dir zu schreiben, bester The-
ophilos, [4]damit zu erkennst die
Sicherheit (der) Worte, über die
du unterrichtet wurdest.

Joh 1,1–18

[1]Im Anfang war der Logos, und der Logos war bei Gott, und Gott war der Logos. [2]Dieser war im Anfang bei Gott.
[3]Alles wurde durch ihn, und ohne ihn wurde auch nicht eines, was geworden ist. [4]In ihm war Leben, und das Leben war
das Licht der Menschen; [5]und das Licht scheint in der Finsternis, aber die Finsternis hat es nicht begriffen. [6]Auftrat ein
Mensch, geschickt von Gott, Name war ihm Johannes; [7]dieser kam zum Zeugnis, damit er zeuge über das Licht, damit
alle glaubten durch ihn. [8]Nicht war jener das Licht, sondern damit er zeuge über das Licht. [9]Er war das wahre Licht, das
erleuchtet jeden Menschen, kommend in die Welt. [10]In der Welt war er, und die Welt wurde durch ihn, aber die Welt
erkannte ihn nicht. [11]In das Eigene kam er, und die Eigenen nahmen ihn nicht an. [12]Wieviele aber ihn aufnahmen,
ihnen gab er Vollmacht, Kinder Gottes zu werden, den Glaubenden an seinen Namen, [13]die nicht aus Blut und nicht aus
Fleischeswillen und nicht aus Manneswillen, sondern aus Gott gezeugt wurden.

[14]Und der Logos wurde Fleisch, und er zeltete unter uns, und wir sahen seine Herrlichkeit, Herrlichkeit wie (des)
Einziggezeugten vom Vater, voll Gnade und Wahrheit. [15]Johannes zeugt über ihn und hat gerufen, sagend: Dieser war
(es), von dem ich sprach: Der nach mir Kommende, vor mir ist er gewesen, weil eher als ich er war. [16]Denn aus seiner
Fülle wir alle empfingen, und (zwar) Gnade für Gnade; [17]denn das Gesetz ist durch Moyses gegeben worden, die
Gnade und die Wahrheit wurde durch Jesus Christos. [18]Gott hat keiner gesehen jemals; (der) einziggezeugte Gott, der
ist an der Brust des Vaters, jener legte (ihn) aus.

VORGESCHICHTEN
Nach Matthaios (Mt 1–2)

2. Der Ursprung von Jesus Christos

Mt 1,2–17

2 Abraham zeugte den Isaak, Isaak aber zeugte den Jakob, Jakob aber zeugte den Judas und seine Brüder, 3 Judas aber zeugte den Phares und den Zara aus der Thamar, Phares aber zeugte den Hesrom, Hesrom aber zeugte den Aram, 4 Aram aber zeugte den Aminadab, Aminadab aber zeugte den Naasson, Naasson aber zeugte den Salmon, 5 Salmon aber zeugte den Boes aus der Rachab, Boes aber zeugte den Jobed aus der Ruth, Jobed aber zeugte den Jessai, 6 Jessai aber zeugte den David, den König.

David aber zeugte den Solomon aus der des Uria, 7 Solomon aber zeugte den Roboam, Roboam aber zeugte den Abia, Abia aber zeugte den Asaph, 8 Asaph aber zeugte den Josaphat, Josaphat aber zeugte den Joram, Joram aber zeugte den Ozias, 9 Ozias aber zeugte den Joatham, Joatham aber zeugte den Achaz, Achaz aber zeugte den Hezekias, 10 Hezekias aber zeugte den Manasses, Manasses aber zeugte den Amos, Amos aber zeugte den Josias, 11 Josias aber zeugte den Jechonias und seine Brüder während der Umsiedlung nach Babylon.

12 Nach der Umsiedlung nach Babylon aber zeugte Jechonias den Salathiel, Salathiel aber zeugte den Zorobabel, 13 Zorobabel aber zeugte den Abihud, Abihud aber zeugte den Eliakim, Eliakim aber zeugte den Azor, 14 Azor aber zeugte den Sadok, Sadok aber zeugte den Achim, Achim aber zeugte den Eliud, 15 Eliud aber zeugte den Eleazar, Eleazar aber zeugte den Matthan, Matthan aber zeugte den Jakob, 16 Jakob aber zeugte den Joseph, den Mann Marias, aus der erzeugt wurde Jesus, der Christos genannte. 17 Alle Geschlechter nun von Abraham bis David (sind) vierzehn Geschlechter, und von David bis zur Umsiedlung nach Babylon (sind) vierzehn Geschlechter, und von der Umsiedlung nach Babylon bis zu dem Christos (sind) vierzehn Geschlechter.

Lk 3,23–38 (Nr. 20):

23 Und er, Jesus, war, als er begann, etwa dreißig Jahre, Sohn, wie man meinte, Josephs, des Eli, 24 des Matthat, des Levi, des Melchi, des Jannai, des Joseph, 25 des Mattathias, des Amos, des Naum, des Hesli, des Naggai, 26 des Maath, des Mattathias, des Semein, des Josech, des Joda, 27 des Johanan, des Rhesa, des Zorobabel, des Salathiel, des Neri, 28 Des Melchi, des Addi, des Kosam, des Elmadam, des Er, 29 des Jesus, des Eliezer, des Jorim, des Matthat, des Levi, 30 des Symeon, des Judas, des Joseph, des Jonam, des Eliakim, 31 des Melea, des Menna, des Mattatha, des Natham, des David, 32 des Jessai, des Jobed, des Boos, des Sala, des Naasson, 33 des Aminadab, des Admin, des Arni, des Hesrom, des Phares, des Judas, 34 des Jakob, des Isaak, des Abraham, des Thara, des Nachor, 35 des Seruch, des Rhagau, des Phalek, des Eber, des Sala, 36 des Kainam, des Arphaxad, des Sem, des Noe, des Lamech, 37 des Mathusala, des Henoch, des Jaret, des Maleleel, des Kainam, 38 des Enos, des Seth, des Adam, Gottes.

3. Das Geheimnis des Ursprungs von Jesus Christos

Mt 1,18–25

18 Des Jesus Christos Ursprung aber war so: Als verlobt worden war seine Mutter Maria dem Joseph, wurde sie, ehe sie zusammenkamen, schwanger befunden aus heiligem Geist.
19 Joseph aber, ihr Mann, der gerecht war und sie nicht bloßstellen wollte, beschloß, heimlich sie zu entlassen. 20 Während er aber dieses dachte, siehe, ein Engel (des) Herrn im Traum erschien ihm, sagend: Joseph, Sohn Davids, fürchte dich nicht, anzunehmen Maria als deine Frau; denn das in ihr Gezeugte ist aus heiligem Geist. 21 Gebären aber wird sie einen Sohn, und rufen wirst du seinen Namen Jesus; denn er wird retten sein Volk von ihren Sünden.
22 Dieses Ganze aber ist geschehen, damit erfüllt
wird das Gesagte vom Herrn durch den Prophe-
Jes 7,14 (G) ten, (den) sagenden: 23 *Siehe, die Jungfrau wird*
Jes 8,8,10 (G) *schwanger werden, und gebären wird sie einen*
Sohn, und rufen werden sie seinen Namen Emmanuel, das ist übersetzt: *mit uns (ist) Gott.* 24 Aufstehend aber Joseph vom Schlaf, tat er, wie ihm aufgetragen hatte der Engel (des) Herrn, und er nahm seine Frau an, 25 und nicht erkannte er sie, bis daß sie gebar einen Sohn; und er rief seinen Namen Jesus.

Lk 2,1–7 (Nr. 10):

1 Es geschah aber in jenen Tagen, ausging eine Anordnung vom Kaiser Augustos, daß aufgezeichnet werde der ganze Erdkreis. 2 Diese erste Aufzeichnung geschah, als Kyrenios regierte die Syria. 3 Und (es) gingen alle, sich aufzeichnen zu lassen, jeder in seine Stadt. 4 Hinaufging aber auch Joseph von der Galilaia aus (der) Stadt Nazareth in die Judaia, in (die) Stadt Davids, welche gerufen wird Bethlehem, weil er war aus (dem) Haus und Geschlecht Davids, 5 sich aufzeichnen zu lassen mit Mariam, der ihm verlobten, die schwanger war. 6 Es geschah aber, als sie dort waren, erfüllten sich die Tage, daß sie gebäre, 7 und sie gebar ihren Sohn, den erstgeborenen, und sie wickelte ihn und legte ihn nieder in einer Krippe, weil nicht war für sie ein Platz in der Unterkunft.

4. Die Magier vom Osten

Mt 2,1–12

1 Als aber Jesus geboren war in Bethlehem (in) der Judaia in (den) Tagen (des) Herodes, des Königs, siehe, Magier von Osten kamen nach Hierosolyma, 2 sagend: Wo ist der (neu)geborene König der Judaier? Denn wir sahen seinen Stern im Osten, und wir kamen, ihm zu huldigen. 3 (Es) hörend aber, wurde der König Herodes verwirrt und ganz Hierosolyma mit ihm, 4 und versammelnd alle Hochpriester und Schriftkundigen des Volkes, erkundigte er sich bei ihnen, wo der Christos geboren werde. 5 Die aber sprachen zu ihm: In Bethlehem
(in) der Judaia; denn so ist geschrieben durch den
Mi 5,1.3 Propheten: 6 *Und du Bethlehem*, Land Juda, kei-
2 Sam 5,2 1 Chr 11,2 nesfalls *die geringste bist du unter den Führern Ju-*
das; denn aus dir wird herauskommen ein Führer,

Lk 2,8–20 (Nr. 11):

8 Und Hirten waren in derselben Gegend im Freien und hielten Nachtwachen bei ihrer Herde. 9 Und ein Engel (des) Herrn trat zu ihnen, und (die) Herrlichkeit (des) Herrn umstrahlte sie, und sie fürchteten sich mit großer Furcht. 10 Und (es) sprach zu ihnen der Engel: Fürchtet euch nicht; denn siehe, ich verkünde euch große Freude, welche sein wird dem ganzen Volk: 11 Geboren wurde euch heute ein Retter, der ist (der) Christos, (der) Herr, in (der) Stadt Davids. 12 Und dies (ist) euch das Zeichen: Finden werdet ihr einen Säugling, gewickelt und liegend in einer Krippe. 13 Und plötzlich war mit dem Engel eine Menge (des) himmlischen Heeres, die Gott lobten und sagten: 14 Herrlichkeit in (den) Höhen für Gott und auf (der) Erde Friede bei (den) Menschen (des) Wohlgefallens.

welcher weiden wird mein Volk Israel. * [7]Da, heimlich rufend die Magier, erkundete Herodes genau bei ihnen die Zeit des erscheinenden Sterns, [8]und schickend sie nach Bethlehem, sprach er: Hineingehend forscht genau nach dem Kind! Wann ihr (es) aber gefunden habt, meldet mir, auf daß auch ich kommend ihm huldige. [9]Die aber, hörend den König, gingen weg; und siehe, der Stern, den sie sahen im Osten, ging ihnen voran, bis kommend er darüber stand, wo das Kind war. [10]Sehend aber den Stern, freuten sie sich mit großer Freude sehr. [11]Und kommend in das Haus, sahen sie das Kind mit Maria, seiner Mutter, und (nieder)fallend huldigten sie ihm, und öffnend ihre Schatz(behälter), darbrachten sie ihm Geschenke, Gold und Weihrauch und Myrrhe. [12]Und unterwiesen im Traum, nicht zurückzukehren zu Herodes, auf einem anderen Weg entwichen sie in ihr Land.

[15]Und es geschah, als weggingen von ihnen in den Himmel die Engel, redeten die Hirten zueinander: Laßt uns doch gehen bis Bethlehem und sehen dieses Geschehnis, das gewordene, das der Herr uns kundtat. [16]Und sie kamen eilend, und sie fanden sowohl die Mariam und den Joseph und den Säugling liegend in der Krippe; [17](es) sehend aber gaben sie Kunde über das Wort, das zu ihnen geredet wurde über dieses Kind. [18]Und alles (es) Hörenden staunten über das von den Hirten zu ihnen Geredete; [19]Mariam aber bewahrte alle diese Worte, erwägend (sie) in ihrem Herzen. [20]Und zurückkehrten die Hirten, verherrlichend und lobend Gott wegen allem, was sie hörten und sahen, gleichwie geredet wurde zu ihnen.

* Joh 7,41–42: [41]Andere sagten: Dieser ist der Christos, andere aber sagten: Kommt denn etwa aus der Galilaia der Christos? [42]Sprach nicht die Schrift: Aus der Nachkommenschaft Davids und von Bethlehem, dem Dorf, wo David war, kommt der Christos?

5. Flucht nach Aigyptos / Kindermord von Bethlehem / Rückkehr aus Aigyptos

Mt 2,13–23

[13]Als sie aber entwichen waren, siehe, ein Engel (des) Herrn erscheint im Traum dem Joseph, sagend:
Aufstehend nimm mit das Kind und seine Mutter und flieh nach Aigyptos, und sei dort, bis ich zu dir
spreche; denn Herodes will suchen das Kind, es zu vernichten. [14]Der aber, aufstehend, nahm mit das Kind
und seine Mutter nachts und entwich nach Aigyptos, [15]und er war dort bis zum Ende von Herodes; damit
erfüllt wird das Gesagte vom Herrn durch den Propheten, (den) sagenden: *Aus Aigyptos rief ich meinen* Hos 11,1
Sohn.
[16]Da wurde Herodes, sehend, daß er genarrt wurde von den Magiern, sehr zornig, und schickend tötete er
alle Knaben in Bethlehem und in allen seinen Gebieten, als zweijährig und darunter, gemäß der Zeit, die er
genau erkundete bei den Magiern. [17]Da wurde erfüllt das Gesagte durch Jeremias, den Propheten, (den)
sagenden: [18]*Eine Stimme wurde in Rama gehört, Weinen und* viel *Klagen; Rachel beweinend ihre Kinder,* Jer 31,15
und nicht wollte sie getröstet werden, weil sie nicht sind.
[19]Als aber geendet war Herodes, siehe, ein Engel (des) Herrn erscheint im Traum dem Joseph in Aigyptos,
[20]sagend: Aufstehend nimm mit das Kind und seine Mutter und geh ins Land Israel! Denn gestorben sind
die Suchenden das Leben des Kindes. [21]Der aber, aufstehend, nahm mit das Kind und seine Mutter, und
hineinkam er ins Land Israel.

[22]Hörend aber, daß Archelaos als König herrsche über die Judaia anstelle seines Vaters Herodes, fürchtete er sich, dorthin zu gehen; unterwiesen aber im Traum, entwich er in die (Landes)teile der Galilaia, [23]und (an)gekommen wohnte er in einer Stadt, genannt Nazaret; auf daß erfüllt wird das Gesagte durch die Propheten, daß Nazoraier er gerufen werden wird.

Lk 2,39–40 (Nr. 12):

[39]Und als sie alles erfüllt hatten gemäß dem Gesetz (des) Herrn, kehrten sie zurück in die Galilaia, in ihre Stadt Nazareth. [40]Das Kind aber wuchs und wurde stark, erfüllt mit Weisheit, und (die) Gnade Gottes war auf ihm.

Nach Lukas (Lk 1–2)

6. Die Ankündigung der Geburt von Johannes

Lk 1,5–25

5 (Es) geschah in den Tagen (des) Herodes, (des) Königs der Judaia, ein Priester mit Namen Zacharias aus
(der) Tagesdienstabteilung (des) Abia, und er (hatte) eine Frau aus den Töchtern Aarons, und ihr Name
(war) Elisabet. 6 (Es) waren aber beide gerecht vor Gott, wandelnd in allen Geboten und Rechtsprüchen
des Herrn untadelig. 7 Aber nicht (hatten) sie ein Kind, weil die Elisabet unfruchtbar war, und beide waren
vorgerückt in ihren Tagen. 8 Es geschah aber, als er als Priester diente in der Ordnung seiner Tagesdienstabteilung vor Gott, 9 erloste er nach der Sitte des Priesteramtes das Räuchern, hineingehend in den Tempel
des Herrn; 10 und die ganze Menge des Volks war betend draußen zur Stunde des Räucheropfers. 11 (Es)
erschien ihm aber ein Engel (des) Herrn stehend zur Rechten des Altars des Räucheropfers. 12 Und verwirrt
wurde Zacharias, (ihn) sehend, und Furcht befiel ihn. 13 (Es) sprach aber zu ihm der Engel: Fürchte dich
nicht, Zacharias, da erhört wurde dein Gebet, und deine Frau Elisabet wird dir gebären einen Sohn, und du
wirst rufen seinen Namen Johannes. 14 Und (es) wird dir Freude sein und Jubel, und viele werden sich über
Num 6,3 seine Geburt freuen. 15 Denn er wird groß sein vor [dem] Herrn, *und Wein und Rauschtrank wird er gewiß*
Lev 10,9 *nicht trinken*, und mit heiligem Geist wird er erfüllt werden schon vom Leib seiner Mutter (an), 16 und viele
der Söhne Israels wird er hinwenden zum Herrn, ihrem Gott. 17 Und er wird vorangehen vor ihm in Geist und
Kraft (des) Elias, hinzuwenden (die) Herzen (der) Väter zu (den) Kindern und Ungehorsame zur Einsicht
von Gerechten, zu bereiten (dem) Herrn ein zugerüstetes Volk. 18 Und (es) sprach Zacharias zu dem Engel:
An was werde ich erkennen dies? Denn ich bin ein alter Mann, und meine Frau ist vorgerückt in ihren Tagen.
19 Und antwortend sprach der Engel zu ihm: Ich bin Gabriel, der Stehende vor Gott, und ich wurde geschickt, zu reden zu dir und zu verkünden dir dieses; 20 und siehe, du wirst sein schweigend und nicht fähig
zu reden bis zu dem Tag, (an dem) dieses geschieht, dafür, daß du nicht glaubtest meinen Worten, welche
sich erfüllen werden zu ihrer Zeit. 21 Und (es) war das Volk erwartend den Zacharias, und sie staunten über
sein Sich-Zeit-Lassen im Tempel. 22 Herauskommend aber nicht konnte er reden zu ihnen, und sie erkannten, daß er eine Erscheinung gesehen hatte im Tempel; und er war ihnen zuwinkend und verblieb stumm.
23 Und es geschah, als sich erfüllten die Tage seines Dienstes, wegging er in sein Haus. 24 Nach diesen Tagen
aber empfing Elisabet, seine Frau, und sie verbarg sich fünf Monate, sagend: 25 So hat mir getan (der) Herr
in (den) Tagen, in denen er darauf sah, wegzunehmen meine Schmach bei (den) Menschen.

7. Die Ankündigung der Geburt von Jesus

Lk 1,26–38

26 Im sechsten Monat aber wurde geschickt der Engel Gabriel von Gott in eine Stadt der Galilaia, deren
Name Nazareth, 27 zu einer Jungfrau, verlobt einem Mann, dessen Name Joseph, aus (dem) Haus David,
und der Name der Jungfrau (war) Mariam. 28 Und hineingehend zu ihr sprach er: Gruß (dir), Begnadete,
der Herr (ist) mit dir. 29 Die aber wurde bei dem Wort verwirrt und überlegte, was für eine Begrüßung diese
sei. 30 Und (es) sprach der Engel zu ihr: Fürchte dich nicht, Mariam; denn du fandest Gnade bei Gott.
31 Und siehe, du wirst empfangen im Leib und gebären einen Sohn und wirst rufen seinen Namen Jesus.
32 Dieser wird groß sein und Sohn (des) Höchsten gerufen werden, und geben wird ihm Gott (der) Herr den
Thron Davids, seines Vaters, 33 und er wird als König herrschen über das Haus Jakob in die Aionen, und
seines Königtums wird nicht sein ein Ende. 34 (Es) sprach aber Mariam zu dem Engel: Wie wird sein dies,
da einen Mann ich nicht erkenne? 35 Und antwortend sprach der Engel zu ihr: Heiliger Geist wird herab-
kommen auf dich und Kraft (des) Höchsten wird dich überschatten; deshalb wird auch das Gezeugte heilig
gerufen werden, Sohn Gottes. 36 Und siehe, Elisabet, deine Verwandte, hat auch selbst empfangen einen
Sohn in ihrem Alter, und dieser ist (der) sechste (Monat) für sie, die unfruchtbar Gerufene; 37 weil nicht
kraftlos sein wird von Gott her jedes Wort. 38 (Es) sprach aber Mariam: Siehe, die Magd (des) Herrn; es
geschehe mir nach deinem Wort. Und wegging von ihr der Engel.

8. Der Besuch Mariams bei Elisabet / Lobpreis der Mariam

Lk 1,39–56

39 Aufstehend aber ging Mariam in diesen Tagen ins Gebirge mit Eile in eine Stadt Judas, 40 und hineinging sie in das Haus (des) Zacharias und begrüßte Elisabet. 41 Und es geschah, als den Gruß der Mariam die Elisabet hörte, hüpfte das Kind in ihrem Leib, und erfüllt wurde von heiligem Geist die Elisabet, 42 und ausrief sie mit großem Geschrei und sprach: Gesegnet du unter (den) Frauen und gesegnet die Frucht deines Leibes. 43 Und woher mir dies, daß die Mutter meines Herrn kommt zu mir? 44 Denn siehe, als kam die Stimme deines Grußes zu meinen Ohren, hüpfte in Jubel das Kind in meinem Leib. 45 Und selig, die glaubte, daß sein wird Vollendung dem ihr vom Herrn Gesagten.

46 Und (es) sprach Mariam: Groß macht meine Seele den Herrn, 47 und (es) jubelte mein Geist über Gott, meinen Retter, 48 weil er schaute auf die Niedrigkeit seiner Magd. Denn siehe, von jetzt (an) werden mich seligpreisen alle Geschlechter, 49 weil mir Großes tat der Mächtige. Und heilig (ist) sein Name, 50 und sein Erbarmen zu Geschlechtern und Geschlechtern für die ihn Fürchtenden. 51 Er wirkte Macht mit seinem Arm, zerstreute Überhebliche in (der) Gesinnung ihres Herzens; 52 herunterholte er Machthaber von Thronen und erhöhte Niedrige, 53 Hungernde sättigte er mit Gütern, und Reiche wegschickte er leer. 54 Annahm er sich Israels seines Knechts, zu gedenken (des) Erbarmens, 55 gleichwie er redete zu unsern Vätern, dem Abraham und seiner Nachkommenschaft in den Aion. 56 (Es) blieb aber Mariam bei ihr etwa drei Monate, und zurückkehrte sie in ihr Haus.

9. Die Geburt von Johannes / Lobpreis des Zacharias

Lk 1,57–80

57 Der Elisabet aber erfüllte sich die Zeit, daß sie gebäre, und sie gebar einen Sohn. 58 Und (es) hörten die Nachbarn und ihre Verwandten, daß groß machte (der) Herr sein Erbarmen mit ihr, und sie freuten sich mit ihr. 59 Und es geschah, am achten Tag kamen sie, zu beschneiden das Kind, und sie riefen es auf den Namen seines Vaters Zacharias. 60 Und antwortend sprach seine Mutter: Nein, sondern es wird gerufen werden Johannes. 61 Und sie sprachen zu ihr: Keiner ist aus deiner Verwandtschaft, der gerufen wird mit diesem Namen. 62 Sie aber nickten seinem Vater zu, wie er wolle, daß es gerufen werde. 63 Und erbittend ein Täfelchen, schrieb er, sagend: Johannes ist sein Name. Und (es) staunten alle. 64 (Es) öffnete sich aber sein Mund auf der Stelle und seine Zunge, und er redete, preisend Gott. 65 Und (es) kam auf alle ihre Nachbarn Furcht, und im ganzen Gebirge der Judaia wurden alle diese Geschehnisse beredet, 66 und alle Hörenden legten (es) sich in ihr Herz, sagend: Was also wird dieses Kind werden? Denn auch (die) Hand (des) Herrn war mit ihm. 67 Und Zacharias, sein Vater, wurde erfüllt mit heiligem Geist, und er prophezeite, sagend: 68 Gepriesen (der) Herr, der Gott Israels, daß er nachschaute und Erlösung wirkte seinem Volk, 69 und er erweckte uns ein Horn (der) Rettung im Haus Davids, seines Knechtes, 70 gleichwie er redete durch (den) Mund seiner heiligen Propheten von Ewigkeit, 71 Rettung aus unseren Feinden und aus (der) Hand aller uns Hassenden, 72 Erbarmen zu üben mit unseren Vätern und zu gedenken seines heiligen Bundes, 73 den Eid, den er schwor gegenüber Abraham, unserem Vater, zu geben uns, 74 daß wir furchtlos, aus (der) Hand von Feinden gerettet, ihm dienen 75 in Heiligkeit und Gerechtigkeit vor ihm an allen unseren Tagen. 76 Und du, Kind, wirst Prophet (des) Höchsten gerufen werden, denn du wirst voranziehen vor (dem) Herrn, zu bereiten seine Wege, 77 zu geben Erkenntnis (der) Rettung seinem Volk im Erlaß ihrer Sünden, 78 durch inniges Erbarmen unseres Gottes, in dem nach uns schauen wird (der) Aufgang aus (der) Höhe, 79 zu erscheinen den in Finsternis und Schatten (des) Todes Sitzenden, auszurichten unsere Füße auf (den) Weg (des) Friedens. 80 Das Kind aber wuchs und wurde stark im Geist, und es war in den Öden bis zum Tag seiner Einsetzung für Israel.

10. Die Geburt von Jesus

Mt 1,18–25 (Nr. 3):

18 Des Jesus Christos Ursprung aber war so: Als verlobt
worden war seine Mutter Maria dem Joseph, wurde sie,
ehe sie zusammenkamen, schwanger befunden aus heiligem Geist.
19 Joseph aber, ihr Mann, der gerecht war und sie nicht
bloßstellen wollte, beschloß, heimlich sie zu entlassen.
20 Während er aber dieses dachte, siehe, ein Engel (des)
Herrrn im Traum erschien ihm, sagend: Joseph, Sohn
Davids, fürchte dich nicht, anzunehmen Maria als deine
Frau; denn das in ihr Gezeugte ist aus heiligem Geist.
21 Gebären aber wird sie einen Sohn, und rufen wirst du
seinen Namen Jesus; denn er wird retten sein Volk von
ihren Sünden.
22 Dieses Ganze aber ist geschehen, damit erfüllt wird das
Gesagte vom Herrn durch den Propheten, (den) sagen-
Jes 7,14 (G) den: 23 *Siehe, die Jungfrau wird schwanger werden, und*
Jes 8,8.10 (G) *gebären wird sie einen Sohn, und rufen werden sie seinen*
Namen Emmanuel, das ist übersetzt: *mit uns (ist) Gott.*
24 Aufstehend aber Joseph vom Schlaf, tat er, wie ihm
aufgetragen hatte der Engel (des) Herrn, und er nahm
seine Frau an, 25 und nicht erkannte er sie, bis daß sie
gebar einen Sohn; und er rief seinen Namen Jesus.

Lk 2,1–7

1 Es geschah aber in jenen Tagen, ausging eine Anordnung vom Kaiser Augustos, daß aufgezeichnet
werde der ganze Erdkreis. 2 Diese erste Aufzeichnung geschah, als Kyrenios regierte die Syria.
3 Und (es) gingen alle, sich aufzeichnen zu lassen,
jeder in seine Stadt. 4 Hinaufging aber auch Joseph
von der Galilaia aus (der) Stadt Nazareth in die Judaia, in (die) Stadt Davids, welche gerufen wird
Bethlehem, weil er war aus (dem) Haus und Geschlecht Davids, 5 sich aufzeichnen zu lassen mit
Mariam, der ihm verlobten, die schwanger war.
6 Es geschah aber, als sie dort waren, erfüllten sich
die Tage, daß sie gebäre, 7 und sie gebar ihren
Sohn, den erstgeborenen, und sie wickelte ihn und
legte ihn nieder in einer Krippe, weil nicht war für
sie ein Platz in der Unterkunft.

11. Die Verkündigung an die Hirten

Mt 2,1–12 (Nr. 4):

1 Als aber Jesus geboren war in Bethlehem (in) der Judaia
in (den) Tagen (des) Herodes, des Königs, siehe, Magier
von Osten kamen nach Hierosolyma, 2 sagend: Wo ist der
(neu)geborene König der Judaier? Denn wir sahen seinen Stern im Osten, und wir kamen, ihm zu huldigen.
3 (Es) hörend aber, wurde der König Herodes verwirrt
und ganz Hierosolyma mit ihm, 4 und versammelnd alle
Hochpriester und Schriftkundigen des Volkes, erkundigte er sich bei ihnen, wo der Christos geboren werde.
5 Die aber sprachen zu ihm: In Bethlehem (in) der Ju-
Mi 5,1.3 daia; denn so ist geschrieben durch den Propheten: 6 *Und*
2 Sam 5,2 *du Bethlehem*, Land Juda, keinesfalls *die geringste bist du*
1 Chr 11,2 *unter den Führern Judas; denn aus dir wird herauskom-*
men ein Führer, welcher weiden wird mein Volk Israel. *
7 Da, heimlich rufend die Magier, erkundete Herodes genau bei ihnen die Zeit des erscheinenden Sterns, 8 und
schickend sie nach Bethlehem, sprach er: Hineingehend
forscht genau nach dem Kind! Wann ihr (es) aber gefunden habt, meldet mir, auf daß auch ich kommend ihm

Lk 2,8–20

8 Und Hirten waren in derselben Gegend im Freien
und hielten Nachtwachen bei ihrer Herde. 9 Und
ein Engel (des) Herrn trat zu ihnen, und (die)
Herrlichkeit (des) Herrn umstrahlte sie, und sie
fürchteten sich mit großer Furcht. 10 Und (es)
sprach zu ihnen der Engel: Fürchtet euch nicht;
denn siehe, ich verkünde euch große Freude, welche sein wird dem ganzen Volk: 11 Geboren wurde
euch heute ein Retter, der ist (der) Christos, (der)
Herr, in (der) Stadt Davids. 12 Und dies (ist) euch
das Zeichen: Finden werdet ihr einen Säugling, gewickelt und liegend in einer Krippe. 13 Und plötzlich war mit dem Engel eine Menge (des) himmlischen Heeres, die Gott lobten und sagten: 14 Herrlichkeit in (den) Höhen für Gott und auf (der) Erde
Friede bei (den) Menschen (des) Wohlgefallens.
15 Und es geschah, als weggingen von ihnen in den
Himmel die Engel, redeten die Hirten zueinander:
Laßt uns doch gehen bis Bethlehem und sehen die-

huldige. 9 Die aber, hörend den König, gingen weg; und siehe, der Stern, den sie sahen im Osten, ging ihnen voran, bis kommend er darüber stand, wo das Kind war. 10 Sehend aber den Stern, freuten sie sich mit großer Freude sehr. 11 Und kommend in das Haus, sahen sie das Kind mit Maria, seiner Mutter, und (nieder)fallend huldigten sie ihm, und öffnend ihre Schatz(behälter), darbrachten sie ihm Geschenke, Gold und Weihrauch und Myrrhe. 12 Und unterwiesen im Traum, nicht zurückzukehren zu Herodes, auf einem anderen Weg entwichen sie in ihr Land.

ses Geschehnis, das gewordene, das der Herr uns kundtat. 16 Und sie kamen eilend, und sie fanden sowohl die Mariam und den Joseph und den Säugling liegend in der Krippe; 17 (es) sehend aber gaben sie Kunde über das Wort, das zu ihnen geredet wurde über dieses Kind. 18 Und alle (es) Hörenden staunten über das von den Hirten zu ihnen Geredete; 19 Mariam aber bewahrte alle diese Worte, erwägend (sie) in ihrem Herzen. 20 Und zurückkehrten die Hirten, verherrlichend und lobend Gott wegen allem, was sie hörten und sahen, gleichwie geredet wurde zu ihnen.

---

* Joh 7,41–42: 41 Andere sagten: Dieser ist der Christos, andere aber sagten: Kommt denn etwa aus der Galilaia der Christos? 42 Sprach nicht die Schrift: Aus der Nachkommenschaft Davids und von Bethlehem, dem Dorf, wo David war, kommt der Christos?

12. Beschneidung und Darstellung Jesu im Heiligtum

Lk 2,21–40

21 Und als sich erfüllten (die) acht Tage, ihn zu beschneiden, wurde auch gerufen sein Name Jesus, der
gerufen wurde von dem Engel, bevor er empfangen wurde im (Mutter)leib.
22 Und als sich erfüllten die Tage ihrer Reinigung gemäß dem Gesetz (des) Moyses, brachten sie ihn nach
Hierosolyma hinauf, darzustellen (ihn) dem Herrn, 23 gleichwie geschrieben ist im Gesetz (des) Herrn:
Jedes Männliche, öffnend (den) Mutterschoß, wird dem Herrn heilig gerufen werden, 24 und ein Opfer zu
geben nach dem Gesagten im Gesetz (des) Herrn: *Ein Paar Turteltauben oder zwei Junge von Tauben.* Ex 13,2.12.15
25 Und siehe, ein Mensch war in Jerusalem, dessen Name Symeon, und dieser Mensch (war) gerecht und Lev 5,11; 12,8
fromm, erwartend (die) Ermutigung Israels, und heiliger Geist war auf ihm; 26 und es war ihm Weisung
gegeben vom heiligen Geist, nicht zu sehen (den) Tod, ehe er sieht den Christos (des) Herrn. 27 Und er kam
im Geist ins Heiligtum; und als die Eltern das Kind Jesus hineinführten, um nach der Gewohnheit des
Gesetzes an ihm zu tun, 28 nahm auch er es in die Arme und pries Gott und sprach: 29 Jetzt entläßt du deinen
Sklaven, Gebieter, nach deinem Wort in Frieden; 30 weil meine Augen sahen dein Heil, 31 das du bereitetest
vor (dem) Angesicht aller Völker, 32 ein Licht zur Offenbarung für Völker und zur Herrlichkeit für dein
Volk Israel. 33 Und (es) war(en) sein Vater und die Mutter staunend über das Geredete über ihn. 34 Und
(es) segnete sie Symeon, und er sprach zu Mariam, seiner Mutter: Siehe, dieser ist bestimmt zu Fall und
Auferstehung vieler in Israel und zu einem Zeichen, dem widersprochen wird – 35 auch deine eigene Seele
[aber] wird durchdringen ein Schwert –, auf daß offenbart werden aus vielen Herzen (die) Gedanken.
36 Und (es) war Hanna, eine Prophetin, eine Tochter Phanuels, aus (dem) Stamme Aser; diese, vorgerückt
in vielen Tagen, hatte gelebt mit einem Mann sieben Jahre nach ihrer Jungfrauschaft, 37 und sie war Witwe
bis zu vierundachtzig Jahren, die nicht sich entfernte vom Heiligtum, mit Fasten und Gebeten dienend
Nacht und Tag. 38 Und zu eben dieser Stunde hintretend, lobte sie Gott und redete über ihn zu allen
Erwartenden (die) Erlösung Jerusalems.

Mt 2,22–23 (Nr. 5):

22 Hörend aber, daß Archelaos als König herrsche über die Judaia anstelle seines Vaters Herodes, fürchtete er sich, dorthin zu gehen; unterwiesen aber im Traum, entwich er in die (Landes)teile der Galilaia, 23 und (an)gekommen wohnte er in einer

39 Und als sie alles erfüllt hatten gemäß dem Gesetz (des) Herrn, kehrten sie zurück in die Galilaia, in ihre

Stadt, genannt Nazaret; auf daß erfüllt wird das Gesagte durch die Propheten, daß Nazoraier er gerufen
werden wird.

Stadt Nazareth. 40 Das Kind aber wuchs und
wurde stark, erfüllt mit Weisheit, und (die) Gnade
Gottes war auf ihm.

13. Der zwölfjährige Jesus im Heiligtum

Lk 2,41–52

41 Und (es) zogen seine Eltern jährlich nach Jerusalem zum Fest des Pascha. 42 Und als er zwölf Jahre war,
als sie hinaufgingen nach der Sitte des Festes 43 und vollendeten die Tage, blieb, während sie zurückkehrten, Jesus, das Kind, in Jerusalem zurück, und nicht bemerkten (es) seine Eltern. 44 Meinend aber, er sei
bei der Weggemeinschaft, gingen sie einen Tagesweg und suchten ihn bei den Verwandten und den Bekannten, 45 und nicht findend, zurückkehrten sie nach Jerusalem, suchend ihn. 46 Und es geschah, nach drei
Tagen fanden sie ihn im Heiligtum, sitzend inmitten der Lehrer und ihnen zuhörend und sie befragend;
47 (es) gerieten aber außer sich alle ihn Hörenden über sein Verstehen und seine Antworten. 48 Und sehend
ihn, wurden sie bestürzt, und (es) sprach zu ihm seine Mutter: Kind, warum handeltest du an uns so?
Siehe, dein Vater und ich, mit Schmerzen suchten wir dich. 49 Und er sprach zu ihnen: Weswegen suchtet
ihr mich? Wußtet ihr nicht, daß in dem, (was) meines Vaters (ist), ich sein muß? 50 Und sie verstanden nicht
das Wort, das er redete zu ihnen. 51 Und hinabstieg er mit ihnen und kam nach Nazareth und war sich
unterordnend ihnen. Und seine Mutter bewahrte alle Worte in ihrem Herzen. 52 Und Jesus schritt fort [in
der] Weisheit und im Alter und in Gnade bei Gott und Menschen.

DAS ÖFFENTLICHE WIRKEN JESU

Die Vorbereitung

14. Das Auftreten Johannes des Taufenden

Mt 3,1–6

1 In jenen Tagen aber
kommt
Johannes der Täufer,
verkündend in der Öde *
der Judaia,
2 [und] sagend:
Kehrt um! Denn nahegekom-
men ist das Königtum der
Himmel. 3 Denn dieser ist
der Angesprochene durch
Isaias, den Propheten, (den)
sagenden:
vgl. 11,10 (Nr. 98)

Stimme eines Rufenden
in der Öde: Bereitet den Weg
(des) Herrn, gerade macht
seine *Straßen.* **

Mk 1,2–6

vgl. V 4

2 Gleichwie geschrieben ist
in dem
Isaias, dem Propheten: *Siehe,*
ich schicke meinen Boten vor
deinem Angesicht (her), der
herrichten wird deinen *Weg*;
3 *Stimme eines Rufenden*
in der Öde: Bereitet den Weg
(des) Herrn, gerade macht
seine *Straßen,* **

Lk 3,1–6

1 Im fünfzehnten Jahr der
Regierung (des) Kaisers
Tiberios aber, als Pontios
Pilatos die Judaia regierte
und Herodes Tetrarch der
Galilaia war, Philippos aber,
sein Bruder, Tetrarch der
Ituraia und (des) trachoniti-
schen Landes und Lysanias
Tetrarch der Abilene war,
2 unter (dem) Hochpriester
Hannas und Kajaphas
geschah (das) Wort Gottes an
Johannes, den Sohn (des)
Zacharias, in der Öde. *
3 Und er kam in [die] ganze
Umgegend des Jordanes,
verkündend eine Taufe (der)
Umkehr
zu(m) Erlaß von Sünden,
4 wie geschrieben ist
im Buch (der) Worte (des)
Isaias, des Propheten: Ex 23,20
vgl. 7,27 (Nr. 75) Mal 3,1

Stimme eines Rufenden Jes 40,3 (G)
in der Öde: Bereitet den Weg
(des) Herrn, gerade macht
seine *Straßen;* ** 5 *jede*
Schlucht wird gefüllt werden, Jes 40,4–5 (G)
und jeder Berg und Hügel
wird niedrig gemacht wer-
den, und (es) wird werden
das Krumme zu Geradem
und die rauhen zu glatten
Wegen; 6 *und (es) wird*
sehen alles Fleisch das Heil
Gottes.

vgl. VV 1–2

4 Er aber, Johannes, hatte
sein Gewand aus Haaren vom
Kamel und einen ledernen
Gürtel um seine Hüfte; seine
Nahrung aber war
Heuschrecken und wilder
Honig. 5 Damals hinausging
zu ihm Hierosolyma und die
ganze Judaia und die ganze
Umgegend des Jordanes,
6 und sie wurden getauft
im Fluß Jordanes von ihm,
bekennend ihre Sünden.

vgl. V 4

4 – war Johannes [der]
Taufende in der Öde und
verkündend eine Taufe (der)
Umkehr zu(m) Erlaß von
Sünden.

vgl. V 6

5 Und hinausging
zu ihm das ganze judaische
Land, und die Hierosolymiten alle,
und sie wurden getauft
von ihm im Fluß Jordanes,
bekennend ihre Sünden.
6 Und (es) war Johannes
angezogen mit Haaren vom
Kamel und einem ledernen
Gürtel um seine Hüfte und
essend Heuschrecken und
wilden Honig.

vgl. V 3b

vgl. V 3a

* Joh 1,6: Auftrat ein Mensch, geschickt von Gott, Name war ihm Johannes.

** Joh 1,23: Er sagte: Ich (bin) die Stimme eines Rufenden in der Öde: Begradigt den Weg (des) Herrn, gleichwie sprach Isaias, der Prophet.

15. Die Umkehrpredigt des Johannes

Mt 3,7–10

7 Sehend aber viele der Pharisaier und Saddukaier, kommend zu seiner Taufe, sprach er zu ihnen: Brut von Nattern, wer zeigte euch, zu fliehen vor dem kommenden Zorn? 8 Bringt also
Frucht, würdig der Umkehr, 9 und meint nicht,
sagen zu (können) bei euch: Als Vater haben wir den Abraham. Denn ich sage euch: (Es) kann Gott aus diesen Steinen erwecken Kinder dem Abraham.
10 Schon aber ist die Axt an die Wurzel der Bäume gelegt; jeder Baum nun, nicht bringend gute Frucht, wird ausgehauen und ins Feuer geworfen.

Lk 3,7–9

7 Er sagte nun zu den hinausgehenden Volksmengen, um getauft zu werden von ihm:
Brut von Nattern, wer zeigte euch, zu
fliehen vor dem kommenden Zorn? 8 Bringt also
Früchte, würdig der Umkehr; und beginnt nicht zu sagen bei euch: Als Vater haben wir den Abraham. Denn ich sage euch: (Es) kann Gott aus diesen Steinen erwecken Kinder dem Abraham.
9 Schon aber ist auch die Axt an die Wurzel der Bäume gelegt; jeder Baum nun, nicht bringend gute Frucht, wird ausgehauen und ins Feuer geworfen.

16. Konkretisierungen der Umkehr

Lk 3,10–14

10 Und (es) befragten ihn die Volksmengen, sagend: Was nun sollen wir tun? 11 Antwortend aber sagte er
ihnen: Der Habende zwei Gewänder soll Anteil geben dem nicht Habenden, und der Habende Speisen soll
gleicherweise tun. 12 (Es) kamen aber auch Zöllner, um getauft zu werden, und sprachen zu ihm: Lehrer,
was sollen wir tun? 13 Der aber sprach zu ihnen: Nicht mehr als das euch Gestattete fordert! 14 (Es) befragten ihn aber auch Soldaten, sagend: Und was sollen wir tun? Und er sprach zu ihnen: Mißhandelt und
erpreßt keinen, und begnügt euch mit eurem Sold!

17. Des Johannes Rede vom Kommenden (Messias)

Mt 3,11–12	Mk 1,7–8	Lk 3,15–18	Joh 1,24–28
		15 Als aber das Volk in Erwartung war und alle überlegten in ihren Herzen über den Johannes, ob nicht er selbst sei der Christos,	24 Und geschickt waren sie von den Pharisaiern. 25 Und sie fragten ihn und sprachen zu ihm: Was also taufst du, wenn du nicht bist der Christos und nicht Elias und nicht der Prophet?
11 Ich zwar taufe euch mit Wasser zur Umkehr,	7 Und er verkündete, sagend: vgl. V 8a	16 antwortete, sagend allen der Johannes: Ich zwar taufe euch mit Wasser;	26 (Es) antwortete ihnen Johannes, sagend: Ich taufe mit Wasser,
der aber nach mir Kommende ist ein Stärkerer als ich, dessen ich nicht wert bin, die Sandalen zu tragen;	(Es) kommt der Stärkere als ich nach mir, dessen ich nicht wert bin, gebückt zu lösen den Riemen seiner Sandalen.	es kommt aber der Stärkere als ich, dessen ich nicht wert bin, zu lösen den Riemen seiner Sandalen;	mitten unter euch steht er, den ihr nicht kennt, 27 der nach mir Kommende, dessen [ich] nicht würdig bin, daß ich löse den Riemen seiner Sandale.
vgl. V 11a er wird euch taufen mit heiligem Geist und Feuer;	8 Ich taufte euch mit Wasser, er aber wird taufen euch mit heiligem Geist.	vgl. V 16a er wird euch taufen mit heiligem Geist und Feuer;	
12 dessen Worfschaufel (ist) in seiner Hand, und durchreinigen wird er seine Tenne, und sammeln wird er sein Getreide in die Scheune, die Spreu aber wird er verbren-		17 dessen Worfschaufel (ist) in seiner Hand, durchzureinigen seine Tenne und zu sammeln das Getreide in seine Scheune, die Spreu aber wird er verbren-	

nen mit unlöschba-
rem Feuer.

nen mit unlöschba-
rem Feuer. 18 Vieles
nun auch anderes
anmahnend, verkün-
dete er dem Volk.

28 Dieses geschah in
Bethania, jenseits des
Jordanes, wo Johan-
nes war taufend.

18. Die Gefangennahme des Johannes

Mt 14,3–4 (Nr. 130):

3 Denn Herodes,
ergreifend den
Johannes, hatte gebunden
[ihn] und im Gefängnis
verwahrt wegen Herodias, der
Frau (des) Philippos, seines
Bruders.
4 Denn (es) sagte
ihm Johannes:
Nicht ist dir erlaubt, sie zu
haben.

Mk 6,17–18 (Nr. 130):

17 Denn er, Herodes, (aus-)
schickend hatte ergriffen den
Johannes und hatte gebunden
ihn im Gefängnis
wegen Herodias, der
Frau (des) Philippos, seines
Bruders, weil er sie geheiratet
hatte; 18 denn (es) sagte
Johannes dem Herodes:
Nicht ist dir erlaubt, zu haben
die Frau deines Bruders.

Lk 3,19–20

19 Herodes aber, der
Tetrarch, überführt von ihm
wegen Herodias, der
Frau seines
Bruders, und wegen allem
Bösen, was getan hatte
Herodes, 20 fügte auch dies
zu allem hinzu, [und] ein-
schloß er den Johannes im
Gefängnis.

19. Die Taufe Jesu *

Mt 3,13–17

13 Da kommt Jesus von
der Galilaia an den Jordanes
zu Johannes, um getauft zu
werden von ihm. 14 Johannes
aber hinderte ihn, sagend: Ich
habe nötig, von dir getauft zu
werden, und du kommst zu
mir? 15 Antwortend aber
sprach Jesus zu ihm: Laß
jetzt, denn so ist es gezie-
mend für uns, zu erfüllen jede
Gerechtigkeit. Da läßt er ihn.
16 Getauft aber stieg Jesus
sofort herauf vom Wasser;
und siehe, geöffnet wurden
[ihm] die Himmel, und er sah
[den] Geist Gottes

Mk 1,9–11

9 Und es geschah – in jenen
Tagen kam Jesus vom Naza-
ret der Galilaia und wurde
getauft im Jordanes von
Johannes.
10 Und sofort, heraufstei-
gend aus dem Wasser,
sah er
sich spaltend die Himmel und
den Geist

Lk 3,21–22

21 Es geschah aber, als das
ganze Volk getauft wurde und
als Jesus getauft wurde und
betete,
öffnete sich
der Himmel, 22 und
herabstieg der heilige Geist in

herabsteigend wie eine
Taube [und] kommend auf
ihn; [17]und siehe, eine
Stimme aus den Himmeln,
sagend: Dieser ist mein
geliebter Sohn, an dem ich
Gefallen fand.

wie eine Taube herabstei-
gend auf
ihn; [11]und eine
Stimme kam aus den Him-
meln: Du bist mein
geliebter Sohn, an dir fand ich
Gefallen.

leiblicher Gestalt wie eine
Taube auf
ihn, und eine
Stimme aus (dem) Himmel
kam: Du bist mein
geliebter Sohn, an dir fand ich
Gefallen.

---

* Joh 1,29–34: [29]Am folgenden (Tag) sieht er Jesus kommend zu ihm und sagt: Sieh das Lamm Gottes, das tragende
die Sünde der Welt. [30]Dieser ist (es), über den ich sprach: Nach mir kommt ein Mann, der vor mir gewesen ist, weil eher
als ich er war. [31]Und ich kannte ihn nicht, aber damit er offenbar werde für Israel, deswegen kam ich, mit Wasser
taufend. [32]Und (es) bezeugte Johannes, sagend: Ich habe gesehen den Geist herabsteigend wie eine Taube vom Himmel, und blieb auf ihm. [33]Und ich kannte ihn nicht, aber der mich Schickende, zu taufen mit Wasser, jener sprach zu
mir: Auf wen immer du siehst den Geist herabsteigend und bleibend auf ihm, dieser ist der Taufende mit heiligem
Geist. [34]Und ich habe gesehen und ich habe bezeugt: Dieser ist Sohn Gottes.

20. Die Herkunft Jesu

Mt 1,2–16 (Nr. 2):

[2]Abraham zeugte den Isaak, Isaak aber zeugte den Jakob, Jakob aber zeugte den Judas und seine Brüder, [3]Ju-
das aber zeugte den Phares und den Zara aus der Thamar, Phares aber zeugte den Hesrom, Hesrom aber
zeugte den Aram, [4]Aram aber zeugte den Aminadab,
Aminadab aber zeugte den Naasson, Naasson aber
zeugte den Salmon, [5]Salmon aber zeugte den Boes aus
der Rachab, Boes aber zeugte den Jobed aus der Ruth,
Jobed aber zeugte den Jessai, [6]Jessai aber zeugte den David, den König.
David aber zeugte den Solomon aus der des Uria, [7]Solo-
mon aber zeugte den Roboam, Roboam aber zeugte den
Abia, Abia aber zeugte den Asaph, [8]Asaph aber zeugte
den Josaphat, Josaphat aber zeugte den Joram, Joram
aber zeugte den Ozias, [9]Ozias aber zeugte den Joatham,
Joatham aber zeugte den Achaz, Achaz aber zeugte den
Hezekias, [10]Hezekias aber zeugte den Manasses, Manasses aber zeugte den Amos, Amos aber zeugte den Josias,
[11]Josias aber zeugte den Jechonias und seine Brüder
während der Umsiedlung nach Babylon.
[12]Nach der Umsiedlung nach Babylon aber zeugte Jechonias den Salathiel, Salathiel aber zeugte den Zorobabel,
[13]Zorobabel aber zeugte den Abihud, Abihud aber
zeugte den Eliakim, Eliakim aber zeugte den Azor,
[14]Azor aber zeugte den Sadok, Sadok aber zeugte den
Achim, Achim aber zeugte den Eliud, [15]Eliud aber
zeugte den Eleazar, Eleazar aber zeugte den Matthan,
Matthan aber zeugte den Jakob, [16]Jakob aber zeugte Joseph, den Mann Marias, aus der erzeugt wurde Jesus, der
Christos genannte.

Lk 3,23–38

[23]Und er, Jesus, war, als er begann, etwa dreißig
Jahre, Sohn, wie man meinte, Josephs, des Eli,
[24]des Matthat, des Levi, des Melchi, des Jannai,
des Joseph, [25]des Mattathias, des Amos, des
Naum, des Hesli, des Naggai, [26]des Maath, des
Mattathias, des Semein, des Josech, des Joda,
[27]des Johanan, des Rhesa, des Zorobabel, des Salathiel, des Neri, [28]des Melchi, des Addi, des Kosam, des Elmadam, des Er, [29]des Jesus, des Eliezer, des Jorim, des Matthat, des Levi, [30]des
Symeon, des Judas, des Joseph, des Jonam, des
Eliakim, [31]des Melea, des Menna, des Mattatha,
des Natham, des David, [32]des Jessai, des Jobed,
des Boos, des Sala, des Naasson, [33]des Aminadab,
des Admin, des Arni, des Hesrom, des Phares, des
Judas, [34]des Jakob, des Isaak, des Abraham, des
Thara, des Nachor, [35]des Seruch, des Rhagau, des
Phalek, des Eber, des Sala, [36]des Kainam, des Arphaxad, des Sem, des Noe, des Lamech, [37]des Mathusala, des Henoch, des Jaret, des Maleleel, des
Kainam, [38]des Enos, des Seth, des Adam, Gottes.

21. Die Versuchung Jesu

Mt 4,1–11

1 Da wurde Jesus
hinauf-
geführt in die Öde vom Geist,
um versucht zu werden
vom Teufel. 2 Und fastend
vierzig Tage und vierzig
Nächte, zuletzt hungerte
(ihn).

Mk 1,12–13

12 Und sofort treibt der Geist
ihn hinaus in die Öde. 13 Und
er war in der Öde
vierzig Tage, versucht
vom Satan,

Lk 4,1–13

1 Jesus aber, voll heiligen
Geistes, kehrte zurück vom
Jordanes und wurde herum-
geführt im Geist in der Öde,
2 vierzig Tage versucht
vom Teufel. Und er aß nichts
in jenen Tagen, und als sie
beendet waren, hungerte
(ihn).

Mt

3 Und hinzukommend, der Versucher
sprach zu ihm: Wenn du Sohn Gottes bist,
sprich, daß diese Steine Brote werden.
4 Der aber antwortend sprach:
Dtn 8,3 Geschrieben ist: *Nicht vom Brot allein wird*
leben der Mensch, sondern von jedem Wort,
herausgehend durch (den) Mund Gottes. 5 Da
nimmt ihn der Teufel mit in die heilige Stadt und
stellte ihn auf den Rand des Heiligtums 6 und
sagt ihm: Wenn du Sohn Gottes bist, wirf dich
Ps 91,11f hinunter; denn es ist geschrieben: *Seinen*
Engeln wird er gebieten deinetwillen und: *Auf*
Händen werden sie dich tragen, damit du nicht
anstoßest gegen einen Stein deinen Fuß. 7 (Es)
Dtn 6,16 (G) sagte ihm Jesus: Wieder ist geschrieben: *Nicht*
sollst du versuchen (den) Herrn, deinen Gott.
8 Wieder nimmt ihn der Teufel mit auf einen sehr
hohen Berg und zeigt ihm alle Königreiche
der Welt und ihre Herrlichkeit 9 und
sprach zu ihm : Dieses alles werde
ich dir geben,
wenn du
(nieder)fallend mit huldigst.
10 Da sagt ihm Jesus: Geh fort,
Dtn 6,13 (G); 10,20 Satan! Denn es ist geschrieben: *(Dem) Herrn,*
deinem Gott, sollst du huldigen und ihm allein
dienen.

Ps 91,11

Ps 91,12

vgl. VV 5–7

Dtn 6,16 (G)

Lk

3 (Es) sprach aber zu ihm der
Teufel : Wenn du Sohn Gottes bist,
sprich zu diesem Stein, daß er werde Brot.
4 Und (es) antwortete zu ihm Jesus:
Geschrieben ist: *Nicht vom Brot allein wird*
leben der Mensch.

vgl. VV 9–12

5 Und ihn hinaufführend,
zeigte er ihm alle Königreiche
des Erdkreises in einem Punkt (der) Zeit, 6 und
(es) sprach zu ihm der Teufel: Dir werde
ich geben diese ganze Macht und ihre Herrlichkeit, weil sie mir übergeben ist, und wem immer
ich will, gebe ich sie; 7 du nun, wenn du
huldigst vor mir, wird sie ganz dein sein.
8 Und antwortend sprach Jesus zu ihm:
Geschrieben ist: *(Dem) Herrn,*
deinem Gott, sollst du huldigen und ihm allein
dienen. 9 Er führte ihn aber nach Jerusalem und
stellte (ihn) auf den Rand des Heiligtums und
sprach zu ihm: Wenn du Sohn Gottes bist, wirf
dich von hier hinunter; 10 denn es ist
geschrieben: *Seinen Engeln wird er gebieten dei-*
netwillen, dich zu bewachen, 11 und: *Auf Händen*
werden sie dich tragen, damit du nicht
anstoßest gegen einen Stein deinen Fuß.
12 Und antwortend sprach zu ihm Jesus: Es ist
gesprochen worden: *Nicht sollst du versuchen*
(den) Herrn, deinen Gott.

11 Da läßt ihn der Teufel, und siehe, Engel* kamen hinzu und dienten ihm.	und er war mit den Tieren, und die Engel* dienten ihm.	13 Und als er die ganze Versuchung beendet hatte, ließ der Teufel von ihm ab bis zur (bestimmten) Zeit.

* Joh 1,51: Und er sagt ihm: Amen, amen, ich sage euch, sehen werdet ihr den Himmel geöffnet und die Engel Gottes aufsteigend und herabsteigend auf den Sohn des Menschen.

Jesu Wirken in der Galilaia

22. Das Auftreten Jesu in der Galilaia

Mt 4,12–17	Mk 1,14–15	Lk 4,14–15	Joh 4,1–3.43
12 Hörend aber, daß Johannes übergeben wurde,	14 Nachdem aber übergeben war Johannes,	14 Und zurückkehrte Jesus	1 Wie nun Jesus erfuhr, daß gehört hatten die Pharisaier, daß Jesus mehr Schüler macht und tauft als Johannes 2 – wiewohl freilich Jesus selbst nicht taufte, sondern seine Schüler –, 3 verließ er die Judaia, und
entwich er in die Galilaia.	kam Jesus in die Galilaia,	in der Kraft des Geistes in die Galilaia.	wegging er wieder in die Galilaia. 43 Nach den zwei Tagen aber wegging er von dort in die Galilaia.
13 Und zurücklassend Nazara, (an)gekommen, wohnte er in Kapharnaum, dem am Meer in (den) Gebieten von Zabulon und Nephthalim; 14 damit erfüllt wird das Gesagte durch Isaias, den Propheten, (den) sagenden: 15 *Land Zabulon* und *Land Nephthalim gegen das Meer (hin), jenseits des Jorda-*			

Jes 8,23–9,1

nes, Galilaia der
Heiden, – 16 *das*
Volk, das in
Finsternis sitzende,
sah ein großes Licht,
und den im Land und
Schatten (des) Todes
Sitzenden, ein Licht
ging ihnen *auf.*
17 Von da (an) be-
gann Jesus zu ver-
künden
und zu
sagen: Kehrt um!
Denn nahege-
kommen ist das Kö-
nigtum der Himmel.

ver-
kündend das Evan-
gelium Gottes 15 und
sagend: Erfüllt ist die
Zeit, und nahege-
kommen ist das Kö-
nigtum Gottes;
kehrt um und glaubt
an das Evangelium!

Und Kunde ging aus
über ihn in der gan-
zen Umgegend.
15 Und er lehrte in
ihren Synagogen,
verherrlicht von allen.

23. Erstes Auftreten Jesu in Nazara

Mt 13,54–58 (Nr. 127):

54 Und
kommend in seine Vater-
stadt,

lehrte er sie in ihrer Synagoge,

Mk 6,1–6a (Nr. 127):

1 Und hinausging er von dort
und kommt in seine Vater-
stadt, und (es) folgen ihm
seine Schüler. 2 Und als es
Sabbat geworden, begann er
zu lehren in der Syna-
goge,

Lk 4,16–30

16 Und er
kam nach Nazara, wo er
aufgezogen worden war, und
hineinging er nach seiner
Gewohnheit am Tage der
Sabbate in die Syna-
goge, und aufstand er zu lesen. 17 Und (es) wurde ihm
übergeben (das) Buch des
Propheten Isaias, und öffnend
das Buch, fand er die Stelle,
wo geschrieben war: 18 *(Der)*
Jes 61,1f (G) *Geist (des) Herrn (ist) auf mir,*
deswegen, weil er mich salb-
te, (ein Evangelium) zu ver-
künden Armen, er hat mich
geschickt, Gefangenen Erlaß
zu verkünden und Blinden
Sehvermögen, (aus)zuschicken
Jes 58,6 *Gebrochene in Freilassung,*
19 *zu verkünden ein genehmes*
Jahr (des) Herrn. 20 Und als
er zusammengerollthatte das
Buch, zurückgebend (es)
dem Diener, setzte er sich;

so daß sie
außer sich gerieten

und sagten:
Woher (sind) diesem
diese Weisheit
und
die Kräfte?

55 Ist nicht dieser des
Zimmermanns Sohn? * Wird
nicht seine Mutter genannt
Mariam und seine Brüder
Jakobos und Joseph und
Simon und Judas? 56 Und
sind seine Schwestern
nicht alle bei uns? Woher also
(ist) diesem dieses alles?
57 Und sie nahmen Anstoß an
ihm. Jesus aber sprach zu
ihnen: Nicht ist ein
Prophet ungeehrt, außer in
(seiner) Vaterstadt
und in
seinem Haus. ** 58 Und nicht
tat er dort viele
Kraft(taten)

wegen ihres
Unglaubens.

und viele Hörende
waren außer sich,

sagend:
Woher (ist) diesem dieses,
und welche (ist) die Weisheit,
die diesem gegebene, und
solche Kräfte, geschehend
durch seine Hände?
3 Ist nicht dieser der
Zimmermann, * der Sohn der

Maria und Bruder von
Jakobos und Joses und
Judas und Simon? Und
sind nicht seine Schwestern
hier bei uns?

Und sie nahmen Anstoß an
ihm. 4 Und (es) sagte ihnen
Jesus: Nicht ist ein
Prophet ungeehrt, außer in
seiner Vaterstadt und bei
seinen Verwandten und in
seinem Haus. ** 5 Und nicht
konnte er dort tun irgendeine
Kraft(tat), außer daß er
wenigen Schwachen die Hände auflegend (sie) heilte.
6a Und er staunte wegen ihres
Unglaubens.

und aller Augen in der Synagoge waren starrend auf ihn.
21 Er aber begann zu sagen zu
ihnen: Heute ist erfüllt worden
diese Schrift in euren Ohren.
22 Und alle zeugten für ihn
und staunten über die Worte
der Gnade, die herauskom-
menden aus seinem Mund,
und sagten:

Ist nicht
ein Sohn Josephs dieser? *

23 Und er sprach zu ihnen:
Gewiß werdet ihr mir sagen
dieses Gleichnis: Arzt, heile
dich selbst; sovieles wir
hörten als geschehen in Kapharnaum, tue auch hier in
deiner Vaterstadt!
24 Er aber sprach:
Amen, ich sage euch: Kein
Prophet ist genehm in
seiner Vaterstadt. **

25 In Wahrheit aber sage
ich euch: Viele Witwen waren in
den Tagen (des) Elias in Israel,
als verschlossen wurde der Himmel an die drei Jahre und sechs
Monate, als eine große Hungersnot über das ganze Land kam,
26 und zu keiner von ihnen wurde
Elias geschickt, außer nach Sa-
repta (in) der Sidonia zu einer
verwitweten Frau. 27 Und viele
Aussätzige waren in Israel zur
(Zeit des) Elisaios, des Propheten, und keiner von ihnen wurde
gereinigt außer Naiman, der
Syrer. 28 Und erfüllt wurden alle

mit Wut in der Synagoge, dieses
hörend, 29 und aufstehend warfen sie ihn hinaus aus der Stadt
und führten ihn bis zum Abhang
des Berges, auf dem ihre Stadt
gebaut war, um ihn hinabzusto-
ßen; 30 er aber, hindurchgehend
durch ihre Mitte, ging. ***

* Joh 7,15: (Es) staunten nun die Judaier, sagend: Wie kennt dieser Schriften als Ungelehrter?
Joh 6,42: Und sie sagten: Ist dieser nicht Jesus, der Sohn Josephs, von dem wir kennen den Vater und die Mutter? Wie sagt er jetzt: Aus dem Himmel bin ich herabgestiegen?
** Joh 4,44: Denn selbst bezeugte Jesus, daß ein Prophet in seinem eigenen Vaterland Ehre nicht hat.
*** Joh 10,39: Sie suchten [nun], ihn wieder zu ergreifen, und er entkam aus ihrer Hand.

24. Berufung der ersten Schüler *

Mt 4,18–22

18 Umhergehend aber entlang dem Meer der Galilaia, sah er zwei Brüder, Simon, den Petros genannten, und Andreas, seinen Bruder, werfend ein Wurfnetz ins Meer; denn sie waren Fischer.

Mk 1,16–20

16 Und entlanggehend entlang dem Meer der Galilaia, sah er Simon und Andreas, den Bruder Simons, (Wurfnetze) auswerfend im Meer; denn sie waren Fischer.

Lk 5,1–11 (Nr. 30): **

1 Es geschah aber, als die Volksmenge ihn bedrängte und hörte das Wort
Gottes, und er selbst war stehend
am See Gennesaret, 2 und er sah
zwei Boote stehend am See; die
Fischer aber, von ihnen ausgestiegen, wuschen die Netze.
3 Eingestiegen aber in eines der
Boote, das Simon gehörte, bat er
ihn, vom Land hinauszufahren ein
wenig; sitzend aber, vom Boot aus
lehrte er die Volksmengen.
4 Als er aber aufhörte zu reden,
sprach er zu Simon: Fahr hinaus in
die Tiefe, und laßt hinab eure Netze
zum Fang. 5 Und antwortend sprach
Simon: Meister, durch (die) ganze
Nacht uns mühend, nichts fingen
wir; auf dein Wort (hin) aber werde
ich hinablassen die Netze. 6 Und
dieses tuend, einschlossen sie eine
große Menge von Fischen; (es) zerrissen aber ihre Netze. 7 Und
zuwinkten sie den Genossen im
anderen Boot, um kommend mitzu-
fangen mit ihnen; und sie kamen,
und sie füllten die beiden Boote, so
daß sie einsanken. 8 (Es) sehend
aber, niederfiel Simon Petros zu
den Knien von Jesus, sagend: Geh
weg von mir, weil ein sündiger Mann

[19]Und er
sagt ihnen:
Auf, hinter mich! Und machen
werde ich euch zu Fi-
schern von Menschen. [20]Die
aber, sogleich lassend die
Netze, folgten ihm. [21]Und
weitergehend von dort, sah
er andere zwei Brüder,
Jakobos, den des Zebedaios,
und Johannes, seinen Bruder,
im Boot mit Zebedaios,
ihrem Vater, zurechtbringend
ihre Netze, und er
rief sie.
[22]Die aber, sogleich lassend
das Boot und ihren Vater,
folgten ihm.

[17]Und (es)
sprach zu ihnen Jesus:
Auf, hinter mich! Und machen
werde ich, daß ihr werdet Fischer von Menschen.
[18]Und sofort, lassend die
Netze, folgten sie ihm. [19]Und
weitergehend ein wenig, sah
er
Jakobos, den des Zebedaios,
und Johannes, seinen Bruder,
und sie im Boot
zurechtbringend
die Netze; [20]und sofort rief
er sie.
Und lassend
ihren Vater Zebedaios im
Boot mit den Lohnarbeitern,
weggingen sie, hinter ihm.

ich bin, Herr! [9]Denn Schrecken
umfaßte ihn und alle mit ihm
über den Fang der Fische, die
sie mitfingen, [10]gleicherweise
aber auch Jakobos und Jo-
hannes, (die) Söhne (des)
Zebedaios, die Teilhaber waren dem Simon. Und (es)
sprach zu Simon Jesus:
Fürchte dich nicht! Von jetzt
(an) wirst du ein Men-
schen Fangender sein.
[11]Und führend
die Boote ans Land, lassend
alles,
folgten sie ihm.

---

* Joh 1,35–42: [35]Am folgenden (Tag) wieder dastand Johannes und von seinen Schülern zwei, [36]und hinschauend auf den umhergehenden Jesus, sagt er: Sieh, das Lamm Gottes! [37]Und (es) hörten die zwei Schüler ihn redend, und sie folgten Jesus. [38]Sich umwendend aber Jesus und sehend sie folgend, sagt er ihnen: Was sucht ihr? Die aber sprachen zu ihm: Rabbi, das heißt übersetzt: Lehrer, wo bleibst du? [39]Er sagt ihnen: Kommt und ihr werdet sehen. Sie kamen nun und sahen, wo er bleibt, und bei ihm blieben sie jenen Tag; Stunde war etwa (die) zehnte. [40](Es) war Andreas, der Bruder von Simon Petros, einer von den zweien, den Hörenden von Johannes und ihm Folgenden; [41](es) findet dieser zuerst den eigenen Bruder Simon und sagt ihm: Wir haben gefunden den Messias, das ist übersetzt: Christos. [42]Er führt ihn zu Jesus. Anschauend ihn sprach Jesus: Du bist Simon, der Sohn von Johannes, du wirst gerufen werden Kephas, das übersetzt wird: Petros.

** Joh 21,1–11: [1]Danach offenbarte sich Jesus wieder den Schülern am Meer von Tiberias; er offenbarte (sich) aber so. [2](Es) waren zusammen Simon Petros und Thomas, der Didymos (= Zwilling) Genannte, und Nathanael, der vom Kana der Galilaia, und die des Zebedaios und andere von seinen Schülern zwei. [3](Es) sagt ihnen Simon Petros: Fort gehe ich fischen. Sie sagen ihm: (Es) kommen auch wir mit dir. Hinausgingen und einstiegen sie ins Boot, aber in jener Nacht fingen sie nichts. [4]Als aber schon Morgenfrühe geworden war, stellte sich Jesus an den Strand, nicht freilich wußten die Schüler, daß (es) Jesus ist. [5](Es) sagt ihnen nun Jesus: Kinder, nicht habt ihr irgendeine Zuspeise? Sie antworteten ihm: Nein. [6]Der aber sprach zu ihnen: Werft auf die rechte Seite des Bootes das Netz und finden werdet ihr. Sie warfen nun, und nicht mehr zu ziehen vermochten sie es wegen der Menge der Fische. [7](Es) sagt nun jener Schüler, den Jesus liebte, zu Petros: Der Herr ist (es). Simon Petros nun, hörend, daß der Herr (es) ist, gürtete das Obergewand, denn er war nackt, und er warf sich ins Meer, [8]die anderen Schüler aber kamen mit dem Boot, denn nicht waren sie weit vom Land, sondern etwa an (die) zweihundert Ellen, schleppend das Netz mit den Fischen. [9]Wie sie nun ausstiegen ans Land, sehen sie ein Kohlenfeuer liegend und einen Fisch daraufliegend und Brot. [10](Es) sagt ihnen Jesus: Bringt von den Fischen, die ihr jetzt fingt! [11]Hinaufstieg nun Simon Petros, und er zog das Netz ans Land, voll mit einhundertdreiundfünfzig großen Fischen; und soviele es waren, nicht riß das Netz.

25. Erstes Auftreten Jesu in Kapharnaum

Mt 7,28–29 (Nr. 65):

28 Und es
geschah, als Jesus beendete diese Worte, gerieten außer
sich die Volksmengen über
seine Lehre, * 29 denn er war
lehrend sie wie ein Vollmacht
Habender und nicht wie ihre
Schriftkundigen.

Mk 1,21–28

21 Und hineingehen sie nach
Kapharnaum; und sofort an
den Sabbaten hineinkom-
mend in die Synagoge, lehrte
er. 22 Und sie gerieten außer
sich über
seine Lehre; * denn er war
lehrend sie wie ein Vollmacht
Habender und nicht wie die
Schriftkundigen.
23 Und sofort war in ihrer
Synagoge ein Mensch
in
unreinem Geist, und
aufschrie er,
24 sagend: Was (ist zwi-
schen) uns und dir, Jesus, Nazarener? Kamst du, uns zu vernichten? Ich kenne dich, wer du
bist, der Heilige Gottes. 25 Und
anfuhr ihn Jesus, sagend: Ver-
stumme und komm heraus aus
ihm! 26 Und zerrend ihn der
unreine Geist und
schreiend mit lauter Stimme,
kam er heraus aus ihm.
27 Und sie
erschraken alle, so daß sie
stritten unter sich,
sagend: Was ist
dies? Eine neue Lehre mit
Vollmacht; und den unreinen
Geistern befiehlt er, und sie
gehorchen ihm. 28 Und
hinausging sein Ruf sofort
überall in die ganze
Umgegend der Galilaia.

Lk 4,31–37

31 Und hinabkam er nach
Kapharnaum, einer Stadt der
Galilaia. Und er war lehrend
sie an den Sabbaten.
32 Und sie gerieten außer
sich über
seine Lehre, * weil
in Vollmacht
war sein Wort.
33 Und in der
Synagoge war ein Mensch,
habend (den) Geist eines
unreinen Dämons, und
aufschrie er mit lauter
Stimme: 34 Ha, was (ist zwischen) uns und dir, Jesus, Nazarener? Kamst du, uns zu vernichten? Ich kenne dich, wer du
bist, der Heilige Gottes. 35 Und
anfuhr ihn Jesus, sagend: Ver-
stumme und komm heraus von
ihm! Und der Dämon,
werfend ihn in die Mitte,
kam heraus von ihm, (in) nichts
ihm schadend. 36 Und (es)
kam Schrecken über alle, und
sie unterredeten sich
untereinander sagend: Was (ist)
dieses Wort, daß es in
Vollmacht und Kraft befiehlt
den unreinen Geistern und sie
herauskommen? 37 Und
hinausging Kunde über ihn
in jeden Ort der
Umgegend.

* Joh 7,46: (Es) antworteten die Diener: Noch nie redete so ein Mensch.

26. Heilung der Schwiegermutter Simons

Mt 8,14–15 (Nr. 80):	**Mk 1,29–31**	**Lk 4,38–39**
14 Und kommend Jesus in das Haus von Petros, sah er dessen Schwiegermutter (aufs Bett) geworfen und fiebernd;	29 Und sofort, aus der Synagoge hinausgehend, kamen sie in das Haus von Simon und Andreas mit Jakobos und Johannes. 30 Die Schwiegermutter Simons aber lag danieder, fiebernd, und sofort reden sie zu ihm über sie.	38 Aufstehend aber von der Synagoge, hineinkam er in das Haus von Simon. (Die) Schwiegermutter des Simon aber war bedrängt von einem starken Fieber, und sie baten ihn für sie.
15 und er berührte ihre Hand, und (es) verließ sie das Fieber; und sie stand auf und diente ihm.	31 Und hinzukommend richtete er sie auf, ergreifend die Hand; und (es) verließ sie das Fieber, und sie diente ihnen.	39 Und hintretend oberhalb von ihr, anfuhr er das Fieber, und es verließ sie; auf der Stelle aber aufstehend, diente sie ihnen.

27. Heilungen nach Sonnenuntergang

Mt 8,16–17 (Nr. 81):	**Mk 1,32–34**	**Lk 4,40–41**
16 Als es aber Abend geworden war, hinbrachten sie ihm viele Besessene; und hinauswarf er die Geister durch ein Wort, und alle, denen es schlecht ging, heilte er,	32 Als es aber Abend geworden war, da untergegangen war die Sonne, brachten sie zu ihm alle, denen es schlecht ging, und die Besessenen; 33 und (es) war die ganze Stadt versammelt an der Tür. 34 Und er heilte viele, denen es schlecht ging durch mancherlei Krankheiten, und viele Dämonen warf er hinaus, und nicht ließ er reden die Dämonen, weil sie ihn kannten. *	40 Als aber die Sonne unterging, alle, die Kranke hatten mit mancherlei Krankheiten, führten sie zu ihm; der aber, jedem einzelnen von ihnen die Hände auflegend, heilte sie. 41 Herauskamen aber auch Dämonen von vielen, schreiend und sagend: Du bist der Sohn Gottes. Und, anfahrend (sie), nicht ließ er sie reden, weil sie wußten, daß er der Christos sei. *
17 auf daß erfüllt würde das Gesagte durch Isaias, den Propheten, (den) sagenden: *Er nahm unsere Schwachheiten, und die Krankheiten trug er.*			Jes 53,4

* Mt 12,15b–17: 15b Und (es) folgten ihm viele [Volksmengen], und er heilte sie alle, 16 und anfuhr er sie, damit sie ihn nicht offenbar machten, 17 damit erfüllt wird das Gesagte durch Isaias, den Propheten.
Mk 3,11–12 (Nr. 37): 11 Und die unreinen Geister, wann sie ihn erblickten, fielen sie nieder vor ihm und schrien, sagend: Du bist der Sohn Gottes. 12 Und anfuhr er sie viel, damit sie nicht ihn offenbar machten.

28. Aufbruch von Kapharnaum

Mk 1,35–38

[35]Und (in der) Frühe, ganz in (der) Nacht,
aufstehend, hinausging er, und wegging er zu
einem einsamen Ort, und dort betete er.
[36]Und nacheilte ihm Simon und die mit ihm,
[37]und sie fanden ihn und sagen ihm: Alle
suchen dich. [38]Und er sagt
ihnen: Gehen wir anderswohin, in die
anliegenden Ortschaften, damit auch dort ich
verkünde; denn dazu ging ich aus.

Lk 4,42–43

[42]Als aber Tag wurde,
hinausgehend ging er zu
einem einsamen Ort;
und die Volksmengen suchten ihn und kamen
bis zu ihm und hielten ihn fest, damit er nicht
gehe weg von ihnen. [43]Der aber sprach
zu ihnen: Auch den anderen Städten muß ich
verkünden das Königtum Gottes,
weil ich dazu geschickt wurde.

29. Das Wirken in der ganzen Galilaia

Mt 4,23–25

[23]Und umherzog er
in der ganzen
Galilaia, lehrend in ihren
Synagogen und verkündend
das Evangelium des Königtums und heilend jede Krankheit und jede Schwäche im
Volk. *
[24]Und hinausging sein Ruf
in die ganze Syria; und hinbrachten sie ihm alle, denen
es schlecht ging, durch
mancherlei Krankheiten und
Qualen Bedrängte [und]
Besessene und Mondsüchtige
und Gelähmte; und er heilte
sie. [25]Und
(es) folgten ihm große Volksmengen
von der Galilaia und
(der) Dekapolis und von
Hierosolyma und Judaia
und von jenseits des Jordanes.

Mk 1,39

[39]Und er kam verkündend in
ihren Synagogen in die ganze
Galilaia und die Dämonen
hinauswerfend.

Mk 3,10–11.7–8 (Nr. 37):
[10]Denn viele heilte er, so daß sie
herfielen über ihn, damit ihn
berührten, wieviele Plagen hatten.
[11]Und die unreinen Geister, wann
sie ihn erblickten, fielen nieder vor
ihm und schrien, sagend: Du bist
der Sohn Gottes.
[7]Und Jesus mit seinen
Schülern entwich zum Meer, und
eine große Menge von der Galilaia
[folgte] und von der Judaia
[8]und von
Hierosolyma und von der Idumaia
und von jenseits des Jordanes und
(aus der Gegend) um Tyros und
Sidon eine große Menge, hörend,
wieviel er tat, kam zu ihm.

Lk 4,44

[44]Und er war verkündend in
den Synagogen der Judaia.

Lk 6,18–19.17b (Nr. 37):
[18b]Und die von unreinen Geistern
Geplagten wurden geheilt, [19]und
die ganze Volksmenge suchte ihn zu
berühren, weil Kraft von ihm ausging
und alle heilte.

[17b]Und eine große Menge seiner
Schüler, und
eine große Menge des Volkes
von der ganzen Judaia
und von
Jerusalem und
der Meeresküste von Tyros und
Sidon, [18a]die kamen, ihn zu hören
und geheilt zu werden von ihren
Krankheiten;

* Mt 9,35 (Nr. 90): Und (es) durchzog Jesus die Städte alle und die Dörfer, lehrend in ihren Synagogen und verkündend das Evangelium des Königtums und heilend jede Krankheit und jede Schwäche.
Mk 6,6b (Nr. 128): Und er durchzog die Dörfer im Umkreis, lehrend.
Lk 8,1 (Nr. 77): Und es geschah in der folgenden (Zeit), daß er selbst durchreiste Stadt und Dorf, verkündigend und (als Evangelium) verkündend das Königtum Gottes, und die Zwölf mit ihm.

30. Fischfang und Schülerberufung *

Mt 13,1–3 (Nr. 110):

1 An jenem Tag, als Jesus herausgekommen war aus dem Haus, saß er am Meer. 2 Und zusammenkamen bei ihm viele Volksmengen, so daß er, in ein Boot eingestiegen, sich setzte ,und die ganze Volksmenge stand am Strand. 3 Und er redete zu ihnen vieles in Gleichnissen, sagend:

Mt 4,18–22 (Nr. 24):
18 Umhergehend aber entlang dem Meer der Galilaia, sah er zwei Brüder, Simon, den Petros genannten, und Andreas, seinen Bruder, werfend ein Wurfnetz ins Meer; denn sie waren Fischer.

Mk 4,1–2 (Nr. 110):

1 Und wieder begann er zu lehren am Meer; und zusammenkommt bei ihm eine ganz große Volksmenge, so daß er, in ein Boot eingestiegen, sich setzte im Meer, und die ganze Volksmenge, zum Meer hin auf dem Lande waren sie. 2 Und er lehrte sie in Gleichnissen vieles, und er sagte ihnen in seiner Lehre:
Mk 1,16–20 (Nr. 24):
16 Und entlanggehend entlang dem Meer der Galilaia, sah er Simon und Andreas, den Bruder Simons, (Wurfnetze) auswerfend im Meer; denn sie waren Fischer.

Lk 5,1–11

1 Es geschah aber, als die Volksmenge ihn bedrängte und hörte das Wort Gottes, und er selbst war stehend am See Gennesaret,
2 und er sah zwei Boote stehend am See; die Fischer aber, von ihnen ausgestiegen, wuschen die Netze.
3 Eingestiegen aber in eines der Boote, das Simon gehörte, bat er ihn, vom Land hinauszufahren ein wenig; sitzend aber, vom Boot aus lehrte er die Volksmengen.
4 Als er aber aufhörte zu reden, sprach er zu Simon: Fahr hinaus in die Tiefe, und laßt hinab eure Netze zum Fang. 5 Und antwortend sprach Simon: Meister, durch

Joh 21,1–11

1 Danach offenbarte sich Jesus wieder den Schülern am Meer von Tiberias; er offenbarte (sich) aber so. 2 (Es) waren zusammen Simon Petros und Thomas, der Didymos (= Zwilling) Genannte, und Nathanael, der vom Kana der Galilaia, und die des Zebedaios und andere von seinen Schülern zwei.

3 (Es) sagt ihnen Simon Petros: Fort gehe ich fischen. Sie sagen ihm: (Es) kommen auch wir mit dir. Hinausgingen und einstiegen sie ins Boot, aber in jener Nacht fingen sie nichts. 4 Als aber schon Morgenfrühe geworden war, stellte sich Jesus an den Strand, nicht freilich wußten die Schüler, daß (es) Jesus ist. 5 (Es) sagt ihnen nun Jesus: Kinder, nicht habt ihr irgendeine Zuspeise? Sie antworte-

19 Und er sagt
ihnen:
Auf, hinter mich! Und
machen werde ich
euch zu
Fischern von Men-
schen. 20 Die aber,
sogleich lassend die
Netze, folgten
ihm. 21 Und weiter-
gehend von dort,
sah er andere zwei
Brüder, Jakobos, den
des Zebedaios, und
Johannes, seinen

17 Und (es) sprach
zu ihnen Jesus:
Auf, hinter mich! Und
machen werde ich,
daß ihr werdet
Fischer von Men-
schen. 18 Und
sofort, lassend die
Netze, folgten sie
ihm. 19 Und weiter-
gehend ein wenig,
sah er
Jakobos, den
des Zebedaios, und
Johannes, seinen

(die) ganze Nacht
uns mühend, nichts
fingen wir; auf dein
Wort (hin) aber werde
ich hinablassen die
Netze. 6 Und dieses
tuend, einschlossen
sie eine große Menge
von Fischen; (es)
zerrissen aber ihre
Netze.
7 Und zuwinkten sie
den Genossen im
anderen Boot, um
kommend mitzufan-
gen mit ihnen; und
sie kamen, und sie
füllten die beiden
Boote, so daß sie
einsanken. 8 (Es)
sehend aber, nieder-
fiel Simon Petros zu
den Knien von Jesus,
sagend: Geh weg von
mir, weil ein sündiger
Mann ich bin, Herr!
9 Denn Schrecken
umfaßte ihn und alle
mit ihm über den
Fang der Fische, die
sie mitfingen,
10 gleicherweise aber
auch Jakobos und
Johannes, (die) Söh-
ne (des) Zebedaios,
die Teilhaber waren
dem Simon.
Und (es) sprach
zu Simon Jesus:
Fürchte dich nicht!
Von jetzt (an) wirst
du ein Menschen
Fangender sein.
11 Und führend die
Boote ans Land, las-
send alles, folgten sie
ihm.

ten ihm: Nein. 6 Der aber
sprach zu ihnen: Werft auf
die rechte Seite des Boo-
tes das Netz und finden
werdet ihr. Sie warfen
nun, und nicht mehr zu
ziehen vermochten sie es
wegen der Menge der Fi-
sche. 7 (Es) sagt nun jener
Schüler, den Jesus liebte,
zu Petros: Der Herr ist
(es). Simon Petros nun,
hörend, daß der Herr (es)
ist, gürtete das Oberge-
wand, denn er war nackt,
und er warf sich ins Meer,
8 die anderen Schüler aber
kamen mit dem Boot,
denn nicht waren sie weit
vom Land, sondern etwa
an (die) zweihundert El-
len, schleppend das Netz
mit den Fischen. 9 Wie sie
nun ausstiegen ans Land,
sehen sie ein Kohlenfeuer
liegend und einen Fisch
daraufliegend und Brot.
10 (Es) sagt ihnen Jesus:
Bringt von den Fischen,
die ihr jetzt fingt! 11 Hinaufstieg nun Simon Pe-
tros, und er zog das Netz
ans Land, voll mit einhundertdreiundfünfzig gro-
ßen Fischen; und soviele
es waren, nicht riß das
Netz.

Bruder, im
Boot mit Zebedaios,
ihrem Vater, zurecht-
bringend ihre Netze,
und er rief
sie. [22] Die aber, so-
gleich lassend das
Boot und ihren Vater,
folgten ihm.

Bruder, und sie im
Boot
zurecht-
bringend die Netze;
[20] und sofort rief er
sie. Und
lassend
ihren Vater
Zebedaios im Boot
mit den Lohnarbei-
tern, gingen sie weg,
hinter ihm.

---

* Joh 1,35–42: [35] Am folgenden (Tag) wieder dastand Johannes und von seinen Schülern zwei, [36] und hinschauend auf den umhergehenden Jesus, sagt er: Sieh, das Lamm Gottes! [37] Und (es) hörten die zwei Schüler ihn redend, und sie folgten Jesus. [38] Sich umwendend aber Jesus und sehend sie folgend, sagt er ihnen: Was sucht ihr? Die aber sprachen zu ihm: Rabbi, das heißt übersetzt: Lehrer, wo bleibst du? [39] Er sagt ihnen: Kommt und ihr werdet sehen. Sie kamen nun und sahen, wo er bleibt, und bei ihm blieben sie jenen Tag; Stunde war etwa (die) zehnte. [40] (Es) war Andreas, der Bruder von Simon Petros, einer von den zweien, den Hörenden von Johannes und ihm Folgenden; [41] (es) findet dieser zuerst den eigenen Bruder Simon und sagt ihm: Wir haben gefunden den Messias, das ist übersetzt: Christos. [42] Er führt ihn zu Jesus. Anschauend ihn sprach Jesus: Du bist Simon, der Sohn von Johannes, du wirst gerufen werden Kephas, das übersetzt wird: Petros.

31. Heilung eines Aussätzigen

Mt 8,1–4 (Nr. 78):

[1] Als er aber herabgestiegen war vom
Berg, folgten ihm viele Volksmengen. [2] Und siehe, ein
Aussätziger, hinzukommend,
fiel nieder vor
ihm, sagend:
Herr, wenn du willst, kannst
du mich reinigen. [3] Und
ausstreckend die
Hand, berührte er ihn,
sagend : Ich will, werde
gereinigt! Und sogleich
wurde gereinigt sein Aussatz.

[4] Und
(es) sagt ihm Jesus: Sieh, daß
zu keinem du sprichst,
sondern geh fort, zeig dich
dem Priester und bring dar
die Gabe, die
verordnete Moyses, zum
Zeugnis ihnen!

Mk 1,40–45

[40] Und (es) kommt zu ihm ein
Aussätziger, bittend ihn
[und auf die Knie fallend] und
sagend ihm:
Wenn du willst, kannst
du mich reinigen. [41] Und
ergriffen ausstreckend die
Hand, berührte er ihn und
sagt ihm: Ich will, werde
gereinigt! [42] Und sofort
wegging von ihm der Aussatz,
und er wurde gereinigt.
[43] Und anschnaubend ihn, sofort warf er ihn hinaus [44] und
sagt ihm: Sieh, daß
zu keinem du etwas sprichst,
sondern geh fort, zeig dich
dem Priester und bring dar
für deine Reinigung, was
verordnete Moyses, zum
Zeugnis ihnen! [45] Der aber,
hinausgehend, begann, viel zu

Lk 5,12–16

[12] Und es ge-
schah, als er in einer der
Städte war, und siehe: ein
Mann voll Aussatz; sehend
aber den Jesus, fallend aufs
Gesicht, bat er ihn, sagend:
Herr, wenn du willst, kannst
du mich reinigen. [13] Und
ausstreckend die
Hand, berührte er ihn,
sagend : Ich will, werde
gereinigt! Und sogleich ging
der Aussatz weg von ihm.

[14] Und
er gebot ihm,
zu keinem zu sprechen,
sondern, weggehend, zeig dich
dem Priester und bring dar
für deine Reinigung, gleichwie
verordnete Moyses, zum
Zeugnis ihnen! [15] (Es)
verbreitete sich aber (noch)

verkünden und herumzuerzählen das Wort, so daß er nicht
mehr offen in eine Stadt
hineingehen konnte, sondern
draußen an einsamen Orten
war er; und sie kamen zu ihm
überallher.

mehr das Wort über ihn, und
zusammenkamen viele
Volksmengen, zu hören und
geheilt zu werden von ihren
Krankheiten; 16 er aber war
zurückgezogen in den Ein-
öden und betend.

32. Heilung eines Gelähmten

Mt 9,1–8 (Nr. 85):

1 Und einsteigend in ein Boot,
fuhr er hinüber und kam in die
eigene Stadt.
2 Und siehe,
hinbrachten sie ihm
einen auf ein Bett gelegten
Gelähmten.
Und sehend Jesus ihren
Glauben, sprach er zu dem
Gelähmten: Hab Mut, Kind,
erlassen werden deine
Sünden.
3 Und siehe, einige
der Schriftkundigen
sprachen
bei sich:
Dieser lästert.
4 Und sehend

Mk 2,1–12

1 Und hineinkommend wieder
nach Kapharnaum nach Ta-
gen, wurde gehört, daß er im
Haus ist. 2 Und zusammen-
kamen viele, so daß es nicht
mehr Raum gab, auch nicht
an der Tür, und er redete zu
ihnen das Wort.
3 Und
sie kommen, bringen zu ihm
einen Gelähmten, getragen
von Vieren.
4 Und da sie (ihn) nicht
hinbringen konnten zu ihm
wegen der Volksmenge,
abdeckten sie das Dach, wo
er war, und (es) aufgrabend,
hinablassen sie die Bahre, wo
der Gelähmte daniederlag.
5 Und sehend Jesus ihren
Glauben, sagt er dem
Gelähmten: Kind,
erlassen werden deine
Sünden.
6 (Es) waren aber einige
der Schriftkundigen dort
sitzend und überlegend
in ihren Herzen: 7 Was dieser
so redet? Er lästert; wer kann
erlassen Sünden, wenn nicht
einer, Gott?
8 Und sofort erkennend

Lk 5,17–26

17 Und es geschah an
einem der Tage, und er war
lehrend, und (es) waren dasitzend Pharisaier und Geset-
zeslehrer, die gekommen waren aus jedem Dorf der Galilaia und Judaia und (aus) Jerusalem. Und (die) Kraft (des)
Herrn war (ihm gegeben), daß
er heile. 18 Und siehe,
Männer, bringend auf einem
Bett einen Menschen, der gelähmt war, und sie suchten,
ihn hineinzubringen und
hinzulegen [ihn] vor ihm.
19 Und nicht findend, wie sie
hineinbrächten ihn
wegen der Volksmenge,
hinaufsteigend auf das Dach,
durch die Ziegel
herabließen sie ihn mit dem
Bett in die Mitte vor Jesus.
20 Und sehend ihren
Glauben, sprach er:
Mensch,
erlassen sind dir deine
Sünden. 21 Und (es)
begannen zu überlegen
die Schriftkundigen und die
Pharisaier, sagend:
Wer ist dieser, der
Lästerungen redet? Wer kann
Sünden erlassen, außer
allein Gott?
22 Erkennend aber

Jesus ihre
Gedanken,
sprach er : Weshalb
denkt ihr Böses in euren
Herzen?
5 Was ist denn müheloser, zu
sprechen:
Erlassen werden deine
Sünden, oder zu sprechen:
Steh auf
und geh umher? 6 Damit ihr
aber wißt, daß Vollmacht hat
der Sohn des Menschen, auf
der Erde zu erlassen Sünden –
da sagt er dem Gelähmten:
Aufstehend,
trag dein Bett und geh fort
in dein Haus! 7 Und
aufstehend
wegging er in sein Haus. *
8 (Es) sehend aber, fürchteten sich die Volksmengen
und verherrlichten Gott,
den gebenden solche
Vollmacht den Menschen.

Jesus mit seinem Geist, daß
sie so überlegen bei sich,
sagt er ihnen: Was über-
legt ihr dieses in euren
Herzen?
9 Was ist müheloser, zu
sprechen zu dem Gelähmten:
Erlassen werden deine
Sünden, oder zu sprechen:
Steh auf und trag deine Bahre
und geh umher? 10 Damit ihr
aber wißt, daß Vollmacht hat
der Sohn des Menschen, zu
erlassen Sünden auf der Erde –
sagt er dem Gelähmten:
11 Dir sage ich, steh auf,
trag deine Bahre und geh fort
in dein Haus! 12 Und er
stand auf, und sofort,
tragend die Bahre,
hinausging er vor allen, *
so daß alle sich ent-
setzten
und Gott verherrlichten,
sagend: So (etwas) sahen wir
niemals.

Jesus ihre
Überlegungen, antwortend
sprach er zu ihnen: Was überlegt ihr in euren
Herzen?
23 Was ist müheloser, zu
sprechen:
Erlassen sind dir deine
Sünden, oder zu sprechen:
Steh auf
und geh umher? 24 Damit ihr
aber wißt, daß der Sohn des
Menschen Vollmacht hat, auf
der Erde zu erlassen Sünden –
sprach er zum Gelähmten:
Dir sage ich, steh auf und,
tragend dein Bett, geh
in dein Haus! 25 Und auf der
Stelle aufstehend vor ihnen,
tragend, worauf er daniederlag,
wegging er in sein Haus, * verherrlichend Gott. 26 Und Entsetzen erfaßte alle,
und sie verherrlichten Gott
und wurden erfüllt von Furcht,
sagend: Wir sahen Ungeheu-
erliches heute.

*Joh 5,8–9a: 8 (Es) sagt ihm Jesus: Steh auf, trag deine Bahre und geh umher! 9a Und sogleich wurde gesund der Mensch und trug seine Bahre und ging umher.

33. Berufung des Levi (bzw. Matthaios) und Tischgemeinschaft mit Zöllnern

Mt 9,9–13 (Nr. 86):

9 Und
weitergehend Jesus von dort,
sah er einen Menschen,
sitzend bei der Zollstelle,
Matthaios genannt, und er
sagt ihm: Folge mir!
Und
aufstehend folgte er ihm.
10 Und es geschah, als er
(zu Tisch) lag im
Haus, und siehe, viele Zöllner
und Sünder, kommend, lagen

Mk 2,13–17

13 Und hinausging er wieder
entlang dem Meer; und die
ganze Volksmenge kam zu
ihm, und er lehrte sie. 14 Und
weitergehend sah
er Levi, den des Alphaios,
sitzend bei der Zollstelle,
und er
sagt ihm: Folge mir!
Und
aufstehend folgte er ihm.
15 Und es geschieht, daß er
(zu Tisch) liegt in seinem
Haus, und viele Zöllner
und Sünder lagen

Lk 5,27–32

27 Und danach hinausging er
und
sah einen Zöllner
mit Namen Levi
sitzend bei der Zollstelle,
und er
sprach zu ihm: Folge mir!
28 Und zurücklassend alles,
aufstehend, folgte er ihm.
29 Und (es) bereitete einen
großen Empfang für ihn Levi in
seinem Haus, und (es) war eine
große Menge von Zöllnern

(zu Tisch) mit Jesus und
seinen Schülern.

11 Und (es) sehend, sagten
die Pharisaier
seinen Schülern:
Weshalb ißt euer Lehrer mit
den Zöllnern und Sündern?
12 Der aber, hörend (es),
sprach :Nicht
nötig haben die Starken einen Arzt, sondern die, denen
es schlecht geht.
13 Hingehend aber lernt, was
Hos 6,6 es ist: *Erbarmen will ich und nicht ein Opfer;* * denn nicht
kam ich, zu rufen Gerechte,
sondern Sünder.

(zu Tisch) mit Jesus und
seinen Schülern; denn sie waren viele, und sie folgten ihm.
16 Und
die Schriftkundigen der Pharisaier, sehend, daß er ißt mit
den Sündern und Zöllnern,
sagten seinen Schülern:
Mit den Zöllnern und Sündern ißt er?
17 Und hörend (es),
sagt Jesus ihnen: Nicht
nötig haben die Starken einen Arzt, sondern die, denen
es schlecht geht;
nicht
kam ich, zu rufen Gerechte,
sondern Sünder.

und anderen, die waren mit
ihnen (zu Tisch) liegend.

30 Und (es) murrten
die Pharisaier und ihre Schriftkundigen,
zu seinen Schülern sagend:
Weshalb eßt und trinkt ihr mit
den Zöllnern und Sündern?
31 Und antwortend
sprach Jesus zu ihnen: Nicht
nötig haben die Gesunden einen Arzt, sondern die, denen
es schlecht geht;
32 ich bin nicht gekommen, zu rufen Gerechte,
sondern Sünder zu Umkehr.

* Mt 12,7 (Nr. 102): Wenn ihr aber erkannt hättet, was es ist: *Erbarmen will ich und nicht ein Opfer*, nicht hättet ihr verurteilt die Schuldlosen.

34. Die Fastenfrage

Mt 9,14–17 (Nr. 87):

14 Da kommen zu ihm die
Schüler von Johannes,
sagend:
Weshalb fasten wir
und die
Pharisaier [viel], deine Schüler aber fasten nicht?
15 Und (es) sprach zu ihnen
Jesus: Können etwa die
Söhne des Brautgemachs
trauern, solange bei ihnen ist
der Bräutigam? *
Kommen
werden aber Tage, wann
weggenommen wurde von ihnen der Bräutigam, und dann
werden sie fasten.

Mk 2,18–22

18 Und (es) waren die
Schüler von Johannes und
die Pharisaier Fastende. Und
sie kommen und sagen ihm:
Weshalb fasten die Schüler
von Johannes
und die Schüler der
Pharisaier, deine Schüler aber fasten nicht?
19 Und (es) sprach zu ihnen
Jesus: Können etwa die
Söhne des Brautgemachs,
während der Bräutigam
bei ihnen ist, fasten? * (Für)
wie lange Zeit sie den Bräutigam bei sich haben, können
sie nicht fasten. 20 Kommen
werden aber Tage, wann
weggenommen wurde von ihnen der Bräutigam, und dann
werden sie fasten an jenem
Tag.

Lk 5,33–39

33 Die aber sprachen zu ihm:
Die Schüler
von Johannes fasten häufig
und verrichten Gebete,
gleicherweise auch die der
Pharisaier, die deinen
aber essen und trinken.
34 Jesus aber sprach zu
ihnen: Könnt ihr etwa die
Söhne des Brautgemachs,
während der Bräutigam
bei ihnen ist, fasten lassen? *
35 Kommen
werden aber Tage, und wann
weggenommen wurde von ihnen der Bräutigam, dann
werden sie fasten an jenen
Tagen. 36 Er sagte aber auch

[16]Keiner aber setzt
einen Flicken ungewalkten
Stoffes
auf ein altes Gewand;
denn (es) reißt sein
Füllstück vom Gewand,
und schlimmer
wird (der) Riß.

[17]Und nicht schüttet man
jungen Wein in alte Häute;
wenn aber nun doch,
zerreißen
die Häute, und der Wein wird
verschüttet , und die
Häute werden vernichtet;
sondern man schüttet jungen
Wein in neue Häute,
und beide werden
bewahrt.

[21]Keiner näht
einen Flicken ungewalkten
Stoffes
auf ein altes Gewand;
wenn aber doch, reißt das
Füllstück von ihm, das neue
vom alten, und schlimmer
wird (der) Riß.

[22]Und keiner schüttet
jungen Wein in alte Häute;
wenn aber doch,
zerreißen wird der Wein
die Häute, und der Wein wird
vernichtet und die
Häute;
sondern jungen
Wein in neue Häute!

ein Gleichnis zu ihnen: Keiner,
einen Flicken von einem
neuen Gewand reißend, setzt
(ihn) auf ein altes Gewand;
wenn aber nun doch, wird er
auch das neue zerreißen, und
mit dem alten wird nicht
zusammenstimmen der
Flicken, der vom neuen.
[37]Und keiner schüttet
jungen Wein in alte Häute;
wenn aber nun doch,
zerreißen wird der junge Wein
die Häute, und er selbst wird
verschüttet werden, und die
Häute werden vernichtet werden; [38]sondern jungen
Wein muß man in neue Häute
schütten. [39][Und] keiner, trinkend alten, will jungen; denn
er sagt: Der alte ist gut.

* Joh 3,29: Der Habende die Braut ist der Bräutigam; der Freund aber des Bräutigams, der Dastehende und ihn Hörende, mit Freude freut er sich über die Stimme des Bräutigams. Diese meine Freude nun ist erfüllt worden.

35. Das Ährenrupfen an den Sabbaten

Mt 12,1–8 (Nr. 102):

[1]In jener Zeit ging Jesus an
den Sabbaten
durch die Saaten; seine Schüler aber hungerten,
und sie begannen, Ähren
zu rupfen und zu essen.

[2]Die Pharisaier aber, sehend
(es), sprachen zu ihm: Siehe,
deine Schüler tun,
was nicht erlaubt ist, zu tun
am Sabbat. * [3]Er aber sprach
zu ihnen:
Nicht last ihr , was David
tat, als er
hungerte und die mit
ihm, [4]wie er hinein-
ging in das Haus Gottes

und sie die Brote der Ausstel-

Mk 2,23–28

[23]Und es geschah, daß er an
den Sabbaten entlangging
durch die Saaten, und seine
Schüler begannen, einen Weg
zu machen, rupfend die Ähren.
[24]Und
die Pharisaier
sagten ihm: Sieh ,
was tun sie an den Sabbaten,
was nicht erlaubt ist? *
[25]Und er sagt
ihnen:
Niemals last ihr , was David
tat, als er Bedarf hatte und
hungerte, er und die mit
ihm, [26]wie er hinein-
ging in das Haus Gottes unter
Abjathar, (dem) Hochpriester,
und die Brote der Ausstel-

Lk 6,1–5

[1]Es geschah aber am
Sabbat, daß er hindurchging
durch Saaten, und

(es) rupften seine Schüler und
aßen die Ähren, (sie) mit den
Händen zerreibend. [2]Einige
aber der Pharisaier
sprachen:
Was tut ihr,
was nicht erlaubt ist an den
Sabbaten? * [3]Und antwortend
zu ihnen sprach Jesus: Und
nicht last ihr dies, was David
tat, als er
hungerte, er und die mit
ihm [waren], [4][wie] er hineinging in das Haus Gottes

und die Brote der Ausstel-

lung aßen, was ihm
nicht erlaubt war zu essen,
auch nicht denen mit ihm,
außer den Priestern allein?
[5]Oder nicht last ihr im
Gesetz, daß an den Sabbaten
die Priester im Heiligtum den
Sabbat entweihen und
schuldlos sind? [6]Ich sage
euch aber: Ein Größeres als
das Heiligtum ist hier.
[7]Wenn ihr aber erkannt hät-
Hos 6,6 tet, was es ist: *Erbarmen will*
ich und nicht ein Opfer, **
nicht hättet ihr verurteilt die
Schuldlosen.

[8]Denn Herr ist des
Sabbats der Sohn des Men-
schen.

lung aß, die
nicht erlaubt ist zu essen,

außer den Priestern,
und auch denen gab, die mit
ihm waren?

[27]Und er sagte ihnen:
Der Sabbat wurde wegen des
Menschen und nicht der
Mensch wegen des Sabbats;
[28]daher: Herr ist der Sohn
des Menschen auch des Sabbats.

lung nehmend aß und denen
mit ihm gab, die nicht erlaubt
ist zu essen,
außer allein den Priestern?

[5]Und er sagte ihnen:

Herr ist des
Sabbats der Sohn des Men-
schen.

---

* Joh 5,10: (Es) sagten nun die Judaier dem Geheilten: Sabbat ist, und nicht ist dir erlaubt, zu tragen deine Bahre.
** Mt 9,13 (Nr. 86): Hingehend aber lernt, was es ist: *Erbarmen will ich und nicht ein Opfer*; denn nicht kam ich, zu rufen Gerechte, sondern Sünder.

36. Heilung einer vertrockneten Hand

Mt 12,9–14 (Nr. 103):

[9]Und fortgehend
von dort,
kam er in ihre Synagoge;
[10]und siehe,
ein Mensch, habend ei-
ne vertrocknete Hand.
Und sie befragten ihn, sagend,
ob es erlaubt ist, an den
Sabbaten zu heilen?,
damit sie
anklagten ihn.

[11]Der aber sprach zu

Mk 3,1–6

[1]Und
hineinkam
er wieder in die Synagoge.
Und (es) war dort
ein Mensch, vertrocknet
habend die Hand.
[2]Und sie belauerten ihn,

ob an den
Sabbaten er ihn heilen wird,
damit sie
anklagten ihn. [3]Und er

sagt dem Menschen,
dem die vertrocknete Hand
habenden: Steh auf,
in die Mitte!

Lk 6,6–11

[6]Es geschah aber an einem
anderen Sabbat, daß er hineinkam in die Synagoge
und lehrte. Und (es) war
ein Mensch dort, und seine
rechte Hand war vertrocknet.
[7](Es) belauerten ihn aber
die Schriftkundigen und die
Pharisaier, ob am
Sabbat er heilt,
damit sie (etwas) fänden,
anzuklagen ihn. [8]Er aber
wußte ihre Überlegungen,
sprach aber zu dem Mann,
dem die vertrocknete Hand
habenden: Steh auf und stell
dich in die Mitte! Und aufstehend stellte er sich
(hin).

ihnen: Wer wird sein von euch
ein Mensch, der haben wird
ein einziges Schaf, und wenn
dieses hineinfällt an Sabbaten
in eine Grube, wird er es nicht
ergreifen und aufrichten?
[12] Um wieviel (mehr) nun unterscheidet sich ein Mensch
von einem Schaf. *
Deshalb ist es erlaubt, an den
Sabbaten recht zu tun.
[13] Da sagt er dem
Menschen: Strecke aus deine
Hand! Und ausstreckte er
(sie), und wiederhergestellt
wurde sie, gesund wie die
andere. [14] Hinausgehend
aber die Pharisaier,
faßten sie einen
Beschluß gegen ihn, auf daß
sie ihn vernichteten.

[4] Und er sagt ihnen:
Ist es erlaubt, an den
Sabbaten Gutes zu tun oder
Schlechtes zu tun, ein Leben
zu retten oder zu töten?
Die aber schwiegen. [5] Und
rings anschauend sie
mit Zorn, ganz betrübt über
die Verstocktheit ihres Herzens, sagt er dem
Menschen: Strecke aus die
Hand! Und ausstreckte er
(sie), und wiederhergestellt
wurde seine Hand.
[6] Und hinausgehend
die Pharisaier sofort mit den
Herodianern, faßten sie einen
Beschluß gegen ihn, auf daß
sie ihn vernichteten.

[9] (Es) sprach aber Jesus
zu ihnen: Ich befrage euch,
ob es erlaubt ist, am
Sabbat Gutes zu tun oder
Schlechtes zu tun, ein Leben
zu retten oder zu vernichten?
[10] Und
rings anschauend sie alle,
sprach er zu
ihm: Strecke aus deine
Hand! Der aber tat
(es), und wiederhergestellt
wurde seine Hand.
[11] Sie aber wurden erfüllt von
Unverstand und beredeten
untereinander, was sie täten mit Jesus.

* Lk 14,5 (Nr. 187): Und zu ihnen sprach er: Wem von euch wird ein Sohn oder Rind in einen Brunnen fallen, und nicht sogleich wird er ihn heraufziehen am Tag des Sabbats?
Lk 13,15–16 (Nr. 182): [15] (Es) antwortete ihm aber der Herr und sprach: Heuchler, löst nicht jeder von euch am Sabbat sein Rind oder den Esel von der Krippe und wegführend tränkt er (ihn)? [16] Diese aber, die eine Tochter Abrahams ist, die der Satan band, siehe, achtzehn Jahre, sollte sie nicht gelöst werden von dieser Fessel am Tag des Sabbats?

37. Eindrücke vom Wirken Jesu

Mt 12,15–21 (Nr. 104):

[15] Jesus aber erkennend
(es), entwich von dort.
Und (es) folgten ihm viele
[Volksmengen],
4,25 (Nr. 29): Und (es)
folgten ihm große Volksmengen von der Galilaia und der
Dekapolis und von Hierosolyma und Judaia und von
jenseits des Jordanes.

Mk 3,7–12

[7] Und Jesus mit seinen
Schülern entwich zum Meer,
und eine große
Menge
von der Galilaia [folgte] und
von der Judaia [8] und von
Hierosolyma und von der
Idumaia und von jenseits des
Jordanes und (aus der Gegend)
um Tyros und Sidon eine große
Menge, hörend, wieviel er tat,
kam zu ihm. [9] Und er sprach zu

Lk 6,17–19 (Nr. 66):

[17] Und hinabsteigend mit
ihnen, stellte er sich auf einen
ebenen Platz, und eine große
Menge seiner Schüler, und
eine große Menge des Volkes
von der ganzen Judaia und von
Jerusalem und
der Meeresküste
von Tyros und Sidon, [18] die kamen,
ihn zu hören und geheilt zu
werden von ihren Krankheiten;

seinen Schülern, damit ein Boot ihm bereitliege wegen der Volksmenge, damit sie ihn nicht bedränge;

und die von unreinen Geistern Geplagten wurden geheilt, [19] und die ganze Volksmenge suchte ihn zu berühren, weil Kraft von ihm ausging und alle heilte.

und er heilte sie alle,
4,24 Und ausging sein Ruf in die ganze Syria; und hinbrachten sie ihm alle, denen es schlecht ging, durch mancherlei Krankheiten und Qualen Bedrängte [und] Besessene und Mondsüchtige und Gelähmte; und er heilte sie.
[16] und anfuhr er sie,
damit sie nicht offenbar ihn machten,
[17] damit erfüllt wird das Gesagte durch Isaias, den Propheten, (den) sagenden:
Jes, 42,1–4 [18] *Siehe, mein Knecht, den ich erwählte, mein Geliebter, an dem Gefallen fand meine Seele; legen werde ich meinen Geist auf ihn, und ein Gericht wird er den Völkern verkünden.*
[19] *Nicht wird er streiten, und nicht wird er schreien, und nicht wird hören einer auf den Straßen seine Stimme.*
[20] *Ein angebrochenes Rohr wird er nicht zerbrechen, und einen glimmenden Docht wird er nicht löschen, bis er führt* zum Sieg das *Gericht.*
[21] *Und auf seinen Namen werden Völker hoffen.*

[10] denn viele heilte er, so daß sie über ihn herfielen, damit ihn berührten, wieviele Plagen hatten.
[11] Und die unreinen Geister, wann sie ihn erblickten, fielen nieder vor ihm und schrien, sagend: Du bist der Sohn Gottes. *
[12] Und anfuhr er sie viel, damit sie nicht ihn offenbar machten.

---

* Mt 8,16–17 (Nr. 81):
[16] Als es aber Abend geworden war, hinbrachten sie ihm viele Besessene: und hinauswarf er die Geister durch ein Wort, und alle, denen es schlecht ging, heilte er, [17] auf daß erfüllt würde das Gesagte durch Isaias, den Propheten,
Jes 53,4 (den) sagenden: *Er nahm unsere Schwachheiten, und die Krankheiten trug er.*

Mk 1,34 (Nr. 27):

Und er heilte viele, denen es schlecht ging durch mancherlei Krankheiten, und viele Dämonen warf er hinaus,

und
nicht ließ er reden die Dämonen, weil sie ihn kannten.

Lk 4,41 (Nr. 27):

Herauskamen aber auch Dämonen von vielen, schreiend und sagend:
Du bist der Sohn Gottes.
Und, anfahrend (sie), nicht ließ er sie reden,
weil sie wußten, daß er der Christos sei.

38. Die Auswahl der Zwölf

Mt 10,1–4 (Nr. 91):	**Mk 3,13–19**	**Lk 6,12–16**
	13 Und hinaufsteigt er auf den Berg,	12 Es geschah aber in diesen Tagen, daß er hinausging auf den Berg, um zu beten, und er war zubringend die Nacht im Gebet zu Gott.
1 Und herbeirufend	und herbeiruft er, die er selbst wollte, und fortgingen sie zu ihm.	13 Und als es Tag wurde, herbeirief er seine Schüler,
seine zwölf Schüler,	14 Und er machte Zwölf, [die er auch Apostel nannte,] damit sie seien mit ihm und damit er sie schicke, zu verkünden	und auswählend aus ihnen zwölf, die er auch Apostel nannte,
gab er ihnen Vollmacht über unreine Geister, um sie hinauszuwerfen und zu heilen jede Krankheit und jede Schwäche. *	15 und Vollmacht zu haben, hinauszuwerfen die Dämonen; *	
2 Der zwölf Apostel Namen aber sind diese: Als erster Simon, der Petros genannte, **	16 [und er machte die Zwölf,] und auflegte er dem Simon als Namen Petros, **	14 Simon, den er auch nannte Petros, **
und Andreas, sein Bruder, und Jakobos, der des Zebedaios, und Johannes, sein Bruder,	17 und Jakobos, den des Zebedaios, und Johannes, den Bruder des Jakobos, und er legte ihnen auf als Name[n] Boanerges, das ist: Söhne (des) Donners;	und Andreas, seinen Bruder, und Jakobos und Johannes
3 Philippos und Bartholomaios, Thomas und Matthaios, der Zöllner, Jakobos, der des Alphaios, und Thaddaios,	18 und Andreas und Philippos und Bartholomaios und Matthaios und Thomas und Jakobos, den des Alphaios, und Thaddaios	und Philippos und Bartholomaios, 15 und Matthaios und Thomas, und Jakobos, (den des) Alphaios,
4 Simon, der Kananaier,	und Simon, den Kananaier,	und Simon, den Zelot gerufenen, 16 und Judas, (den des) Jakobos,
und Judas, des Iskariotes, der ihn auch Übergebende. ***	19 und Judas Iskarioth, der ihn auch übergab. ***	und Judas Iskarioth, der zum Verräter wurde. ***

* Mk 6,7 (Nr. 128):
7 Und herbeiruft er die Zwölf, und er begann, sie zu schicken zwei (und) zwei, und er gab ihnen Vollmacht über die unreinen Geister.

Lk 9,1 (Nr. 128):
1 Zusammenrufend aber die Zwölf, gab er ihnen Kraft und Vollmacht über alle Dämonen und Krankheiten zu heilen.

** Joh 1,42: Anschauend ihn, sprach Jesus: Du bist Simon, der Sohn von Johannes, du wirst gerufen werden Kephas, das übersetzt wird: Petros.

*** Vgl. Apg 1,13

Die Bergpredigt (Mt 5–7)

39. Einleitung

Mt 5,1–2

1 Sehend aber die
Volksmengen, hinaufstieg er
auf den Berg;

und als er sich gesetzt hatte,
kamen zu ihm seine Schüler;
2 und öffnend seinen Mund
lehrte er sie, sagend:

Mk 3,13a (Nr. 38):

13a Und hinaufsteigt er
auf den Berg, ...

Lk 6,12a.17a.20a (Nr. 38.66):

12a Es geschah aber in diesen Tagen, daß er hinausging
auf den Berg, ... 17a Und hinabsteigend mit ihnen, stellte er
sich auf einen ebenen Platz, ...

20a Und er, erhebend seine Augen zu seinen Schülern, sagte:

40. Die Seligpreisungen

Mt 5,3–12

3 Selig die Armen dem Geist (nach), denn ihrer
ist das Königtum der Himmel. 4 Selig die
Trauernden , denn sie werden ermutigt
werden. 5 Selig die Sanften, denn sie werden
erben die Erde. 6 Selig die Hungernden und
Dürstenden nach der Gerechtigkeit, denn sie
werden gesättigt werden. 7 Selig die sich
Erbarmenden, denn sie werden Erbarmen
finden. 8 Selig die Reinen dem Herzen (nach),
denn sie werden Gott sehen. 9 Selig die Frieden
Schaffenden, denn sie werden Söhne Gottes
gerufen werden. 10 Selig die Verfolgten wegen
(der) Gerechtigkeit, denn ihrer ist das Königtum
der Himmel. 11 Selig seid ihr, wann sie euch

schmähen und verfolgen und sagen alles Böse
über euch, [lügend], wegen meiner.
12 Freut euch und jubelt, denn
euer Lohn (ist) groß in den Himmeln; denn
so verfolgten sie die Propheten, die vor euch.

Lk 6,20b–23 (Nr. 67):

20b Selig die Armen , denn euer
ist das Königtum Gottes. 21b Selig die
Weinenden jetzt, denn ihr werdet lachen.

21a Selig die Hungernden jetzt,
denn ihr
werdet gesättigt werden.

22 Selig seid ihr, wann euch hassen die
Menschen und wann sie euch ausschließen und
schmähen und hinauswerfen euren Namen als
schlecht wegen des Sohnes des Menschen;
23 freut euch an jenem Tag und hüpft, denn
siehe, euer Lohn (ist) groß im Himmel; denn
genauso taten den Propheten ihre Väter.

41. Salz der Erde und Licht der Welt

Mt 5,13–16

13 Ihr seid das Salz der Erde; wenn aber das
Salz schal wird, mit was wird es salzig gemacht
werden? * Zu nichts hat es mehr Kraft,
außer, hinausgeworfen, zertreten zu werden von
den Menschen.

Lk 14,34–35 (Nr. 191):

34 Gut also (ist) das Salz; wenn aber auch das
Salz schal wird, mit was wird es gewürzt
werden? * 35 Weder für (die) Erde noch für (den)
Mist ist es tauglich, hinauswirft man es.
Der Habende Ohren zu hören, er höre!

[14]Ihr seid das Licht der Welt. Nicht kann eine
Stadt sich verbergen, auf einem Berg liegend.
[15]Auch zündet man nicht an eine Leuchte und
stellt sie unter den Scheffel,
sondern auf den Leuchter, und sie leuchtet allen
im Haus. ** [16]So soll leuchten euer Licht vor
den Menschen, auf daß sie sehen eure rechten
Werke und verherrlichen euren Vater in den
Himmeln.

Lk 11,33 (Nr. 173):

[33]Keiner, eine Leuchte anzündend, stellt (sie)
ins Verborgene, [auch nicht unter den Scheffel,]
sondern auf den Leuchter, damit die Hereinkommenden das Licht sehen. **

---

* Mk 9,50 (Nr. 153): Gut (ist) das Salz; wenn aber das Salz salzlos wird, mit was werdet ihr es würzen? Habt in euch Salz und haltet Frieden untereinander!

** Mk 4,21 (Nr. 113):
[21]Und
er sagte ihnen: Kommt etwa die Leuchte, damit sie unter den Scheffel gestellt wird oder unter das Bett? Nicht, damit sie auf den Leuchter gestellt wird?

Lk 8,16 (Nr. 113):
[16]Keiner aber, eine Leuchte anzündend, bedeckt sie mit einem Gefäß oder stellt (sie) unter ein Bett, sondern auf einen Leuchter stellt er (sie), damit die Hereinkommenden sehen das Licht.

Joh 8,12: Wieder nun redete zu ihnen Jesus, sagend: Ich bin das Licht der Welt; der mir Folgende geht gewiß nicht umher in der Finsternis, sondern er wird haben das Licht des Lebens.

42. Erfüllung von Gesetz und Propheten

Mt 5,17–20

[17]Meint nicht, daß ich kam, aufzulösen das
Gesetz oder die Propheten; nicht kam ich aufzulösen, sondern zu erfüllen. [18]Amen, denn ich
sage euch: Bis vergeht der Himmel und die
Erde, nicht ein einziges Jota oder ein einziges
Häkchen vergeht vom Gesetz, bis alles
geschieht. [19]Wer immer also auflöst ein
einziges dieser geringsten Gebote und lehrt so
die Menschen, (der) Geringste wird er gerufen
werden im Königtum der Himmel; wer aber
immer (es) tut und (so) lehrt, dieser wird groß
gerufen werden im Königtum der Himmel.
[20]Denn ich sage euch: Wenn nicht überfließt
eure Gerechtigkeit mehr als (die) der
Schriftkundigen und Pharisaier, nicht
werdet ihr hineingehen ins Königtum der
Himmel.

Lk 16,17 (Nr. 197):

[17]Leichter aber ist, daß der Himmel und die
Erde vergehen, als daß vom Gesetz ein einziges
Häkchen (weg)fällt.

43. Vom Morden und Zürnen

Mt 5,21–26

Ex 20,13 21 Ihr hörtet, daß gesagt wurde den Alten: *Du sollst nicht morden!* Wer aber immer mordet, verfallen wird
Dtn 5,17 er sein dem Gericht. 22 Ich aber sage euch: Jeder Zürnende seinem Bruder wird verfallen sein dem Gericht.
Wer aber immer spricht zu seinem Bruder: Tor, verfallen wird er sein dem Synhedrion. Wer aber immer
spricht: Törichter, verfallen wird er sein in die Gehenna des Feuers. 23 Wenn du nun hinbringst deine Gabe
zum Altar und dort dich erinnerst, daß dein Bruder etwas hat gegen dich, 24 laß dort deine Gabe vor dem
Altar und geh zuerst fort, versöhne dich mit deinem Bruder, und dann, kommend, bring hin deine Gabe!

25 Sei ein Wohlgesonnener deinem Widersacher, (und zwar) schnell, solange du mit ihm auf dem Weg bist, damit dich nicht übergeben wird der Widersacher dem Richter und der Richter dem Diener und du ins Gefängnis geworfen wirst. 26 Amen, ich sage dir: Nicht wirst du herausgehen von dort, bis du zurückgibst den letzten Kodrantes.

Lk 12,57–59 (Nr. 180):

57 Warum aber urteilt ihr nicht auch von euch selbst aus das Rechte? 58 Denn wenn du fortgehst mit deinem Widersacher zu einem Vorsteher, auf dem Weg gib (dir) Mühe, loszukommen von ihm, damit er dich nicht fortschleppt zum Richter, und der Richter dich übergeben wird dem Schergen, und der Scherge dich werfen wird ins Gefängnis. 59 Ich sage dir: Nicht wirst du herausgehen von dort, bis auch das letzte Lepta du zurückgibst.

44. Vom Ehebruch

Mt 5,27–30

Ex 20,14 27 Ihr hörtet, daß gesagt wurde: *Du sollst nicht ehebrechen!* 28 Ich aber sage euch: Jeder Ansehende eine
Dtn 5,18 Frau, um sie zu begehren, brach schon die Ehe mit ihr in seinem Herzen. 29 Wenn aber dein rechtes Auge
dir Anstoß gibt, reiß es aus und wirf (es) von dir! Denn es ist nützlich(er) für dich, daß zugrundegeht eines
deiner Glieder und nicht dein ganzer Leib geworfen wird in (die) Gehenna. 30 Und wenn deine rechte Hand
dir Anstoß gibt, schlag sie ab und wirf (sie) von dir! Denn es ist nützlich(er) für dich, daß zugrundegeht
eines deiner Glieder und nicht dein ganzer Leib in (die) Gehenna hingeht. *

---

* Mt 18,8–9 (Nr. 152):
8 Wenn aber deine Hand oder dein Fuß dir Anstoß gibt, schlag ihn ab und wirf (ihn) von dir! Besser für dich ist es, hineinzugehen ins Leben als Krüppel oder Lahmer, als, zwei Hände oder zwei Füße habend, geworfen zu werden ins ewige Feuer.

9 Und wenn dein Auge dir Anstoß gibt, reiß es aus und wirf (es) von dir! Besser für dich ist es, als Einäugiger ins Leben hineinzugehen, als, zwei Augen habend,
Jes 66,24 geworfen zu werden in die Gehenna des Feuers.

Mk 9,43–48 (Nr. 152):
43 Und wenn dir Anstoß gibt deine Hand, schlag sie ab! Besser ist es, daß du als Krüppel hineingehst ins Leben, als, die zwei Hände habend, hinzugehen in die Gehenna, in das unlöschbare Feuer.
45 Und wenn dein Fuß dir Anstoß gibt, schlag ihn ab! Besser ist es, daß du hineingehst ins Leben als Lahmer, als, die zwei Füße habend, geworfen zu werden in die Gehenna.
47 Und wenn dein Auge dir Anstoß gibt, wirf es weg! Besser ist es, daß du als Einäugiger hineingehst ins Königtum Gottes, als, zwei Augen habend, geworfen zu werden in die Gehenna, 48 wo *ihr Wurm nicht endet und das Feuer nicht gelöst wird.*

45. Von der Ehescheidung

Mt 5,31–32

[31] Gesagt wurde aber: Wer immer seine Frau entläßt, gebe ihr einen Scheidebrief. [32] Ich aber sage euch: Jeder Entlassende seine Frau, ausgenommen aufgrund von Unzucht, macht, daß zum Ehebruch sie genommen wird, und wer immer eine Entlassene heiratet, bricht die Ehe. *

Lk 16,18 (Nr. 197):

[18] Jeder Entlassende seine Frau
und Heiratende eine andere
bricht die Ehe, und der eine vom Mann
Entlassene Heiratende bricht die Ehe. *

* Mt 19,9 (Nr. 209):
Ich sage euch aber: Wer immer entläßt seine Frau – nicht bei Unzucht – und heiratet eine andere, bricht die Ehe.

Mk 10,11–12 (Nr. 209):
[11] Und er sagt ihnen: Wer immer entläßt seine Frau und heiratet eine andere, bricht die Ehe gegen sie; [12] und wenn sie, entlassend ihren Mann, heiratet einen anderen, bricht sie die Ehe.

46. Vom Schwören

Mt 5,33–37

[33] Wieder hörtet ihr, daß gesagt wurde den Alten: Du sollst nicht eidbrüchig werden, erfüllen aber sollst du dem Herrn deine Eide! [34] Ich aber sage euch: Überhaupt nicht schwören! Weder beim Himmel, denn Thron Gottes ist er, [35] noch bei der Erde, denn Fußbank seiner Füße ist sie, noch bei Hierosolyma, denn Stadt des großen Königs ist sie; [36] auch nicht bei deinem Kopfe schwöre, denn nicht kannst du ein einziges Haar weiß machen oder schwarz. [37] Sein soll aber euer Wort: ja ja, nein nein; das Mehr aber als dieses ist vom Bösen.

47. Vom Wiedervergelten

Mt 5,38–42

[38] Ihr hörtet, daß gesagt wurde: *Auge anstelle von Auge* und *Zahn anstelle von Zahn.* [39] Ich aber sage euch: Nicht dem Bösen widerstehen! Sondern, welcher dich schlägt auf [deine] rechte Wange, wende ihm auch die andere zu! [40] Und dem, der willens ist, mit dir zu rechten und dein Untergewand zu nehmen, laß ihm auch das Obergewand! [41] Und welcher dich zwingen will zu einer Meile, geh fort mit ihm zwei! [42] Dem dich Bittenden gib, und den, der von dir leihen will, weise nicht ab!

Ex 21,24f
Lev 24,20
Dtn 19,21

Lk 6,29–30 (Nr. 68):

[29] Dem dich Schlagenden auf die
Wange, biete auch die andere,
und dem
dir Wegnehmenden das Obergewand, auch
das Untergewand verweigere nicht!

[30] Jedem dich Bittenden gib, und vom Wegnehmenden das Deine, fordere (es) nicht zurück!

48. Von der Feindesliebe

Mt 5,43–48

Lev 19,18 43 Ihr hörtet, daß gesagt wurde: *Du sollst lieben deinen Nächsten* und du sollst hassen deinen Feind. 44 Ich aber sage euch : Liebt eure Feinde und betet für die euch Verfolgenden, 45 auf daß ihr werdet Söhne eures Vaters in (den) Himmeln, weil seine Sonne er aufgehen läßt über Böse und Gute und er regnen läßt über Gerechte und Ungerechte.
46 Denn wenn ihr liebt die euch Liebenden, welchen Lohn habt ihr? Tun nicht auch die Zöllner dasselbe? 47 Und wenn ihr grüßt allein eure Brüder, was tut ihr Besonderes? Tun nicht auch die Heidnischen dasselbe?

vgl. V 45

48 Seid also ihr vollkommen, wie euer himmlischer Vater vollkommen ist!

Lk 6,27–28.32–36 (Nr. 68):

27 Aber euch sage ich, den Hörenden: Liebt eure Feinde, recht tut den euch Hassenden,
28 segnet die euch Verfluchenden, betet für die euch Schmähenden!

vgl. V 35

32 Und wenn ihr liebt die euch Liebenden, welcher Dank ist euch? Denn auch die Sünder lieben die sie Liebenden. 33 Und wenn ihr [nämlich] Gutes tut den euch Gutes Tuenden, welcher Dank ist euch? Auch die Sünder tun dasselbe. 34 Und wenn ihr leiht, von denen ihr hofft zu erhalten, welcher Dank [ist] euch? Auch Sünder leihen Sündern, damit sie zurückempfangen das gleiche. 35 Jedoch liebt eure Feinde und tut Gutes und leiht, nichts zurückerhoffend; und sein wird euer Lohn groß, und sein werdet ihr Söhne (des) Höchsten, weil er gütig ist zu den Undankbaren und Bösen.
36 Werdet barmherzig, gleichwie [auch] euer Vater barmherzig ist!

49. Vom Tun der Barmherzigkeit

Mt 6,1–4

1 Achtet [aber] darauf, eure Gerechtigkeit nicht zu tun vor den Menschen, um gesehen zu werden bei ihnen; wenn aber doch, Lohn habt ihr nicht bei eurem Vater in den Himmeln. 2 Wann du also tust eine Wohltat, trompete nicht vor dir (her) wie die Heuchler tun in den Synagogen und in den Gassen, auf daß sie verherrlicht werden von den Menschen; amen, ich sage euch: Weg haben sie ihren Lohn. 3 Wenn du aber tust eine Wohltat, nicht erfahre deine Linke, was deine Rechte tut, 4 auf daß deine Wohltat im Verborgenen ist; und dein Vater, der im Verborgenen sehende, wird dir vergelten.

50. Vom Beten

Mt 6,5–6

5 Und wann ihr betet, seid nicht wie die Heuchler; denn sie lieben (es), in den Synagogen und in den Ecken der Straßen stehend zu beten, auf daß sie leuchten vor den Menschen; amen, ich sage euch: Weg haben sie ihren Lohn. 6 Du aber, wann du betest, geh hinein in deine Kammer und, verschließend deine Tür, bete zu deinem Vater, dem im Verborgenen; und dein Vater, der im Verborgenen sehende, wird dir vergelten.

51. Das Vater-Unser

Mt 6,7–15

7 Betend aber, plappert nicht wie die Heidnischen; denn sie meinen, daß in ihrer Vielrederei sie erhört
werden. 8 Nicht also gleicht euch ihnen an; denn (es) weiß euer Vater, wessen ihr Bedarf habt, bevor ihr ihn
bittet.

9 So nun sollt ihr beten: Unser
Vater in den Himmeln;
geheiligt werden soll dein Name;
10 kommen soll dein Königtum;
geschehen soll dein Wille, wie
im Himmel auch auf Erden;
11 unser nötiges Brot gib uns
heute; 12 und erlaß uns
unsere Schuldigkeiten, wie
auch wir erließen unseren
Schuldnern; 13 und nicht führe uns hinein in Versuchung,
sondern rette uns vom Bösen.
14 Denn wenn ihr erlaßt den
Menschen ihre Übertretun-
gen, wird erlassen auch euch
euer himmlischer Vater;
15 wenn ihr aber nicht erlaßt
den Menschen, auch euer
Vater wird nicht erlassen eure
Übertretungen.

Mk 11,25 (Nr. 223):
Und wann ihr (da)steht
betend, erlaßt, wenn ihr etwas
habt gegen einen, damit auch
euer Vater in den Himmeln
erlasse euch eure Übertretungen.

Lk 11,2–4 (Nr. 166):

2 Er sprach aber zu ihnen:
Wann ihr betet, sagt:
Vater,
geheiligt werden soll dein Name;
kommen soll dein Königtum;

3 unser nötiges Brot gib uns
täglich; 4 und erlaß uns
unsere Sünden, denn
auch wir selbst erlassen jedem uns
Schuldenden; und nicht führe uns hinein in Versuchung.

52. Vom Fasten

Mt 6,16–18

16 Wann ihr aber fastet, werdet nicht wie die mürrischen Heuchler; denn unansehnlich machen sie ihre
Gesichter, auf daß sie erscheinen den Menschen als Fastende; amen, ich sage euch: Weg haben sie ihren
Lohn. 17 Du aber fastend salbe deinen Kopf, und dein Gesicht wasche, 18 auf daß du nicht erscheinst den
Menschen fastend, sondern deinem Vater, dem im Verborgenen; und dein Vater, der im Verborgenen
sehende, wird dir vergelten.

53. Vom Schätzesammeln

Mt 6,19–21

19 Sammelt euch nicht Schätze auf der Erde,
wo Motte und Wurm vernichten und wo Diebe
einbrechen und stehlen; 20 sammelt euch

Lk 12,33–34 (Nr. 177):

33 Verkauft euren Besitz und gebt ein
Almosen! Macht euch nicht veraltende
Geldbeutel, einen unerschöpflichen

aber Schätze im Himmel, wo weder Motte noch Wurm vernichten und wo Diebe nicht einbrechen und nicht stehlen; 21 denn wo dein Schatz ist, dort wird sein auch dein Herz.

Schatz in den Himmeln, wo ein Dieb nicht nahekommt, noch eine Motte (etwas) vernichtet; 34 denn wo euer Schatz ist, dort wird auch euer Herz sein.

54. Vom Auge als Leuchte des Leibes

Mt 6,22–23

22 Die Leuchte des Leibes ist das Auge. Wenn nun dein Auge lauter ist, wird dein ganzer Leib licht sein; 23 wenn aber dein Auge böse ist, wird dein ganzer Leib finster sein. Wenn nun das Licht in dir Finsternis ist, wie groß (ist) die Finsternis!

Lk 11,34–36 (Nr. 173):

34 Die Leuchte des Leibes ist dein Auge. Wann dein Auge lauter ist, ist auch dein ganzer Leib licht: wenn es aber böse ist, (ist) auch dein Leib finster. 35 Achte nun, daß nicht das Licht in dir Finsternis ist.

36 Wenn nun dein ganzer Leib licht (ist), nicht habend einen finsteren Teil, wird er sein ganz licht, wie wann die Leuchte mit (ihrem) Strahl dich erleuchtet.

55. Vom Dienst für zwei Herren

Mt 6,24

24 Keiner kann zwei Herren dienen; denn entweder den einen wird er hassen, und den anderen wird er lieben, oder er wird an den einen sich halten, und den anderen wird er verachten. Nicht könnt ihr Gott dienen und (dem) Mammon.

Lk 16,13 (Nr. 195):

13 Kein Hausdiener kann zwei Herren dienen; denn entweder den einen wird er hassen, und den anderen wird er lieben, oder er wird an den einen sich halten, und den anderen wird er verachten. Nicht könnt ihr Gott dienen und (dem) Mammon.

56. Vom Sorgen

Mt 6,25–34

25 Deswegen sage ich euch: Sorgt euch nicht um euer Leben, was ihr essen sollt [oder was ihr trinken sollt] und nicht um euren Leib, was ihr anziehen sollt! Ist nicht das Leben mehr als die Nahrung und der Leib (mehr) als das Gewand? 26 Schaut auf zu den Vögeln des Himmels, daß sie nicht säen noch ernten noch sammeln in Scheunen, und euer himmlischer Vater nährt sie; unterscheidet nicht ihr euch (viel) mehr von ihnen? 27 Wer aber von euch kann, sorgend, hinzulegen zu seinem Alter eine einzige Elle?

Lk 12,22–31 (Nr. 177):

22 Er sprach aber zu [seinen] Schülern: Deswegen sage ich euch: Sorgt euch nicht um das Leben, was ihr essen sollt, und nicht um den Leib, was ihr anziehen sollt! 23 Denn das Leben ist mehr als die Nahrung und der Leib (mehr) als das Gewand. 24 Beachtet die Raben, daß sie nicht säen noch ernten, die nicht haben eine Kammer noch eine Scheune, und Gott nährt sie; um wieviel mehr unterscheidet ihr euch von den Vögeln. 25 Wer aber von euch kann, sorgend, seinem Alter hinzulegen eine Elle?

28 Und um ein Gewand, was sorgt ihr euch?
Beobachtet die Lilien des Ackers, wie sie
wachsen; nicht mühen sie sich noch spinnen
sie; 29 ich sage euch aber: Auch nicht Solomon
in seiner ganzen Herrlichkeit war umkleidet wie
eine von diesen. 30 Wenn aber Gott das Gras
des Ackers, das heute ist und morgen in (den)
Ofen geworfen wird, so kleidet, nicht um viel
mehr euch, Kleingläubige? 31 Sorgt euch
also nicht, sagend: Was sollen wir essen? oder:
Was sollen wir trinken? oder: Womit sollen wir uns
umkleiden? 32 Denn alles dieses erstreben die
Völker ; denn (es) weiß euer himmlischer
Vater, daß ihr alles dessen bedürft.
33 Sucht aber zuerst das Königtum [Gottes] und
seine Gerechtigkeit, und dieses alles wird euch
hinzugelegt werden. 34 Sorgt also nicht für das
Morgen, denn das Morgen wird sorgen für sich;
genügend (ist) dem Tag seine Schlechtigkeit.

26 Wenn nun nicht (das) Geringste ihr könnt,
was sorgt ihr euch um die übrigen (Dinge)?
27 Beachtet die Lilien , wie sie
wachsen; nicht mühen sie sich noch spinnen
sie; ich sage euch aber: Auch nicht Solomon
in seiner ganzen Herrlichkeit war umkleidet wie
eine von diesen. 28 Wenn aber Gott im Acker
das Gras, das heute ist und morgen in (den)
Ofen geworfen wird, so kleidet, um wieviel
mehr euch, Kleingläubige. 29 Und ihr, sucht
nicht, was ihr essen sollt und
was ihr trinken sollt und beunruhigt euch
nicht! 30 Denn dieses alles erstreben die
Völker der Welt, euer Vater aber
weiß, daß ihr dessen bedürft.
31 Jedoch sucht sein Königtum,
und dieses wird euch
hinzugelegt werden.

57. Vom Richten

Mt 7,1–5

1 Richtet nicht, damit ihr nicht
gerichtet werdet! 2 Denn mit welchem Richtspruch ihr richtet, werdet ihr gerichtet werden, *

und mit welchem Maß ihr meßt, gemessen
werden wird euch. ** 3 Was aber siehst
du den Span im Auge deines Bruders, den
Balken in deinem Auge aber
beachtest du nicht? 4 Oder wie wirst du sagen
deinem Bruder: Laß, ich möchte
herausziehen den Span aus deinem Auge,
und siehe, der Balken (ist) in deinem
Auge? 5 Heuchler, zieh heraus zuerst
aus deinem Auge den Balken, und dann wirst
du zusehen, herauszuziehen den Span aus dem
Auge deines Bruders.

Lk 6,37–38.41–42 (Nr. 69):

37 Und richtet nicht, und nicht werdet ihr
gerichtet;

und verurteilt nicht, und nicht werdet ihr
verurteilt. Befreit, und ihr werdet befreit werden;
38 gebt, und gegeben werden wird euch; ein
rechtes Maß, ein gedrücktes, geschütteltes,
überfließendes, wird man geben in euren Schoß:
Denn mit welchem Maß ihr meßt, wiedergemessen
werden wird euch. ** 41 Was aber siehst
du den Span im Auge deines Bruders, den
Balken aber im eigenen Auge
beachtest du nicht? 42 Wie kannst du sagen
deinem Bruder: Bruder, laß, ich möchte
herausziehen den Span in deinem Auge,
selber aber den Balken in deinem
Auge nicht sehend? Heuchler, zieh heraus zuerst
den Balken aus deinem Auge, und dann wirst
du zusehen, den Span im Auge deines Bruders
herauszuziehen.

---

* Vgl. Joh 7,53–8,11: [[7,53 Und sie gingen, ein jeder in sein Haus, 8,1 Jesus aber ging auf den Berg der Ölbäume.
2 Früh morgens aber wieder kam er zum Heiligtum, und das ganze Volk kam zu ihm, und sich setzend lehrte er sie.
3 Vorführten aber die Schriftkundigen und die Pharisaier eine Frau, beim Ehebruch ertappt, und stellend sie in (die)
Mitte, 4 sagen sie ihm: Lehrer, diese Frau ist ertappt worden auf frischer Tat, ehebrechend; 5 im Gesetz aber gebot uns

Moyses, solche zu steinigen. Du nun, was sagst du? 6Dies aber sagten sie, ihn versuchend, damit sie (etwas) hätten, ihn anzuklagen. Jesus aber, hinunter sich bückend, mit dem Finger hinschrieb auf die Erde. 7Wie sie aber beharrten, ihn fragend, aufrichtete er sich und sprach zu ihnen: Der Sündenlose von euch soll werfen als erster auf sie einen Stein. 8Und wieder sich niederbückend schrieb er auf die Erde. 9Die Hörenden aber gingen hinaus, einer nach dem anderen, angefangen von den Ältesten, und er wurde zurückgelassen allein, und die Frau, die in (der) Mitte war. 10Sich aufrichtend aber sprach Jesus zu ihr: Frau, wo sind sie? Keiner verurteilte dich? 11Die aber sprach: Keiner, Herr. (Es) sprach aber Jesus: Auch ich verurteile dich nicht; geh [und] von jetzt (an) sündige nicht mehr!]]

** Mk 4,24 (Nr. 113): Und er sagte ihnen: Seht (zu), was ihr hört! Mit welchem Maß ihr meßt, gemessen werden wird euch und hinzugelegt werden wird euch.

58. Von der Entweihung des Heiligen

Mt 7,6

Gebt nicht das Heilige den Hunden und werft nicht eure Perlen vor die Schweine, damit sie nicht zertreten sie mit ihren Füßen und sich umwendend zerreißen euch.

59. Vom Bitten und von der Erhörung

Mt 7,7–11

7Bittet, und gegeben werden wird euch; sucht, und finden werdet ihr; klopft an, und geöffnet werden wird euch; 8denn jeder Bittende empfängt, und der Suchende findet, und dem Anklopfenden wird geöffnet werden. 9Oder wer von euch ist ein Mensch, den sein Sohn bitten wird um Brot, – wird er etwa einen Stein übergeben ihm? 10Oder auch um einen Fisch wird er bitten, – wird er etwa eine Schlange übergeben ihm?

11Wenn nun ihr, die ihr böse seid, wißt, gute Gaben zu geben euren Kindern, um wieviel mehr wird euer Vater in den Himmeln geben Gutes den ihn Bittenden.

Lk 11,9–13 (Nr. 168):

9Und ich sage euch: Bittet, und gegeben werden wird euch; sucht, und finden werdet ihr; klopft an, und geöffnet werden wird euch; 10denn jeder Bittende empfängt, und der Suchende findet, und dem Anklopfenden wird geöffnet [werden]. 11Welchen Vater aber von euch wird bitten der Sohn um einen Fisch, und er wird anstelle eines Fisches eine Schlange ihm übergeben? 12Oder auch bitten wird er um ein Ei, wird er übergeben ihm einen Skorpion? 13Wenn nun ihr, die ihr böse seid, wißt, gute Gaben zu geben euren Kindern, um wieviel mehr wird der Vater, [der] aus (dem) Himmel, geben heiligen Geist den ihn Bittenden.

60. Die „goldene Regel“

Mt 7,12

12Alles nun, was immer ihr wollt, daß euch die Menschen tun, so auch tut ihr ihnen! Denn dieses ist das Gesetz und die Propheten.

Lk 6,31 (Nr. 68):

31Und gleichwie ihr wollt, daß euch die Menschen tun, tut ihnen gleicherweise!

61. Von den zwei Wegen

Mt 7,13–14

[13]Geht hinein
durch das enge Tor! Denn breit (ist) das Tor und
weit der Weg, der ins Verderben führende, und
viele sind die Hindurch-
gehenden durch es; [14]wie eng (ist) das Tor und
gedrängt der Weg, der ins Leben führende, und
wenige sind die ihn Findenden!

Lk 13,23–24 (Nr. 184):

[23](Es) sprach aber einer zu ihm: Herr, ob (es)
wenige (sind), die gerettet werden? Der aber
sprach zu ihnen: [24]Kämpft, hineinzugehen
durch die enge Tür, denn

viele, sage ich euch, werden suchen hineinzugehen
und
(es) nicht vermögen.

62. Warnung vor Lügenpropheten

Mt 7,15–20

[15]In acht nehmt euch vor den Lügenpropheten,
welche zu euch kommen in Gewändern von
Schafen, innen aber sind sie räuberische Wölfe.
[16]An ihren Früchten werdet ihr sie erkennen.
Man sammelt doch nicht von Dornen Weintrau-
ben oder von Disteln Feigen?
[17]So bringt jeder gute Baum gute Früchte,
der faule Baum aber bringt böse Früchte.
[18]Nicht kann ein guter Baum böse
Früchte bringen noch ein fauler Baum
gute Früchte bringen. * [19]Jeder Baum,
nicht bringend gute Frucht, wird ausgehauen,
und er wird ins Feuer geworfen. ** [20]Also
denn, an ihren Früchten werdet ihr sie erkennen.

Lk 6,43–44 (Nr. 70):

[44]Denn jeder Baum
wird aus seiner eigenen Frucht erkannt;
denn nicht sammelt man aus Dornen Feigen,
noch erntet man vom Dornbusch eine Weintraube.

[43]Denn nicht ist ein Baum gut, bringend faule
Frucht, noch wieder ein Baum faul, bringend
gute Frucht. *

---

* Mt 12,33 (Nr. 106): Entweder haltet den Baum für gut und seine Frucht für gut, oder haltet den Baum für faul und seine Frucht für faul; denn aus der Frucht wird der Baum erkannt.

** Mt 3,10 = Lk 3,9 (Nr. 15): Jeder Baum nun, nicht bringend gute Frucht, wird ausgehauen und ins Feuer geworfen.

63. Warnung vor Selbsttäuschung

Mt 7,21–23

[21]Nicht jeder Sagende zu mir: Herr, Herr, wird
hineingehen ins Königtum der Himmel,
sondern der Tuende den Willen meines Vaters in
den Himmeln. [22]Viele werden sagen zu mir an
jenem Tag: Herr, Herr, prophezeiten wir nicht in
deinem Namen, und warfen wir (nicht) in deinem
Namen Dämonen hinaus, und taten wir (nicht) in
deinem Namen viele Kraft(taten)? [23]Und dann
werde ich bekennen ihnen: Niemals kannte ich

Lk 6,46 (Nr. 70):

[46]Was aber ruft ihr mich: Herr, Herr, und
tut nicht, was ich sage?

Lk 13,26–27 (Nr. 184):

[26]Da werdet ihr beginnen zu sagen:
Wir aßen vor dir und tranken
und auf unseren Straßen lehrtest du;

[27]und
sprechen wird er, sagend euch: Nicht kenne ich

Ps 6,9 euch ; *geht weg von mir, die ihr*
1 Makk 3,6 *wirkt das Ungesetzliche!*

[euch], woher ihr seid; *entfernt euch von mir, alle Wirker von Unrecht!*

64. Gleichnis vom Hausbau

Mt 7,24–27

[24] Jeder nun, welcher
hört diese meine Worte und sie tut,
verglichen werden wird er einem
verständigen Mann, welcher baute sein Haus auf
den Felsen; [25] und herabkam der Regen,
und (es) kamen die Flüsse, und (es) wehten die
Winde, und niederfielen sie auf jenes Haus, aber
nicht fiel es; denn es war gegründet worden auf
den Felsen. [26] Und jeder diese meine Worte Hörende und sie nicht Tuende, verglichen
werden wird er einem törichten Mann, welcher
baute sein Haus auf den Sand ; [27] und
herabkam der Regen, und (es) kamen die
Flüsse, und (es) wehten die Winde, und anstießen
sie an jenes Haus, und es fiel,
und (es) war sein Fall
groß.

Lk 6,47–49 (Nr. 71):

[47] Jeder zu mir Kommende und
meine Worte Hörende und sie Tuende, ich werde
euch zeigen, wem er gleich ist. [48] Gleich ist er einem
Menschen, bauend ein Haus, der grub
und in die Tiefe ging und ein Fundament auf
den Felsen setzte; als aber eine Überschwem-
mung entstand, anstieß der Fluß
an jenes Haus, aber
nicht vermochte er, es zu erschüttern, weil es
recht gebaut war. [49] Der Hö-
rende aber und nicht Tuende, gleich ist
er einem Menschen, bauend
ein Haus auf die Erde ohne Fundament,
an dem anstieß der
Fluß,
und sofort fiel es zusammen,
und (es) war der Zusammenbruch jenes Hauses
groß.

65. Wirkung der Bergpredigt

Mt 7,28–29

[28] Und es geschah, als Jesus beendete diese Worte, * gerieten außer sich die Volksmengen über seine Lehre, ** [29] denn er war lehrend sie wie ein Vollmacht Habender und nicht wie ihre Schriftkundigen. ***

* Vgl. Lk 7,1 a (Nr. 72): Nachdem er erfüllt hatte alle seine Worte in die Ohren des Volkes, ...
** Joh 7,46: (Es) antworteten die Diener: Noch nie redete so ein Mensch.

*** Mk 1,21–22 (Nr. 25):
[21] Und hineingehen sie nach Kapharnaum; und sofort an den Sabbaten hineinkommend in die Synagoge, lehrte er. [22] Und sie gerieten außer sich über seine Lehre; denn er war lehrend sie wie ein Vollmacht Habender und nicht wie die Schriftkundigen.

Lk 4,31–32 (Nr. 25):
[31] Und hinabkam er nach Kapharnaum, einer Stadt der Galilaia. Und er war lehrend sie an den Sabbaten. [32] Und sie gerieten außer sich über seine Lehre, weil in Vollmacht war sein Wort.

Die „Kleine Einschaltung" des Lukas (Lk 6,20–8,3)
Die Feldrede (Lk 6,20–49)

66. Einleitung

Mt 4,24–5,2 (Nr. 29.39):

24 Und hinausging sein Ruf in
die ganze Syria; und hin-
brachten sie ihm alle, denen
es schlecht ging, durch mancherlei Krankheiten und Qualen Bedrängte [und] Besessene und Mondsüchtige und
Gelähmte; und er heilte sie.
25 Und (es) folgten ihm große
Volksmengen von der Galilaia
und (der) Dekapolis
und von Hierosolyma und Judaia und von
jenseits des Jordanes.

5,1 Sehend aber die Volksmengen, stieg er hinauf auf
den Berg; und als er sich
gesetzt hatte, kamen zu ihm
seine Schüler; 2 und öffnend
seinen Mund lehrte er sie,
sagend:

Mk 3,7–13a (Nr. 37.38):

7 Und Jesus
mit seinen Schülern entwich
zum Meer,
und eine große
Menge von der Galilaia
[folgte] und von der Judaia
8 und von Hierosolyma und
von der Idumaia und von
jenseits des Jordanes und (aus der
Gegend) um Tyros und Sidon eine
große Menge, hörend, wieviel er
tat, kam zu ihm. 9 Und er sprach
zu seinen Schülern, damit ein
Boot ihm bereitliege
wegen der Volksmenge,
damit sie ihn nicht bedränge;
10 denn viele heilte er, so daß
sie über ihn herfielen, damit
ihn berührten, wieviele Plagen
hatten. 11 Und die unreinen
Geister, wann sie ihn erblickten, fielen nieder vor ihm und
schrien, sagend: Du bist der
Sohn Gottes. 12 Und viel fuhr
er sie an, damit sie nicht ihn
offenbar machten.
13a Und hinaufsteigt er auf
den Berg, und herbeiruft er,
die er selbst wollte.

Lk 6,17–20a

17 Und hinabstei-
gend mit ihnen, stellte er sich
auf einen ebenen Platz, und
eine große Menge seiner
Schüler, und eine große
Menge des Volkes von der
ganzen Judaia
und von Jerusalem und
der Meeres-
küste von Tyros und Sidon,
18 die kamen, ihn zu hören und
geheilt zu werden von ihren
Krankheiten; und die von
unreinen Geistern Geplagten
wurden geheilt,
19 und die ganze Volksmenge
suchte ihn zu berühren, weil
Kraft von ihm ausging und
alle heilte.

20a Und er, erhebend seine
Augen zu seinen Schülern,
sagte:

67. Die Seligpreisungen und Weherufe

Mt 5,3–12 (Nr. 40):

3 Selig die Armen dem Geist (nach), denn ihrer ist
das Königtum der Himmel. 4 Selig die Trauernden,
denn sie werden ermutigt werden. 5 Selig die Sanften,
denn sie werden erben die Erde. 6 Selig die Hungernden
und Dürstenden nach der Gerechtigkeit, denn sie
werden gesättigt werden.
vgl. V 4
7 Selig die sich Erbarmenden, denn sie werden
Erbarmen finden. 8 Selig die Reinen dem Herzen
(nach), denn sie werden Gott sehen. 9 Selig die
Frieden Schaffenden, denn sie werden Söhne
Gottes gerufen werden. 10 Selig die Verfolgten
wegen (der) Gerechtigkeit, denn ihrer ist das
Königtum der Himmel. 11 Selig seid ihr,
wann sie euch
schmähen und verfolgen und sagen alles Böse
über euch, [lügend], wegen meiner.
12 Freut euch und jubelt, denn
euer Lohn (ist) groß in den Himmeln; denn
so verfolgten sie die Propheten, die vor euch.

Lk 6,20b–26

20b Selig die Armen , denn euer ist
das Königtum Gottes.
vgl. V 21b
21 Selig die Hungernden jetzt,
denn ihr
werdet gesättigt werden. Selig die Weinenden
jetzt, denn ihr werdet lachen.

22 Selig seid ihr, wann euch hassen die
Menschen und wann sie euch ausschließen und
schmähen und hinauswerfen euren Namen als
schlecht wegen des Sohnes des Menschen;
23 freut euch an jenem Tag und hüpft, denn
siehe, euer Lohn (ist) groß im Himmel; denn
genauso taten den Propheten ihre Väter.
24 Jedoch wehe euch, den Reichen, denn weg
habt ihr euren Trost. 25 Wehe euch, ihr
Gesättigten jetzt, denn ihr werdet hungern.
Wehe, ihr Lachenden jetzt, denn ihr werdet
trauern und weinen. 26 Wehe, wann euch
schön reden alle Menschen; denn genauso
taten den Lügenpropheten ihre Väter.

68. Vom Wiedervergelten und von der Feindesliebe

Mt 5,39–42.44–48; 7,12 (Nr. 47.48 und 60):

44 Ich aber sage euch:
Liebt eure Feinde
und betet für
die euch Verfolgenden. 39b Sondern, welcher
dich schlägt auf [deine] rechte Wange, wende
ihm auch die andere zu! 40 Und dem, der willens ist, mit dir zu rechten und dein Untergewand zu nehmen, laß ihm auch das Obergewand! 41 Und welcher dich zwingen will zu einer
Meile, geh fort mit ihm zwei! 42 Dem dich
Bittenden gib, und den, der von dir leihen will,
weise nicht ab!
7,12 Alles nun, was immer ihr wollt, daß euch die
Menschen tun, so auch tut ihr ihnen!

Lk 6,27–36

27 Aber euch sage ich, den Hörenden:
Liebt eure Feinde, recht tut den euch Hassenden,
28 segnet die euch Verfluchenden, betet für
die euch Schmähenden! 29 Dem
dich Schlagenden auf die Wange, biete
auch die andere, und dem dir
Wegnehmenden das Ober-
gewand, auch das Untergewand verweigere
nicht!
30 Jedem dich
Bittenden gib, und vom Wegnehmenden das
Deine, fordere (es) nicht zurück!
31 Und gleichwie ihr wollt, daß euch die
Menschen tun, tut ihnen gleicherweise!

Denn dieses ist das Gesetz und die Propheten.
46 Denn wenn ihr liebt die euch Liebenden,
welchen Lohn habt ihr? Tun nicht auch die
Zöllner dasselbe? 47 Und wenn
ihr grüßt allein eure Brüder,
was tut ihr Besonderes? Tun nicht auch die
Heidnischen dasselbe?

48 Seid also ihr vollkommen, wie euer
himmlischer Vater vollkommen ist!

32 Und wenn ihr liebt die euch Liebenden,
welcher Dank ist euch? Denn auch die
Sünder lieben die sie Liebenden. 33 Und wenn
ihr [nämlich] Gutes tut den euch Gutes Tuenden, welcher Dank ist euch? Auch die
Sünder tun dasselbe. 34 Und wenn ihr leiht, von
denen ihr hofft zu erhalten, welcher Dank [ist]
euch? Auch Sünder leihen Sündern, damit sie
zurückempfangen das gleiche. 35 Jedoch liebt
eure Feinde und tut Gutes und leiht, nichts
zurückerhoffend; und sein wird euer Lohn groß,
und sein werdet ihr Söhne (des) Höchsten, weil
er gütig ist zu den Undankbaren und Bösen.
36 Werdet barmherzig, gleichwie [auch] euer
Vater barmherzig ist!

69. Vom Richten

Mt 7,1–5 (Nr. 57):

1 Richtet nicht, damit ihr nicht
gerichtet werdet! 2 Denn mit welchem Richtspruch ihr richtet, werdet ihr gerichtet werden,

und mit welchem Maß ihr meßt, gemessen
werden wird euch. *

3 Was aber siehst du den Span im Auge deines
Bruders, den Balken in deinem
Auge aber beachtest du nicht? 4 Oder wie wirst
du sagen deinem Bruder: Laß, ich
möchte herausziehen, den Span aus deinem Auge,
und siehe, der Balken (ist) in deinem Auge?
5 Heuchler, zieh heraus zuerst aus deinem Auge
den Balken, und dann wirst du zusehen,
herauszuziehen den Span aus dem Auge deines
Bruders.

Lk 6,37–42

37 Und richtet nicht, und nicht werdet ihr
gerichtet;

und verurteilt nicht, und nicht werdet ihr
verurteilt. Befreit, und ihr werdet befreit werden;
38 gebt, und gegeben werden wird euch; ein
rechtes Maß, ein gedrücktes, geschütteltes,
überfließendes, wird man geben in euren Schoß:
Denn mit welchem Maß ihr meßt, wiedergemessen
werden wird euch. * 39 Er sprach aber
auch ein Gleichnis zu ihnen: Kann etwa ein
Blinder einen Blinden führen? Werden nicht
beide in eine Grube hineinfallen? ** 40 Nicht ist
ein Schüler über dem Lehrer; ausgebildet aber,
jeder wird sein wie sein Lehrer. ***
41 Was aber siehst du den Span im Auge deines
Bruders, den Balken aber im eigenen
Auge beachtest du nicht? 42 Wie kannst
du sagen deinem Bruder: Bruder, laß, ich
möchte herausziehen den Span in deinem Auge,
selbst (aber) den Balken in deinem Auge nicht sehend? Heuchler, zieh heraus zuerst den Balken
aus deinem Auge, und dann wirst du zusehen,
den Span im Auge deines Bruders herauszuziehen.

---

* Mk 4,24 (Nr. 113): Und er sagte ihnen: Seht (zu), was ihr hört! Mit welchem Maß ihr meßt, gemessen werden wird euch und hinzugelegt werden wird euch.
** Mt 15,14 (Nr. 135): Laßt sie; als Blinde sind sie Führer [von Blinden]; wenn aber ein Blinder einen Blinden führt, werden beide in eine Grube fallen.

*** Mt 10,24–25 (Nr. 92): [24]Nicht ist ein Schüler über dem Lehrer und nicht ein Sklave über seinem Herrn. [25]Es genügt dem Schüler, daß er wird wie sein Lehrer und der Sklave wie sein Herr. Wenn sie den Hausherrn Beelzebul riefen, um wieviel mehr seine Hausgenossen.
Joh 13,16: Amen, amen, ich sage euch: Nicht ist ein Sklave größer als sein Herr, noch ein Gesandter größer als der ihn Schickende.
Joh 15,20b: Nicht ist ein Sklave größer als sein Herr. Wenn mich sie verfolgten, werden auch euch sie verfolgen; wenn mein Wort sie bewahrten, werden auch das eurige sie bewahren.

70. Von den Bäumen und ihren Früchten

Mt 7,16.18.21 (Nr. 62,63):

[18]Nicht kann ein guter Baum
böse Früchte bringen
noch ein fauler
Baum gute Früchte bringen.

[16]An ihren Früchten werdet
ihr sie erkennen. Man sammelt
doch nicht von Dornen Wein-
trauben oder von Disteln
Feigen?

[21]Nicht jeder Sagende zu mir:
Herr, Herr, wird hineingehen
ins Königtum der Himmel,
sondern der Tuende den Willen
meines Vaters in den Himmeln.

Mt 12,33–35 (Nr. 106):

[33]Entweder haltet den Baum
für gut und seine Frucht für
gut, oder haltet den Baum
für faul und seine Frucht für
faul; denn aus
der Frucht wird der Baum erkannt.

[35]Der gute Mensch wirft
aus dem guten Schatz(behälter) heraus
Gutes, und der böse Mensch
wirft aus dem bösen
Schatz(behälter) heraus
Böses. [34b]Denn aus dem
Überfluß des Herzens redet
der Mund.

Lk 6,43–46

[43]Denn nicht ist ein Baum
gut, bringend faule Frucht,
noch wieder ein Baum
faul, bringend gute Frucht.
[44]Denn jeder Baum wird aus
seiner eigenen Frucht er-
kannt; denn nicht sammelt
man aus Dornen Feigen,
noch erntet man vom Dorn-
busch eine Weintraube.
[45]Der gute Mensch bringt
aus dem guten Schatz(behälter) des Herzens hervor
das Gute, und der böse
bringt aus dem bösen
hervor
das Böse ; denn aus
Überfluß (des) Herzens redet
sein Mund.
[46]Was aber ruft ihr mich:
Herr, Herr, und tut nicht, was
ich sage?

71. Gleichnis vom Hausbau

Mt 7,24–27 (Nr. 64):

[24]Jeder nun, welcher
hört diese meine Worte und sie tut,
verglichen werden wird er einem
verständigen Mann, welcher baute sein Haus auf
den Felsen; [25]und herabkam der Regen
und (es) kamen die Flüsse, und (es) wehten die
Winde, und niederfielen sie auf jenes Haus, aber

Lk 6,47–49

[47]Jeder zu mir Kommende und meine
Worte Hörende und sie Tuende, ich werde euch
zeigen, wem er gleich ist. [48]Gleich ist er einem
Menschen, bauend ein Haus, der grub
und in die Tiefe ging und ein Fundament auf
den Felsen setzte; als aber eine Überschwem-
mung entstand, anstieß der Fluß
an jenes Haus, aber

nicht fiel es; denn es war gegründet worden auf
den Felsen. [26] Und jeder diese meine Worte Hörende und sie nicht Tuende, verglichen
werden wird er einem törichten Mann, welcher
baute sein Haus auf den Sand ; [27] und
herabkam der Regen, und (es) kamen die
Flüsse, und (es) wehten die Winde, und anstießen
sie an jenes Haus, und es fiel,
und (es) war sein Fall
groß.

nicht vermochte er, es zu erschüttern, weil es
recht gebaut war. [49] Der Hö-
rende aber und nicht Tuende, gleich ist
er einem Menschen, bauend
ein Haus auf die Erde ohne Fundament, an
dem anstieß der
Fluß,
und sofort fiel es zusammen,
und (es) war der Zusammenbruch jenes Hauses
groß.

72. Der Hauptmann von Kapharnaum *

Mt 8,5–10.13 (Nr. 79):

[5] Als er aber hineinkam nach
Kapharnaum, kam zu ihm ein Hauptmann, bittend ihn [6] und sagend: Herr, mein Knecht liegt
im Haus gelähmt, arg gequält.
[7] Und er sagt ihm: Ich werde kommend ihn
heilen.
[8] Und antwortend sagte der Hauptmann:
Herr, nicht bin ich wert,
daß unter mein Dach du hineinkommst,
aber sprich nur mit einem
Wort, und geheilt werden wird mein Knecht.
[9] Denn auch ich bin ein Mensch unter Vollmacht , habend unter mir Soldaten, und
sage ich diesem: Geh! Und er geht, und einem
andern: Komm! Und er kommt, und meinem
Sklaven: Tue dies! Und er tut (es). [10] (Es)
hörend aber, staunte Jesus und
sprach zu den (ihm) Folgenden:
Amen, ich sage euch: Bei keinem
fand ich so großen Glauben in Israel.
[13] Und (es) sprach Jesus zum Hauptmann:
Geh fort! Wie du glaubtest, soll dir geschehen. Und
geheilt wurde [sein] Knecht in jener Stunde.

Lk 7,1–10

[1] Nachdem er erfüllt hatte alle seine Worte in
die Ohren des Volkes, hineinkam er nach
Kapharnaum. [2] Eines Hauptmanns Sklave aber,
dem es schlecht ging, war im Begriff zu
sterben; der war ihm teuer. [3] Hörend aber über
Jesus, schickte er zu ihm Älteste der Judaier,
bittend ihn, daß er, kommend, rette seinen
Sklaven. [4] Die aber, herankommend zu Jesus,
baten ihn eifrig, sagend: Würdig ist er, daß du
ihm dies gewährst; [5] denn er liebt unser Volk,
und die Synagoge baute selbst er uns.
[6] Jesus aber ging mit ihnen. Als er aber schon
nicht (mehr) weit entfernt war vom Haus,
schickte der Hauptmann Freunde, sagend ihm:
Herr, bemühe dich nicht, denn nicht bin ich wert,
daß unter mein Dach du hineinkommst;
[7] deshalb auch hielt ich mich nicht für würdig,
zu dir zu kommen; aber sprich mit einem
Wort, und geheilt werden soll mein Knecht.
[8] Denn auch ich bin ein Mensch, unter Vollmacht gestellt, habend unter mir Soldaten, und
sage ich diesem: Geh! Und er geht, und einem
anderen: Komm! Und er kommt, und meinem
Sklaven: Tue dies! Und er tut (es). [9] Hörend
aber dieses, staunte Jesus über ihn, und sich
umwendend sprach er zu der ihm folgenden
Volksmenge: Ich sage euch: Auch nicht
in Israel fand ich so großen Glauben.

[10] Und zurückkehrend ins Haus, fanden die
Geschickten den Sklaven gesundend.

* Joh 4,46b–54: [46b] Und es war ein Königlicher, dessen Sohn krank war in Kapharnaum. [47] Dieser, hörend, daß Jesus gekommen sei aus der Judaia in die Galilaia, wegging zu ihm und bat, daß er hinabsteige und heile seinen Sohn, denn er war im Begriff zu sterben. [48] (Es) sprach nun Jesus zu ihm: Wenn nicht Zeichen und Wunder ihr seht, nicht glaubt ihr. [49] (Es) sagt zu ihm der Königliche: Herr, steig hinab ehe mein Kind stirbt! [50] (Es) sagt ihm Jesus: Geh, dein Sohn

lebt! (Es) glaubte der Mensch dem Wort, das zu ihm sprach Jesus; und er ging. 51 Schon während er hinabstieg aber, begegneten ihm seine Sklaven, sagend, daß sein Knabe lebe. 52 Er erforschte nun die Stunde, in der es besser ihm ging; sie sprachen nun zu ihm: Gestern zur siebten Stunde verließ ihn das Fieber. 53 (Es) erkannte nun der Vater, daß (es) [zu] jener Stunde (war), in der zu ihm sprach Jesus: Dein Sohn lebt; und (es) glaubte er und sein ganzes Haus. 54 Dieses zweite Zeichen [aber] wieder tat Jesus kommend aus der Judaia in die Galilaia.

73. Der junge Mann von Nain

Lk 7,11–17

11 Und es geschah in der folgenden (Zeit): Er ging in eine Stadt, gerufen Nain, und mitgingen mit ihm seine Schüler und eine große Volksmenge. 12 Wie er aber nahekam dem Tor der Stadt, und siehe, herausgetragen wurde ein gestorbener, einziggeborener Sohn seiner Mutter, und sie selbst war Witwe, und eine beträchtliche Volksmenge der Stadt war mit ihr. 13 Und sehend sie, erbarmte sich der Herr über sie und sprach zu ihr: Weine nicht! 14 Und hinzutretend berührte er den Sarg, die Träger aber (blieben) stehen, und er sprach: Junger Mann, dir sage ich: Steh auf! 15 Und aufsetzte sich der Tote und begann zu reden, und er gab ihn seiner Mutter. 16 (Es) ergriff aber Furcht alle, und sie verherrlichten Gott, sagend: Ein großer Prophet stand auf unter uns; und: Geschaut hat Gott nach seinem Volk. 17 Und hinausging dieses Wort über ihn in die ganze Judaia und (in) die ganze Umgegend.

74. Täuferanfrage und Antwort Jesu

Mt 11,2–6 (Nr. 97):

2 Johannes aber, hörend im Gefängnis die Werke des Christos, schickend durch seine Schüler, 3 sprach zu ihm: Bist du der Kommende, oder sollen einen anderen wir erwarten?

4 Und antwortend sprach Jesus zu ihnen: Hingehend meldet Johannes, was ihr hört und
Jes 29,18; 35,5f; 42,18; 26,19; 61,1 — seht: 5 *Blinde sehen wieder*, und Lahme gehen umher, Aussätzige werden gereinigt, und *Taube hören*, und *Tote werden erweckt*, und Armen wird (ein Evangelium) verkündet; 6 und selig ist, wer immer nicht Anstoß nimmt an mir.

Lk 7,18–23

18 Und (es) meldeten (dem) Johannes seine Schüler über alles dieses. Und herbeirufend zwei seiner Schüler, 19 schickte Johannes zum Herrn, sagend: Bist du der Kommende, oder sollen einen anderen wir erwarten? 20 Herankommend aber zu ihm, sprachen die Männer: Johannes der Täufer schickte uns zu dir, sagend: Bist du der Kommende, oder sollen einen anderen wir erwarten? 21 In jener Stunde heilte er viele von Krankheiten und Geißeln und bösen Geistern, und vielen Blinden schenkte er zu sehen. 22 Und antwortend sprach er zu ihnen: Hingehend meldet Johannes, was ihr saht und hörtet: *Blinde sehen wieder*, Lahme gehen umher, Aussätzige werden gereinigt und *Taube hören*, *Tote werden erweckt*, Armen wird (ein Evangelium) verkündet; 23 und selig ist, wer immer nicht Anstoß nimmt an mir.

75. Jesu Zeugnis über den Täufer

Mt 11,7–11.16–19 (Nr. 98):

7 Während diese aber gingen, begann Jesus zu reden zu den Volksmengen über Johannes: Was kamt ihr heraus in die Öde zu sehen? Ein Rohr, vom Wind geschüttelt? 8 Doch, was kamt ihr heraus zu sehen? Einen Menschen in weiche (Gewänder) gekleidet? Siehe, die das Weiche Tragenden sind in den Häusern der Könige. 9 Doch, was kamt ihr heraus zu sehen? Einen Propheten? Ja, ich sage euch, und mehr als einen Propheten. 10 Dieser ist (es), über den geschrieben ist: *Siehe, ich schicke meinen Boten vor* deinem *Angesicht (her), der herrichten wird* deinen *Weg vor* dir. *
11 Amen, ich sage euch: Nicht ist erweckt worden unter (den) Geborenen von Frauen ein Größerer als Johannes der Täufer; der Kleinere aber im Königtum der Himmel ist größer als er.

16 Wem aber werde ich vergleichen dieses Geschlecht? Gleich ist es Kindern, sitzend auf den Märkten, die, zurufend den anderen, 17 sagen: Auf der Flöte spielten wir euch, und nicht tanztet ihr, Klagelieder sangen wir, und nicht trauertet ihr. 18 Denn (es) kam Johannes, weder essend noch trinkend, und sie sagen: Einen Dämon hat er. 19 (Es) kam der Sohn des Menschen, essend und trinkend, und sie sagen: Siehe, ein Mensch, ein Fresser und Weinsäufer, von Zöllnern ein Freund und von Sündern. Und gerechtgesprochen wurde die Weisheit von ihren Werken.

Lk 7,24–35

24 Als aber weggingen die Boten (des) Johannes, begann er zu reden zu den Volksmengen über Johannes: Was kamt ihr heraus in die Öde zu sehen? Ein Rohr, vom Wind geschüttelt? 25 Doch, was kamt ihr heraus zu sehen? Einen Menschen, in weiche Gewänder gekleidet? Siehe, die in glanzvoller Kleidung und Schwelgerei Lebenden sind in den Königspalästen. 26 Doch, was kamt ihr heraus zu sehen? Einen Propheten? Ja ich sage euch, und mehr als einen Propheten. 27 Dieser ist (es), über den geschrieben ist: *Siehe, ich schicke meinen Boten vor* deinem *Angesicht (her), der herrichten wird* deinen *Weg vor* dir. * (Ex 23,20; Mal 3,1)
28 Ich sage euch: Ein Größerer unter (den) Geborenen von Frauen als Johannes ist keiner. Der Kleinere aber im Königtum Gottes ist größer als er.
29 Und das ganze (es) hörende Volk und die Zöllner gaben Gott recht, sich taufen lassend mit der Taufe (des) Johannes; 30 die Pharisaier aber und die Gesetzeskundigen wiesen den Ratschluß Gottes für sich selbst ab, nicht sich taufen lassend von ihm. **
31 Wem nun werde ich vergleichen die Menschen dieses Geschlechts, und wem sind sie gleich? 32 Gleich sind sie Kindern, auf dem Markt sitzend und zurufend einander, die sagen: Auf der Flöte spielten wir euch, und nicht tanztet ihr, Klagelieder sangen wir, und nicht weintet ihr. 33 Denn gekommen ist Johannes der Täufer, nicht essend Brot noch trinkend Wein, und ihr sagt: Einen Dämon hat er. 34 Gekommen ist der Sohn des Menschen, essend und trinkend, und ihr sagt: Siehe, ein Mensch, ein Fresser und Weinsäufer, ein Freund von Zöllnern und von Sündern.
35 Und gerechtgesprochen wurde die Weisheit von allen ihren Kindern.

---

* Mk 1,2 (Nr. 14): Gleichwie geschrieben ist in dem Isaias, dem Propheten: *Siehe, ich schicke meinen Boten vor deinem Angesicht (her)*, *der herrichten wird* deinen *Weg*.
** Mt 21,32 (Nr. 225): Denn (es) kam Johannes zu euch auf (dem) Weg (der) Gerechtigkeit, und nicht glaubtet ihr ihm, die Zöllner aber und die Dirnen glaubten ihm, ihr aber, sehend (es), auch nicht zuletzt bekamt ihr Reue, ihm zu glauben.

76. Salbung Jesu durch eine Sünderin *

Lk 7,36–50

[36](Es) bat ihn aber einer von den Pharisaiern, daß er esse mit ihm, und hineinkommend in das Haus des
Pharisaiers, legte er sich (zu Tisch). [37]Und siehe, eine Frau, welche war in der Stadt eine Sünderin, und
erfahrend, daß er (zu Tisch) liegt im Haus des Pharisaiers, bringend eine Alabasterflasche mit Öl [38]und
tretend hinten zu seinen Füßen, begann weinend mit Tränen zu benetzen seine Füße, und mit den Haaren
ihres Kopfes wischte sie (sie) ab, und abküßte sie seine Füße und salbte (sie) mit dem Öl. [39](Es) sehend
aber der Pharisaier, der ihn gerufen hatte, sprach er, bei sich selbst sagend: Dieser, wenn er wäre ein
Prophet, erkennen würde er, wer und was für eine die Frau (ist), welche ihn berührt, daß eine Sünderin sie
ist. [40]Und antwortend sprach Jesus zu ihm: Simon, ich habe mit dir etwas zu sprechen. Der aber: Lehrer,
sprich, sagt er. [41]Zwei Schuldner hatte ein Geldverleiher; der eine schuldete fünfhundert Denare, der
andere aber fünfzig. [42]Da sie nicht(s) hatten zurückzugeben, schenkte er (es) beiden. Wer nun von ihnen
wird mehr ihn lieben? [43]Antwortend sprach Simon: Ich nehme an: (der,) dem das Mehrere er schenkte.
Der aber sprach zu ihm: Richtig urteiltest du. [44]Und sich umwendend zu der Frau, sagte er dem Simon:
Siehst du diese Frau? Hereinkam ich in dein Haus, Wasser gabst du mir nicht auf (die) Füße; sie aber,
mit den Tränen benetzte sie meine Füße, und mit ihren Haaren abwischte sie (sie). [45]Einen Kuß gabst
du mir nicht; sie aber, seit ich hereinkam, nicht ließ sie ab, abzuküssen meine Füße. [46]Mit Öl salbtest du
nicht meinen Kopf; sie aber, mit Öl salbte sie meine Füße. [47]Deswegen sage ich dir: Erlassen sind ihre
vielen Sünden, weil sie viel liebte; wem aber wenig erlassen wird, liebt wenig. [48]Er sprach aber zu ihr:
Erlassen sind deine Sünden. [49]Und (es) begannen die mit (zu Tisch) Liegenden zu sagen bei sich: Wer ist
dieser, der auch Sünden erläßt? [50]Er sprach aber zu der Frau: Dein Glaube hat dich gerettet; gehe in
Frieden!

---

* Mt 26,6–13 (Nr. 249):

[6]Als aber Jesus war in Bethania im Haus Simons des Aussätzigen,

[7]kam zu ihm eine Frau, habend eine Alabasterflasche kostbaren Öls,

und ausschüttete sie (es) auf seinen Kopf, während er (zu Tisch) lag.

[8](Es) sehend aber die Schüler, wurden sie unwillig, sagend: Wozu diese Vergeudung? [9]Denn (es) hätte dies verkauft werden können für viel und gegeben werden (den) Armen.

Mk 14,3–9 (Nr. 249):

[3]Und als er war in Bethania im Haus Simons des Aussätzigen,

während er (zu Tisch) lag, kam eine Frau, habend eine Alabasterflasche echten, kostbaren Nardenöls; zerbrechend die Alabasterflasche, ausschüttete sie (es) auf seinen Kopf.

[4](Es) waren aber einige unwillig bei sich selbst: Wozu ist diese Vergeudung des Öls geschehen? [5]Denn es hätte dieses Öl verkauft werden können um über dreihundert Denare und gegeben werden den Armen; und anschnaubten sie sie.

Joh 12,1–8:

[1]Jesus nun kam sechs Tage vor dem Pascha nach Bethania, wo Lazaros war, den Jesus aus Toten erweckte. [2]Sie machten ihm nun ein Mahl dort, und Martha diente, Lazaros aber war einer von den (zu Tisch) Liegenden mit ihm. [3]Mariam nun, nehmend eine Litra echten, wertvollen Nardenöls, salbte die Füße von Jesus, und abwischte sie mit ihren Haaren seine Füße; das Haus aber wurde erfüllt vom Duft des Öls. [4](Es) sagte aber Judas, der Iskariotes, einer [von] seinen Schülern, der ihn übergeben sollte:

[5]Weshalb wurde dieses Öl nicht verkauft um dreihundert Denare und gegeben Armen? [6]Er sprach aber dies nicht, weil an den Armen

		ihm lag, sondern weil ein Dieb er war und, den Beutel habend, das Eingeworfene er entwendete.
[10](Es) erkennend aber, sprach Jesus zu ihnen: Was bereitet ihr Mühen der Frau? Denn ein rechtes Werk wirkte sie an mir; [11]denn allzeit habt ihr die Armen bei euch,	[6]Jesus aber sprach : Laßt sie! Was bereitet ihr ihr Mühen? Ein rechtes Werk wirkte sie an mir. [7]Denn allzeit habt ihr die Armen bei euch, und wann ihr wollt, könnt ihr ihnen gut tun,	[7](Es) sprach nun Jesus : Laß sie, damit auf den Tag meines Begräbnisses sie es bewahre; [8]denn die Armen allzeit habt ihr bei euch,
mich aber habt ihr nicht allzeit; [12]denn da sie schüttete dieses Öl auf meinen Leib, zu meinem Begräbnis tat sie (es).	mich aber habt ihr nicht allzeit. [8]Was sie hatte, tat sie; vorwegnahm sie, zu salben meinen Leib zum Begräbnis.	mich aber habt ihr nicht allzeit. vgl. V 7
[13]Amen, ich sage euch: Wo immer verkündet wird dieses Evangelium in der ganzen Welt, geredet werden wird auch, was diese tat, zum Gedenken an sie.	[9]Amen, ich sage euch aber: Wo immer verkündet wird das Evangelium in die ganze Welt, auch was diese tat, wird geredet werden zum Gedenken an sie.	

77. Frauen in der Gefolgschaft Jesu

Lk 8,1–3

[1]Und es geschah in der folgenden (Zeit), daß er selbst durchreiste Stadt und Dorf, verkündigend und (als Evangelium) verkündend das Königtum Gottes, * und die Zwölf mit ihm; [2]und einige Frauen, die geheilt worden waren von bösen Geistern und Krankheiten, Maria, die Magdalenerin gerufene, von der sieben Dämonen herausgekommen waren, ** [3]und Johanna, (die) Frau (des) Chuza, eines Verwalters (des) Herodes, und Susanna und andere viele, welche ihnen dienten aus ihrem Besitz. ***

* Mt 9,35 (Nr. 90): Und (es) durchzog Jesus die Städte alle und die Dörfer, lehrend in ihren Synagogen und verkündend das Evangelium des Königtums und heilend jede Krankheit und jede Schwäche.
Mk 6,6b (Nr. 128): Und er durchzog die Dörfer im Umkreis, lehrend.
** Mk 16,9 (Nr. 278): Auferstanden aber früh am Wochenersten, erschien er zuerst Maria, der Magdalenerin, von der er hinausgeworfen hatte sieben Dämonen.
*** Mt 27,55–56 (Nr. 268): [55](Es) waren aber dort viele Frauen, von weitem schauend, welche gefolgt waren Jesus von der Galilaia, ihm zu dienen; [56]unter ihnen war Maria, die Magdalenerin, und Maria, die Mutter des Jakobos und Joseph, und die Mutter der Söhne (des) Zebedaios.
Mk 15,40–41 (Nr. 268): [40](Es) waren aber auch Frauen von weitem schauend, unter denen auch Maria, die Magdalenerin, und Maria, (des) Jakobos des Kleinen und (des) Joses Mutter, und Salome, [41]die, als er war in der Galilaia, ihm folgten und ihm dienten, und viele andere Mitheraufgestiegene mit ihm nach Hierosolyma.
Lk 23,49 (Nr. 268): Dastanden aber alle ihm Bekannten von weitem und Frauen, die ihm mitgefolgt waren von der Galilaia, dieses zu sehen.

Weitere Wirksamkeit in der Galilaia

78. Heilung eines Aussätzigen

Mt 8,1–4

1 Als er aber herabgestiegen war vom Berg, folgten ihm viele Volksmengen. 2 Und siehe, ein Aussätziger, hinzukommend, fiel nieder vor ihm, sagend: Herr, wenn du willst, kannst du mich reinigen. 3 Und ausstreckend die Hand, berührte er ihn, sagend: Ich will, werde gereinigt! Und sogleich wurde gereinigt sein Aussatz.

4 Und (es) sagt ihm Jesus: Sieh, daß zu keinem du sprichst, sondern geh fort, zeig dich dem Priester und bring dar die Gabe, die verordnete Moyses, zum Zeugnis ihnen!

Mk 1,40–45 (Nr. 31):

40 Und (es) kommt zu ihm ein Aussätziger, bittend ihn [und auf die Knie fallend] und sagend ihm: Wenn du willst, kannst du mich reinigen. 41 Und ergriffen ausstreckend die Hand, berührte er ihn und sagt ihm: Ich will, werde gereinigt! 42 Und sofort wegging von ihm der Aussatz, und er wurde gereinigt. 43 Und anschnaubend ihn, sofort warf er ihn hinaus 44 und sagt ihm: Sieh, daß zu keinem du etwas sprichst, sondern geh fort, zeig dich dem Priester und bring dar für deine Reinigung, was verordnete Moyses, zum Zeugnis ihnen! 45 Der aber, hinausgehend, begann, viel zu verkünden und herumzuerzählen das Wort, so daß er nicht mehr offen in eine Stadt hineingehen konnte, sondern draußen an einsamen Orten war er; und sie kamen zu ihm überallher.

Lk 5,12–16 (Nr. 31):

12 Und es geschah, als er in einer der Städte war, und siehe: ein Mann voll Aussatz; sehend aber den Jesus, fallend aufs Gesicht, bat er ihn, sagend: Herr, wenn du willst, kannst du mich reinigen. 13 Und ausstreckend die Hand, berührte er ihn, sagend: Ich will, werde gereinigt! Und sogleich ging der Aussatz weg von ihm.

14 Und er gebot ihm, zu keinem zu sprechen, sondern, weggehend, zeig dich dem Priester und bring dar für deine Reinigung, gleichwie verordnete Moyses, zum Zeugnis ihnen! 15 (Es) verbreitete sich aber (noch) mehr das Wort über ihn, und zusammenkamen viele Volksmengen, zu hören und geheilt zu werden von ihren Krankheiten; 16 er aber war zurückgezogen in den Einöden und betend.

79. Der Hauptmann von Kapharnaum *

Mt 8,5–13

5 Als er aber hineinkam nach Kapharnaum, kam zu ihm ein Hauptmann, bittend ihn 6 und sagend: Herr, mein Knecht liegt im Haus gelähmt, arg gequält.

Lk 7,1–10 (Nr. 72):

1 Nachdem er erfüllt hatte alle seine Worte in die Ohren des Volkes, hineinkam er nach Kapharnaum. 2 Eines Hauptmanns Sklave aber, dem es schlecht ging, war im Begriff zu sterben; der war ihm teuer. 3 Hörend aber über Jesus, schickte er zu ihm Älteste der Judaier, bittend ihn, daß er, kommend, rette seinen Sklaven. 4 Die aber, herankommend zu Jesus,

7 Und er sagt ihm: Ich werde kommend ihn
heilen.
8 Und antwortend sagte der Hauptmann:
Herr, nicht bin ich wert,
daß unter mein Dach du hineinkommst,

aber sprich nur mit einem
Wort, und geheilt werden wird mein Knecht.
9 Denn auch ich bin ein Mensch unter Vollmacht , habend unter mir Soldaten,
und sage ich diesem: Geh! Und er geht,
und einem andern: Komm! Und er kommt,
und meinem Sklaven: Tue dies! Und er tut (es).
10 (Es) hörend aber, staunte Jesus
und sprach zu den
(ihm) Folgenden : Amen, ich sage euch:
Bei keinem fand ich so großen Glauben in
Israel. 11 Ich sage euch aber:
Viele werden von Osten und Westen kommen
und
sich (zu Tisch) legen mit Abraham und Isaak
und Jakob im Königtum der Himmel, 12 die
Söhne aber des Königtums werden hinausgeworfen werden in die Finsternis draußen; **
dort wird sein das Weinen und das Klappern
der Zähne. ***

13 Und (es) sprach Jesus zum Hauptmann:
Geh fort! Wie du glaubtest, soll dir geschehen.
Und geheilt wurde [sein] Knecht in jener Stunde.

baten ihn eifrig, sagend: Würdig ist er, daß du
ihm dies gewährst; 5 denn er liebt unser Volk,
und die Synagoge baute selbst er uns.
6 Jesus aber ging mit ihnen. Als er aber schon
nicht (mehr) weit entfernt war vom Haus,
schickte der Hauptmann Freunde, sagend ihm:
Herr, bemühe dich nicht, denn nicht bin ich wert,
daß unter mein Dach du hineinkommst;
7 deshalb auch hielt ich mich nicht für würdig,
zu dir zu kommen; aber sprich mit einem
Wort, und geheilt werden soll mein Knecht.
8 Denn auch ich bin ein Mensch, unter Vollmacht gestellt, habend unter mir Soldaten,
und sage ich diesem: Geh! Und er geht,
und einem anderen: Komm! Und er kommt,
und meinem Sklaven: Tue dies! Und er tut (es).
9 Hörend aber dieses, staunte Jesus
über ihn, und sich umwendend sprach er zu der
ihm folgenden Volksmenge: Ich sage euch:
Auch nicht in Israel fand ich so großen
Glauben. 13,28–29 (Nr. 184):
29 Und kommen werden sie von Osten und Westen
und von Norden und Süden, und sie werden
sich (zu Tisch) legen
im Königtum Gottes.

28 Dort wird sein das Weinen und das Klappern
der Zähne, *** wann ihr seht Abraham und Isaak
und Jakob und alle Propheten im Königtum
Gottes, euch aber als Hinausgeworfene
draußen. 10 Und zurückkehrend ins Haus,
fanden die Geschickten den Sklaven gesundend.

---

* Joh 4,46b–54: 46b Und es war ein Königlicher, dessen Sohn krank war in Kapharnaum. 47 Dieser, hörend, daß Jesus gekommen sei aus der Judaia in die Galilaia, wegging zu ihm und bat, daß er hinabsteige und heile seinen Sohn, denn er war im Begriff zu sterben. 48 (Es) sprach nun Jesus zu ihm: Wenn nicht Zeichen und Wunder ihr seht, nicht glaubt ihr. 49 (Es) sagt zu ihm der Königliche: Herr, steig hinab ehe mein Kind stirbt! 50 (Es) sagt ihm Jesus: Geh, dein Sohn lebt! (Es) glaubte der Mensch dem Wort, das zu ihm sprach Jesus, und er ging. 51 Schon während er hinabstieg aber, begegneten ihm seine Sklaven, sagend, daß sein Knabe lebe. 52 Er erforschte nun die Stunde, in der es besser ihm ging; sie sprachen nun zu ihm: Gestern zur siebten Stunde verließ ihn das Fieber. 53 (Es) erkannte nun der Vater, daß (es) [zu] jener Stunde (war), in der zu ihm sprach Jesus: Dein Sohn lebt; und (es) glaubte er und sein ganzes Haus. 54 Dieses zweite Zeichen [aber] wieder tat Jesus kommend aus der Judaia in die Galilaia.

** Vgl. Mt 22,13 (Nr. 227); 25,30 (Nr. 245).

*** Vgl. Mt 13,42 (Nr. 119); 13,50 (Nr. 121); 22,13 (Nr. 227); 24,51 (Nr. 243); 25,30 (Nr. 245).

80. Heilung der Schwiegermutter des Petros

Mt 8,14–15

14 Und
kommend Jesus in das Haus
von Petros,
sah er
dessen Schwiegermutter
(aufs Bett) geworfen
und fiebernd;
15 und
er berührte ihre
Hand, und (es) verließ sie das
Fieber; und
sie stand auf und diente ihm.

Mk 1,29–31 (Nr. 26):

29 Und sofort, aus
der Synagoge hinausgehend,
kamen sie in das Haus
von Simon und Andreas mit
Jakobos und Johannes.
30 Die Schwiegermutter
Simons aber lag danieder,
fiebernd, und sofort
reden sie zu ihm über sie.
31 Und hinzukommend richtete er sie auf, ergreifend die
Hand; und (es) verließ sie das
Fieber, und
sie diente ihnen.

Lk 4,38–39 (Nr. 26):

38 Aufstehend aber von
der Synagoge,
hineinkam er in das Haus
von Simon.
(Die) Schwiegermutter des
Simon aber war bedrängt von
einem starken Fieber, und sie
baten ihn für sie.
39 Und hintretend oberhalb
von ihr, anfuhr er das Fieber, und es verließ sie;
auf der Stelle aber
aufstehend, diente sie ihnen.

81. Heilungen am Abend

Mt 8,16–17

16 Als es aber Abend
geworden war,
hinbrachten sie
ihm viele
Besessene;
und hinauswarf er die Geister
durch ein Wort, und alle,
denen es schlecht ging, heilte
er,
17 auf daß erfüllt würde
das Gesagte durch Isaias,
den Propheten, (den) sagenden:
Jes 53,4 *Er nahm unsere Schwachheiten,*
und die Krankheiten trug er.

Mk 1,32–34 (Nr. 27):

32 Als es aber Abend
geworden war, da untergegangen
war die Sonne, brachten sie
zu ihm alle, denen es schlecht
ging, und die Besessenen;
33 und (es) war die ganze
Stadt versammelt
an der Tür. 34 Und er heilte
viele, denen es schlecht ging
durch mancherlei Krank-
heiten, und viele Dämonen
warf er hinaus,
und
nicht ließ er reden die Dämonen, weil sie ihn kannten.

Lk 4,40–41 (Nr. 27):

40 Als aber
die Sonne unterging,
alle, die Kranke hatten
mit mancherlei Krankheiten,
führten sie zu ihm; der aber,
jedem einzelnen von ihnen
die Hände auflegend, heilte
sie.
41 Herauskamen aber
auch Dämonen von vielen,
schreiend und
sagend: Du bist der Sohn
Gottes. Und, anfahrend (sie),
nicht ließ er sie reden,
weil sie wußten, daß er der
Christos sei. *

* Mk 3,11–12 (Nr. 37): 11 Und die unreinen Geister, wann sie ihn erblickten, fielen nieder vor ihm und schrien, sagend: Du bist der Sohn Gottes. 12 Und anfuhr er sie viel, damit sie nicht ihn offenbar machten.

82. Von der Nachfolge Jesu

Mt 8,18–22

18 Sehend aber Jesus eine Volksmenge um ihn,
befahl er, wegzufahren zum Gegenüber. *
19 Und hinzukommend, ein
Schriftkundiger sprach zu ihm: Lehrer, ich werde
dir folgen, wo immer du hingehst. 20 Und (es)
sagt ihm Jesus: Die Füchse haben Höhlen
und die Vögel des Himmels Nester, der Sohn
des Menschen aber hat nicht(s), wohin er den
Kopf lege. 21 Ein anderer aber [seiner] Schüler
sprach zu ihm: Herr, erlaube mir,
zuerst fortzugehen und zu begraben meinen
Vater. 22 Jesus aber sagt ihm: Folge mir, und
laß die Toten begraben ihre Toten!

Lk 9,57–60 (Nr. 160):

57 Und als sie gingen auf dem Weg, sprach
einer zu ihm: Ich werde dir
folgen, wo immer du hingehst. 58 Und (es)
sprach zu ihm Jesus: Die Füchse haben Höhlen
und die Vögel des Himmels Nester, der Sohn
des Menschen aber hat nicht(s), wohin er den
Kopf lege. 59 Er sprach aber zu einem anderen:
Folge mir! Der aber sprach : [Herr], erlaube mir,
fortgehend zuerst, zu begraben meinen
Vater. 60 Er sprach aber zu ihm:
Laß die Toten begraben ihre Toten, du aber,
weggehend, zeig an das Königtum Gottes.

---

* Mk 4,35 (Nr. 124): Und er sagt ihnen an jenem Tag, als es Abend geworden war: Laßt uns hinüberfahren zum Gegenüber!
Lk 8,22 (Nr. 124): Es geschah aber an einem der Tage, daß er selbst einstieg in ein Boot und seine Schüler, und er sprach zu ihnen: Laßt uns hinüberfahren zum Gegenüber des Sees! Und abfuhren sie.

83. Stillung des Seesturms

Mt 8,23–27

vgl. V 18 (Nr. 82)

23 Und
als er eingestiegen
war ins Boot, folgten ihm
seine Schüler.
vgl. V. 24b
24 Und siehe, ein großes
Beben entstand im Meer,
so daß das Boot
bedeckt wurde von den Wellen; er aber
schlief.
25 Und hinzukommend weck-
ten sie ihn, sagend: Herr,
rette,
wir werden vernichtet!
26 Und er sagt ihnen: Was
seid ihr feige, Kleingläubige?

Mk 4,35–41 (Nr. 124):

35 Und er sagt ihnen an jenem Tag, als es Abend ge-
worden war:
Laßt uns hinüberfahren
zum Gegenüber!
36 Und lassend die Volksmenge, mitnehmen sie ihn, wie er
war, im Boot, und andere
Boote waren mit ihm.
vgl. V 38a
37 Und (es) entsteht ein
großer Sturmwind,
und die Wellen warfen sich
auf ins Boot, so daß schon
gefüllt wurde das Boot.
38 Und er selbst war im Heck
auf dem Kopfkissen schlafend.
Und sie wecken
ihn und sagen ihm: Lehrer,
nicht kümmert dich, daß
wir vernichtet werden?
vgl. V 40

Lk 8,22–25 (Nr. 124):

22 Es geschah aber an einem
der Tage, daß er selbst einstieg in ein Boot und seine
Schüler, und er sprach zu
ihnen: Laßt uns hinüberfahren
zum Gegenüber des Sees!
Und abfuhren sie.
23 Als sie
aber segelten, schlief er ein.
Und herabstieg ein
Sturmwind auf den See
und überflutet wurden sie und
waren in Gefahr.
vgl. V. 23a
24 Hin-
zukommend aber, aufweck-
ten sie ihn, sagend: Meister,
Meister,
wir werden vernichtet.
vgl. V 25a

Dann, aufgeweckt, anfuhr er
die Winde und das
Meer,
und
(es) wurde große Stille.
vgl. V 26a

27 Die
Menschen aber staunten,
sagend:
Was für einer ist
dieser, daß auch die Winde
und das Meer
ihm gehorchen?

39 Und aufgeweckt, anfuhr er
den Wind und sprach zum
Meer: Schweig, sei stumm!
Und nachließ der Wind, und
(es) wurde große Stille.
40 Und er sprach zu ihnen:
Was seid ihr feige? Noch
nicht habt ihr Glauben?
41 Und sie fürchteten sich in
großer Furcht, und sie sagten
zueinander: Wer also ist
dieser, daß auch der Wind
und das Meer
ihm gehorcht?

Der aber, aufgeweckt, anfuhr
den Wind und das Wogen des
Wassers;
und aufhörten sie, und
(es) wurde Stille.
25 Er sprach aber zu ihnen:

Wo (ist) euer Glaube?
Sich fürchtend aber staunten
sie, sagend
zueinander: Wer also ist
dieser, daß auch den Winden
er befiehlt und dem Wasser,
und sie gehorchen ihm?

84. Heilung der Besessenen von Gadara

Mt 8,28–34

28 Und als er gekommen war,
zum Gegenüber
ins Land der Gadarener,

begegneten ihm
zwei Besessene,

aus den Gräbern
herauskommende,
sehr gefährliche,

so daß nicht ver-
mochte einer, vorüberzugehen auf jenem Weg.

29 Und siehe,
sie schrien,
sagend: Was (ist zwischen) uns
und dir, Sohn Gottes?
Kamst du hierher
vor (der) Zeit, uns zu quälen?

Mk 5,1–20 (Nr. 125):

1 Und sie kamen
zum Gegenüber des Meeres
ins Land der Gerasener.

2 Und als er her-
auskam aus dem Boot, sofort
begegnete ihm aus den Gräbern ein Mensch in unreinem
Geist, 3 der die Behausung
hatte in den Grabstätten, und
auch mit einer Kette konnte
keiner mehr ihn binden,
4 deswegen, (weil) er oft mit
Fußfesseln und Ketten gebunden worden war und zerrissen
worden waren von ihm die
Ketten und die Fußfesseln
zerrieben, und keiner vermochte ihn zu bändigen;
5 und allzeit, nachts und tags,
war er in den Grabstätten und
in den Bergen, schreiend und
zerschlagend sich mit Steinen. 6 Und sehend den
Jesus von weitem, lief er und
fiel nieder vor ihm, 7 und
schreiend mit lauter Stimme,
sagt er: Was (ist zwischen) mir
und dir, Jesus, Sohn Gottes, des
Höchsten? Ich beschwöre
dich bei Gott, quäle mich

Lk 8,26–39 (Nr. 125):

26 Und
hinabsegelten sie
ins Land der Gerasener,
welches ist gegenüber der
Galilaia. 27 Als er aber herauskam auf das Land,
begegnete ihm ein Mann aus
der Stadt, habend Dämonen,
und geraume Zeit zog er nicht
an ein Gewand und in einem
Haus blieb er nicht, sondern
in den Grabstätten.
Vgl. V 29b

28 Sehend aber den
Jesus , aufschreiend
fiel er nieder vor ihm, und
mit lauter Stimme
sprach er: Was (ist zwischen) mir
und dir, Jesus, Sohn Gottes, des
Höchsten? Ich bitte
dich , quäle mich

30 (Es) war aber
weit von ihnen eine
Herde vie-
ler Schweine weidend.

31 Die Dämonen aber baten
ihn, sagend: Wenn du uns
hinauswirfst, schick uns in die
Herde der Schweine!
32 Und er sprach
zu ihnen: Geht fort! Die aber,
herauskommend,
weggingen sie

in die Schweine; und siehe,
(es) raste die ganze Herde
hinunter den Abhang ins
Meer, und
sie starben in den Wassern.
33 Die (sie) Weidenden aber
flohen, und
weggehend in die Stadt,
meldeten sie alles, auch das
von den Besessenen.
34 Und siehe, die ganze Stadt
kam heraus zur Begegnung
mit Jesus,

nicht! 8 Denn er sagte ihm:
Komm heraus, unreiner Geist,
aus dem Menschen!

vgl. VV 4–5

9 Und er befragte ihn:
Was (ist) dein Name?
Und er sagt ihm: Legion (ist)
mein Name, weil wir
viele sind. 10 Und
er bat ihn sehr, daß er nicht
sie schicke außerhalb des
Landes. 11 (Es) war aber
dort bei dem Berg eine große
Herde von
Schweinen weidend;

12 und sie baten
ihn, sagend:
Schick uns in die
Schweine, damit wir in sie
hineingehen! 13 Und er
erlaubte (es) ihnen. Und
herauskommend
die un-
reinen Geister, hineingingen sie
in die Schweine, und
(es) raste die Herde
hinunter den Abhang ins
Meer, etwa zweitausend, und
sie ersoffen im Meer.
14 Und die sie Weidenden
flohen, und sie
meldeten (es) in die Stadt und
in die Höfe; und sie kamen
zu sehen, was das
Geschehene ist. 15 Und sie
kommen zu Jesus und er-
blicken den Besessenen dasitzend,
bekleidet und
bei Sinnen, den, der den
Legion gehabt hatte, und sie
fürchteten sich. 16 Und (es)
erzählten ihnen, die
gesehen hatten, wie dem
Besessenen geschah, und

nicht! 29 Denn er gebot dem
unreinen Geist, herauszukom-
men von dem Menschen.
Denn lange Zeiten hatte er ihn
gepackt, und gefesselt wurde
er mit Ketten und mit
Fußfesseln gehalten, und
zerbrechend die Fesseln,
wurde er getrieben von dem
Dämon in die Einöden.
30 (Es) befragte ihn aber
Jesus: Was ist dein Name?
Der aber sprach: Legion,
weil hineingekommen waren
viele Dämonen in ihn. 31 Und
sie baten ihn , daß er nicht
befehle ihnen, in den Abgrund
fortzugehen. 32 (Es) war aber
dort eine
Herde von beträchtlich (vielen) Schweinen, weidend am
Berg;
und sie baten
ihn,

daß er ihnen erlaube, in jene
hineinzugehen; und er
erlaubte (es) ihnen.
33 Herauskommend aber von
dem Menschen, hineingingen
die Dämonen
in die Schweine, und
(es) raste die Herde
hinunter den Abhang in den
See, und
sie ersoff. 34 Sehend
aber die (sie) Weidenden das
Geschehene, flohen sie und
meldeten (es) in die Stadt und
in die Höfe. 35 Herauskamen
sie aber, zu sehen das
Geschehene , und sie
kamen zu Jesus und fanden
dasitzend den Menschen, von
dem die Dämonen herausge-
kommen waren, bekleidet und
bei Sinnen zu den Füßen von
Jesus, und sie
fürchteten sich. 36 (Es)
meldeten ihnen aber, die
gesehen hatten, wie der
Besessene gerettet wurde.

und
sehend ihn, baten sie,
daß er fortgehe
von ihren Gebieten.

über die Schweine. [17]Und
sie begannen, ihn zu bitten,
wegzugehen
von ihren Gebieten.

[18]Und als er einsteigt ins
Boot,
bat ihn der besessen Gewe-
sene,
daß er mit
ihm sei. [19]Und nicht ließ er
ihn, sondern sagt ihm: Geh
fort in dein Haus zu den
Deinen und melde ihnen,
wieviel der Herr dir getan hat
und sich erbarmte deiner!
[20]Und wegging er und
begann zu verkünden in der
Dekapolis, wieviel ihm Jesus
getan, und alle staunten.

[37]Und (es) bat ihn die
ganze Menge der Umgegend
der Gerasener, wegzugehen
von ihnen, weil sie von großer
Furcht bedrängt wurden;
er aber, einsteigend in ein
Boot, kehrte zurück. [38](Es)
bat ihn aber der Mann, von
dem herausgekommen waren
die Dämonen, zu sein mit
ihm; er entließ ihn aber,
sagend: [39]Kehre
zurück in dein Haus
und erzähle,
wieviel dir Gott getan!

Und wegging er, durch die
ganze Stadt verkündend,
wieviel ihm Jesus
getan.

85. Heilung eines Gelähmten

Mt 9,1–8

[1]Und einsteigend in ein Boot,
fuhr er hinüber und kam in die
eigene Stadt.

[2]Und siehe,
hinbrachten sie ihm
einen auf ein Bett gelegten
Gelähmten.

Mk 2,1–12 (Nr. 32):

[1]Und hineinkommend wieder
nach Kapharnaum nach Ta-
gen, wurde gehört, daß er im
Haus ist. [2]Und zusammenkamen viele, so daß es nicht
mehr Raum gab, auch nicht
an der Tür, und er redete zu
ihnen das Wort.

[3]Und
sie kommen, bringend zu ihm

einen Gelähmten, getragen
von Vieren.

[4]Und da sie (ihn) nicht
hinbringen konnten zu ihm
wegen der Volksmenge,
abdeckten sie das Dach, wo
er war, und (es) aufgrabend,
hinablassen sie die Bahre, wo
der Gelähmte daniederlag.

Lk 5,17–26 (Nr. 32):

[17]Und es geschah an
einem der Tage, und er war
lehrend, und (es) waren dasitzend Pharisaier und Geset-
zeslehrer, die gekommen waren aus jedem Dorf der Galilaia und Judaia und (aus) Jerusalem. Und (die) Kraft (des)
Herrn war (ihm gegeben), daß
er heile. [18]Und siehe,
Männer, bringend auf einem
Bett einen Menschen, der
gelähmt war, und sie suchten,
ihn hineinzubringen und
hinzulegen [ihn] vor ihm.
[19]Und nicht findend, wie sie
hineinbrächten ihn
wegen der Volksmenge,
hinaufsteigend auf das Dach,
durch die Ziegel
herabließen sie ihn mit dem
Bett in die Mitte vor Jesus.

Und sehend Jesus ihren
Glauben, sprach er zu dem
Gelähmten: Hab Mut, Kind,
erlassen werden deine
Sünden.
[3]Und siehe, einige
der Schriftkundigen
sprachen
bei sich:
Dieser lästert.

[4]Und sehend
Jesus ihre
Gedanken,
sprach er : Weshalb
denkt ihr Böses in euern
Herzen?
[5]Was ist denn müheloser, zu
sprechen:
Erlassen werden deine
Sünden, oder zu sprechen:
Steh auf
und geh umher? [6]Damit ihr
aber wißt, daß Vollmacht hat
der Sohn des Menschen, auf
der Erde zu erlassen Sünden –
da sagt er dem Gelähmten:
Aufstehend,
trag dein Bett und geh fort
in dein Haus! [7]Und aufstehend

wegging er in sein Haus. *
[8](Es) sehend aber, fürchteten sich die Volksmengen
und verherrlichten Gott,
den gebenden solche
Vollmacht den Menschen.

[5]Und sehend Jesus ihren
Glauben, sagt er dem
Gelähmten: Kind,
erlassen werden deine
Sünden.
[6](Es) waren aber einige
der Schriftkundigen dort
sitzend und überlegend
in ihren Herzen: [7]Was dieser
so redet? Er lästert; wer kann
erlassen Sünden, außer
einer, Gott?
[8]Und sofort erkennend
Jesus mit seinem Geist, daß
sie so überlegen bei sich,
sagt er ihnen: Was über-
legt ihr dieses in euren
Herzen?
[9]Was ist müheloser, zu
sprechen zu dem Gelähmten:
Erlassen werden deine
Sünden, oder zu sprechen:
Steh auf und trag deine Bahre
und geh umher? [10]Damit ihr
aber wißt, daß Vollmacht hat
der Sohn des Menschen, zu
erlassen Sünden auf der Erde –
sagt er dem Gelähmten:
[11]Dir sage ich, steh auf,
trag deine Bahre und geh fort
in dein Haus! [12]Und er stand
auf, und sofort,
tragend die Bahre,
hinausging er vor allen, *
so daß alle sich ent-
setzten
und Gott verherrlichten,

sagend: So (etwas) sahen wir
niemals.

[20]Und sehend ihren
Glauben, sprach er:
Mensch,
erlassen sind dir deine
Sünden. [21]Und (es)
begannen zu überlegen
die Schriftkundigen und die
Pharisaier, sagend:
Wer ist dieser, der
Lästerungen redet? Wer kann
Sünden erlassen, außer
allein Gott?
[22]Erkennend aber
Jesus ihre
Überlegungen, antwortend
sprach er zu ihnen: Was überlegt ihr in euren
Herzen?
[23]Was ist müheloser, zu
sprechen:
Erlassen sind dir deine
Sünden, oder zu sprechen:
Steh auf
und geh umher? [24]Damit ihr
aber wißt, daß der Sohn des
Menschen Vollmacht hat, auf
der Erde zu erlassen Sünden –
sprach er zu dem Gelähmten:
Dir sage ich, steh auf und,
tragend dein Bett, geh
in dein Haus! [25]Und auf der
Stelle aufstehend vor ihnen,
tragend, worauf er daniederlag,
wegging er in sein Haus, * verherrlichend Gott. [26]Und Entsetzen erfaßte alle,
und sie verherrlichten Gott
und wurden erfüllt von Furcht,
sagend: Wir sahen Ungeheu-
erliches heute.

---

* Joh 5,8–9a: [8](Es) sagt ihm Jesus: Steh auf, trag deine Bahre und geh umher! [9a]Und sogleich wurde gesund der Mensch und trug seine Bahre und ging umher.

86. Berufung des Matthaios (bzw. Levi) und Tischgemeinschaft mit Zöllnern

Mt 9,9–13

Mk 2,13–17 (Nr. 33):

[13]Und hinausging er wieder
entlang dem Meer; und die
ganze Volksmenge kam zu

Lk 5,27–32 (Nr. 33):

[27]Und danach hinausging er

9 Und
weitergehend Jesus von dort,
sah er einen Menschen,
sitzend bei der Zollstelle,
Matthaios genannt, und er
sagt ihm: Folge mir!
Und
aufstehend folgte er ihm.
10 Und es geschah, als er
(zu Tisch) lag im
Haus, und siehe, viele Zöllner
und Sünder, kommend, lagen
(zu Tisch) mit Jesus und
seinen Schülern.

11 Und (es) sehend, sagten
die Phari-
saier
seinen Schülern:
Weshalb ißt euer Lehrer mit
den Zöllnern und Sündern?
12 Der aber, hörend (es),
sprach : Nicht
nötig haben die Starken einen Arzt, sondern die, denen
es schlecht geht.
13 Hingehend aber lernt, was
Hos 6,6 es ist: *Erbarmen will ich und*
nicht ein Opfer; * denn nicht
kam ich, zu rufen Gerechte,
sondern Sünder.

ihm, und er lehrte sie. 14 Und
weitergehend
sah er Levi, den des Alphaios,
sitzend bei der Zollstelle,
und er
sagt ihm: Folge mir!
Und
aufstehend folgte er ihm.
15 Und es geschieht, daß er
(zu Tisch) liegt in seinem
Haus, und viele Zöllner
und Sünder lagen
(zu Tisch) mit Jesus und
seinen Schülern; denn sie waren viele, und sie folgten ihm.
16 Und
die Schriftkundigen der Pharisaier, sehend, daß er ißt mit
den Sündern und Zöllnern,
sagten seinen Schülern:
Mit
den Zöllnern und Sündern ißt er?
17 Und hörend (es),
sagt Jesus ihnen: Nicht
nötig haben die Starken einen Arzt, sondern die, denen
es schlecht geht;
nicht
kam ich, zu rufen Gerechte,
sondern Sünder.

und
sah einen
Zöllner mit Namen Levi
sitzend bei der Zollstelle,
und er
sprach zu ihm: Folge mir!
28 Und zurücklassend alles,
aufstehend folgte er ihm.
29 Und (es) bereitete einen großen
Empfang für ihn Levi in seinem
Haus, und (es) war eine große
Menge von Zöllnern und anderen,
die waren mit ihnen (zu Tisch)
liegend.

30 Und (es) murrten
die Pharisaier und ihre Schriftkundigen,
zu seinen Schülern sagend:
Weshalb eßt und trinkt ihr mit
den Zöllnern und Sündern?
31 Und antwortend
sprach Jesus zu ihnen: Nicht
nötig haben die Gesunden einen Arzt, sondern die, denen
es schlecht geht;
32 ich bin nicht ge-
kommen, zu rufen Gerechte,
sondern Sünder zu Umkehr.

* Mt 12,7 (Nr. 102): Wenn ihr aber erkannt hättet, was es ist: *Erbarmen will ich und nicht ein Opfer*, nicht hättet ihr verurteilt die Schuldlosen.

87. Die Fastenfrage

Mt 9,14–17

14 Da kommen zu ihm die
Schüler von Johannes,
sagend:
Weshalb fasten wir
und die
Pharisaier [viel], deine Schüler aber fasten nicht?

Mk 2,18–22 (Nr. 34):

18 Und (es) waren die
Schüler von Johannes und
die Pharisaier Fastende. Und
sie kommen und sagen ihm:
Weshalb fasten die Schüler
von Johannes
und die Schüler der
Pharisaier , deine Schü-
ler aber fasten nicht?

Lk 5,33–39 (Nr. 34):

33 Die aber sprachen zu ihm:
Die Schüler
von Johannes fasten häufig
und verrichten Gebete,
gleicherweise auch die der
Pharisaier , die deinen
aber essen und trinken.

15 Und (es) sprach zu ihnen Jesus: Können etwa die Söhne des Brautgemachs trauern, solange bei ihnen ist der Bräutigam? *

Kommen werden aber Tage, wann weggenommen wurde von ihnen der Bräutigam, und dann werden sie fasten.

16 Keiner aber setzt einen Flicken ungewalkten Stoffes auf ein altes Gewand; denn (es) reißt sein Füllstück vom Gewand, und schlimmer wird (der) Riß.

17 Und nicht schüttet man jungen Wein in alte Häute; wenn aber nun doch, zerreißen die Häute, und der Wein wird verschüttet , und die Häute werden vernichtet; sondern man schüttet jungen Wein in neue Häute, und beide werden bewahrt.

---

19 Und (es) sprach zu ihnen Jesus: Können etwa die Söhne des Brautgemachs, während der Bräutigam bei ihnen ist, fasten? * (Für) wie lange Zeit sie den Bräutigam bei sich haben, können sie nicht fasten. 20 Kommen werden aber Tage, wann weggenommen wurde von ihnen der Bräutigam, und dann werden sie fasten an jenem Tag.

21 Keiner näht einen Flicken ungewalkten Stoffes auf ein altes Gewand; wenn aber doch, reißt das Füllstück von ihm, das neue vom alten, und schlimmer wird (der) Riß.

22 Und keiner schüttet jungen Wein in alte Häute; wenn aber doch, zerreißen wird der Wein die Häute, und der Wein wird vernichtet und die Häute; sondern jungen Wein in neue Häute!

---

34 Jesus aber sprach zu ihnen: Könnt ihr etwa die Söhne des Brautgemachs, während der Bräutigam bei ihnen ist, fasten lassen? *

35 Kommen werden aber Tage, und wann weggenommen wurde von ihnen der Bräutigam, dann werden sie fasten an jenen Tagen. 36 Er sagte aber auch ein Gleichnis zu ihnen: Keiner, einen Flicken von einem neuen Gewand reißend, setzt (ihn) auf ein altes Gewand; wenn aber nun doch, wird er auch das neue zerreißen, und mit dem alten wird nicht zusammenstimmen der Flicken, der vom neuen.

37 Und keiner schüttet jungen Wein in alte Häute; wenn aber nun doch, zerreißen wird der junge Wein die Häute, und er selbst wird verschüttet werden, und die Häute werden vernichtet werden; 38 sondern jungen Wein muß man in neue Häute schütten. 39 [Und] keiner, trinkend alten, will jungen; denn er sagt: Der alte ist gut.

---

* Joh 3,29: Der Habende die Braut ist der Bräutigam; der Freund aber des Bräutigams, der Dastehende und ihn Hörende, mit Freude freut er sich über die Stimme des Bräutigams. Diese meine Freude nun ist erfüllt worden.

88. Heilung einer an Blutfluß Leidenden und Erweckung eines Mädchens

Mt 9,18–26

18 Als dieses er zu ihnen redete, siehe, ein Vorsteher, kommend,

---

Mk 5,21–43 (Nr. 126):

21 Und als Jesus hinübergefahren war [im Boot] wieder zum Gegenüber, zusammenkam eine große Volksmenge bei ihm, und er war am Meer.

22 Und (es) kommt einer der Synagogenvorsteher mit Namen

Lk 8,40–56 (Nr. 126):

40 Als aber zurückkehrte Jesus, aufnahm ihn die Volksmenge; denn (es) waren alle ihn erwartend.

41 Und siehe, (es) kam ein Mann, dessen Name

fiel nieder vor ihm,

sagend:

Meine Tochter

starb soeben; aber
kommend leg deine Hand auf
sie, und sie
wird leben.
19 Und aufstehend folgte ihm
Jesus und seine Schüler.

20 Und siehe, eine Frau,
an Blutfluß leidend zwölf
Jahre,

hinkommend von hinten,
berührte die Quaste seines
Gewandes. 21 Denn sie sagte
bei sich: Wenn ich nur
berührte sein Gewand,
werde ich gerettet werden.

22 Jesus
aber, sich umwendend

und sie sehend,

Jairos,
und sehend ihn,
fällt er zu seinen Füßen,
23 und er bittet ihn sehr,
sagend:

Mit meinem Töchterchen
vgl. V 42
geht es zum Letzten;
kommend leg die Hände ihr
auf, damit sie gerettet werde
und lebe! 24 Und wegging er
mit ihm. Und (es) folgte ihm
eine große Volksmenge, und
sie bedrängten ihn.
25 Und eine Frau, welche
war im Blutfluß zwölf
Jahre 26 und vieles leidend
von vielen Ärzten und ver-
ausgabend das Ganze von ihr
und keinen Nutzen habend,
sondern (viel)mehr zum
Schlimmeren kommend,
27 hörend über Jesus,
kommend in der Volksmenge,
von hinten
berührte sein
Gewand; 28 denn sie sagte:
Wenn ich berühre
auch nur seine Gewänder,
werde ich gerettet werden.
29 Und sofort vertrocknete
die Quelle ihres Blutes, und
sie erkannte am Leib, daß sie
geheilt ist von der Plage.
30 Und sofort erkennend bei
sich die von ihm ausgegangene Kraft, sich umwendend
in der Volksmenge, sagte Jesus: Wer berührte mich an den
Gewändern?
31 Und (es) sagten ihm seine
Schüler: Du siehst die
Volksmenge, dich bedrän-
gend, und sagst: Wer berührte mich? 32 Und herumschau-
te er zu sehen, die dies getan
hatte. vgl. V 30a
33 Die Frau
aber, sich fürchtend
und zitternd, wissend, was ihr
geschehen ist, kam und fiel

Jairos, und dieser war ein
Vorsteher der Synagoge, und
fallend zu den Füßen [des]
Jesus, bat er ihn,
hineinzukommen in sein
Haus, 42 weil er eine
einziggeborene Tochter hatte
von etwa zwölf Jahren und
diese im Sterben war.

Als er aber fortging,
erstickten ihn (förmlich)
die Volksmengen.

43 Und eine Frau, welche
war im Blutfluß seit zwölf
Jahren, welche
[für Ärzte verbraucht hatte
ihren ganzen Besitz],
(aber) nicht konnte von
irgendjemandem geheilt werden,

44 hinkommend von hinten,
berührte die Quaste seines
Gewandes,

und auf der Stelle stillstand
der Fluß ihres Blutes.

vgl. V 46b

45 Und (es) sprach Je-
sus: Wer (ist), der mich
berührte?
Als aber alle leugneten,
sprach Petros: Meister, die
Volksmengen bedrängen dich
und pressen (dich). 46 Jesus
aber sprach: (Es) berührte
mich jemand, denn ich erkannte
eine von mir ausgegangene
Kraft. 47 Sehend aber die
Frau, daß sie nicht verborgen
blieb, zitternd
kam sie, und nieder-

sprach: Hab
Mut, Tochter! Dein Glaube
hat dich gerettet. Und gerettet wurde die Frau von jener Stunde (an).

23 Und kommend Jesus in
das Haus des Vorstehers
und sehend die Flötenspieler
und die Volksmenge lärmend,
24 sagte er: Weicht!
Denn das Mädchen starb
nicht, sondern schläft. Und
sie verlachten ihn.
25 Als aber
hinausgeworfen war die
Volksmenge,
hineinkommend
ergriff er ihre
Hand,
und aufstand
das Mädchen.

nieder vor ihm und sagte ihm
die ganze Wahrheit.

34 Der aber sprach zu
ihr: Tochter, dein Glaube
hat dich gerettet; geh fort in
Frieden und sei gesund von
deiner Plage!
35 Noch als er redet, kommen
vom Synagogenvorsteher
Sagende: Deine Tochter
starb; was noch bemühst du
den Lehrer? 36 Jesus aber,
überhörend das geredete
Wort, sagt dem Synagogenvorsteher: Fürchte dich nicht,
glaube nur!

37 Und er ließ keinen mit sich
folgen, außer Petros und
Jakobos und Johannes, den
Bruder von Jakobos.
vgl. V 40b
38 Und sie kommen in
das Haus des Synagogenvor-
stehers, und er erblickt einen Tumult und Weinende und Heu-
lende sehr, 39 und hineingehend sagt er ihnen: Was lärmt
und weint ihr? Das Kind starb
nicht, sondern schläft. 40 Und
sie verlachten ihn.
Er aber,
hinauswerfend alle, mitnimmt
den Vater des Kindes und die
Mutter und die mit ihm, und
hineingeht er, wo das Kind
war. 41 Und ergreifend die
Hand des Kindes, sagt er ihr:
Talitha kum, was ist übersetzt:
Mädchen, dir sage ich, steh
auf! 42 Und sofort stand auf
das Mädchen und ging umher;
denn es war von zwölf Jahren.

vgl. V 43b
Und
sie entsetzten sich [sofort] mit
großem Entsetzen.

fallend vor ihm, meldete sie
vor allem Volk, aus welchem
Grund sie ihn berührte, und
wie sie geheilt wurde auf der
Stelle. 48 Der aber sprach zu
ihr: Tochter, dein Glaube
hat dich gerettet; gehe in
Frieden!

49 Noch als er redet, kommt
einer vom Synagogenvorsteher her,
sagend: Gestorben ist deine
Tochter; bemühe nicht mehr
den Lehrer! 50 Jesus aber,
hörend (es),
antwortete
ihm: Fürchte dich nicht,
glaube nur, und gerettet
werden wird sie! 51 Kom-
mend aber in das Haus, nicht
ließ er hineingehen einen mit
ihm, außer Petros und
Johannes und Jakobos und
den Vater des Kindes und die
Mutter.

52 (Es) weinten aber alle und
betrauerten sie.
Der aber sprach:
Weint nicht, denn sie starb
nicht, sondern schläft! 53 Und
sie verlachten ihn, wissend,
daß sie starb. 54 Er aber,
vgl. V 51

ergreifend ihre
Hand , rief, sagend:
Kind, steh
auf! 55 Und zurückkehrte ihr
Geist, und aufstand sie auf
der Stelle, vgl. V. 42a und
er ordnete an, daß ihr gegeben werde zu essen. 56 Und
(es) entsetzten sich
ihre Eltern;

[26]Und hinausging diese Kunde in jenes ganze Land.

[43]Und auftrug er ihnen sehr, daß keiner erfahre dies, und er sagte, daß gegeben werde ihr zu essen.

der aber gebot ihnen , zu keinem zu sprechen über das Geschehene. vgl. V 55b

89. Heilung zweier Blinder und eines Stummen *

Mt 9,27–34

[27]Und dem von dort weitergehenden Jesus folgten zwei Blinde, schreiend und sagend: Erbarme dich
unser, Sohn Davids! [28]Als er aber ins Haus kam, kamen zu ihm die Blinden, und (es) sagt ihnen Jesus:
Glaubt ihr, daß ich dies tun kann? Sie sagen ihm: Ja, Herr. [29]Da berührte er ihre Augen, sagend: Nach
eurem Glauben soll euch geschehen! [30]Und geöffnet wurden ihre Augen. Und anschnaubte sie Jesus,
sagend: Seht (zu), keiner soll (es) erfahren! [31]Die aber, herauskommend, erzählten herum über ihn in
jenem ganzen Land. **
[32]Während sie aber weggingen, siehe, hinbrachten sie ihm einen stummen, besessenen Menschen. [33]Und
als hinausgeworfen worden war der Dämon, redete der Stumme. Und (es) staunten die Volksmengen,
sagend: Niemals erschien so (etwas) in Israel. [34]Die Pharisaier aber sagten: Mit dem Herrscher der Dämonen hinauswirft er die Dämonen. ***

---

* Mt 20,29–34 (Nr. 215):

[29]Und als sie herausgingen von Jericho, folgte ihm viel Volk. [30]Und siehe, zwei Blinde sitzend am Weg, hörend, daß Jesus vorbeigeht, schrien, sagend: Erbarme dich unser, [Herr], Sohn Davids! [31]Die Volksmenge aber anfuhr sie, daß sie schwiegen; die aber schrien mehr, sagend: Erbarme dich unser, Herr, Sohn Davids! [32]Und stehenbleibend rief Jesus sie und sprach: Was wollt ihr, soll ich euch tun? [33]Sie sagen ihm: Herr, daß sich öffnen unsere Augen. [34]Ergriffen aber berührte Jesus ihre Augen,

Mk 10,46–52 (Nr. 215):
[46]Und sie kommen nach Jericho. Und als er herausgeht von Jericho und seine Schüler und eine beträchtliche Volksmenge, saß der Sohn von Timaios, Bartimaios, ein blinder Bettler, am Weg. [47]Und hörend, daß Jesus, der Nazarener, (es) ist, begann er zu schreien und zu sagen: Sohn Davids, Jesus, erbarme dich meiner! [48]Und anfuhren ihn viele, daß er schweige ; der aber schrie um vieles mehr: Sohn Davids, erbarme dich meiner! [49]Und stehenbleibend sprach Jesus: Ruft ihn! Und sie rufen den Blinden, sagend ihm: Hab Mut, steh auf, er ruft dich! [50]Der aber, wegwerfend sein Gewand, aufspringend, kam zu Jesus. [51]Und antwortend ihm, sprach Jesus: Was willst du, soll ich dir tun? Der Blinde aber sprach zu ihm: Rabbuni, daß ich wieder sehe! [52]Und Jesus sprach zu ihm: Geh fort! Dein Glaube hat

Lk 18,35–43 (Nr. 215):
[35]Es geschah aber bei seinem Nahekommen nach Jericho: Ein Blinder saß am Weg, bettelnd. [36]Hörend aber (die) durchziehende Volksmenge, erkundigte er sich, was dies sei. [37]Sie aber meldeten ihm: Jesus, der Nazoraier, geht vorbei. [38]Und er rief, sagend: Jesus, Sohn Davids, erbarme dich meiner! [39]Und die Vorangehenden anfuhren ihn, daß er schweige, er aber schrie um vieles mehr: Sohn Davids, erbarme dich meiner! [40]Stehengeblieben aber befahl Jesus, daß er geführt werde zu ihm. Als er aber nahekam, befragte er ihn: [41]Was willst du, soll ich dir tun? Der aber sprach : Herr, daß ich wieder sehe! [42]Und Jesus sprach zu ihm: Sieh wieder! Dein Glaube hat

und sogleich sahen sie wieder, und sie folgten ihm.

dich gerettet. Und sofort sah er wieder, und er folgte ihm auf dem Weg.

dich gerettet. [43]Und auf der Stelle sah er wieder, und er folgte ihm, verherrlichend Gott. Und das ganze Volk, sehend (es), gab Gott Lob.

** Vgl Mk 1,43–45 (Nr. 31): [43]Und anschnaubend ihn, sofort warf er ihn hinaus [44]und sagt ihm: Sieh, daß du zu keinem etwas sprichst, sondern geh fort, zeig dich dem Priester und bring dar für deine Reinigung, was verordnete Moyses, zum Zeugnis ihnen! [45]Der aber, hinausgehend, begann, viel zu verkünden und herumzuerzählen das Wort, so daß er nicht mehr offen in eine Stadt hineingehen konnte, sondern draußen an einsamen Orten war er; und sie kamen zu ihm überallher.

*** Mt 12,22–24 (Nr. 106): [22]Da wurde hingebracht zu ihm ein Besessener, blind und stumm, und er heilte ihn , so daß der Stumme redete und sah. [23]Und außer sich gerieten alle Volksmengen und sagten: Ist etwa dieser der Sohn Davids? [24]Die Pharisaier aber, hörend (es), sprachen: Dieser wirft nicht hinaus die Dämonen, außer im Beelzebul, (dem) Herrscher der Dämonen.

Mk 3,22 (Nr. 106): Und die Schriftkundigen, die von Hierosolyma herabgestiegenen, sagten: Beelzebul hat er, und: Im Herrscher der Dämonen hinauswirft er die Dämonen.

Lk 11,14–15 (Nr. 169): [14]Und er war hinauswerfend einen Dämon [und der war] stumm; es geschah aber, als der Dämon herausging, redete der Stumme, und (es) staunten die Volksmengen. [15]Einige aber von ihnen sprachen: In Beelzebul, dem Herrscher der Dämonen, hinauswirft er die Dämonen.

Joh 10,20: (Es) sagten aber viele von ihnen: Einen Dämon hat er, und verrückt ist er; was hört ihr auf ihn?

90. Der Spruch von der Ernte

Mt 9,35–38

[35]Und (es) durchzog Jesus die Städte alle und die Dörfer, lehrend in ihren Synagogen und verkündend das Evangelium des Königtums und heilend jede Krankheit und jede Schwäche. * [36]Sehend aber die Volksmengen, wurde er ergriffen über sie, weil sie geschunden und hingeworfen waren *wie Schafe, nicht habend einen Hirten.*

[37]Da sagt er seinen Schülern: Die Ernte

Mk 6,6b.34 (Nr. 128.132):

[6b]Und er durchzog die Dörfer im Umkreis, lehrend.

[34]Und herauskommend sah er eine große Volksmenge , und er wurde ergriffen über sie, weil sie waren *wie Schafe, nicht habend einen Hirten,* und er begann sie zu lehren vieles.

Lk 8,1; 10,2 (Nr. 77.161):

8,1 Und es geschah in der folgenden (Zeit), daß er selbst durchreiste Stadt und Dorf, verkündigend und (als Evangelium) verkündend das Königtum Gottes, und die Zwölf mit ihm.

10,2 Er sagte aber zu ihnen: Die Ernte

Num 27,17
Jdt 11,19
2 Chr 18,16

(ist) zwar viel, die Arbeiter aber (sind) wenige: 38 bittet nun den Herrn der Ernte, auf daß er ausschicke Arbeiter in seine Ernte.		(ist) zwar viel, die Arbeiter aber (sind) wenige; bittet nun den Herrn der Ernte, auf daß er Arbeiter ausschicke in seine Ernte.

* Mt 4,23 (Nr. 29): Und umherzog er in der ganzen Galilaia, lehrend in ihren Synagogen und verkündend das Evangelium des Königtums und heilend jede Krankheit und jede Schwäche im Volk.

91. Die Aussendung der Zwölf

Mt 10,1–16	Mk 6,7 (Nr. 128):	Lk 9,1 (Nr. 128):	
1 Und herbeirufend, seine zwölf Schüler,	7 Und herbeiruft er die Zwölf,	1 Zusammenrufend aber die Zwölf,	
	und er begann, sie zu schicken zwei (und) zwei,		
gab er ihnen Vollmacht über unreine Geister, um sie hinauszuwerfen	und er gab ihnen Vollmacht über die unreinen Geister.	gab er ihnen Kraft und Vollmacht über alle Dämonen	
und zu heilen jede Krankheit und jede Schwäche.		und Krankheiten zu heilen.	
	Mk 3,14–19 (Nr. 38): 14 Und er machte Zwölf, [die er auch Apostel nannte,] damit sie seien mit ihm und damit er sie schicke, zu verkünden 15 und Vollmacht zu haben, hinauszuwerfen die Dämonen;	Lk 6,13–16 (Nr. 38): 13 Und als es Tag wurde, herbeirief er seine Schüler, und auswählend aus ihnen zwölf, die er auch Apostel nannte,	
2 Der zwölf Apostel Namen aber sind diese: Als erster Simon, der Petros genannte,	16 [und er machte die Zwölf,] und auflegte er dem Simon als Namen Petros,	14 Simon, den er auch nannte Petros,	vgl. Apg 1,13
und Andreas, sein Bruder,		und Andreas, seinen Bruder,	
und Jakobos, der des Zebedaios, und Johannes, sein Bruder,	17 und Jakobos, den des Zebedaios, und Johannes, den Bruder des Jakobos, und er legte ihnen auf als Name[n] Boanerges, das ist: Söhne (des) Donners;	und Jakobos und Johannes	
	18 und Andreas		
3 Philippos und Bartholomaios, Thomas und Matthaios, der	und Philippos und Bartholomaios und Matthaios	und Philippos und Bartholomaios, 15 und Matthaios	

Mt	Mk	Lk	Lk
Zöllner,	und Thomas	und Thomas,	
Jakobos, der	und Jakobos, den	und Jakobos, (den	
des Alphaios, und	des Alphaios, und	des) Alphaios,	
Thaddaios, 4 Si-	Thaddaios und Si-	und Si-	
mon, der Kananaier,	mon, den Kananaier,	mon, den Zelot	
		gerufenen, 16 und	
		Judas, (den des)	
und Judas, der	19 und Judas	Jakobos, und Judas	
Iskariotes, der ihn	Iskarioth, der ihn	Iskarioth, der zum	
auch Übergebende.	auch übergab.	Verräter wurde.	
5 Diese	Mk 6,8–11 (Nr. 128):	Lk 9,2–5 (Nr. 128):	Lk 10,3–12 (Nr. 161):
zwölf schickte Jesus		2 und er schickte sie	
(aus), gebietend ih-		(aus),	
nen, sagend: Auf ei-			
nen Weg zu Heiden			
geht nicht fort, und in			
eine Stadt (der) Sa-			
mariter geht nicht			
hinein ! 6 Geht aber			
(viel)mehr zu den ver-			
lorenen Schafen			
(des) Hauses Israel!			
7 Hingehend aber			
verkündet, sagend:		zu verkünden	
Nahegekommen ist			vgl. V 9
das Königtum der		das Königtum	
Himmel. 8 Kranke		Gottes und zu	
heilt, Tote erweckt,		heilen [die Kranken],	
Aussätzige reinigt,			
Dämonen werft hin-			
aus! Umsonst emp-			
fingt ihr, umsonst			
gebt! 9 Nicht erwerbt	8 und er gebot	3 und er sprach zu	
Gold, auch nicht Sil-	ihnen, daß sie nichts	ihnen: Nichts	
ber, auch nicht Kup-	tragen auf (dem) Weg,	tragt auf dem Weg,	4 Tragt nicht
fer(geld) in eure	außer einen Stock nur,	weder Stock,	einen Geldbeutel,
Gürtel, 10 nicht eine	nicht Brot, nicht	noch	nicht eine
Tasche für (den)	Tasche, nicht im	Tasche, noch Brot,	Tasche,
Weg, auch nicht zwei	Gürtel Kupfer(geld),	noch Silber(geld),	
Gewänder,	9 sondern unterge-		
auch nicht Sandalen,	bunden Sandalen;		nicht Sandalen und
auch nicht einen	und: Nicht zieht an	noch [je]	keinen entlang des
Stock; denn wert (ist)	zwei Gewänder!	zwei Gewänder (sollten	Weges grüßt!
der Arbeiter seiner	10 Und	sie) haben.	vgl. V 7b
Nahrung. 11 In wel-	er sagte ihnen: Wo	4 Und in wel-	5 In wel-
che Stadt aber immer		ches Haus immer	ches Haus immer aber
oder (in welches)			
Dorf ihr hineingeht,	ihr etwa hineingeht	ihr hineingeht,	ihr hineingeht,
forscht, wer in ihr (es)	in ein Haus,		
wert ist; und dort	dort	dort	
bleibt, bis ihr	bleibt, bis ihr	bleibt und von dort	vgl. V 7c
hinausgeht.	hinausgeht von dort.	geht hinaus!	

[12]Hineingehend aber in das Haus, grüßt es! [13]Und wenn das Haus (es) wert ist, soll kommen euer Friede auf es; wenn aber nicht (es) wert ist, soll euer Friede zu euch zurückkehren.			zuerst sagt: Friede diesem Haus! [6]Und wenn dort ist ein Sohn (des) Friedens, wird ruhen auf ihm euer Friede; wenn aber nicht, wird er auf euch zurückkehren.
vgl. V 10b	vgl. 10b	vgl. V 4b	[7]In dem Haus selbst aber bleibt, essend und trinkend das von ihnen; denn wert ist der Arbeiter seines Lohnes. Wechselt nicht von Haus zu Haus! [8]Und in welche Stadt immer ihr hineingeht und sie euch aufnehmen, eßt das euch Vorgesetzte
vgl. V 8a vgl. V 7			[9]und heilt die Kranken in ihr und sagt ihnen: Nahegekommen ist zu euch das Königtum Gottes.
[14]Und wer immer euch nicht aufnimmt und nicht hört eure Worte, herausgehend aus (jenem) Haus oder jener Stadt, schüttelt ab den Staub eurer Füße!	[11]Und welcher Ort immer euch nicht aufnimmt, und sie euch nicht hören, herausgehend von dort schüttelt ab den Staub unter euren Füßen, zum Zeugnis ihnen!	[5]Und welche immer euch nicht aufnehmen, herausgehend von jener Stadt, schüttelt ab den Staub von euren Füßen, zum Zeugnis gegen sie!	[10]In welche Stadt aber immer ihr hineingeht und sie euch nicht aufnehmen, herausgehend auf ihre Straßen, sprecht: [11]Auch den Staub, den uns anhängenden aus eurer Stadt an den Füßen, wischen wir euch ab; jedoch dies erkennt, daß nahegekommen ist das Königtum Gottes!
[15]Amen, ich sage euch: Erträglicher wird es ergehen (dem) Land Sodoma und Gomorra am Tag (des) Gerichts als jener Stadt.			[12]Ich sage euch: Sodoma wird es an jenem Tag erträglicher ergehen als jener Stadt.

16 Siehe, ich schicke euch wie Schafe inmitten von Wölfen; werdet also verständig wie die Schlangen und unverdorben wie die Tauben.

3 Geht fort! Siehe, ich schicke euch wie Lämmer inmitten von Wölfen.

92. Vom Geschick der Boten

Mt 10,17–25 *

17 Nehmt euch aber in acht vor den Menschen; denn sie werden euch übergeben in Synhedrien, und in ihren
Synagogen werden sie euch geißeln. 18 Und vor Statthalter aber und Könige werdet ihr geführt werden
wegen meiner, zum Zeugnis ihnen und den Völkern. 19 Wann sie aber übergeben euch, sorgt nicht, wie
oder was ihr reden sollt; denn gegeben werden wird euch in jener Stunde, was ihr reden sollt; 20 denn nicht
ihr seid die Redenden, sondern der Geist eures Vaters (ist) der Redende in euch. **
21 Übergeben aber wird (der) Bruder (den) Bruder zum Tod und (der) Vater (das) Kind, und aufstehen
werden Kinder gegen Eltern, und sie werden sie töten. 22 Und ihr werdet sein Gehaßte von allen wegen
meines Namens; *** der Durchhaltende aber zum Ende, dieser wird gerettet werden. 23 Wann aber sie
euch verfolgen in dieser Stadt, flieht in die andere; amen, denn ich sage euch, nicht werdet ihr zu Ende
kommen mit den Städten Israels, bis kommt der Sohn des Menschen. 24 Nicht ist ein Schüler über dem
Lehrer und nicht ein Sklave über seinem Herrn. **** 25 Es genügt dem Schüler, daß er wird wie sein Lehrer
und der Sklave wie sein Herr. Wenn sie den Hausherrn Beelzebul riefen, um wieviel mehr seine Hausgenossen.

---

* Mt 24,9–14 (Nr. 236):

9 Dann werden sie euch übergeben in Bedrängnis, und sie werden euch töten, und ihr werdet sein Gehaßte von allen Völkern wegen meines Namens.

vgl. V 14

10 Und dann werden Anstoß nehmen viele, und sie werden einander übergeben, und sie werden hassen einander;

Mk 13,9–13 (Nr. 236):

9 Seht aber ihr auf euch selbst; übergeben werden sie euch in Synhedrien, und in Synagogen werdet ihr geschunden werden, und vor Statthalter und Könige werdet ihr gestellt werden wegen meiner, zum Zeugnis ihnen. 10 Aber zu allen Völkern muß zuerst verkündet werden das Evangelium. 11 Und wann sie euch führen, (euch) übergebend, nicht vorher sorgt euch, was ihr reden sollt, sondern was immer euch gegeben wird in jener Stunde, dies redet; denn nicht seid ihr die Redenden, sondern der heilige Geist. 12 Und übergeben wird (der) Bruder (den)

Lk 21,12–19 (Nr. 236):
12 Vor diesem allem aber werden sie ihre Hand legen an euch, und sie werden (euch) verfolgen, übergebend in die Synagogen und Gefängnisse (euch), abgeführt vor Könige und Statthalter wegen meines Namens; 13 ablaufen wird es euch zum Zeugnis.

14 Legt nun in eure Herzen, nicht vorher zu überlegen, euch zu verteidigen! 15 Denn ich werde geben euch Mund und Weisheit, der nicht werden widerstehen oder widersprechen können alle eure Gegner. 16 Übergeben aber werdet ihr werden auch von

11 und viele Lügenpropheten
werden aufstehen, und sie
werden viele irreführen;
12 und wegen des Übervollwerdens der Ungesetzlichkeit
wird sich abkühlen die Liebe der
Vielen. 13 Der Durchhaltende
aber zum Ende, dieser wird
gerettet werden. 14 Und
verkündet werden wird dieses
Evangelium des Königtums
auf dem ganzen Erdkreis zum
Zeugnis allen Völkern, und
dann wird kommen das Ende.

Bruder zum Tod und (der)
Vater (das) Kind, und
aufstehen werden Kinder
gegen Eltern, und sie werden
töten sie;
13 und ihr werdet sein
Gehaßte von allen wegen
meines Namens.

Der Durchhaltende
aber zum Ende, dieser wird
gerettet werden.
vgl. V 10

Eltern und Brüdern und
Verwandten und Freunden,
und sie werden
töten (einige) von euch,
17 und ihr werdet sein
Gehaßte von allen wegen
meines Namens. 18 Aber
nicht ein Haar von eurem
Kopf wird zugrundegehen.
19 In eurem Durchhalten
erwerbt ihr euer Leben.

** Lk 12,11–12 (Nr. 175): 11 Wann sie aber hinführen euch zu den Synagogen und den Hoheiten und den Mächten,
sorgt nicht, wie oder was ihr verteidigen sollt oder was ihr sprechen sollt! 12 Denn der heilige Geist wird euch lehren in
der Stunde selbst, was nötig ist, zu sprechen.

*** Joh 15,21: Aber dieses alles werden sie tun an euch wegen meines Namens, weil nicht sie kennen den mich Schikkenden.

**** Lk 6,40 (Nr. 69): Nicht ist ein Schüler über dem Lehrer; ausgebildet aber, jeder wird sein wie sein Lehrer.

Joh 13,16: Amen, amen, ich sage euch: Nicht ist ein Sklave größer als sein Herr, noch ein Gesandter größer als der ihn Schickende.

Joh 15,20: Gedenkt des Wortes, das ich sprach zu euch: Nicht ist ein Sklave größer als sein Herr. Wenn mich sie verfolgten, werden auch euch sie verfolgen; wenn mein Wort sie bewahrten, werden auch das eurige sie bewahren.

93. Mahnung zu furchtlosem Bekennen

Mt 10,26–33

26 Fürchtet sie also nicht; denn nichts ist
verhüllt, was nicht offenbart
werden wird, und verborgen, was nicht erkannt
werden wird. * 27 Was ich euch sage in der
Finsternis, sprecht im Licht,
und was ins Ohr ihr hört,
verkündet auf den
Dächern!
28 Und fürchtet euch nicht vor denen, die
töten den Leib, die Seele aber nicht töten
können;
fürchtet aber mehr den, der sowohl Seele
wie Leib vernichten kann in (der) Gehenna!
29 Werden
nicht zwei Sperlinge für ein Assarion verkauft?
Und nicht einer von ihnen wird fallen auf die
Erde ohne euren Vater. ** 30 Von euch aber auch
die Haare des Kopfes sind alle gezählt. ***

Lk 12,2–9 (Nr. 175):

2 Nichts aber ist
ganz und gar verhüllt, was nicht offenbart
werden wird, und verborgen, was nicht erkannt
werden wird. * 3 Dagegen, wieviel ihr in der
Finsternis spracht, im Licht wird es gehört
werden, und was zum Ohr ihr redetet in den
Kammern, wird verkündet werden auf den
Dächern. 4 Ich sage aber euch, meinen
Freunden: Fürchtet euch nicht vor denen, die
töten den Leib, aber danach nicht (die Möglich-
keit) haben, darüber hinaus etwas zu tun!
5 Zeigen aber werde ich euch, wen ihr fürchten
sollt: Fürchtet den, der nach dem Töten
Vollmacht hat, hineinzuwerfen in die Gehenna!
Ja, ich sage euch: Diesen fürchtet! 6 Werden
nicht fünf Sperlinge verkauft für zwei Assaria?
Und nicht einer von ihnen ist vergessen vor
Gott. ** 7 Aber auch
die Haare eures Kopfes sind alle gezählt. ***

31 Fürchtet euch also nicht! Von (den) vielen
Sperlingen unterscheidet ihr euch.
32 Jeder nun, welcher sich
bekennen wird zu mir vor den Menschen,
bekennen werde auch ich mich zu ihm
vor meinem Vater in [den] Himmeln; 33 welcher
aber mich (ver)leugnet vor den Menschen,
(ver)leugnen werde auch ich ihn vor meinem
Vater in [den] Himmeln. ****

Fürchtet euch nicht! Von (den) vielen
Sperlingen unterscheidet ihr euch.
8 Ich sage euch aber: Jeder, der immer sich
bekennt zu mir vor den Menschen, auch der
Sohn des Menschen wird sich bekennen zu ihm
vor den Engeln Gottes; 9 der
aber mich (Ver)leugnende vor den Menschen,
wird verleugnet werden vor den Engeln
Gottes. ****

---

* Mk 4,22 (Nr. 113):
Denn nicht ist Verborgenes, wenn nicht, damit es offenbart wird; und nicht wurde Geheimes, außer, damit es kommt ins Offenbare.

Lk 8,17 (Nr. 113):
Denn nicht ist Verborgenes, das nicht offenbar werden wird, und nicht Verborgenes, das nicht erkannt wird und ins Offenbare kommt.

** Mt 6,26 (Nr. 56):
Schaut auf zu den Vögeln des Himmels, daß sie nicht säen noch ernten noch sammeln in Scheunen, und euer himmlischer Vater nährt sie; unterscheidet nicht ihr euch (viel) mehr von ihnen?

Lk 12,23–24 (Nr. 177):
23 Denn das Leben ist mehr als die Nahrung und der Leib (mehr) als das Gewand.
24 Beachtet die Raben, daß sie nicht säen noch ernten, die nicht haben eine Kammer noch eine Scheune, und Gott nährt sie; um wieviel mehr unterscheidet ihr euch von den Vögeln.

*** Lk 21,18 (Nr. 236): Aber nicht ein Haar von eurem Kopf wird zugrundegehen.

**** Mk 8,38 (Nr. 144):
Denn wer immer sich schämt meiner und meiner Worte in diesem ehebrecherischen und sündigen Geschlecht, auch der Sohn des Menschen wird sich schämen seiner, wann er kommt in der Herrlichkeit seines Vaters mit den heiligen Engeln.

Lk 9,26 (Nr. 144):
Denn wer immer sich schämt meiner und meiner Worte, dessen wird der Sohn des Menschen sich schämen, wann er kommt in seiner Herrlichkeit und (der) des Vaters und der heiligen Engel.

94. Haß unter Nächststehenden

Mt 10,34–36

34 Meint nicht, daß ich kam, Frieden zu werfen
auf die Erde; nicht kam ich, Frieden zu werfen,
sondern ein Schwert. 35 Denn
ich kam, zu entzweien
einen Menschen gegen seinen Vater
und *eine Tochter gegen ihre Mutter*
und *eine Schwiegertochter gegen*
ihre Schwiegermutter, 36 und *Feinde des*
Menschen (werden) seine Hausgenossen. *

Lk 12,51–53 (Nr. 179):

51 Meint ihr, daß ich kam, Frieden zu geben
auf der Erde? Nein, ich sage euch:
sondern (eher) Zerteilung. 52 Denn es werden sein von
jetzt (an) fünf in einem Haus Zerteilte, drei gegen zwei
und zwei gegen drei, 53 zerteilt werden Vater gegen Sohn
und *Sohn* gegen *Vater*, Mutter gegen die Tochter, Mi 7,6
und *Tochter gegen die Mutter*, Schwiegermutter gegen ihre
Schwiegertochter und *Schwiegertochter gegen*
die Schwiegermutter. *

---

* Mt 24,10 (Nr. 236):
Und dann werden Anstoß nehmen viele, und sie werden einander übergeben, und sie werden hassen einander.

Mk 13,12 (Nr. 236):
Und übergeben wird (der) Bruder (den) Bruder zum Tod und (der) Vater (das) Kind, und aufstehen werden Kinder gegen Eltern, und sie werden töten sie.

Lk 21,16 (Nr. 236):
Übergeben aber werdet ihr werden auch von Eltern und Brüdern und Verwandten und Freunden, und sie werden töten (einige) von euch.

95. Bedingungen der Nachfolge

Mt 10,37–39

37 Der
Vater oder Mutter mehr Liebende als mich,
nicht ist meiner wert, und der Sohn oder
Tochter mehr Liebende als mich, nicht ist
meiner wert; 38 und wer nicht nimmt
sein Kreuz und folgt hinter mir, nicht ist
meiner wert.
39 Der sein Leben Findende, wird es verlieren, und der sein Leben Verlierende wegen
meiner, finden wird er es. *

Lk 14,26–27 (Nr. 191):

26 Wenn einer kommt zu mir und nicht haßt
seinen Vater und die Mutter und die Frau und
die Kinder und die Brüder und die Schwestern
und auch noch sein eigenes Leben, nicht kann
er sein mein Schüler. 27 Welcher nicht trägt
sein Kreuz und geht hinter mir (her), nicht kann
er sein mein Schüler. Lk 17,33 (Nr. 205):
Wer immer sucht sein Leben sich zu erhalten, verlieren
wird er es, wer aber immer (es) verliert,
lebendigerhalten wird er es. *

---

* Mt 16,24–25 (Nr. 144):
24 Da
sprach Jesus zu sei-
nen Schülern: Wenn
einer will hinter mir
(her)kommen, soll er
sich selbst verleugnen
und tragen sein Kreuz
und mir folgen!
25 Denn wer immer
will sein Leben retten,
verlieren wird er es;
wer aber immer
verliert sein
Leben wegen meiner,
finden wird er
es.

Mk 8,34–35 (Nr. 144):
34 Und herbeirufend
die Volksmenge mit
seinen Schülern,
sprach er zu
ihnen: Wenn
einer will hinter mir
folgen, soll er
sich selbst (ver)leugnen
und tragen sein Kreuz
und mir folgen!
35 Denn wer immer
sein Leben retten will,
verlieren wird er es;
wer aber
verlieren wird sein
Leben wegen meiner
und des Evangeli-
ums, retten wird er
es.

Lk 9,23–24 (Nr. 144):
23 Er sagte aber zu
allen: Wenn
einer will hinter mir
(her)gehen, soll er
sich selbst (ver)leugnen
und tragen sein Kreuz
täglich und mir folgen!
24 Denn wer immer
will sein Leben retten,
verlieren wird er es;
wer aber immer
verliert sein
Leben wegen meiner,
dieser wird es ret-
ten.

Joh 12,25:
Der Liebende
sein Leben
verliert es,
und der
Hassende sein
Leben in dieser Welt,
zum ewigen Leben
wird er es bewah-
ren.

96. Aufnahme der Schüler – Aufnahme Jesu

Mt 10,40–11,1

40 Der Aufnehmende euch,
mich nimmt er auf,
und der mich Aufnehmende
nimmt auf den mich
Schickenden. * 41 Der einen
Propheten Aufnehmende auf
(den) Namen eines Propheten
(hin), wird (den) Lohn eines
Propheten empfangen, und
der einen Gerechten Aufnehmende auf (den) Namen
eines Gerechten (hin), wird

Mk 9,41 (Nr. 151):

Lk 10,16 (Nr. 161):

16 Der Hörende euch,
mich hört er, und der Abweisende
euch, mich weist er ab;
der aber mich Abweisende
weist ab den mich
Schickenden. *

Mt	Mk	Lk
(den) Lohn eines Gerechten empfangen. 42 Und wer immer zu trinken gibt einem dieser Kleinen einen Becher kalten (Wassers) allein auf (den) Namen eines Schülers (hin), amen, ich sage euch: Nicht verliert er seinen Lohn. 11,1 Und es geschah, als Jesus zu Ende kam, Auftrag gebend seinen zwölf Schülern, ging er fort von dort, um zu lehren und zu verkünden in ihren Städten.	41 Denn wer immer euch zu trinken gibt einen Becher Wassers im Namen, daß ihr (des) Christos seid, amen, ich sage euch: Nicht verliert er seinen Lohn.	

* Mt 18,5 (Nr. 150):	Mk 9,37 (Nr. 150):	Lk 9,48 a (Nr. 150):	Joh 13,20:
Und wer immer aufnimmt ein solches Kind in meinem Namen, mich nimmt er auf.	Wer immer eines solcher Kinder aufnimmt in meinem Namen, mich nimmt er auf; und wer immer mich aufnimmt, nicht mich nimmt er auf, sondern den mich Schickenden.	Wer immer aufnimmt dieses Kind in meinem Namen, mich nimmt er auf; und wer immer mich aufnimmt, aufnimmt den mich Schickenden.	Wer immer aufnimmt, wen ich schicken werde, mich nimmt er auf, der aber mich Aufnehmende aufnimmt den mich Schickenden.

97. Täuferanfrage und Antwort Jesu

Mt 11,2–6	Lk 7,18–23 (Nr. 74):	
2 Johannes aber, hörend im Gefängnis die Werke des Christos,	18 Und (es) meldeten (dem) Johannes seine Schüler über alles dieses. Und herbeirufend zwei seiner Schüler,	
schickend durch seine Schüler, 3 sprach zu ihm: Bist du der Kommende, oder sollen einen anderen wir erwarten?	19 schickte Johannes zum Herrn, sagend: Bist du der Kommende, oder sollen einen anderen wir erwarten? 20 Herankommend aber zu ihm, sprachen die Männer: Johannes der Täufer schickte uns zu dir, sagend: Bist du der Kommende, oder sollen einen anderen wir erwarten? 21 In jener Stunde heilte er viele von Krankheiten und Geißeln und bösen Geistern, und vielen Blinden schenkte er zu sehen.	
4 Und antwortend sprach Jesus zu ihnen: Hingehend meldet Johannes, was ihr hört und seht: 5 *Blinde sehen wieder*, und Lahme gehen umher, Aussätzige werden gereinigt, und *Taube hören*, und *Tote werden erweckt*, und Armen wird (ein Evangelium) verkündet; 6 und selig ist, wer immer nicht Anstoß nimmt an mir.	22 Und antwortend sprach er zu ihnen: Hingehend meldet Johannes, was ihr saht und hörtet: *Blinde sehen wieder*, Lahme gehen umher, Aussätzige werden gereinigt und *Taube hören*, *Tote werden erweckt*, Armen wird (ein Evangelium) verkündet; 23 und selig ist, wer immer nicht Anstoß nimmt an mir.	Jes 12,18; 35,5 f; 42,18; 26,19; 61,1

98. Jesu Zeugnis über den Täufer

Mt 11,7–19

7 Während diese aber gingen,
begann Jesus zu reden zu den
Volksmengen über Johannes: Was kamt ihr
heraus in die Öde zu sehen? Ein Rohr, vom
Wind geschüttelt? 8 Doch, was kamt ihr heraus
zu sehen? Einen Menschen in weiche (Gewänder) gekleidet? Siehe, die das Weiche
Tragenden sind in den
Häusern der Könige. 9 Doch, was kamt ihr heraus zu sehen? Einen Propheten? Ja, ich sage
euch, und mehr als einen Propheten. 10 Dieser
Ex 23,20 ist (es), über den geschrieben ist: *Siehe, ich*
Mal 3,1 *schicke meinen Boten vor* deinem *Angesicht*
(her), der herrichten wird deinen *Weg vor* dir. *
11 Amen, ich sage euch: Nicht ist erweckt
worden unter (den) Geborenen von Frauen ein
Größerer als Johannes der Täufer; der Kleinere
aber im Königtum der Himmel ist größer als er.
12 Von den Tagen aber (des) Johannes des Täufers
bis jetzt wird das Königtum der Himmel
vergewaltigt, und Gewalttätige reißen es (an
sich). 13 Denn alle Propheten und das Gesetz
bis zu Johannes prophezeiten; 14 und wenn ihr
(es) annehmen wollt: Er ist Elias, der Kommen-
Sollende. 15 Der Ohren Habende, er soll hören.

16 Wem aber werde ich vergleichen
dieses Geschlecht?
Gleich ist es Kindern, sitzend auf den
Märkten, die, zurufend den anderen,
17 sagen: Auf der Flöte spielten wir euch, und
nicht tanztet ihr, Klagelieder sangen wir, und
nicht trauertet ihr. 18 Denn (es) kam
Johannes , weder essend
noch trinkend , und sie sagen: Einen Dämon
hat er. 19 (Es) kam der Sohn des Menschen, essend und trinkend, und sie sagen:
Siehe, ein Mensch, ein Fresser und Weinsäufer,
von Zöllnern ein Freund und von Sündern.
Und gerechtgesprochen wurde die Weisheit
von ihren Werken.

Lk 7,24–35 (Nr. 75):

24 Als aber weggingen die Boten (des)
Johannes, begann er zu reden zu den
Volksmengen über Johannes: Was kamt ihr
heraus in die Öde zu sehen? Ein Rohr, vom
Wind geschüttelt? 25 Doch, was kamt ihr heraus zu
sehen? Einen Menschen, in weiche Gewänder gekleidet? Siehe, die in glanzvoller
Kleidung und Schwelgerei Lebenden sind in den
Königspalästen. 26 Doch, was kamt ihr heraus zu sehen? Einen Propheten? Ja ich sage
euch, und mehr als einen Propheten. 27 Dieser
ist (es), über den geschrieben ist: *Siehe, ich*
schicke meinen Boten vor deinem *Angesicht*
(her), der herrichten wird deinen *Weg vor* dir. *
28 Ich sage euch: Ein Größe-
rer unter (den) Geborenen von Frauen als
Johannes ist keiner. Der Kleinere
aber im Königtum Gottes ist größer als er.
Lk 16,16 (Nr. 197): Das Gesetz und die Propheten
(galten) bis Johannes; von da (an) wird das
Königtum Gottes (als Evangelium) verkündet,
und jeder dringt gewalttätig in es.

29 Und das ganze (es) hörende Volk und die
Zöllner gaben Gott recht, sich taufen
lassend mit der Taufe (des) Johannes; 30 die
Pharisaier aber und die Gesetzeskundigen
wiesen den Ratschluß Gottes für sich selbst ab,
nicht sich taufend lassend von ihm.
31 Wem nun werde ich vergleichen die
Menschen dieses Geschlechts, und wem sind
sie gleich? 32 Gleich sind sie Kindern, auf dem
Markt sitzend und zurufend einander, die
sagen: Auf der Flöte spielten wir euch, und
nicht tanztet ihr, Klagelieder sangen wir, und
nicht weintet ihr. 33 Denn gekommen ist
Johannes der Täufer, nicht essend Brot
noch trinkend Wein, und ihr sagt: Einen Dämon
hat er. 34 Gekommen ist der Sohn des Menschen, essend und trinkend, und ihr sagt:
Siehe, ein Mensch, ein Fresser und Weinsäufer,
ein Freund von Zöllnern und von Sündern.
35 Und gerechtgesprochen wurde die Weisheit
von allen ihren Kindern.

---

* Mk 1,2 (Nr. 14): Gleichwie geschrieben ist in dem Isaias, dem Propheten: *Siehe, ich schicke meinen Boten vor deinem Angesicht (her), der herrichten wird* deinen *Weg.*

99. Weherufe über Städte in der Galilaia

Mt 11,20–24

[20]Da begann er zu schelten die Städte, in
denen seine meisten Kraft(taten) geschahen,
weil sie nicht umkehrten. [21]Wehe dir, Chorazin,
wehe dir, Bethsaida! Denn wenn in Tyros und
Sidon geschehen wären die Kraft(taten),
die bei euch geschehenen, längst in Sack
und Asche wären sie umgekehrt.
[22]Jedoch ich sage euch, Tyros und Sidon wird
es erträglicher ergehen am Tag (des) Gerichts als
euch. [23]Und du, Kapharnaum, wirst du nicht
bis zum Himmel erhoben werden? Bis in (den)
Hades wirst du hinabsteigen; denn wenn in Sodoma geschehen wären die Kraft(taten), die bei
dir geschehenen, geblieben wäre es bis
zum Heute. [24]Jedoch ich sage euch: (Dem)
Land Sodoma wird es erträglicher ergehen am
Tag (des) Gerichts als dir. *

Lk 10,13–15 (Nr. 161):

[13]Wehe dir, Chorazin,
wehe dir, Bethsaida! Denn wenn in Tyros und
Sidon geschehen wären die Kraft(taten),
die geschehenen bei euch, längst wohl in Sack
und Asche sitzend, wären sie umgekehrt.
[14]Jedoch Tyros und Sidon wird
es erträglicher ergehen im Gericht als
euch. [15]Und du, Kapharnaum, wirst du nicht
bis zum Himmel erhoben werden? Bis in den
Hades wirst du hinabsteigen.

* Mt 10,15 (Nr. 91):
Amen, ich sage euch: Erträglicher wird es ergehen (dem) Land Sodoma und Gomorra am Tag (des) Gerichts als jener Stadt.

Lk 10,12 (Nr. 161):
Ich sage euch: Sodoma wird es an jenem Tag erträglicher ergehen als jener Stadt.

100. Jesu Lobpreis des Vaters

Mt 11,25–27

[25]In jener Zeit antwortend sprach Jesus:
Ich preise dich, Vater,
Herr des Himmels und der Erde, daß du
verbargst dieses vor Weisen und Verständigen
und es offenbartest Unmündigen; [26]ja, Vater,
weil so es Gefallen fand vor dir. [27]Alles wurde
mir übergeben von meinem Vater, und keiner
erkennt den Sohn außer der Vater, auch
den Vater erkennt keiner außer der Sohn
und wem immer der Sohn (es) offenbaren will. *

Lk 10,21–22 (Nr. 163):

[21]In eben der Stunde jubelte er [in] dem
heiligen Geist und sprach: Ich preise dich, Vater,
Herr des Himmels und der Erde, daß du
verbargst dieses vor Weisen und Verständigen
und es offenbartest Unmündigen; ja, Vater,
weil so es Gefallen fand vor dir. [22]Alles wurde
mir übergeben von meinem Vater, und keiner
erkennt, wer der Sohn ist, außer der Vater, und
wer der Vater ist, außer der Sohn
und wem immer der Sohn (es) offenbaren will. *

* Joh 3,35: Der Vater liebt den Sohn, und alles hat er gegeben in seine Hand.
17,1b–2: [1b]Vater, gekommen ist die Stunde; verherrliche deinen Sohn, damit der Sohn verherrliche dich, [2]gleichwie du ihm gabst Vollmacht über alles Fleisch, damit alles, was du ihm gegeben hast, er ihnen gebe: ewiges Leben.
7,29: Ich kenne ihn, weil ich von ihm (her) bin und jener mich schickte.
10,14–15: [14]Ich bin der gute Hirt, und ich kenne die Meinigen, und (es) kennen mich die Meinigen, [15]gleichwie mich kennt der Vater und ich kenne den Vater, und mein Leben gebe ich für die Schafe.

101. Der Heilandsruf Jesu

Mt 11,28–30

28 Auf, zu mir alle sich Mühenden und Belasteten! Und ich werde euch ausruhen lassen. 29 Nehmt mein
Jer 6,16 Joch auf euch und lernt von mir, weil sanft ich bin und demütig dem Herzen (nach), und *ihr werdet finden*
Ruhe für eure Seelen; 30 denn mein Joch ist erträglich und meine Last leicht.

102. Das Ährenrupfen an den Sabbaten

Mt 12,1–8

1 In jener Zeit ging Jesus an den Sabbaten durch die Saaten; seine Schüler aber hungerten, und sie begannen, Ähren zu rupfen und zu essen.

2 Die Pharisaier aber, sehend (es), sprachen zu ihm: Siehe, deine Schüler tun, was nicht erlaubt ist, zu tun am Sabbat. * 3 Er aber sprach zu ihnen: Nicht last ihr , was David tat, als er hungerte und die mit ihm, 4 wie er hineinging in das Haus Gottes

und sie die Brote der Austellung aßen, was ihm nicht erlaubt war zu essen, auch nicht denen mit ihm, außer den Priestern allein? 5 Oder nicht last ihr im Gesetz, daß an den Sabbaten die Priester im Heiligtum den Sabbat entweihen und schuldlos sind? 6 Ich sage euch aber: Ein Größerer als das Heiligtum ist hier.
7 Wenn ihr aber erkannt hät-
Hos 6,6 tet, was es ist: *Erbarmen will*
ich und nicht ein Opfer, **
nicht hättet ihr verurteilt die Schuldlosen.

Mk 2,23–28 (Nr. 35):

23 Und es geschah, daß er an den Sabbaten entlangging durch die Saaten, und seine Schüler begannen, einen Weg zu machen, rupfend die Ähren.

24 Und die Pharisaier sagten ihm: Sieh , was tun sie an den Sabbaten, was nicht erlaubt ist? * 25 Und er sagt ihnen: Niemals last ihr , was David tat, als er Bedarf hatte und hungerte, er und die mit ihm, 26 wie er hineinging in das Haus Gottes unter Abjathar, (dem) Hochpriester, und die Brote der Ausstellung aß , die nicht erlaubt ist zu essen,

außer den Priestern und auch denen gab, die mit ihm waren?

27 Und er sagte ihnen: Der Sabbat wurde wegen des Menschen und nicht der

Lk 6,1–5 (Nr. 35):

1 Es geschah aber am Sabbat, daß er hindurchging durch Saaten, und

(es) rupften seine Schüler und aßen die Ähren, (sie) mit den Händen zerreibend. 2 Einige aber der Pharisaier sprachen: Was tut ihr, was nicht erlaubt ist an den Sabbaten? * 3 Und antwortend zu ihnen sprach Jesus: Und nicht last ihr dies, was David tat, als er hungerte, er und die mit ihm [waren], 4 [wie] er hineinging in das Haus Gottes

und die Brote der Austellung nehmend aß und denen mit ihm gab, die nicht erlaubt ist zu essen, außer allein den Priestern?

5 Und er sagte ihnen:

8 Denn Herr ist des
Sabbats der Sohn des Men-
schen.

Mensch wegen des Sabbats;
28 daher: Herr ist der Sohn
des Menschen auch des Sabbats.

Herr ist des
Sabbats der Sohn des Men-
schen.

---

* Joh 5,10: (Es) sagten nun die Judaier dem Geheilten: Sabbat ist, und nicht ist dir erlaubt, zu tragen deine Bahre.
** Mt 9,13 (Nr. 86): Hingehend aber lernt, was es ist: *Erbarmen will ich und nicht ein Opfer;* denn nicht kam ich, zu rufen Gerechte, sondern Sünder.

103. Heilung einer vertrockneten Hand

Mt 12,9–14

9 Und fortgehend
von dort, kam
er in ihre Synagoge;
10 und siehe,
ein Mensch, habend ei-
ne vertrocknete Hand.
Und sie befragten ihn, sagend,
ob es erlaubt ist, an den
Sabbaten zu heilen?,
damit sie
anklagten ihn.

11 Der aber sprach zu
ihnen: Wer wird sein von euch
ein Mensch, der haben wird
ein einziges Schaf, und wenn
dieses hineinfällt an Sabbaten
in eine Grube, wird er es nicht
ergreifen und aufrichten?
12 Um wieviel (mehr) nun unterscheidet sich ein Mensch
von einem Schaf. *
Deshalb ist es erlaubt, an den
Sabbaten recht zu tun.

13 Da sagt er dem
Menschen: Strecke aus deine

Mk 3,1–6 (Nr. 36):

1 Und
hineinkam
er wieder in die Synagoge.
Und (es) war dort
ein Mensch, vertrocknet
habend die Hand.
2 Und sie belauerten ihn,
ob an den
Sabbaten er ihn heilen wird,
damit sie
anklagten ihn. 3 Und er
sagt dem Menschen,
dem die vertrocknete Hand
habenden: Steh auf,
in die Mitte!

4 Und er sagt ihnen:
Ist es erlaubt, an den
Sabbaten Gutes zu tun oder
Schlechtes zu tun, ein Leben
zu retten oder zu töten?
Die aber schwiegen. 5 Und
rings anschauend sie
mit Zorn, ganz betrübt über
die Verstocktheit ihres Herzens, sagt er dem
Menschen: Strecke aus die

Lk 6,6–11 (Nr. 36):

6 Es geschah aber an einem
anderen Sabbat, daß er hineinkam in die Synagoge
und lehrte. Und (es) war
ein Mensch dort, und seine
rechte Hand war vertrocknet.
7 (Es) belauerten ihn aber
die Schriftkundigen und die
Pharisaier, ob am
Sabbat er heilt,
damit sie (etwas) fänden,
anzuklagen ihn. 8 Er aber
wußte ihre Überlegungen,
sprach aber zu dem Mann,
dem die vertrocknete Hand
habenden: Steh auf und stell
dich in die Mitte! Und aufstehend stellte er sich
(hin).

9 (Es) sprach aber Jesus
zu ihnen: Ich befrage euch,
ob es erlaubt ist, am
Sabbat Gutes zu tun oder
Schlechtes zu tun, ein Leben
zu retten oder zu vernichten?
10 Und
rings anschauend sie alle,
sprach er zu
ihm: Strecke aus deine

Hand! Und ausstreckte er (sie), und wiederhergestellt wurde sie, gesund wie die andere. [14] Hinausgehend aber die Pharisaier, faßten sie einen Beschluß gegen ihn, auf daß sie ihn vernichteten.

Hand! Und ausstreckte er (sie), und wiederhergestellt wurde seine Hand.
[6] Und hinausgehend die Pharisaier sofort mit den Herodianern, faßten sie einen Beschluß gegen ihn, auf daß sie ihn vernichteten.

Hand! Der aber tat (es), und wiederhergestellt wurde seine Hand.
[11] Sie aber wurden erfüllt von Unverstand und beredeten untereinander, was sie täten mit Jesus.

---

* Lk 14,5 (Nr. 187): Und zu ihnen sprach er: Wem von euch wird ein Sohn oder Rind in einen Brunnen fallen, und nicht sogleich wird er ihn heraufziehen am Tag des Sabbats?
Lk 13,15–16 (Nr. 182): [15] (Es) antwortete ihm aber der Herr und sprach: Heuchler, löst nicht jeder von euch am Sabbat sein Rind oder den Esel von der Krippe und wegführend tränkt er (ihn)? [16] Diese aber, die eine Tochter Abrahams ist, die der Satan band, siehe, achtzehn Jahre, sollte sie nicht gelöst werden von dieser Fessel am Tag des Sabbats?

104. Eindrücke vom Wirken Jesu

Mt 12,15–21

[15] Jesus aber erkennend (es), entwich von dort. Und (es) folgten ihm viele [Volksmengen],
4,25 (Nr. 29): Und (es) folgten ihm große Volksmengen von der Galilaia und (der) Dekapolis und von Hierosolyma und Judaia und von jenseits des Jordanes.

und er heilte sie alle,
4,24: Und hinausging sein Ruf in die ganze Syria; und hinbrachten sie ihm alle, denen es schlecht ging, durch mancherlei Krankheiten und Qualen Bedrängte [und] Besessene und Mondsüchtige und Gelähmte; und er heilte sie.
[16] und anfuhr er sie, damit sie nicht offenbar ihn machten, [17] damit erfüllt wird das Gesagte durch Isaias, den Propheten, (den) sagenden:

Mk 3,7–12 (Nr. 37):

[7] Und Jesus mit seinen Schülern entwich zum Meer, und eine große Menge von der Galilaia [folgte] und von der Judaia [8] und von Hierosolyma und von der Idumaia und von jenseits des Jordanes und (aus der Gegend) um Tyros und Sidon eine große Menge, hörend, wieviel er tat, kam zu ihm. [9] Und er sprach zu seinen Schülern, damit ein Boot ihm bereitliege wegen der Volksmenge, damit sie ihn nicht bedränge;

[10] denn viele heilte er, so daß sie herfielen über ihn, damit ihn berührten, wieviele Plagen hatten.
[11] Und die unreinen Geister, wann sie ihn erblickten, fielen nieder vor ihm und schrien, sagend: Du bist der Sohn Gottes. *
[12] Und anfuhr er sie viel, damit sie nicht ihn offenbar machten.

Lk 6,17–19 (Nr. 66):

[17] Und hinabsteigend mit ihnen, stellte er sich auf einen ebenen Platz, und eine große Menge seiner Schüler, und eine große Menge des Volkes von der ganzen Judaia und von Jerusalem und der Meeresküste von Tyros und Sidon, [18] die kamen, ihn zu hören und geheilt zu werden von ihren Krankheiten;

und die von unreinen Geistern Geplagten wurden geheilt, [19] und die ganze Volksmenge suchte ihn zu berühren, weil Kraft von ihm ausging und alle heilte.

Jes 42,1–4

18 *Siehe, mein Knecht, den ich er-*
wählte, mein Geliebter, an dem
Gefallen fand meine Seele; legen
werde ich meinen Geist auf ihn,
und ein Gericht wird er verkün-
den den Völkern. 19 *Nicht wird er*
streiten, und nicht wird er schrei-
en, und nicht wird hören einer
auf den Straßen seine Stimme.
20 *Ein angebrochenes Rohr wird*
er nicht zerbrechen, und einen
glimmenden Docht wird er nicht
löschen, bis er führt zum Sieg das
Gericht. 21 *Und auf seinen Na-*
men werden Völker hoffen.

---

* Mt 8,16–17 (Nr. 81):
16 Als es aber Abend ge-
worden war, hinbrachten sie ihm
viele Besessene: und hinauswarf er die Geister durch ein
Wort, und alle, denen es
schlecht ging, heilte er, 17 auf
daß erfüllt würde das Gesagte
durch Isaias, den Propheten,
(den) sagenden: *Er nahm*
unsere Schwachheiten, und
die Krankheiten trug er.

Mk 1,34 (Nr. 27):

Und er heilte viele, denen es
schlecht ging durch man-
cherlei Krankheiten, und viele Dämonen warf er hinaus,
und
nicht ließ er reden die
Dämonen, weil sie ihn
kannten.

Lk 4,41 (Nr. 27):

Herauskamen aber
auch Dämonen von vielen,
schreiend und sagend:
Du bist der Sohn Got- (Jes 53,4)
tes. Und, anfahrend (sie),
nicht ließ er sie reden,
weil sie wuß-
ten, daß er der Christos sei.

105. Jesus und seine Angehörigen

Mk 3,20–21

20 Und er kommt in ein Haus; und zusammenkommt wieder [die] Volksmenge, so daß sie nicht einmal Brot
essen konnten. 21 Und (es) hörend, gingen die bei ihm aus, ihn zu ergreifen; denn sie sagten: Er geriet
außer sich.

106. Verteidigung gegen den Beelzebulvorwurf

Mt 12,22–37

22 Da wurde hingebracht zu
ihm ein Besessener, blind und
stumm,
und er heilte ihn, so daß
der Stumme redete und sah.
23 Und außer sich gerieten
alle Volksmengen und
sagten: Ist etwa dieser

Mk 3,22–30

Lk 11,14–23 (Nr. 169):

14 Und er war hinauswerfend
einen Dämon [und der war]
stumm; es geschah aber, als
der Dämon herausging,
redete der Stumme,
und (es) staunten
die Volksmengen.

der Sohn Davids?
24 Die Pharisaier aber, hörend (es), sprachen: Dieser
wirft nicht hinaus die Dämonen, außer mit dem Beelzebul, (dem) Herrscher der
Dämonen. *
12,38 (Nr. 107): Da antworteten ihm einige der Schriftkundigen und Pharisaier, sagend:
Lehrer, wir wollen von dir ein
Zeichen sehen.
25 Kennend aber ihre Gedanken, sprach er zu ihnen:
Jedes
Königtum, geteilt in sich,
wird verwüstet,
und jede Stadt oder (jedes)
Haus, geteilt in sich,
wird nicht bestehen.

26 Und wenn der Satan
den Satan hinauswirft, wurde
er in sich geteilt; wie also wird
bestehen sein Königtum?

27 Und wenn ich
mit Beelzebul hinauswerfe die
Dämonen, eure Söhne, mit
wem werfen sie hinaus?
Deswegen werden sie Richter
sein über euch. 28 Wenn aber
mit (dem) Geist Gottes ich
hinauswerfe die Dämonen,
also kam zu euch das
Königtum Gottes.
29 Oder wie kann einer hineingehen in das Haus des
Starken und seine Gefäße
rauben, wenn er nicht zu-
erst band den Starken? Und
dann wird er sein Haus ausrauben.

30 Der nicht mit mir ist, gegen
mich ist er, und der nicht
sammelt mit mir,
zerstreut. **
31 Deshalb sage ich euch:
Jede Sünde und Lästerung

22 Und die Schriftkundigen,
die von Hierosolyma herabgestiegenen, sagten:
Beelzebul hat
er, und: Mit dem Herrscher der
Dämonen hinauswirft er die
Dämonen. *

23 Und sie
herbeirufend, in Gleichnissen
sagte er ihnen:
Wie kann Satan Satan hinauswerfen? 24 Und wenn ein
Königtum in sich geteilt wird,
nicht kann bestehen jenes
Königtum; 25 und wenn ein
Haus in sich geteilt wird, nicht
wird jenes Haus bestehen
können.
26 Und wenn der Satan
aufstand wider sich und
geteilt wurde, kann er nicht
bestehen, sondern ein Ende
hat er.

27 Doch nicht kann einer, in
das Haus des Starken hin-
eingehend, seine Gefäße
ausrauben, wenn nicht zu-
erst den Starken er band, und
dann wird er sein Haus ausrauben.

28 Amen, ich sage euch:
Alles

15 Einige aber
von ihnen sprachen:
Mit Beel-
zebul, dem Herrscher der
Dämonen, hinauswirft er die
Dämonen; *

16 andere aber,
(ihn) versuchend, verlangten
ein Zeichen aus (dem) Himmel von ihm. 17 Er aber,
kennend ihre Gedanken,
sprach zu ihnen:
Jedes
Königtum, in sich zerteilt,
wird verwüstet,

und Haus fällt auf Haus.

18 Wenn aber auch der Satan
in sich
zerteilt wurde, wie wird
bestehen sein Königtum?
Denn ihr sagt, daß mit Beelzebul ich hinauswerfe die
Dämonen. 19 Wenn aber ich
mit Beelzebul hinauswerfe die
Dämonen, eure Söhne, mit
wem werfen sie hinaus?
Deswegen werden sie eure
Richter sein. 20 Wenn aber
mit (dem) Finger Gottes [ich]
hinauswerfe die Dämonen,
also kam zu euch das
Königtum Gottes.
21 Wann der Starke bewaffnet
bewacht seinen Hof, in Frieden ist sein Besitz; 22 wenn
aber ein Stärkerer als er,
herbeikommend, ihn besiegt,
nimmt er seine Rüstung, auf
die er vertraute, und seine
Beute verteilt er.
23 Der nicht mit mir ist, gegen
mich ist er, und der nicht
sammelt mit mir,
zerstreut. **

wird erlassen werden den
Menschen,

aber die Lästerung des
Geistes wird nicht erlassen
werden.
32 Und wer immer spricht ein
Wort wider den Sohn des
Menschen, erlassen werden
wird ihm; wer aber immer
spricht wider den heiligen
Geist, nicht erlassen
werden wird ihm, weder in
diesem Aion noch im zukünf-
tigen.

33 Entweder haltet den Baum
für gut und seine Frucht für
gut, oder haltet den Baum
für faul und seine Frucht für
faul; denn aus der
Frucht wird der Baum
erkannt. ***
34 Brut von Nattern, wie
könnt ihr Gutes reden, die
ihr böse seid? Denn aus dem
Überfluß des Herzens redet
der Mund.
35 Der gute
Mensch wirft aus dem guten
Schatz(behälter)
heraus Gutes, und der böse
Mensch wirft aus dem bösen
Schatz(behälter) heraus
Böses.
36 Ich sage euch
aber: Jedes unnütze Wort,
welches reden werden die
Menschen, ablegen werden
sie über es Rechenschaft am
Tag (des) Gerichts.
37 Denn
aus deinen Worten wirst du
gerechtgesprochen werden,
und aus deinen Worten wirst
du verurteilt werden.

wird erlassen werden den
Söhnen der Menschen, die
Versündigungen und die
Lästerungen, wieviel immer sie
lästerten;

29 wer immer aber
lästerte gegen den heiligen
Geist, nicht hat Erlaß in
Ewigkeit, sondern schuldig
ist er ewiger Versündigung.
30 Weil sie sagten: Einen
unreinen Geist hat er.

12,10 (Nr. 175):
Und jeder, der sagen wird ein
Wort gegen den Sohn des
Menschen, erlassen werden
wird ihm; dem aber
gegen den heiligen
Geist Lästernden, nicht erlassen
werden wird (ihm).

6,43–45 (Nr. 70):
43 Denn nicht ist ein Baum
gut, bringend faule Frucht,
noch wieder ein Baum faul,
bringend gute Frucht.
44 Denn jeder Baum wird
aus seiner eigenen Frucht
erkannt; ***

45b denn aus (dem)
Überfluß (des) Herzens redet
sein Mund.
45a Der gute
Mensch bringt aus dem guten
Schatz(behälter) des Herzens
hervor das Gute, und der böse
bringt aus dem bösen
hervor
das Böse.

* Mt 9,32–34 (Nr. 89): [32] Während sie aber weggingen, siehe, hinbrachten sie ihm einen stummen, besessenen Menschen. [33] Und als hinausgeworfen worden war der Dämon, redete der Stumme. Und (es) staunten die Volksmengen, sagend: Niemals erschien so (etwas) in Israel. [34] Die Pharisaier aber sagten: Im Herrscher der Dämonen hinauswirft er die Dämonen.

** Mk 9,40 (Nr. 151): Denn wer nicht ist gegen uns, für uns ist er.
Lk 9,50 (Nr. 151): Denn wer nicht ist gegen euch, für euch ist er.

*** Mt 7,18.16a (Nr. 62): [18] Nicht kann ein guter Baum böse Früchte bringen und nicht ein fauler Baum gute Früchte bringen. [16a] An ihren Früchten werdet ihr sie erkennen.

107. Das Zeichen des Jonas

Mt 12,38–42

[38]Da antworteten ihm einige der Schriftkundigen und Pharisaier, sagend: Lehrer, wir wollen von dir ein Zeichen sehen.
[39]Der aber antwortend sprach zu ihnen: Ein böses und ehebrecherisches Geschlecht verlangt ein Zeichen, aber ein Zeichen wird ihm nicht gegeben werden, wenn nicht das Zeichen (des)
Jona 2,1 Jonas, * des Propheten. [40]Denn wie *Jonas war im Bauch des Seeungetüms drei Tage und drei Nächte*, so wird sein der Sohn des Menschen im Herzen der Erde drei Tage und drei Nächte. [41](Die) ninevitischen Männer werden aufstehen im Gericht mit diesem Geschlecht, und sie werden es verurteilen, weil sie umkehrten zur Verkündigung (des) Jonas, und siehe, mehr als Jonas (ist) hier.
[42](Die) Königin vom Südreich wird aufstehen im Gericht mit diesem Geschlecht , und sie wird es verurteilen, weil sie kam von den Enden der Erde, zu hören die Weisheit Solomons, und siehe, mehr als Solomon (ist) hier.

* Mt 16,1–2a.4 (Nr. 139):
[1]Und hinzukommend die Pharisaier und Saddukaier, (ihn) versuchend, verlangten sie von ihm, ein Zeichen aus dem Himmel zu zeigen ihnen.
[2a]Der aber antwortend sprach zu ihnen:
[4]Ein böses und ehebrecherisches Geschlecht verlangt ein Zeichen, und ein Zeichen wird ihm nicht gegeben werden, wenn nicht das Zeichen (des) Jonas. Und zurücklassend sie, wegging er.

Lk 11,16.29–32 (Nr. 169.172):

[16]Andere aber, (ihn) versuchend, verlangten ein Zeichen aus (dem) Himmel von ihm.
[29]Als aber die Volksmengen herzudrängten, begann er zu sagen: Dieses Geschlecht ist ein böses Geschlecht; ein Zeichen verlangt es, aber ein Zeichen wird ihm nicht gegeben werden, wenn nicht das Zeichen (des) Jonas. *
[30]Denn gleichwie Jonas den Niniviten ein Zeichen wurde, so wird (es) sein auch der Sohn des Menschen für dieses Geschlecht.
[32](Die) ninevitischen Männer werden aufstehen im Gericht mit diesem Geschlecht, und sie werden es verurteilen, weil sie umkehrten zur Verkündigung (des) Jonas, und siehe, mehr als Jonas (ist) hier.
[31](Die) Königin vom Südreich wird aufstehen im Gericht mit den Männern dieses Geschlechts, und sie wird sie verurteilen, weil sie kam von den Enden der Erde, zu hören die Weisheit Solomons, und siehe, mehr als Solomon (ist) hier.

Mk 8,11–12 (Nr. 139):
[11]Und hinausgingen die Pharisaier und begannen zu streiten mit ihm, verlangend von ihm ein Zeichen vom Himmel, versuchend ihn. [12]Und aufstöhnend in seinem Geist, sagt er: Was verlangt dieses Geschlecht ein Zeichen? Amen, ich sage euch, nicht wird gegeben werden diesem Geschlecht ein Zeichen.

108. Vom Rückfall

Mt 12, 43–45

[43]Wann aber der unreine Geist herauskommt von dem Menschen, hindurchgeht er durch wasserlose Gegenden, suchend einen Ruheplatz, und nicht findet er. [44]Da sagt er: In mein Haus werde ich zurückkehren, von wo ich herauskam; und kommend findet er (es) leerstehend, gefegt und geschmückt.
[45]Da geht er, und mit sich nimmt er sieben

Lk 11,24–26 (Nr. 170):

[24]Wann der unreine Geist herauskommt von dem Menschen, hindurchgeht er durch wasserlose Gegenden, suchend einen Ruheplatz und nicht findend; [da] sagt er: Zurückkehren werde ich in mein Haus, von wo ich herauskam; [25]und kommend findet er (es) gefegt und geschmückt.
[26]Da geht er, und mitnimmt er

andere Geister, böser als er selbst, und
hineinkommend wohnen sie dort; und es
wird das Letzte jenes Menschen
schlimmer als das Erste. So wird es sein auch
mit diesem bösen Geschlecht.

andere Geister, böser als er selbst, sieben, und
hineinkommend wohnen sie dort; und es
wird das Letzte jenes Menschen
schlimmer als das Erste.

109. Die wahren Verwandten Jesu

Mt 12,46–50

[46] Noch während er redet zu
den Volksmengen, siehe, die
Mutter und seine Brüder
standen draußen, suchend
mit ihm zu reden.
[47] [(Es) sprach aber einer zu
ihm: Siehe,
deine Mutter und deine
Brüder,
draußen stehen sie, suchend
mit dir zu reden.] [48] Der aber
antwortend sprach zu
dem mit ihm Redenden: Wer
ist meine Mutter, und welche
sind meine Brüder? [49] Und
ausstreckend seine Hand über
seine Schüler, sprach er:
Siehe, meine Mutter und
meine Brüder! [50] Denn welcher immer tut den Willen
meines Vaters in den Him-
meln, er ist mein Bruder und
(meine) Schwester und Mutter. *

Mk 3,31–35

[31] Und (es) kommt seine
Mutter und seine Brüder, und
draußen stehend, schickten
sie zu ihm, rufend ihn.
[32] Und (es) saß um ihn eine
Volksmenge, und sie sagen
ihm: Siehe,
deine Mutter und deine
Brüder [und deine
Schwestern] draußen
suchen dich. [33] Und
antwortend ihnen,
sagt er: Wer
ist meine Mutter und (welche
sind) [meine] Brüder? [34] Und
rings anschauend die um ihn
im Kreis Sitzenden, sagt er:
Sieh , meine Mutter und
meine Brüder! [35] [Denn] wer
immer tut den Willen
Gottes,
dieser ist mein Bruder und
(meine) Schwester und Mutter. *

Lk 8,19–21 (Nr. 123):

[19] Herbeikam aber zu ihm die
Mutter und seine Brüder,
und nicht konnten sie zusammentreffen mit ihm wegen der
Volksmenge. [20] Gemeldet
aber wurde ihm:
Deine Mutter und deine
Brüder
stehen draußen, sehen
wollend dich. [21] Der aber
antwortend sprach zu ihnen:
Meine Mutter und
meine Brüder sind diese: die
das Wort Gottes Hörenden
und Tuenden. *

* Joh 15,14: Ihr seid meine Freunde, wenn ihr tut, was ich euch gebiete.

110. Das Gleichnis vom Geschick der Saat

Mt 13,1–9

[1] An jenem Tag, als Jesus
herausgekommen war aus
dem Haus, saß er am Meer.
[2] Und zusammenkamen bei
ihm viele Volks-
mengen, so daß er, in ein
Boot eingestiegen, sich setz-

Mk 4,1–9

[1] Und wieder begann er zu
lehren am Meer;
und zusammenkommt bei
ihm eine ganz große Volksmenge , so daß er, in ein
Boot eingestiegen, sich setz-

Lk 8,4–8

[4] Als aber zusammen war
eine große Volks-
menge und die aus jeder Stadt
Hinausziehenden zu ihm,

te , und die ganze
Volksmenge
stand am Strand.
3 Und er redete zu ihnen vieles in Gleichnissen, sagend:
Siehe, hinausging der
Säende, um zu säen.
4 Und bei seinem
Säen – die einen (Samen) fielen
entlang des Weges, und
kommend die Vögel
fraßen sie auf.
5 Andere aber fielen auf
das Felsige, wo sie nicht viel
Erde hatten, und sogleich gingen
sie auf wegen des Nicht-Tiefe-
Habens an Erde; 6 als aber
die Sonne aufging, wurden sie
verbrannt, und wegen des
Nicht-Wurzel-Habens
vertrockneten sie.
7 Andere aber fielen un-
ter die Dornen, und auf-
stiegen die Dornen, und sie
erstickten sie.
8 Andere aber fielen auf
die gute Erde und gaben
Frucht,
das eine hundert,
das andere sechzig, das andere dreißig.
9 Der Ohren Habende,
er soll hören!

te im Meer, und die ganze
Volksmenge, zum Meer hin
auf dem Land waren sie.
2 Und er lehrte sie
in Gleichnissen vieles, und er
sagte ihnen in seiner Lehre:
3 Hört! Siehe, hinausging der
Säende zu säen.
4 Und es geschah beim
Säen – das eine fiel ent-
lang des Weges, und
(es) kamen die Vögel
und fraßen es auf.
5 Und anderes fiel auf
das Felsige, wo es nicht viel
Erde hatte, und sofort ging
es auf wegen des Nicht-Tiefe-
Habens an Erde; 6 und als
aufging die Sonne, wurde es
verbrannt, und wegen des
Nicht-Wurzel-Habens
vertrocknete es.
7 Und anderes fiel in
die Dornen, und auf-
stiegen die Dornen, und sie
erstickten es, und Frucht gab
es nicht.
8 Und andere (Samen) fielen in
die rechte Erde und gaben
Frucht, aufsteigend und wach-
send, und brachten: eines dreißig und eines sechzig und eines
hundert. 9 Und er sagte:
Der Ohren hat zu hören,
er soll hören!

sprach er durch
ein Gleichnis:
5 Hinausging der
Säende, um zu säen seinen
Samen. Und bei seinem
Säen – das eine fiel ent-
lang des Weges, und zertreten
wurde es, und die Vögel des
Himmels fraßen es auf.
6 Und anderes fiel nieder auf
den Felsen,
und gewach-
sen
vertrocknete es wegen des
Nicht-Feuchtigkeit-Habens.
7 Und anderes fiel mitten unter die Dornen, und die mit-
gewachsenen Dornen
erstickten es.
8 Und anderes fiel in
die gute Erde
und gewachsen brachte
es Frucht hundertfach.
Dies sagend, rief er:
Der Ohren Habende zu hören
er soll hören!

111. Der Zweck der Gleichnisreden

Mt 13,10–17

10 Und hinzukommend spra-
chen die Schüler zu ihm:
Weshalb redest du in Gleichnissen zu ihnen? 11 Der aber
antwortend sprach zu ihnen:
Euch ist es gegeben, zu
erkennen die Geheimnisse
des Königtums der Himmel,
jenen aber ist es nicht
gegeben. 12 Denn wer hat,

Mk 4,10–12

10 Und als er allein war,
fragten ihn die um ihn mit
den Zwölf nach den Gleichnissen. 11 Und er
sagte ihnen:
Euch ist
das Geheimnis
des Königtums Gottes gegeben; jenen aber, denen
draußen,

Lk 8,9–10

9 (Es) befragten ihn
aber seine Schüler,
was dieses Gleich-
nis besage. 10 Der aber
sprach:
Euch ist es gegeben, zu
erkennen die Geheimnisse
des Königtums Gottes,
den übrigen aber

gegeben werden wird ihm, und überreich wird er gemacht werden; wer aber nicht hat, auch was er hat, wird weggenommen werden von ihm. [13]Deswegen rede ich in Gleichnissen zu ihnen , weil als Sehende sie nicht sehen und als Hörende sie nicht hören und nicht verstehen.

[14]Und erfüllt wird ihnen die Prophetie (des) Isaias, die sagende: *Mit (dem) Gehör werdet ihr hören, und nicht sollt ihr verstehen, und sehend werdet ihr sehen, und nicht sollt ihr schauen.* [15]*Denn verstockt ist das Herz dieses Volkes, und mit den Ohren schwer hörten sie, und ihre Augen verschlossen sie, damit sie nicht schauen mit den Augen und mit den Ohren hören und mit dem Herz verstehen und umkehren und ich sie heilen werde.**

vgl. 4,25 (Nr. 113)

geschieht alles in Gleichnissen, [12]damit *Sehende sehen und nicht schauen und Hörende hören und nicht verstehen, damit sie nicht etwa umkehren und ihnen erlassen werde.*

vgl. 8,18b (Nr. 113)

in Gleichnissen, damit als Sehende sie nicht sehen und als Hörende sie nicht verstehen.

Jes 6,9f

Jes 6,9f (G)

[16]Eure Augen aber (sind) selig, weil sie sehen, und eure Ohren, weil sie hören. [17]Amen, denn ich sage euch: Viele Propheten und Gerechte begehrten zu schauen, was ihr seht, und nicht schauten sie, und zu hören, was ihr hört, und nicht hörten sie.

Lk 10,23–24 (Nr. 163):

[23]Und sich umwendend zu den Schülern für sich, sprach er: Selig die Augen, die sehenden, was ihr seht, [24]Denn ich sage euch: Viele Propheten und Könige wollten schauen, was ihr seht, und nicht schauten sie, und hören, was ihr hört, und nicht hörten sie.

* Joh 12,40: Blind gemacht hat er *ihre Augen*, und er verstockte ihr *Herz, damit sie nicht sehen mit den Augen und begreifen mit dem Herzen und umkehren, und ich sie heilen werde.*

112. Deutung des Gleichnisses vom Geschick der Saat

Mt 13,18–23

[18]Ihr nun, hört das Gleichnis des Säenden!

Mk 4,13–20

[13]Und er sagt ihnen: Nicht versteht ihr dieses Gleichnis, und wie werdet ihr alle Gleichnisse erkennen? [14]Der Säende sät das Wort.

Lk 8,11–15

[11]Das aber besagt dieses Gleichnis: Der Same ist das Wort Gottes.

19 Jedesmal, wenn einer hört
das Wort des Königtums und
nicht versteht, kommt der
Böse und raubt das Gesäte in
seinem Herzen; dieser ist der
entlang des Weges Gesäte.
20 Der aber auf das
Felsige Gesäte, dieser ist der
das Wort Hörende und sofort
mit Freude es Aufnehmende,
21 nicht aber hat er eine
Wurzel in sich, sondern auf
(den) Augenblick ist er;
wenn aber entsteht
Bedrängnis oder Verfolgung
wegen des Wortes, sofort
nimmt er Anstoß. 22 Der
aber in die Dornen
Gesäte, dieser ist der das
Wort Hörende, aber die
Sorge des Aions und der
Trug des Reichtums
erstickt das Wort, und
fruchtlos wird es. 23 Der aber
auf die gute Erde
Gesäte, dieser ist
der das Wort Hörende und
Verstehende, der dann Frucht
bringt, und der eine trägt
hundert, der andere sechzig,
der andere dreißig.

15 Diese aber sind die entlang
des Weges, wohin gesät wird
das Wort, und wann sie
hören, sofort kommt der
Satan und trägt weg das Wort,
das in sie gesäte.
16 Und diese sind die auf das
Felsige Gesäten, die, wann
sie hören das Wort, sofort
mit Freude es aufnehmen,
17 aber nicht haben sie eine
Wurzel in sich, sondern auf
(den) Augenblick sind sie;
dann, wenn entsteht
Bedrängnis oder Verfolgung
wegen des Wortes, sofort
nehmen sie Anstoß. 18 Und
andere sind die in die Dornen
Gesäten; diese sind die das
Wort Hörenden, 19 aber die
Sorgen des Aions und der
Trug des Reichtums und die
Begierden um das Übrige
hinzukommend
ersticken das Wort, und
fruchtlos wird es. 20 Und jene
sind die auf die gute Erde
Gesäten, welche
hören das Wort und (es)
annehmen und Frucht
bringen: eines dreißig
und eines sechzig und eines
hundert.

12 Die aber entlang
des Weges
sind die
Hörenden, dann kommt der
Teufel und trägt weg das Wort
von ihrem Herzen, damit sie
nicht, glaubend, gerettet
werden. 13 Die aber auf dem
Felsen (sind jene), die, wann
sie hören,
mit Freude annehmen das
Wort, aber diese haben keine
Wurzel, (sie), die für
einen Augenblick glauben
und im Augenblick einer
Versuchung
abfallen. 14 Das
aber in die Dornen
Gefallene, diese sind die
Hörenden, aber von
Sorgen und
Reichtum und
Vergnügungen des Lebens werden sie, wenn sie gehen,
erstickt und kommen
nicht zur Reife. 15 Das aber
in der guten Erde,
diese sind, welche mit rech-
tem und gutem Herzen
hörend das Wort, (es)
festhalten und Frucht
bringen in Geduld.

113. Sprüche zum Sinn der Gleichnisse

Mk 4,21–25

21 Und er sagte ihnen: Kommt etwa die
Leuchte, damit sie unter den Scheffel gestellt
wird oder unter das Bett? Nicht, damit sie auf
den Leuchter gestellt wird? *
22 Denn nicht ist Verborgenes,
wenn nicht, damit es offenbart wird; und nicht
wurde Geheimes, außer, damit es kommt ins
Offenbare. ** 23 Wenn einer Ohren hat zu hören,
er soll hören! 24 Und er sagte ihnen: Seht (zu),
was ihr hört! Mit welchem Maß ihr meßt, gemessen

Lk 8,16–18

16 Keiner aber, eine Leuchte an-
zündend, bedeckt sie mit einem Gefäß oder stellt
(sie) unter ein Bett, sondern auf einen Leuchter
stellt er (sie), damit die Hereinkommenden
sehen das Licht. * 17 Denn nicht ist Verborgenes,
das nicht offenbar werden wird, und nicht
Geheimes, das nicht erkannt wird und ins
Offenbare kommt. **
18 Seht nun (zu),
wie ihr hört!

werden wird euch und hinzugelegt werden wird euch. ***

Mt 13,12 (Nr. 111):

12 Denn wer hat, gegeben werden wird ihm, und überreich wird er gemacht werden; wer aber nicht hat, auch was er hat, wird weggenommen werden von ihm. ****

25 Denn wer hat, gegeben werden wird ihm; und wer nicht hat, auch was er hat, wird weggenommen werden von ihm. ****

Denn wer immer hat, gegeben werden wird ihm; und wer immer nicht hat, auch was er meint zu haben, wird weggenommen werden von ihm. ****

---

* Mt 5,15 (Nr. 41):
Auch zündet man nicht an eine Leuchte und stellt sie unter den Scheffel, sondern auf den Leuchter, und sie leuchtet allen im Haus.

** Mt 10,26 (Nr. 93):
Fürchtet sie also nicht; denn nichts ist verhüllt, was nicht offenbart werden wird, und verborgen, was nicht erkannt werden wird.

*** Mt 7,2 (Nr. 57):
Denn mit welchem Richtspruch ihr richtet, werdet ihr gerichtet werden,
und mit welchem Maß ihr meßt, gemessen werden wird euch.

**** Mt 25,29 (Nr. 245):
Denn jedem Habenden wird gegeben werden, und er wird überreich gemacht werden, von dem Nicht-Habenden aber, auch was er hat, wird weggenommen werden von ihm.

Lk 11,33 (Nr. 173):
Keiner, eine Leuchte anzündend, stellt (sie) ins Verborgene, [auch nicht unter den Scheffel,] sondern auf den Leuchter, damit die Hereinkommenden das Licht sehen.

Lk 12,2 (Nr. 175):
Nichts aber ist ganz und gar verhüllt, was nicht offenbart werden wird, und verborgen, was nicht erkannt werden wird.

Lk 6,38 (Nr. 69):
Gebt, und gegeben werden wird euch; ein rechtes Maß, ein gedrücktes, geschütteltes, überfließendes, wird man geben in euren Schoß: Denn mit welchem Maß ihr meßt, wiedergemessen werden wird euch.

Lk 19,26 (Nr. 217):
Ich sage euch: Jedem Habenden wird gegeben werden,
von dem Nicht-Habenden aber, auch was er hat, wird weggenommen werden.

114. Das Gleichnis von der selbstwirksamen Saat

Mk 4,26–29

26 Und er sagte: So ist das Königtum Gottes, wie (wenn) ein Mensch warf den Samen auf die Erde 27 und
schläft und aufsteht Nacht und Tag, und der Same keimt und wird lang, wie er selbst nicht weiß.
28 Selbsttätig bringt die Erde Frucht, zuerst Halm, dann Ähre, dann voller Weizen in der Ähre. 29 Wann (es)
aber zuläßt die Frucht, sofort schickt er die Sichel, weil ansteht die Ernte.

115. Das Gleichnis vom Unkraut inmitten des Weizens

Mt 13,24–30

24 Ein anderes Gleichnis legte er ihnen vor, sagend: Verglichen wurde das Königtum der Himmel einem
Menschen, säend guten Samen auf seinem Acker. 25 Beim Schlafen der Menschen aber kam sein Feind,
und er säte darauf Unkraut inmitten des Weizens, und er ging weg. 26 Als aber keimte der Halm und Frucht

trug, da erschien auch das Unkraut. 27 Hinzukommend aber sprachen die Sklaven des Hausherrn zu ihm:
Herr, sätest du nicht guten Samen auf deinem Acker? Woher also hat er Unkraut? 28 Der aber sagte
ihnen: Ein feindlicher Mensch tat dies. Die Sklaven aber sagen ihm: Willst du nun, daß weggehend wir es
sammeln? 29 Der aber sagt: Nein, damit ihr nicht, sammelnd das Unkraut, entwurzelt zugleich mit ihm den
Weizen. 30 Laßt miteinander wachsen beide bis zur Ernte; und zur Zeit der Ernte werde ich sagen den
Erntearbeitern: Sammelt zuerst das Unkraut und bindet es zu Bündeln, um es zu verbrennen; den Weizen
aber sammelt in meine Scheune.

116. Das Gleichnis vom Senfkorn

Mt 13,31–32

31 Ein anderes Gleichnis legte
er ihnen vor, sagend:
Gleich ist das Königtum
der Himmel
einem
Senfkorn, das nehmend ein
Mensch säte auf seinem
Acker; 32 das kleiner zwar ist
als alle Samen,
wann es aber wuchs,
größer als
die Gartengewächse ist es,
und es wird ein Baum, so daß
Ps 103,12 (G) kommen *die Vögel des Himmels* und *nisten in seinen Zweigen.*

Mk 4,30–32

30 Und er sagte : Wie sollen
wir vergleichen das Königtum
Gottes, oder in welchem
Gleichnis sollen wir es
darlegen? 31 (Es ist) wie mit einem Senfkorn, das,
wann es gesät wird auf die
Erde, kleiner ist
als alle Samen auf der Erde,
32 und wann es gesät wird,
aufsteigt und größer wird als
alle Gartengewächse und
große Zweige macht, so daß
unter seinem Schatten
*die Vögel des Himmels
nisten* können.

Lk 13,18–19 (Nr. 183):

18 Er sagte nun: Wem
ist gleich das Königtum
Gottes, und wem soll ich es
vergleichen?
19 Gleich ist es einem
Senfkorn, das nehmend ein
Mensch warf in seinen
Garten,
und es wuchs
und wurde zu einem Baum,
und *die Vögel des Himmels nisteten in seinen Zweigen.*

117. Das Gleichnis vom Sauerteig

Mt 13,33

33 Ein anderes Gleichnis redete er zu ihnen:
Gleich ist das Königtum der Himmel
einem Sauerteig, den nehmend eine Frau
hineinverbarg in drei Saton Mehl, bis daß es
durchsäuert wurde ganz.

Lk 13,20–21 (Nr. 183):

20 Und wieder sprach er: Mit wem soll ich
vergleichen das Königtum Gottes? 21 Gleich
ist es einem Sauerteig, den nehmend eine Frau
[hinein]verbarg in drei Saton Mehl, bis daß es
durchsäuert wurde ganz.

118. Zur Bedeutung der Gleichnisreden Jesu

Mt 13,34–35

34 Dieses alles redete Jesus in Gleichnissen zu
den Volksmengen,
und ohne Gleichnis redete er nichts

Mk 4,33–34

33 Und mit vielen solchen Gleichnissen redete
er zu ihnen das Wort, gleichwie sie (es) hören
konnten; 34 ohne Gleichnis aber redete er nicht

zu ihnen,

35 auf daß erfüllt würde das Gesagte durch den
Propheten, (den) sagenden: *Öffnen werde ich in* Ps 78,2
Gleichnissen meinen Mund, aussprechen werde
ich Verborgenes seit Grundlegung [(der) Welt].

zu ihnen, für sich aber den eigenen Schülern
löste er alles auf.

119. Deutung des Gleichnisses vom Unkraut inmitten des Weizens

Mt 13,36–43

36 Dann, verlassend die Volksmengen, kam er ins Haus. Und (es) kamen zu ihm seine Schüler, sagend:
Erkläre uns das Gleichnis vom Unkraut des Ackers. 37 Der aber antwortend sprach: Der Säende den guten
Samen ist der Sohn des Menschen, 38 der Acker aber ist die Welt; der gute Same aber, diese sind die Söhne
des Königtums; das Unkraut aber sind die Söhne des Bösen, 39 der Feind aber, der es Säende, ist der
Teufel; die Ernte aber ist (die) Vollendung (des) Aions, die Erntearbeiter aber sind (die) Engel. 40 Wie nun
gesammelt wird das Unkraut und durch Feuer [ver]brannt wird, so wird es sein bei der Vollendung des
Aions: 41 Schicken wird der Sohn des Menschen seine Engel, und sie werden sammeln aus seinem Königtum alle Ärgernisse und die Tuenden das Ungesetzliche, 42 und *sie werden sie werfen in den Feuerofen*; dort Dan 3,6
wird sein das Weinen und das Klappern der Zähne. * 43 Dann werden die Gerechten aufleuchten wie die
Sonne im Königtum ihres Vaters. Der Ohren Habende, er soll hören!

* Vgl. Mt 13,50 (Nr. 121) und die Anm. zu Mt 8,12 (Nr. 79)

120. Das Gleichnis vom Schatz und von der Perle

Mt 13,44–46

44 Gleich ist das Königtum der Himmel einem Schatz, verborgen im Acker, den, nachdem er (ihn) gefunden hatte, ein Mensch verbarg, und in seiner Freude geht er fort, und er verkauft alles, wieviel er hat, und er kauft jenen Acker.

45 Wieder gleich ist das Königtum der Himmel einem Menschen, einem Kaufmann, suchend schöne Perlen; 46 nachdem er aber eine wertvolle Perle gefunden hatte, hat er, weggehend, alles verkauft, wieviel er
hatte, und er kaufte sie.

121. Das Gleichnis vom Fischnetz

Mt 13,47–50

47 Wieder gleich ist das Königtum der Himmel einem Schleppnetz, geworfen ins Meer und aus jeder Art
(Fische) sammelnd; 48 das, als es gefüllt war, zogen sie hinauf auf den Strand, und sich setzend sammelten
sie die guten (Arten) in Gefäße, die faulen aber warfen sie hinaus. 49 So wird es sein bei der Vollendung des
Aions; hinausgehen werden die Engel, und sie werden aussondern die Bösen aus (der) Mitte der Gerech- Dan 3,6
ten, 50 und *sie werden sie werfen in den Feuerofen*; dort wird sein das Weinen und das Klappern der Zähne. *

* Vgl. Mt 13,42 (Nr. 119) und die Anm. zu Mt 8,12 (Nr. 79)

122. Schlußwort: Das Gleichnis vom Hausherrn

Mt 13,51–52

51 Habt ihr verstanden das alles? Sie sagen ihm: Ja. 52 Der aber sprach zu ihnen: Deshalb ist jeder Schriftkundige, belehrt über das Königtum der Himmel, gleich einem Menschen, einem Hausherrn, welcher herausholt aus seinem Schatz(behälter) Neues und Altes.

123. Die wahren Verwandten Jesu

Mt 12,46–50 (Nr. 109):

46 Noch während er redet zu den Volksmengen, siehe, die Mutter und seine Brüder standen draußen, suchend mit ihm zu reden.

47 [(Es) sprach aber einer zu ihm: Siehe, deine Mutter und deine Brüder, draußen stehen sie, suchend mit dir zu reden.] 48 Der aber antwortend sprach zu dem mit ihm Redenden: Wer ist meine Mutter, und welche sind meine Brüder? 49 Und ausstreckend seine Hand über seine Schüler, sprach er: Siehe, meine Mutter und meine Brüder! 50 Denn welcher immer tut den Willen meines Vaters in den Himmeln, er ist mein Bruder und (meine) Schwester und Mutter. *

Mk 3,31–35 (Nr. 109):

31 Und (es) kommt seine Mutter und seine Brüder, und draußen stehend, schickten sie zu ihm, rufend ihn.
32 Und (es) saß um ihn eine Volksmenge, und sie sagen ihm: Siehe, deine Mutter und deine Brüder und deine Schwestern] draußen suchen dich. 33 Und antwortend ihnen, sagt er: Wer ist meine Mutter und (welche sind) [meine] Brüder? 34 Und rings anschauend die um ihn im Kreis Sitzenden, sagt er: Sieh, meine Mutter und meine Brüder! 35 [Denn] wer immer tut den Willen Gottes, dieser ist mein Bruder und (meine) Schwester und Mutter. *

Lk 8,19–21

19 Herbeikam aber zu ihm die Mutter und seine Brüder,

und nicht konnten sie zusammentreffen mit ihm wegen der Volksmenge. 20 Gemeldet aber wurde ihm: Deine Mutter und deine Brüder stehen draußen, sehen wollend dich. 21 Der aber antwortend sprach zu ihnen:

Meine Mutter und meine Brüder sind diese: die das Wort Gottes Hörenden und Tuenden. *

* Joh 15,14: Ihr seid meine Freunde, wenn ihr tut, was ich euch gebiete.

124. Stillung des Seesturms

Mt 8,18.23–27 (Nr. 82.83):

18 Sehend aber Jesus eine Volksmenge um ihn,

befahl er, wegzufahren

Mk 4,35–41

35 Und er sagt ihnen an jenem Tag, als es Abend geworden war:

Laßt uns hinüberfahren

Lk 8,22–25

22 Es geschah aber an einem der Tage, daß er selbst einstieg in ein Boot und seine Schüler, und er sprach zu ihnen: Laßt uns hinüberfahren

zum Gegenüber.	zum Gegenüber!	zum Gegenüber des Sees!
23 Und als er eingestiegen war ins Boot, folgten ihm seine Schüler. vgl. V 24b	36 Und lassend die Volksmenge, mitnehmen sie ihn, wie er war, im Boot, und andere Boote waren mit ihm. vgl. V 38a	Und abfuhren sie. 23 Als sie aber segelten, schlief er ein.
24 Und siehe, ein großes Beben entstand im Meer, so daß das Boot bedeckt wurde von den Wellen; er aber schlief.	37 Und (es) entsteht ein großer Sturmwind, und die Wellen warfen sich auf ins Boot, so daß schon gefüllt wurde das Boot. 38 Und er selbst war im Heck auf dem Kopfkissen schlafend.	Und herabstieg ein Sturmwind auf den See und überflutet wurden sie und waren in Gefahr. vgl. V 23a
25 Und hinzukommend weckten sie ihn, sagend: Herr, rette, wir werden vernichtet!	Und sie wecken ihn und sagen ihm: Lehrer, nicht kümmert dich, daß wir vernichtet werden? vgl. V 40	24 Hinzukommend aber, aufweckten sie ihn, sagend: Meister, Meister, wir werden vernichtet vgl. V 25a
26 Und er sagt ihnen: Was seid ihr feige, Kleingläubige? Dann, aufgeweckt, anfuhr er die Winde und das Meer, und (es) wurde große Stille. vgl. V 26a	39 Und aufgeweckt, anfuhr er den Wind und sprach zum Meer: Schweig, sei stumm! Und nachließ der Wind, und (es) wurde große Stille.	Der aber, aufgeweckt, anfuhr den Wind und das Wogen des Wassers; und aufhörten sie, und (es) wurde Stille.
	40 Und er sprach zu ihnen: Was seid ihr feige? Noch nicht habt ihr Glauben?	25 Er sprach aber zu ihnen: Wo (ist) euer Glaube?
27 Die Menschen aber staunten, sagend: Was für einer ist dieser, daß auch die Winde und das Meer ihm gehorchen?	41 Und sie fürchteten sich in großer Furcht, und sie sagten zueinander: Wer also ist dieser, daß auch der Wind und das Meer ihm gehorcht?	Sich fürchtend aber staunten sie, sagend zueinander: Wer also ist dieser, daß auch den Winden er befiehlt und dem Wasser, und sie gehorchen ihm?

125. Heilung des Besessenen von Gerasa

Mt 8,28–34 (Nr. 84):	**Mk 5,1–20**	**Lk 8,26–39**
28 Und als er gekommen war zum Gegenüber ins Land der Gadarener,	1 Und sie kamen zum Gegenüber des Meeres ins Land der Gerasener.	26 Und hinabsegelten sie ins Land der Gerasener, welches ist gegenüber der Galilaia.
begegneten ihm zwei Besessene, aus den Gräbern herauskommende, sehr gefährliche,	2 Und als er herauskam aus dem Boot, sofort begegnete ihm aus den Gräbern ein Mensch in unreinem Geist, 3 der die Behausung hatte in den Grabstätten, und auch mit einer Kette konnte keiner mehr ihn binden,	27 Als er aber herauskam auf das Land, begegnete ihm ein Mann aus der Stadt, habend Dämonen, und geraume Zeit zog er nicht an ein Gewand und in einem Haus blieb er nicht, sondern in den Grabstätten.

so daß nicht ver-
mochte einer, vorüberzugehen
auf jenem Weg,

29 Und siehe,
sie schrien,
sagend: Was (ist zwischen) uns
und dir, Sohn Gottes?
Kamst du hierher
vor (der) Zeit, uns zu quälen?

30 (Es) war aber
weit von ihnen eine
Herde vie-
ler Schweine weidend.

31 Die Dämonen aber baten
ihn, sagend: Wenn du uns
hinauswirfst, schick uns in die
Herde der Schweine!
32 Und er sprach
zu ihnen: Geht fort! Die aber,
herauskommend,
weggingen
in die Schweine; und siehe,
(es) raste die ganze Herde

4 deswegen, (weil) er oft mit
Fußfesseln und Ketten gebunden worden war und zerrissen
worden waren von ihm die
Ketten und die Fußfesseln
zerrieben, und keiner vermochte ihn zu bändigen;
5 und allzeit, nachts und tags,
war er in den Grabstätten und
in den Bergen, schreiend und
zerschlagend sich mit Steinen. 6 Und sehend den
Jesus von weitem, lief er und
fiel nieder vor ihm, 7 und
schreiend mit lauter Stimme,
sagt er: Was (ist zwischen) mir
und dir, Jesus, Sohn Gottes,
des Höchsten? Ich beschwöre
dich bei Gott, quäle mich
nicht! 8 Denn er sagte ihm:
Komm heraus, unreiner Geist,
aus dem Menschen!

vgl. VV 4–5

9 Und er befragte ihn:
Was (ist) dein Name?
Und er sagt ihm: Legion (ist)
mein Name, weil wir
viele sind. 10 Und
er bat ihn sehr, daß er nicht
sie schicke außerhalb des
Landes. 11 (Es) war aber
dort bei dem Berg eine große
Herde von
Schweinen weidend;

12 und sie baten
ihn, sagend:
Schick uns in die
Schweine, damit wir in sie
hineingehen! 13 Und er
erlaubte (es) ihnen. Und
herauskommend
die unrei-
nen Geister, hineingingen sie
in die Schweine, und
(es) raste die Herde

vgl. V 29b

28 Sehend aber den
Jesus , aufschreiend
fiel er nieder vor ihm, und
mit lauter Stimme
sprach er: Was (ist zwischen) mir
und dir, Jesus, Sohn Gottes,
des Höchsten? Ich bitte
dich , quäle mich
nicht! 29 Denn er gebot dem
unreinen Geist, herauszukom-
men von dem Menschen.
Denn lange Zeiten hatte er ihn
gepackt, und gefesselt wurde
er mit Ketten und mit
Fußfesseln gehalten, und
zerbrechend die Fesseln,
wurde er getrieben von dem
Dämon in die Einöden.
30 (Es) befragte ihn aber
Jesus: Was ist dein Name?
Der aber sprach: Legion,
weil hineingekommen waren
viele Dämonen in ihn. 31 Und
sie baten ihn ,daß er nicht
befehle ihnen, in den Abgrund
fortzugehen. 32 (Es) war aber
dort eine
Herde von beträchtlich (vielen) Schweinen, weidend am
Berg;
und sie baten
ihn,
daß er ihnen erlaube, in jene
hineinzugehen; und er
erlaubte (es) ihnen.
33 Herauskommend aber von
dem Menschen, hineingingen
die Dämonen
in die Schweine, und
(es) raste die Herde

hinunter den Abhang ins
Meer, und
sie starben in den Wassern.
33 Die (sie) Weidenden aber
flohen, und
weggehend in die Stadt,
meldeten sie alles, auch das
von den Besessenen.
34 Und siehe, die ganze Stadt
kam heraus zur Begegnung
mit Jesus,
und
sehend ihn, baten sie,
daß er fortgehe
von ihren Gebieten.

hinunter den Abhang ins
Meer, etwa zweitausend, und
sie ersoffen im Meer.
14 Und die sie Weidenden
flohen, und sie
meldeten (es) in die Stadt und
in die Höfe; und sie kamen
zu sehen, was das
Geschehene ist.
15 Und sie
kommen zu Jesus und er-
blicken den Besessenen dasitzend,
bekleidet und
bei Sinnen, den, der den
Legion gehabt hatte, und sie
fürchteten sich.
16 Und (es)
erzählten ihnen, die
gesehen hatten, wie dem
Besessenen geschah, und
über die Schweine.
17 Und
sie begannen, ihn zu bitten,
wegzugehen
von ihren Gebieten.

18 Und als er einsteigt ins
Boot,
bat ihn der besessen Gewe-
sene,
daß er mit
ihm sei.
19 Und nicht ließ er
ihn, sondern sagt ihm: Geh
fort in dein Haus zu den
Deinen und melde ihnen,
wieviel der Herr dir getan hat
und sich erbarmte deiner!
20 Und wegging er und
begann zu verkünden in der
Dekapolis, wieviel ihm Jesus
getan, und alle staunten.

hinunter den Abhang in den
See, und
sie ersoff.
34 Sehend
aber die (sie) Weidenden das
Geschehene, flohen sie und
meldeten (es) in die Stadt und
in die Höfe.
35 Herauskamen sie
aber, zu sehen das
Geschehene , und sie
kamen zu Jesus und fanden
dasitzend den Menschen, von
dem die Dämonen herausge-
kommen waren, bekleidet und
bei Sinnen zu den Füßen von
Jesus, und sie
fürchteten sich.
36 (Es)
meldeten ihnen aber, die
gesehen hatten, wie der
Besessene gerettet wurde.
37 Und (es) bat ihn die
ganze Menge der Umgegend
der Gerasener, wegzugehen
von ihnen, weil sie von großer
Furcht bedrängt wurden;
er aber, einsteigend in ein
Boot, kehrte zurück.
38 (Es)
bat ihn aber der Mann, von
dem herausgekommen waren
die Dämonen, zu sein mit
ihm; er entließ ihn aber,
sagend:
39 Kehre
zurück in dein Haus
und erzähle,
wieviel dir Gott getan!

Und wegging er, durch die
ganze Stadt verkündend,
wieviel ihm Jesus
getan.

126. Heilung einer an Blutfluß Leidenden und Erweckung der Tochter des Jairos

Mt 9,18–26 (Nr. 88):

Mk 5,21–43

21 Und als Jesus hinübergefahren war [im Boot] wieder
zum Gegenüber, zusammen-
kam eine große Volksmenge
bei ihm, und er war am Meer.

Lk 8,40–56

40 Als aber zurückkehrte
Jesus,
aufnahm
ihn die Volksmenge;
denn (es) waren alle ihn

18 Als dieses
er zu ihnen redete, siehe, ein
Vorsteher, kommend,
fiel nieder vor ihm,
sagend:
Meine Tochter
starb soeben; aber
kommend leg deine Hand auf
sie, und sie
wird leben.
19 Und aufstehend folgte ihm
Jesus und seine Schüler.
20 Und siehe, eine Frau,
an Blutfluß leidend zwölf
Jahre,
hinkommend von hinten,
berührte die Quaste seines
Gewandes. 21 Denn sie sagte
bei sich: Wenn ich nur
berühre sein Gewand ,
werde ich gerettet werden.
22 Jesus
aber, sich umwendend
und sie sehend,

22 Und (es) kommt einer der
Synagogenvorsteher mit Namen
Jairos,
und sehend ihn,
fällt er zu seinen Füßen,
23 und er bittet ihn sehr,
sagend:
Mit meinem Töchterchen
vgl. V 42
geht es zum Letzten;
kommend leg die Hände ihr
auf, damit sie gerettet werde
und lebe ! 24 Und wegging er
mit ihm. Und (es) folgte ihm
eine große Volksmenge, und
sie bedrängten ihn.
25 Und eine Frau, welche
war im Blutfluß zwölf
Jahre 26 und vieles leidend
von vielen Ärzten und ver-
ausgabend das Ganze von ihr
und keinen Nutzen habend,
sondern (viel)mehr zum
Schlimmeren kommend,
27 hörend über Jesus,
kommend in der Volksmenge,
von hinten
berührte sein
Gewand ; 28 denn sie sagte:
Wenn ich berühre
auch nur seine Gewänder,
werde ich gerettet werden.
29 Und sofort vertrocknete
die Quelle ihre Blutes, und
sie erkannte am Leib, daß sie
geheilt ist von der Plage.
30 Und sofort erkennend bei
sich die von ihm ausgegangene Kraft, sich umwendend
in der Volksmenge, sagte Jesus: Wer berührte mich an den
Gewändern?
31 Und (es) sagten ihm seine
Schüler: Du siehst die
Volksmenge , dich bedrän-
gend, und sagst: Wer berührte mich? 32 Und herumschau-
te er zu sehen, die dies getan
hatte. vgl. V 30a

erwartend.
41 Und siehe, (es) kam ein
Mann, dessen Name
Jairos, und dieser war ein
Vorsteher der Synagoge, und
fallend zu den Füßen [des]
Jesus, bat er ihn,
hineinzukommen in sein
Haus, 42 weil er eine
einziggeborene Tochter hatte
von etwa zwölf Jahren und
diese im Sterben war.
Als er aber fortging,
erstickten ihn (förmlich)
die Volksmengen.
43 Und eine Frau, welche
war im Blutfluß seit zwölf
Jahren, welche
[für Ärzte verbraucht hatte
ihren ganzen Besitz],
(aber) nicht konnte von
irgendjemandem geheilt werden,
44 hinkommend von hinten,
berührte die Quaste seines
Gewandes,
und auf der Stelle stillstand
der Fluß ihres Blutes.
45 Und (es) sprach Je-
sus: Wer (ist), der mich
berührte?
vgl. V 46b
Als aber alle leugneten,
sprach Petros: Meister, die
Volksmengen bedrängen dich
und pressen (dich). 46 Jesus
aber sprach: (Es) berührte
mich jemand, denn ich erkannte
eine von mir ausgegangene

sprach: Hab
Mut, Tochter! Dein Glaube hat
dich gerettet. Und gerettet
wurde die Frau von jener
Stunde (an).

23 Und kommend Jesus in
das Haus des Vorstehers
und sehend die Flötenspieler
und die Volksmenge lärmend,

24 sagte er: Weicht!
Denn das Mädchen starb
nicht, sondern schläft. Und
sie verlachten ihn.
25 Als aber
hinausgeworfen war die
Volksmenge,

hineinkommend
ergriff er ihre
Hand,

und aufstand
das Mädchen.

---

33 Die Frau
aber, sich fürchtend
und zitternd, wissend, was ihr
geschehen ist, kam und fiel
nieder vor ihm und sagte ihm
die ganze Wahrheit.

34 Der aber sprach zu
ihr: Tochter, dein Glaube hat
dich gerettet; geh fort in
Frieden und sei gesund von
deiner Plage!
35 Noch als er redet, kommen
vom Synagogenvorsteher
Sagende: Deine Tochter
starb; was noch bemühst du
den Lehrer? 36 Jesus aber,
überhörend das geredete
Wort, sagt dem Synagogen-
vorsteher: Fürchte dich nicht,
glaube nur!

37 Und er ließ keinen mit sich
folgen, außer Petros und
Jakobos und Johannes, den
Bruder von Jakobos.
vgl. V 40b
38 Und sie kommen in
das Haus des Synagogenvor-
stehers, und er erblickt einen Tumult und Weinende und Heu-
lende sehr, 39 und hineingehend sagt er ihnen: Was lärmt
und weint ihr? Das Kind starb
nicht, sondern schläft. 40 Und
sie verlachten ihn.
Er aber,
hinauswerfend alle, mitnimmt
den Vater des Kindes und die
Mutter und die mit ihm, und
hineingeht er, wo das Kind
war. 41 Und ergreifend die
Hand des Kindes, sagt er ihr:
Talitha kum, was ist übersetzt:
Mädchen, dir sage ich, steh
auf!
42 Und sofort stand auf
das Mädchen und ging
umher; denn es war von zwölf
Jahren.

Kraft. 47 Sehend aber die
Frau, daß sie nicht verborgen
blieb, zitternd
kam sie, und nieder-
fallend vor ihm, meldete sie
vor allem Volk, aus welchem
Grund sie ihn berührte, und
wie sie geheilt wurde auf der
Stelle. 48 Der aber sprach zu
ihr: Tochter, dein Glaube hat
dich gerettet; gehe in
Frieden!

49 Noch als er redet, kommt einer
vom Synagogenvorsteher her,
sagend: Gestorben ist deine
Tochter; bemühe nicht mehr
den Lehrer! 50 Jesus aber,
hörend (es),
antwortete
ihm: Fürchte dich nicht,
glaube nur, und gerettet
werden wird sie! 51 Kom-
mend aber in das Haus, nicht
ließ er hineingehen einen mit
ihm, außer Petros und
Johannes und Jakobos und
den Vater des Kindes und die
Mutter.

52 (Es) weinten aber alle und
betrauerten sie.
Der aber sprach:
Weint nicht, denn sie starb
nicht, sondern schläft! 53 Und
sie verlachten ihn, wissend,
daß sie starb. 54 Er aber,
vgl. V 51

ergreifend ihre
Hand , rief, sagend:

Kind, steh
auf! 55 Und zurückkehrte ihr
Geist, und aufstand sie auf
der Stelle,
vgl. V 42a
und

26 Und hinausging diese
Kunde in jenes ganze Land.

vgl. V 43b
Und
sie entsetzten sich [sofort] mit
großem Entsetzen.
43 Und auftrug er ihnen sehr,
daß keiner erfahre dies, und
er sagte, daß gegeben werde
ihr zu essen.

er ordnete an, daß ihr gegeben werde zu essen. 56 Und
(es) entsetzten sich
ihre Eltern;
der aber gebot ihnen ,zu
keinem zu sprechen über das
Geschehene.
vgl. V 55b

127. Predigt und Verwerfung Jesu in seiner Vaterstadt

Mt 13,53–58

53 Und es geschah, als Jesus
beendete diese Gleich-
nisse, brach er auf von dort.
54 Und kommen in seine
Vaterstadt,
lehrte er sie in ihrer
Synagoge, so daß sie
außer sich gerieten
und sagten: Woher (sind) diesem diese
Weisheit *
und die Kräfte?
55 Ist nicht dieser des
Zimmermanns Sohn? ** Wird
nicht seine Mutter genannt
Mariam und seine Brüder Jakobos und Joseph und Simon
und Judas? 56 Und sind seine
Schwestern nicht alle bei
uns? Woher also (ist) diesem
dieses alles? 57 Und sie
nahmen Anstoß an ihm. Jesus
aber sprach zu ihnen:
Nicht ist ein Prophet
ungeehrt, außer in (seiner)
Vaterstadt
und in seinem Haus. ***
58 Und nicht tat er dort
viele Kraft(taten)

Mk 6,1–6a

1 Und hinausging er von dort
und kommt in seine
Vaterstadt, und (es) folgen
ihm seine Schüler. 2 Und als
es Sabbat geworden, begann
er zu lehren in der
Synagoge, und viele Hörende
gerieten außer sich,
sagend: Woher (ist) die-
sem dieses, und welche (sind)
die Weisheit, die diesem gegebene, * und solche Kräfte,
geschehend durch seine
Hände? 3 Ist nicht dieser der
Zimmermann, **
der Sohn der
Maria und Bruder von Ja-
kobos und Joses und Judas
und Simon? Und sind nicht
seine Schwestern hier bei
uns?
Und sie
nahmen Anstoß an ihm.
4 Und (es) sagte ihnen
Jesus: Nicht ist ein Prophet
ungeehrt, außer in seiner
Vaterstadt
und bei seinen Verwandten
und in seinem Haus. ***
5 Und nicht konnte er dort tun
irgendeine Kraft(tat), außer
daß er, wenigen Kranken

Lk 4,16.22.24 (Nr. 23):

16 Und er kam nach Nazara,
wo er aufgezogen worden
war, und hineinging er nach
seiner Gewohnheit am Tage
der Sabbate in die Synagoge,
und aufstand er zu lesen.
22 Und alle zeugten für ihn
und staunten über die Worte
der Gnade, die herauskom-
menden aus seinem Mund, *
und sagten:
Ist nicht ein
Sohn Josephs dieser? **
24 Er
aber sprach : Amen,
ich sage euch: Kein Prophet
ist genehm in seiner
Vaterstadt. ***

wegen ihres Unglaubens.	die Hände auflegend, (sie) heilte. 6a Und er staunte wegen ihres Unglaubens.	

* Joh 7,15: (Es) staunten nun die Judaier, sagend: Wie kennt dieser Schriften als Ungelehrter?
** Joh 6,42: Ist dieser nicht Jesus, der Sohn Josephs, von dem wir kennen den Vater und die Mutter? Wie sagt er jetzt: Aus dem Himmel bin ich herabgestiegen?
*** Joh 4,44: Denn selbst bezeugte Jesus, daß ein Prophet in seinem eigenen Vaterland Ehre nicht hat.
Joh 7,5: Denn auch seine Brüder glaubten nicht an ihn.

128. Die Aussendung der Zwölf

Mt 9,35 (Nr. 90):	**Mk 6,6b–13**	**Lk 9,1–6**
35 Und (es) durchzog Jesus die Städte alle und die Dörfer, lehrend in ihren Synagogen und verkündend das Evangelium des Königtums und heilend jede Krankheit und jede Schwäche.	6b Und er durchzog die Dörfer im Umkreis, lehrend.	
10,1.9–11.14 (Nr. 91): 1 Und herbeirufend seine zwölf Schüler,	7 Und herbeiruft er die Zwölf, und er begann, sie zu schicken zwei (und) zwei, und	1 Zusammenrufend aber die Zwölf,
gab er ihnen Vollmacht über unreine Geister, um sie hinauszuwerfen und zu heilen jede Krankheit und jede Schwäche. *	er gab ihnen Vollmacht über die unreinen Geister,	gab er ihnen Kraft und Vollmacht über alle Dämonen und Krankheiten zu heilen; 2 und er schickte sie (aus), zu verkünden das Königtum Gottes und zu heilen [die Kranken],
9 Nicht erwerbt Gold, auch nicht Silber, auch nicht Kupfer(geld) in eure Gürtel, 10 nicht eine Tasche für (den) Weg, auch nicht zwei Gewänder, auch nicht Sandalen, auch nicht einen Stock; ** denn wert (ist) der Arbeiter seiner Nahrung. ***	8 und er gebot ihnen, daß sie nichts tragen auf (dem) Weg, außer einen Stock nur, nicht Brot, nicht Tasche, nicht im Gürtel Kupfer(geld), 9 sondern untergebunden Sandalen; und: Nicht zieht an zwei Gewänder! **	3 und er sprach zu ihnen: Nichts tragt auf dem Weg, weder Stock, noch Tasche, noch Brot, noch Silber(geld), noch [je] zwei Gewänder (sollten sie) haben. **
11 In welche Stadt aber immer oder (in welches) Dorf ihr hineingeht, forscht, wer in ihr (es) wert ist; und dort bleibt, bis ihr hinausgeht. ****	10 Und er sagte ihnen: Wo ihr etwa hineingeht in ein Haus, dort bleibt, bis ihr hinausgeht von dort. ****	4 Und in welches Haus immer ihr hineingeht, dort bleibt und von dort geht hinaus! ****
14 Und wer immer euch nicht aufnimmt und nicht hört eure Worte, herausgehend aus (jenem) Haus oder jener	11 Und welcher Ort immer euch nicht aufnimmt, und sie euch nicht hören, herausgehend von dort,	5 Und welche immer euch nicht aufnehmen, herausgehend von jener

Stadt, schüttelt ab den Staub eurer Füße! *****

schüttelt ab den Staub unter euren Füßen, zum Zeugnis ihnen! *****
[12]Und hinausgehend verkündeten sie, damit man umkehre, [13]und viele Dämonen warfen sie hinaus, und sie salbten mit Öl viele Kranke und heilten (sie).

Stadt, schüttelt ab den Staub von euren Füßen, zum Zeugnis gegen sie! *****
[6]Hinausgehend aber durchzogen sie die Dörfer, (das Evangelium) verkündend und heilend überall.

---

* Mt 10,7-8 (Nr. 91):
[7]Hingehend aber verkündet, sagend : Nahegekommen ist das Königtum der Himmel. [8]Kranke heilt, Tote erweckt, Aussätzige reinigt, Dämonen werft hinaus! Umsonst empfingt ihr, umsonst gebt!

Mk 3,14-15 (Nr. 38):
[14]Und er machte Zwölf, [die er auch Apostel nannte,] damit sie seien mit ihm und damit er sie schicke, zu verkünden [15]und Vollmacht zu haben, hinauszuwerfen die Dämonen.

Lk 10,9 (Nr. 161):
Heilt die Kranken in ihr und sagt ihnen: Nahegekommen ist zu euch das Königtum Gottes.

** Lk 10,4 (Nr. 161): Tragt nicht einen Geldbeutel, nicht eine Tasche, nicht Sandalen und keinen entlang des Weges grüßt!
*** Lk 10,7b (Nr. 161): Denn wert ist der Arbeiter seines Lohnes.
**** Lk 10,7c (Nr. 161): Wechselt nicht von Haus zu Haus!
***** Lk 10,10-11 (Nr. 161): [10]In welche Stadt aber immer ihr hineingeht und sie euch nicht aufnehmen, herausgehend auf ihre Straßen, sprecht: [11]Auch den Staub, den uns anhängenden aus eurer Stadt an den Füßen, wischen wir euch ab; jedoch dies erkennt, daß nahegekommen ist das Königtum Gottes!

129. Das Urteil des Herodes und des Volkes über Jesus

Mt 14,1-2

[1]In jener Zeit hörte Herodes, der Tetrarch, das Gerücht über Jesus, [2]und er sprach zu seinen Knechten: Dieser ist Johannes der Täufer ; er wurde erweckt von den Toten, und deswegen wirken die Kräfte in ihm.

Mk 6,14-16

[14]Und (es) hörte der König Herodes, denn bekannt wurde sein Name, und man sagte: Johannes der Taufende ist erweckt worden aus Toten, und deswegen wirken die Kräfte in ihm.
[15]Andere aber sagten: Elias ist er; andere aber sagten: Ein Prophet wie einer der Propheten. [16](Es) hörend aber sagte Herodes: Den ich enthaupten ließ, Johannes, dieser wurde erweckt.

Lk 9,7-9

[7](Es) hörte aber Herodes, der Tetrarch, all das Geschehene, und er war ratlos, weil gesagt wurde von einigen: Johannes wurde erweckt aus Toten,
[8]von einigen aber: Elias erschien, von anderen aber: Ein Prophet, einer der alten, stand auf. [9](Es) sprach aber Herodes: Ich ließ enthaupten Johannes; wer aber ist dieser, über den ich höre solches? Und er suchte, ihn zu sehen.

130. Die Tötung Johannes des Taufenden

Mt 14,3–12

3 Denn Herodes,
ergreifend den Johannes, hatte gebunden [ihn]
und im Gefängnis verwahrt wegen Herodias, der
Frau (des) Philippos, seines Bruders.
4 Denn (es) sagte ihm Johannes
: Nicht ist dir erlaubt, sie zu
haben. *
5 Und obwohl er ihn töten wollte, fürchtete
er die Volksmenge, weil für einen Propheten sie
ihn hielten.

6 Als aber das Geburtsfest des Herodes war,

tanzte die Tochter der Herodias in der Mitte,
und sie gefiel dem Herodes,

7 weshalb er mit einem Eid
zusicherte, ihr zu geben, was immer sie erbitte.

8 Die aber, vorgeschoben von ihrer Mutter: Gib
mir, sagt sie, hier auf
einem Teller den Kopf (des) Johannes des Täufers!
9 Und der König, betrübt wegen der
Eide und der mit (zu Tisch) Liegenden, befahl,
daß (er) gegeben werde,
10 und
hinschickend

ließ er enthaupten [den] Johannes im Gefängnis.
11 Und gebracht wurde sein Kopf auf einem
Teller, und gegeben wurde er dem Mädchen,
und es brachte (ihn) seiner Mutter.
12 Und hinkommend seine Schüler,
wegtrugen sie die Leiche, und sie begruben
sie#, und kommend meldeten sie (es) Jesus.

bzw. [ihn]

Mk 6,17–29

17 Denn er, Herodes, (aus)schickend hatte
ergriffen den Johannes und hatte gebunden ihn
im Gefängnis wegen Herodias, der
Frau (des) Philippos, seines Bruders, weil er sie
geheiratet hatte;
18 denn (es) sagte Johannes
dem Herodes: Nicht ist dir erlaubt, zu haben die
Frau deines Bruders. *
19 Herodias aber
grollte ihm und wollte ihn töten, aber sie
konnte nicht;
20 denn Herodes fürchtete
Johannes, kennend ihn als einen Mann, gerecht
und heilig, und er bewahrte ihn, und hörend ihn,
war er sehr ratlos, und gern hörte er ihn.
21 Und als ein günstiger Tag geworden,
als Herodes an seinem Geburtsfest ein Mahl
machte für seine Großen und die Chiliarchen
und die Ersten der Galilaia,
22 und als
hereinkam seine Tochter, (die der) Herodias,
und tanzte,
gefiel sie dem Herodes und den mit (zu
Tisch) Liegenden. (Es) sprach der König zu dem
Mädchen: Bitte mich, was immer du willst, und
geben werde ich (es) dir!
23 Und er schwor ihr
[vielfach]: Was immer du mich bittest, geben
werde ich dir bis zur Hälfte meines Königrei-
ches.
24 Und hinausgehend sprach sie zu ihrer
Mutter: Was soll ich bitten? Die aber sprach:
Den Kopf (des) Johannes des Taufenden.
25 Und
hineingehend sofort mit Eile zum König, bat sie,
sagend: Ich will, daß sogleich du mir gibst auf
einem Teller den Kopf (des) Johannes des Täufers.
26 Und ganz betrübt werdend wegen der
Eide und der (zu Tisch) Liegenden, wollte der
König sie nicht abweisen;
27 und sofort
(aus)schickend einen Henker, befahl der König,
zu bringen seinen Kopf. Und weggehend
ließ er enthaupten ihn im Gefängnis,
28 und er brachte seinen Kopf auf einem
Teller und gab ihn dem Mädchen,
und das Mädchen gab ihn seiner Mutter.
29 Und (es) hörend kamen seine Schüler und
trugen weg seine Leiche und legten sie in ein
Grab.

---

* Lk 3,19–20 (Nr. 18): [19] Herodes aber, der Tetrarch, überführt von ihm wegen Herodias, der Frau seines Bruders, und wegen allem Bösen, was getan hatte Herodes, [20] fügte auch dies zu allem hinzu, [und] einschloß er den Johannes im Gefängnis.

131. Die Rückkehr der Schüler

Mk 6,30–31	Lk 9,10a
30 Und zusammenkommen die Apostel bei Jesus, und sie meldeten ihm alles, wieviel sie taten und wieviel sie lehrten. 31 Und er sagt ihnen: Auf, (geht) ihr selbst für euch an einen einsamen Ort, und ruht ein wenig! Denn (es) waren die Kommenden und die Fortgehenden viele, und nicht einmal zu essen hatten sie Zeit.	10a Und zurückkehrend erzählten ihm die Apostel , wieviel sie taten.

132. Die Speisung der Fünftausend *

	Mt 14,13–21	Mk 6,32–44	Lk 9,10b–17	Joh 6,1–15
	13 (Es) hörend aber, entwich Jesus von dort in einem Boot an einen einsamen Ort für sich;	32 Und wegfuhren sie im Boot an einen einsamen Ort für sich. 33 Und man sah sie abfahrend,	10b Und sie mitnehmend, zog er sich zurück für sich in eine Stadt, gerufen Bethsaida.	1 Danach wegging Jesus jenseits des Meeres der Galilaia, des von Tiberias.
	und hörend (es), folgten die Volksmengen ihm zu Fuß von den Städten.	und (es) erfuhren viele, und zu Fuß von allen Städten liefen sie zusammen dort, und zuvorkamen sie ihnen.	11 Die Volksmengen aber, (es) erkennend, folgten ihm;	2 (Es) folgte ihm aber eine große Volksmenge, weil sie sahen die Zeichen, die er tat an den Kranken.
	14 Und herauskommend sah er eine große Volksmenge, und er wurde ergriffen über sie,	34 Und herauskommend sah er eine große Volksmenge, und er wurde ergriffen über sie, weil sie	und aufnehmend sie,	
Num 27,17 Jdt 11,19 2 Chr 18,16		waren *wie Schafe, nicht habend einen Hirten,* ** und er begann sie zu lehren vieles.	redete er zu ihnen über das Königtum Gottes, und die Heilung nötig hatten, heilte er.	
	und er heilte ihre Kranken.			
				3 Hinaufstieg aber Jesus auf den Berg, und dort setzte er sich mit seinen Schülern. 4 (Es) war aber nahe das Pascha, das Fest der Judaier.
	15 Als es aber Abend geworden war , kamen	35 Und als (es) schon späte Stunde geworden war, kommend	12 Der Tag aber begann sich zu neigen; hinzukommend aber die Zwölf, sprachen	

Mt	Mk	Lk	Joh
zu ihm die Schüler, sagend: Einsam ist der Ort und die Stunde schon vorübergegangen; entlasse die Volksmengen, damit, weggehend in die Dörfer, sie sich kaufen Speisen.	zu ihm, sagten seine Schüler: Einsam ist der Ort und schon späte Stunde; 36 entlasse sie, damit, weggehend in die Höfe und Dörfer im Umkreis, sie sich kaufen, was sie essen (könnten).	sie zu ihm: Entlasse die Volksmenge, damit, gehend in die Dörfer und Höfe im Umkreis, sie (sich) auflösen und Verpflegung finden, weil hier an einem einsamen Platz wir sind.	
16 [Jesus] aber sprach zu ihnen: Nicht nötig haben sie wegzugehen, gebt ihnen ihr zu essen!	37 Der aber antwortend sprach zu ihnen: Gebt ihnen ihr zu essen!	13 Er sprach aber zu ihnen: Gebt ihnen ihr zu essen!	5 Erhebend nun die Augen Jesus und sehend, daß eine große Volksmenge kommt zu ihm, sagt er zu Philippos: Woher sollen wir kaufen Brote, damit diese essen? 6 Dies aber sagte er, ihn versuchend; denn er selbst wußte, was er tun wollte.
17 Die aber sagen ihm:	Und sie sagen ihm: Sollen wir weggehend kaufen für zweihundert Denare Brote und ihnen zu essen geben?	Die aber sprachen: vgl. V 13b	7 (Es) antwortete ihm Philippos: Für zweihundert Denare Brote genügen nicht für sie, damit jeder [ein] weniges empfange.
	38 Der aber sagt ihnen: Wieviele Brote habt ihr? Geht fort, seht! Und (es) erfahrend, sagen sie:		8 (Es) sagt ihm einer von den Schülern, Andreas, der Bruder von Simon Petros:
Nicht(s) haben wir hier außer fünf Brote und zwei Fische.	Fünf, und zwei Fische. vgl. V 37b	Nicht haben wir mehr als fünf Brote und zwei Fische, wenn wir nicht, gehend, kaufen sollen für dieses ganze Volk Speisen. 14 Denn (es) waren etwa fünftausend Männer.	9 (Es) ist ein Knabe hier, der hat fünf Gerstenbrote und zwei Fische; aber was ist dieses für soviele?
vgl. V 21	vgl. V 44		vgl. V 10b
18 Der aber sprach: Bringt mir sie hierher!	39 Und er befahl ihnen,	Er sprach aber zu seinen Schülern:	10 (Es) sprach Jesus:
19 Und befehlend, daß die Volksmengen sich hinlegten	daß alle sich hinlegen,	Laßt sie sich hinlegen in	Macht, daß die Menschen sich lagern!

Mt	Mk	Lk	Joh
auf das Gras,	Gruppe um Gruppe, auf dem grünen Gras.	Abteilungen zu [etwa] fünfzig!	
	40 Und niederließen sie sich, Schar um Schar, zu hundert und zu fünfzig.	15 Und sie taten so, und ließen alle sich hinlegen.	(Es) war aber viel Gras an dem Ort. (Es) lagerten sich nun die Männer, an der Zahl etwa fünftausend.
nehmend die fünf Brote und die zwei Fische, aufschauend zum Himmel, segnete er, und brechend gab er den Schülern die Brote, die Schüler aber den Volksmengen.	41 Und nehmend die fünf Brote und die zwei Fische, aufschauend zum Himmel, segnete und brach er die Brote, und gab (sie) [seinen] Schülern, damit sie (sie) vorlegten ihnen, auch die zwei Fische ließ er verteilen allen.	16 Nehmend aber die fünf Brote und die zwei Fische, aufschauend zum Himmel, segnete er sie und brach und gab (sie) den Schülern, vorzulegen (sie) der Volksmenge.	11 (Es) nahm nun Jesus die Brote, und dankend verteilte er den Liegenden, gleicherweise auch von den Fischen, wieviel sie wollten.
20 Und (es) aßen alle und wurden gesättigt,	42 Und (es) aßen alle und wurden gesättigt,	17 Und (es) aßen und wurden gesättigt alle,	12 Wie sie aber sich gesättigt hatten, sagt er seinen Schülern: Sammelt die übriggebliebenen Stücke, damit nicht etwas zugrunde geht.
und wegtrugen sie das Übriggebliebene der Stücke, zwölf volle Körbe.	43 und wegtrugen sie Stücke, von zwölf Körben (die) Füllungen, auch von den Fischen.	und weggetragen wurde das ihnen Übriggebliebene an Stücken, zwölf Körbe.	13 Sie sammelten nun und füllten zwölf Körbe mit Stücken von den fünf gerstenen Broten, die übriggeblieben waren denen, die gegessen hatten.
21 Die Essenden aber waren etwa fünftausend Männer, ohne Frauen und Kinder.	44 Und (es) waren die Essenden [die Brote] fünftausend Männer.	vgl. V 14a	vgl. V 10b
			14 Die Menschen nun, sehend, welches Zeichen er tat, sagten: Dieser ist wahrhaft der Prophet, der in die Welt kommende. 15 Jesus nun erkennend, daß sie im Begriff sind, zu kommen und ihn zu entführen, damit sie (ihn) machten zum König, entwich wieder auf den Berg, er allein.

* Mt 15,32–39 (Nr. 138):

[32]Jesus aber, herbeirufend seine Schüler, sprach : Ergriffen werde ich über die Volksmenge, weil sie schon drei Tage bleiben bei mir und nicht(s) haben, was sie essen könnten; und entlassen will ich sie nicht hungrig , damit sie nicht erliegen auf dem Weg.
[33]Und (es) sagen ihm die Schüler: Woher (kämen) uns in (der) Öde soviele Brote, um zu sättigen eine so große Volksmenge? [34]Und (es) sagt ihnen Jesus: Wieviele Brote habt ihr? Die aber sprachen: Sieben und wenige Fischchen. [35]Und gebietend der Volksmenge, sich niederzulassen auf die Erde, [36]nahm er die sieben Brote und die Fische, und dankend brach er (sie), und er gab (sie) den Schülern, die Schüler aber den Volksmengen.
vgl. VV 34b.36a

[37]Und (sie) aßen alle und wurden gesättigt. Und das Übriggebliebene der Stücke trugen sie weg, sieben volle Körbe. [38]Die Essenden aber waren viertausend Männer, ohne Frauen und Kinder. [39]Und entlassend die Volksmengen, stieg er ein ins Boot, und er kam in die Gebiete von Magadan.

Mk 8,1–10 (Nr. 138):
[1]In jenen Tagen, als wieder eine große Volksmenge da ist und sie nicht(s) haben, was sie essen (könnten), herbeirufend die Schüler, sagt er ihnen: [2]Ergriffen werde ich über die Volksmenge, weil sie schon drei Tage bleiben bei mir und nicht(s) haben, was sie essen könnten; [3]und wenn ich sie entlasse hungrig in ihr Haus, werden sie erliegen auf dem Weg; und einige von ihnen sind von weit her gekommen. [4]Und (es) antworteten ihm seine Schüler: Woher wird einer diese hier sättigen können mit Broten in (der) Öde?
[5]Und er fragte sie: Wieviel habt ihr Brote? Die aber sprachen: Sieben. vgl. V 7 [6]Und er gebietet der Volksmenge, sich niederzulassen auf der Erde; und nehmend die sieben Brote, dankend brach er (sie), und er gab (sie) seinen Schülern, damit sie vorlegten, und sie legten vor der Volksmenge.
[7]Und sie hatten wenige Fischchen; und segnend sie, sagte er, auch diese vorzulegen.
[8]Und sie aßen und wurden gesättigt, und wegtrugen sie Überreste an Stücken sieben Körbe. [9]Sie waren aber etwa viertausend.
Und er entließ sie. [10]Und sofort, einsteigend ins Boot mit seinen Schülern, kam er in die (Landes)teile von Dalmanutha.

** Mt 9,36 (Nr. 90): Sehend aber die Volksmengen, wurde er ergriffen über sie, weil sie geschunden und hingeworfen waren *wie Schafe, nicht habend einen Hirten.*

133. Jesu Erscheinen auf dem Meer

Mt 14,22–33

[22]Und sogleich nötigte er die Schüler, einzusteigen ins Boot und vorauszufahren ihm zum Gegenüber, bis daß er entlasse die Volksmengen. [23]Und entlassend die Volksmengen, stieg er hinauf auf den Berg für sich, um zu beten. Als es aber Abend geworden war, allein war er dort. [24]Das Boot aber war schon viele Stadien vom Land entfernt, bedrängt

Mk 6,45–52

[45]Und sofort nötigte er seine Schüler, einzusteigen ins Boot und vorauszufahren zum Gegenüber nach Bethsaida, bis er selbst entläßt die Volksmenge. [46]Und sich verabschiedend von ihnen, wegging er auf den Berg, um zu beten. [47]Und als es Abend geworden war, war das Boot inmitten des Meeres, und er allein auf dem Land. [48]Und

Joh 6,16–21

[16]Als (es) aber Abend wurde, hinabstiegen seine Jünger zum Meer, [17]und einsteigend in ein Boot, fuhren sie jenseits des Meeres nach Kapharnaum.

Und Finsternis war schon geworden, und noch nicht war gekommen zu ihnen Jesus,
[18]und

von den Wellen,
denn (es) war
entgegen der Wind. 25 Bei
(der) vierten Wache der Nacht
aber
kam er zu ihnen, umherge-
hend auf dem Meer.

26 Die Schüler aber, sehend
ihn auf dem Meer
umhergehend, wurden ver-
wirrt, sagend: Ein
Gespenst ist (es), und vor
Furcht schrien sie.

27 Sofort aber redete [Jesus]
zu ihnen, sagend:
Habt Mut, ich bin (es);
fürchtet euch nicht!
28 Antwortend aber ihm,
sprach Petros: Herr, wenn du
(es) bist, befiehl mir, zu kommen zu dir auf den Wassern!
29 Der aber sprach: Komm!
Und hinabsteigend vom Boot,
ging Petros umher auf den
Wassern und kam zu Jesus.
30 Sehend aber den [starken]
Wind, fürchtete er sich, und
beginnend zu sinken, schrie
er, sagend: Herr, rette mich !
31 Sogleich aber, ausstrek-
kend die Hand, ergriff ihn
Jesus und sagt ihm: Klein-
gläubiger, warum zweifeltest
du? 32 Und als sie hinaufstiegen ins Boot,
nachließ der Wind. 33 Die
aber im Boot fielen nieder vor
ihm, sagend: Wahrhaft,
Gottes Sohn bist du.

sehend sie, sich quälend
beim Rudern, denn es war der
Wind ihnen entgegen, um
(die) vierte Wache der Nacht

kommt er zu ihnen, umhergehend auf dem Meer, und er
wollte vorübergehen an ihnen.
49 Die aber, sehend
ihn auf dem Meer
umhergehend,
meinten, daß es ein
Gespenst sei, und
aufschrien sie; 50 denn
alle sahen ihn und wurden
verwirrt. Der aber redete sofort mit ihnen und sagt ihnen:
Habt Mut, ich bin (es);
fürchtet euch nicht!

51 Und hinauf-
stieg er zu ihnen ins Boot,
und nachließ der Wind;
und sehr [, im Übermaß] entsetzten sie sich bei sich;
52 denn nicht hatten sie
verstanden aufgrund der Brote,
sondern (es) war ihr Herz
verstockt.

das Meer, weil ein starker
Wind wehte, wurde aufgewühlt.
19 Als sie nun
gerudert waren etwa fünfund-
zwanzig Stadien oder dreißig,
sehen sie Jesus, umherge-
hend auf dem Meer und nahe
gekommen dem Boot,

und sie fürchte-
ten sich.

20 Der aber
sagt ihnen:
Ich bin (es),
fürchtet euch nicht!

21 Sie wollten nun nehmen
ihn ins Boot, und sogleich
kam das Boot auf das Land,
zu dem sie hinfuhren.

134. Heilungen im Gebiet von Gennesaret *

Mt 14,34–36

[34]Und hinüberfahrend kamen sie auf das Land,
nach Gennesaret. [35]Und
erkennend
ihn, schickten die Männer jenes Ortes in jene
ganze Umgegend, und hinbrachten sie ihm alle,
denen es schlecht ging,

[36]und sie baten ihn, daß sie nur berührten die
Quaste seines Gewandes; und wieviele
berührten, wurden gerettet.

Mk 6,53–56

[53]Und hinüberfahrend auf das Land, kamen sie
nach Gennesaret und legten an. [54]Und als sie
herauskamen aus dem Boot, sofort erkennend
ihn, [55]umherliefen sie in jenem
ganzen Land und begannen auf den Bahren die,
denen es schlecht ging, umherzutragen, wo sie
hörten, daß er sei. [56]Und wo immer er
hineinging in Dörfer oder in Städte oder in Höfe,
auf den Märkten hinlegten sie die Schwachen,
und sie baten ihn, daß sie, wenn auch nur die
Quaste seines Gewandes, berührten; und wieviele
immer ihn berührten, wurden gerettet.

* Joh 6,22–25: [22]Am folgenden (Tag) sah die Volksmenge, die jenseits des Meeres stand, daß ein anderes Boot nicht dort war, außer einem, und daß nicht miteingestiegen war mit seinen Schülern Jesus ins Boot, sondern allein seine Schüler wegfuhren; [23]andere Boote kamen aus Tiberias nahe an den Ort, wo sie gegessen hatten das Brot, als gedankt hatte der Herr. [24]Als nun die Volksmenge sah, daß Jesus nicht dort ist und nicht seine Schüler, einstiegen sie selbst in die Boote, und sie kamen nach Kapharnaum, suchend Jesus. [25]Und findend ihn jenseits des Meeres, sprachen sie zu ihm: Rabbi, wann bist du hierher gekommen?

135. Reinheit und Unreinheit

Mt 15,1–20

[1]Da kommen zu Jesus von Hierosolyma
Pharisaier und Schriftkundige ,

sagend: [2]Weshalb übertreten deine Schüler
die Überlieferung der Älteren? Denn nicht
waschen sie [ihre] Hände, wann Brot sie essen. *
[3]Der aber antwortend sprach zu ihnen:
Weshalb übertretet auch ihr das Gebot Gottes
wegen eurer Überlieferung? [4]Denn Gott sprach:
Ehre den Vater und die Mutter, und: *Der Beschimpfende Vater oder Mutter soll mit Tod enden.* [5]Ihr aber sagt: Wer immer spricht zum
Vater oder zur Mutter: Weihegabe (sei), was immer

Mk 7,1–23

[1]Und zusammenkommen bei ihm die Pharisaier
und einige der Schriftkundigen, kommend von
Hierosolyma. [2]Und als sie sehen einige seiner
Schüler, daß sie mit gemeinen Händen, das ist:
ungewaschenen, essen die Brote [3]– denn die
Pharisaier und alle Judaier, wenn nicht mit
(der) Faust sie sich wuschen die Hände, essen
nicht, festhaltend die Überlieferung der Älteren,
[4]und (kommend) vom Markt, wenn nicht sie sich
besprengten, essen sie nicht, und anderes vieles
ist (es), was sie übernahmen festzuhalten:
Waschungen von Bechern und Näpfen und
Töpfen [und Betten] –, [5]und (es) befragen ihn
die Pharisaier und die Schriftkundigen:
Weshalb wandeln deine Schüler nicht nach
der Überlieferung der Älteren, sondern essen
mit gemeinen Händen das Brot? *
[6]Der aber sprach zu ihnen:

vgl. VV 9–13

Ex 20,12 Dtn 5,16 Ex 21,17 Lev 20,9

du von mir Nutzen hättest, [6]nicht wird er ehren
seinen Vater; und ihr entmachtetet das Wort
Gottes wegen eurer Überlieferung. [7]Heuchler,
recht prophezeite über euch Isaias,
Jes 29,13 (G) sagend: [8]*Dieses Volk ehrt mit den*
Lippen mich, ihr Herz aber hält sich weit fern
von mir; [9]*vergeblich aber verehren sie mich,*
lehrend als Lehren Gebote von Menschen.

vgl. VV 3–6

[10]Und herbeirufend die Volksmenge,
sprach er zu ihnen: Hört und versteht!
[11]Nicht das Hineingehende
in den Mund macht gemein den Menschen,
sondern das Herausgehende aus dem Mund,
dieses macht gemein den Menschen.
[12]Da, hinzukommend die Schüler, sagen sie
ihm: Weißt du, daß die Pharisaier, hörend das
Wort, Anstoß nahmen? [13]Der aber antwortend
sprach: Jede Pflanze, die nicht pflanzte mein
himmlischer Vater, wird entwurzelt werden.
[14]Laßt sie; als Blinde sind sie Führer [von
Blinden]; wenn aber ein Blinder einen Blinden
führt, werden beide in eine Grube fallen. **
[15]Antwortend aber sprach Petros zu ihm:
Deute uns [dieses] Gleichnis! [16]Der aber
sprach : Noch seid auch ihr Unverständige?
[17]Nicht begreift ihr, daß alles
Hineingehende in den Mund

in den Bauch gelangt
und in (den) Abort ausgeschieden wird?

[18]Das Herausgehende aber aus dem Mund,
aus dem Herzen kommt es heraus, und jenes
macht gemein den Menschen. [19]Denn
aus dem Herzen gehen
aus böse Gedanken, Morde, Ehebrüche,
Unzüchtiges, Diebstähle, Falschzeugnisse,

Recht prophezeite Isaias über euch Heuchler,
wie geschrieben ist: *Dieses Volk ehrt mit den*
Lippen mich, ihr Herz aber hält sich weit fern
von mir; [7]*vergeblich aber verehren sie mich,*
lehrend als Lehren Gebote von Menschen.
[8]Verlassend das Gebot Gottes, haltet ihr fest die
Überlieferung der Menschen. [9]Und er sagte
ihnen: Recht weist ihr ab das Gebot Gottes,
damit ihr eure Überlieferung aufrichtet. [10]Denn
Ex 20,12 Moyses sprach: *Ehre deinen Vater und deine*
Dtn 5,16 *Mutter*, und: *Der Beschimpfende Vater oder*
Ex 21,17 *Mutter soll mit Tod enden.*
Lev 20,9 [11]Ihr aber sagt: Wenn ein Mensch spricht zum
Vater oder zur Mutter: Korban, das ist:
Weihegabe (sei), worin immer du von mir Nutzen
hättest, [12]nicht mehr laßt ihr ihn etwas tun für
den Vater oder die Mutter, [13]entmachtend das
Wort Gottes durch eure Überlieferung, die ihr
überliefert habt; und ähnliches solches tut ihr
vieles.
[14]Und herbeirufend wieder die Volksmenge,
sagte er ihnen: Hört mich alle und versteht!
[15]Nichts ist außerhalb des Menschen, hineingehend in ihn, was ihn gemein machen kann,
sondern das aus dem Menschen Herausgehende ist das Gemeinmachende den Menschen. #

[17]Und als er hineinging in ein Haus, weg von
der Volksmenge, befragten ihn seine Schüler
nach dem Gleichnis. [18]Und er
sagt ihnen: So seid auch ihr Unverständige?
Nicht begreift ihr, daß alles von außen
Hineingehende in den Menschen nicht ihn
gemein machen kann, [19]weil es nicht
hineingeht in sein Herz, sondern in den Bauch,
und in den Abort hinausgeht? – (damit) rein
erklärend alle Speisen. [20]Er sagte aber:
Das aus dem Menschen Herausgehende,
jenes
macht gemein den Menschen. [21]Denn von
innen, aus dem Herzen der Menschen, gehen
aus die schlechten Gedanken,
Unzüchtiges, Diebstähle, Morde, [22]Ehebrüche,

Lästerungen.
[20] Dieses
ist das Gemeinmachende den Menschen,
das Essen aber mit ungewaschenen Händen
macht nicht gemein den Menschen.

Habgierigkeiten, Bosheiten, List, Ausschweifung, böses Auge, Lästerung, Überheblichkeit, Unverstand; [23] all dieses Böse geht von innen heraus und macht gemein den Menschen.

\# V [16] ist ein „Wanderlogion" (vgl. Mk 4,23 u. ö.)

* Lk 11,37–41 (Nr. 174): [37] Bei seinem Reden aber bittet ihn ein Pharisaier, daß er frühstücke bei ihm; hineingehend aber, ließ er sich nieder. [38] Der Pharisaier aber, sehend (es), staunte, weil er nicht zuerst sich wusch vor dem Frühstück. [39] (Es) sprach aber der Herr zu ihm: Jetzt, ihr Pharisaier, das Äußere des Bechers und des Tellers reinigt ihr, euer Inneres aber ist voll von Raub und Bosheit. [40] Unvernünftige, macht nicht der Machende das Äußere auch das Innere? [41] Jedoch das Inwendige gebt als Almosen, und siehe, alles ist euch rein.

** Lk 6,39 (Nr. 69): Er sprach aber auch ein Gleichnis zu ihnen: Kann etwa ein Blinder einen Blinden führen? Werden nicht beide in eine Grube hineinfallen?

136. Die Syrophoinikerin (bzw. Chananaierin)

Mt 15,21–28

[21] Und herauskommend von dort, entwich
Jesus in die (Landes)teile von Tyros und Sidon.

[22] Und siehe,
eine Frau, eine Chananaierin, von jenen Gebieten herauskommend, schrie, sagend: Erbarme dich meiner, Herr, Sohn Davids! Meine Tochter ist böse besessen.
[23] Der aber antwortete ihr nicht ein Wort. Und hinzukommend baten seine Schüler ihn, sagend: Entlaß sie, denn sie schreit hinter uns (her).
[24] Der aber antwortend sprach: Nicht wurde ich geschickt, außer zu den verlorenen Schafen des Hauses Israel.
[25] Die aber kommend fiel nieder vor ihm,

sagend: Herr, hilf mir!
[26] Der aber antwortend sprach:
Nicht ist es recht,
zu nehmen das Brot der Kinder und hinzuwerfen (es) den Hündchen.
[27] Die aber
sprach : Ja, Herr; denn auch die Hündchen
essen von den Bröckchen, den
fallenden vom Tisch ihrer Herren.
[28] Da, antwortend, sprach Jesus zu ihr: O Frau, groß (ist) dein Glaube; es soll dir geschehen, wie du willst.
Und geheilt wurde ihre Tochter
von jener Stunde (an).

Mk 7,24–30

[24] Von dort aber, aufstehend, ging er weg
in die Gebiete von Tyros.
Und hineingehend in ein Haus, wollte er, keiner solle (es) erfahren, aber nicht konnte er verborgen sein;
[25] doch sofort, hörend über ihn,
eine Frau,
deren
Töchterchen einen unreinen Geist hatte,

kommend, fiel nieder zu seinen Füßen;
[26] die Frau aber war Hellenin, Syrophoinikerin der Abstammung (nach); und sie bat ihn, daß er den Dämon hinauswerfe aus ihrer Tochter.
[27] Und er sagte ihr: Laß zuerst gesättigt werden die Kinder; denn nicht ist es recht,
zu nehmen das Brot der Kinder und (es) den Hündchen hinzuwerfen.
[28] Die aber antwortete und sagt ihm: Herr, auch die Hündchen
unter dem Tisch essen von den Bröckchen
der Kinder.
[29] Und
er sprach zu ihr: Wegen dieses Wortes geh fort, herausgekommen ist aus deiner Tochter der Dämon.
[30] Und weggegangen in ihr Haus, fand sie das Kind geworfen auf das Bett und den Dämon herausgekommen.

137. Heilung eines Taubstummen (bzw. vieler Kranker) *

Mt 15,29–31

[29] Und fortgehend von dort, kam Jesus entlang am Meer der Galilaia, und hinaufsteigend auf den Berg setzte er sich dort.
[30] Und (es) kamen zu ihm viele Volksmengen, habend bei sich Lahme, Blinde, Krüppel, (Taub)stumme und viele andere, und sie legten sie hin zu seinen Füßen; und er heilte sie;

[31] daher staunte die Volksmenge, sehend (Taub)stumme redend, Verkrüppelte gesund und Lahme umhergehend und Blinde sehend; und sie verherrlichten den Gott Israels.

Mk 7,31–37

[31] Und wieder hinausgehend aus den Gebieten von Tyros, kam er durch Sidon ans Meer der Galilaia mitten in die Gebiete (der) Dekapolis.

[32] Und man bringt ihm einen Tauben und Stummen, und man bittet ihn, daß er auflege
ihm die Hand. [33] Und wegnehmend ihn von der
Volksmenge für sich, legte er seine Finger in seine Ohren, und spuckend berührte er seine
Zunge, [34] und aufschauend zum Himmel,
stöhnte er und sagt ihm: Ephphatha, das ist:
Werde geöffnet! [35] Und [sogleich] öffnete sich
sein Gehör, und gelöst wurde die Fessel seiner
Zunge, und er redete richtig. [36] Und er trug
ihnen auf, daß sie (es) keinem sagen; soviel er aber ihnen auftrug, sie verkündeten (um so) mehr, überreichlich.
[37] Und über die Maßen gerieten sie außer sich, sagend: Recht hat er alles gemacht, und die Taub(stumm)en macht er hören und [die] Redelose[n] reden.

* Vgl. Nr. 141

138. Die Speisung der Viertausend *

Mt 15,32–39

[32] Jesus aber, herbeirufend seine Schüler, sprach : Ergriffen werde ich über die Volksmenge, weil sie schon drei Tage bleiben bei mir und nicht(s) haben, was sie essen könnten; und entlassen will ich sie nicht hungrig, damit sie nicht erliegen auf dem Weg.
[33] Und (es) sagen ihm die
Schüler: Woher (kämen) uns in (der) Öde soviele Brote, um zu sättigen eine so große
Volksmenge? [34] Und (es) sagt ihnen Jesus:
Wieviele Brote habt ihr? Die aber sprachen:
Sieben und wenige Fischchen. [35] Und
gebietend der Volksmenge, sich niederzulassen
auf die Erde, [36] nahm er die sieben Brote
und die Fische, und dankend brach er (sie), und

Mk 8,1–10

[1] In jenen Tagen, als wieder eine große Volksmenge da ist und sie nicht(s) haben, was sie essen könnten, herbeirufend die Schüler,
sagt er ihnen: [2] Ergriffen werde ich über die
Volksmenge, weil sie schon drei Tage bleiben bei mir und nicht(s) haben, was sie essen
könnten; [3] und wenn ich sie entlasse hungrig
in ihr Haus, werden sie erliegen auf dem Weg; und einige von ihnen sind von weit her
gekommen. [4] Und (es) antworteten ihm seine
Schüler: Woher wird einer dieser hier sättigen können mit Broten in (der) Öde?
[5] Und er fragte sie:
Wieviel habt ihr Brote? Die aber sprachen:
Sieben. vgl. V 7 [6] Und er
gebietet der Volksmenge, sich niederzulassen auf der Erde; und nehmend die sieben Brote, dankend brach er (sie), und

er gab (sie) den Schülern,
die Schüler aber den Volksmengen.
vgl. VV 34b.36a

37 Und (sie) aßen alle und wurden gesättigt. Und
das Übriggebliebene der Stücke trugen sie weg,
sieben volle Körbe. 38 Die Essenden aber waren
viertausend Männer, ohne Frauen und Kinder.
39 Und entlassend die Volksmengen, stieg er ein
ins Boot ,und er kam in die
Gebiete von Magadan.

er gab (sie) seinen Schülern, damit sie
vorlegten, und sie legten vor der Volksmenge .
7 Und sie hatten wenige Fischchen; und
segnend sie, sagte er, auch diese vorzulegen.
8 Und sie aßen und wurden gesättigt, und
wegtrugen sie Überreste an Stücken
sieben Körbe. 9 Sie waren aber etwa
viertausend.
Und er entließ sie. 10 Und sofort, einsteigend
ins Boot mit seinen Schülern, kam er in die
(Landes)teile von Dalmanutha.

* Vgl. Nr. 132

139. Die Zeichenforderung der Pharisaier (und Saddukaier)

Mt 16,1–4

1 Und hinzukommend die
Pharisaier und Saddukaier,
(ihn) versuchend,
verlangten sie von ihm, ein
Zeichen aus dem Himmel zu
zeigen ihnen. 2 Der aber antwortend
sprach zu ihnen:
[Wenn es Abend
wird, sagt ihr: Heiteres Wetter
(kommt); denn (es) rötet sich
der Himmel; 3 und (in der)
Frühe: Heute (kommt) Sturm;
denn (es) rötet sich der sich
trübende Himmel.
Das
Angesicht des
Himmels zwar wißt ihr zu
beurteilen, die Zeichen der
Zeiten aber könnt ihr
nicht?] 4 Ein böses und
ehebrecherisches Geschlecht
verlangt ein Zeichen,
und ein Zeichen wird ihm
nicht gegeben werden, wenn
nicht das Zeichen (des)
Jonas. * Und zurücklassend
sie,
wegging er.

Mk 8,11–13

11 Und hinausgingen die
Pharisaier und
begannen zu streiten mit ihm,
verlangend von ihm ein
Zeichen vom Himmel, versuchend ihn. 12 Und aufstöhnend in seinem Geist,
sagt er:
Was
verlangt dieses Geschlecht
ein Zeichen? Amen, ich sage
euch, nicht wird gegeben
werden diesem Geschlecht
ein Zeichen.*
13 Und lassend
sie, wieder einsteigend,
wegging er zum Gegenüber.

Lk 12,54–56 (Nr. 180):

54 Er sagte aber auch den
Volksmengen: Wann ihr seht
[die] Wolke aufgehend im
Westen, sogleich sagt ihr, daß
Regen kommt, und es wird
so; 55 und wann (ihr seht
den) Südwind wehend, sagt
ihr, daß Hitze sein wird, und
es wird. 56 Heuchler, das
Angesicht der Erde und des
Himmels wißt ihr zu
prüfen, diese
Zeit aber, wie(so) wißt ihr (sie)
nicht zu prüfen?

* Mt 12,38–40 (Nr. 107):
38 Da antworteten ihm einige der Schriftkundigen und Pharisaier, sagend: Lehrer, wir wollen

Lk 11,16.29–30 (Nr. 169.172):
16 Andere aber,
(ihn) versuchend, ver-

von dir ein Zeichen sehen. [39] Der aber antwortend sprach zu ihnen: Ein böses und ehebrecherisches Geschlecht verlangt ein Zeichen, aber ein Zeichen wird ihm nicht gegeben werden, wenn nicht das Zeichen (des) Jonas, des Propheten. [40] Denn wie *Jonas war im Bauch des Seeungetüms drei Tage und drei Nächte*, so wird sein der Sohn des Menschen im Herzen der Erde drei Tage und drei Nächte.

langten ein Zeichen aus (dem) Himmel von ihm. [29] Als aber die Volksmengen herzudrängten, begann er zu sagen: Dieses Geschlecht ist ein böses Geschlecht; ein Zeichen verlangt es, aber ein Zeichen wird ihm nicht gegeben werden, wenn nicht das Zeichen (des) Jonas. [30] Denn gleichwie Jonas den Nineviten ein Zeichen wurde, so wird (es) sein auch der Sohn des Menschen für dieses Geschlecht.

Joh 6,30: Sie sprachen nun zu ihm: Was nun tust du für ein Zeichen, damit wir sehen und dir glauben? Was wirkst du?

140. Die unverständigen Schüler Jesu

Mt 16,5–12

[5] Und als die Schüler kamen zum Gegenüber, vergaßen sie, Brote mitzunehmen.

[6] Jesus aber sprach zu ihnen: Seht (zu) und nehmt euch in acht vor dem Sauerteig der Pharisaier und Saddukaier! *
[7] Die aber überlegten bei sich, sagend: Brote nahmen wir nicht (mit). [8] (Es) erkennend aber, sprach Jesus: Was überlegt ihr bei euch, Kleingläubige, daß Brot ihr nicht habt? [9] Noch nicht begreift ihr,

Jer 5,21

und nicht erinnert ihr euch an die fünf Brote der Fünftausend und wieviele Körbe ihr aufhobt?
[10] Und nicht an die sieben Brote der Viertausend und wieviele Körbe ihr aufhobt?

[11] Wieso begreift ihr nicht, daß nicht über Brote ich zu euch sprach? Nehmt euch aber in acht vor dem Sauerteig der Pharisaier und Saddukaier! [12] Da verstanden sie, daß er nicht (davon) sprach, sich in acht zu nehmen vor dem Sauerteig der Brote, sondern vor der Lehre der Pharisaier und Saddukaier.

Mk 8,14–21

[14] Und sie vergaßen, mitzunehmen Brote, und außer einem Brot hatten sie nicht(s) mit sich im Boot.
[15] Und er trug ihnen auf, sagend: Seht (zu), hütet euch vor dem Sauerteig der Pharisaier und dem Sauerteig (des) Herodes! *
[16] Und sie überlegten untereinander, daß Brote sie nicht haben. [17] Und (es) erkennend, sagt er ihnen: Was überlegt ihr, daß Brote ihr nicht habt? Noch nicht begreift ihr und nicht versteht ihr? Habt ihr verstockt euer Herz? [18] *Augen habend seht ihr nicht, und Ohren habend hört ihr nicht?* ** Und nicht erinnert ihr euch, [19] als die fünf Brote ich brach für die Fünftausend, wieviele Körbe von Stücken voll ihr wegtrugt? Sie sagen ihm: Zwölf. [20] Als die sieben für die Viertausend, wievieler Körbe Füllungen an Stücken trugt ihr weg? Und sie sagen [ihm]: Sieben. [21] Und er sagte ihnen: Noch nicht versteht ihr?

---

* Lk 12,1 (Nr. 175): Als sich unterdessen versammelten Zehntausende der Volksmenge, so daß sie traten einander, begann er zu sagen zu seinen Schülern zuerst: Nehmt euch selbst in acht vor dem Sauerteig der Pharisaier, welcher ist Heuchelei!

** Joh 12,40: Blind gemacht hat er *ihre Augen*, und er verstockte ihr *Herz, damit sie nicht sehen mit den Augen und begreifen mit dem Herzen und umkehren, und ich sie heilen werde*.

141. Heilung eines Blinden *

Mk 8,22–26

22 Und sie kommen nach Bethsaida. Und sie bringen ihm einen Blinden, und sie bitten ihn, daß er ihn
berühre. 23 Und ergreifend die Hand des Blinden, hinausbrachte er ihn außerhalb des Dorfes, und spuk-
kend in seine Augen, auflegend ihm die Hände, befragte er ihn: Siehst du etwas? 24 Und aufschauend sagte
er: Ich sehe die Menschen: Wie Bäume sehe ich Umhergehende. 25 Dann wieder auflegte er die Hände auf
seine Augen, und er sah klar und wurde wiederhergestellt, und anschaute er alles genau. 26 Und er schickte
ihn in sein Haus, sagend: Aber nicht geh ins Dorf hinein!

---

* Vgl. Nr. 137 und Joh 9,1–7: 1 Und vorbeigehend sah er einen Menschen, blind von Geburt. 2 Und (es) fragten ihn
seine Schüler, sagend: Rabbi, wer sündigte, dieser oder seine Eltern, daß er blind geboren wurde? 3 (Es) antwortete
Jesus: Weder sündigte dieser noch seine Eltern, sondern damit offenbar werden die Werke Gottes an ihm. 4 Wir müssen
wirken die Werke des mich Schickenden, solange Tag ist; (es) kommt eine Nacht, da keiner kann wirken. 5 Wann in der
Welt ich bin, Licht der Welt bin ich. 6 Dieses sprechend spuckte er zur Erde und machte einen Teig aus dem Speichel,
und aufstrich er ihm den Teig auf die Augen, 7 und er sprach zu ihm: Geh fort, wasch dich im Teich des Siloam – was
übersetzt wird: Gesandter! Wegging er nun und wusch sich und kam sehend.

Auf dem Weg in die Passion

142. Das Messiasbekenntnis des Petros *

Mt 16,13–20	Mk 8,27–30	Lk 9,18–21
13 Kommend aber Jesus	27 Und hinausging Jesus und	18 Und
in die (Landes)teile	seine Schüler in die Dörfer	es geschah, als er war betend
von Kaisareia, dem von Phi-	von Kaisareia, dem von Phi-	allein, zusammen waren mit
lippos,	lippos; und auf dem Weg be-	ihm die Schüler, und er be-
fragte er seine Schüler, sa-	fragte er seine Schüler, sa-	fragte sie, sa-
gend : Wer, sagen die	gend ihnen: Wer, sagen die	gend : Wer, sagen die
Menschen, daß der Sohn des	Menschen, daß ich	Volksmengen, daß ich
Menschen sei? 14 Die aber	sei? 28 Die aber	sei? 19 Die aber,
sprachen : Die einen:	sprachen zu ihm, sagend:	antwortend, sprachen:
Johannes der Täufer, andere	Johannes der Täufer, und an-	Johannes der Täufer, andere
aber: Elias, andere aber:	dere: Elias, andere aber:	aber: Elias, andere aber:
Jeremias oder einer der	Einer der	Ein Prophet, einer der
Propheten. 15 Er sagt ihnen:	Propheten. 29 Und er befrag-	alten, stand auf. 20 Er sprach
Ihr aber, wer,	te sie: Ihr aber, wer,	aber zu ihnen: Ihr aber, wer,
sagt ihr, daß ich sei?	sagt ihr, daß ich sei?	sagt ihr, daß ich sei? Petros
16 Antwortend aber sprach	Antwortend sagt	aber, antwortend, sprach:
Simon Petros: Du bist der	ihm Petros: Du bist der	der
Christos, der Sohn des	Christos.	Christos
lebendigen Gottes.		Gottes.
17 Antwortend aber sprach		
Jesus zu ihm: Selig bist du,		
Simon Barjona, weil nicht		
Fleisch und Blut dir offen-		

barten, sondern mein Vater in den Himmeln. [18]Und ich sage dir: Du bist Petros, und auf diesem Felsen werde ich bauen meine Kirche, und (die) Tore (des) Hades werden sie nicht überwinden. [19]Geben werde ich dir die Schlüssel des Königtums der Himmel, und was immer du bindest auf der Erde, wird gebunden sein in den Himmeln, und was immer du löst auf der Erde, wird gelöst sein in den Himmeln. **
[20]Dann trug er den Schülern auf, daß sie keinem sagten: Er ist der Christos.

[30]Und anfuhr er sie, daß sie keinem sagen über ihn.

[21]Der aber, anfahrend sie, gebot, keinem dies zu sagen.

* Joh 6,66–71: [66]Von da (an) gingen viele [von] seinen Schülern weg, zurück, und nicht mehr gingen sie mit ihm umher. [67](Es) sprach nun Jesus zu den Zwölf: Wollt nicht auch ihr fortgehen? [68](Es) antwortete ihm Simon Petros: Herr, zu wem sollen wir weggehen? Worte des ewigen Lebens hast du, [69]und wir haben geglaubt und wir haben erkannt, daß du bist der Heilige Gottes. [70](Es) antwortete ihnen Jesus: Habe ich nicht euch, die Zwölf, erwählt? Aber von euch ist einer ein Teufel. [71]Er redete aber vom Judas (des) Simon Iskariotes; denn dieser sollte ihn übergeben, einer von den Zwölfen.

** Mt 18,18 (Nr. 155): Amen, ich sage euch: Wieviel immer ihr bindet auf der Erde, wird gebunden sein im Himmel, und wieviel immer ihr löst auf der Erde, wird gelöst sein im Himmel.
Joh 20,22–23: [22]Und dies sprechend, anhauchte er (sie) und sagt ihnen: Empfangt heiligen Geist; [23]von welchen immer ihr erlaßt die Sünden, erlassen werden sie ihnen, von welchen ihr (sie) behaltet, behalten sind sie.

143. Erste Leidensankündigung

Mt 16,21–23

[21]Von da (an) begann Jesus zu zeigen seinen Schülern, daß er müsse nach Hierosolyma hingehen und vieles leiden von den Ältesten und Hochpriestern und Schriftkundigen und getötet werden und am dritten Tag erweckt werden.

[22]Und herbeinehmend ihn, begann Petros ihn anzufahren, sagend: (Gott sei) dir gnädig, Herr; nicht soll dir dies geschehen. [23]Der aber, sich umwendend,

Mk 8,31–33

[31]Und er begann zu lehren sie: (Es) muß der Sohn des Menschen vieles leiden und verworfen werden von den Ältesten und den Hochpriestern und den Schriftkundigen und getötet werden und nach drei Tagen aufstehen; [32]und in Offenheit redete er das Wort. Und Petros, herbeinehmend ihn, begann ihn anzufahren.

[33]Der aber, sich umwendend und

Lk 9,22

[22]Er sprach: (Es) muß der Sohn des Menschen vieles leiden und verworfen werden von den Ältesten und Hochpriestern und Schriftkundigen und getötet werden und am dritten Tag erweckt werden.

sprach zu
Petros : Geh fort,
hinter mich, Satan! Ein Ärgernis bist du mir, weil du nicht
sinnst das von Gott, sondern
das der Menschen.

sehend seine Schüler, fuhr
Petros an und sagt: Geh fort,
hinter mich, Satan,
weil du nicht
sinnst das von Gott, sondern
das der Menschen!

144. Von der Nachfolge Jesu

Mt 16,24–28

24 Da
sprach Jesus zu seinen
Schülern:
Wenn einer will hinter mir
(her)kommen, soll er sich selbst
verleugnen und tragen sein
Kreuz und mir folgen!
25 Denn wer immer will sein
Leben retten, verlieren wird er
es; wer aber immer verliert
sein Leben wegen meiner,
finden wird
er es. *
26 Denn was wird es nützen
einem Menschen, wenn er
die ganze Welt gewinnt, an seinem Leben aber bestraft
wird?
Oder was wird geben
ein Mensch als Gegenwert
seines Lebens?
27 Denn es wird der
Sohn des Menschen
kommen in der Herrlichkeit
seines Vaters mit seinen
Engeln, ** und dann *wird
er vergelten jedem nach
seinem Tun.*
28 Amen, ich sage euch: (Es)
sind einige der hier
Stehenden, welche
nicht kosten werden (den)
Tod, bis sie sehen den
Sohn des Menschen kommend in seinem Königtum. ***

Mk 8,34–9,1

34 Und herbeirufend die
Volksmenge mit seinen
Schülern, sprach er zu ihnen:
Wenn einer will hinter mir
folgen, soll er sich selbst
verleugnen und tragen sein
Kreuz und mir folgen!
35 Denn wer immer will sein
Leben retten, verlieren wird er
es; wer aber verlieren wird
sein Leben wegen meiner und
des Evangeliums, retten wird
er es. *
36 Denn was nützt es,
daß ein Mensch gewinnt
die ganze Welt
und bestraft
wird an seinem Leben?
37 Denn was könnte geben
ein Mensch als Gegenwert
seines Lebens? 38 Denn wer
immer sich schämt meiner
und meiner Worte in diesem
ehebrecherischen und sündigen Geschlecht, auch der
Sohn des Menschen wird sich
schämen seiner, wann er
kommt in der Herrlichkeit
seines Vaters mit den
heiligen Engeln. **

9,1 Und er sagte ihnen:
Amen, ich sage euch: (Es)
sind einige der hier
Stehenden, welche
nicht kosten werden (den)
Tod, bis sie sehen das
Königtum Gottes, gekommen
in Kraft. ***

Lk 9,23–27

23 Er sagte aber zu allen:
Wenn einer will hinter mir
(her)gehen, soll er sich selbst
(ver)leugnen und tragen sein
Kreuz täglich und mir folgen!
24 Denn wer immer will sein
Leben retten, verlieren wird er
es; wer aber immer verliert
sein Leben wegen meiner,
dieser wird
es retten. *
25 Denn was nützt es
einem Menschen, der gewinnt
die ganze Welt, sich selbst
aber verliert oder bestraft
wird?
26 Denn wer
immer sich schämt meiner
und meiner Worte,
dessen wird der
Sohn des Menschen sich
schämen , wann er
kommt in seiner Herrlichkeit
und (der) des Vaters und der
heiligen Engel. **
27 Ich
sage euch aber wahrhaft: (Es)
sind einige der hier
Stehenden, die
nicht kosten werden (den)
Tod, bis sie sehen das
Königtum Gottes. ***

Ps 62,13
Spr 24,12
Sir 35,22 (G)

* Mt 10,38–39 (Nr. 95):	Lk 14,27 (Nr. 191):
[38] Wer nicht nimmt sein Kreuz und folgt hinter mir, nicht ist meiner wert.	Welcher nicht trägt sein Kreuz und geht hinter mir (her), nicht kann er sein mein Schüler.
	Lk 17,33 (Nr. 205):
[39] Der sein Leben Findende, wird es verlieren, und der sein Leben Verlierende wegen meiner, wird es finden.	Wer immer sucht sein Leben sich zu erhalten, verlieren wird er es, wer aber immer (es) verliert, lebendigerhalten wird er es.

Joh 12,25: Der Liebende sein Leben verliert es, und der Hassende sein Leben in dieser Welt, zum ewigen Leben wird er es bewahren.

** Mt 10,33 (Nr. 93):	Lk 12,9 (Nr. 175):
Welcher aber mich (ver)leugnet vor den Menschen, (ver)leugnen werde auch ich ihn vor meinem Vater in [den] Himmeln.	Der aber mich (Ver)leugnende vor den Menschen, wird verleugnet werden vor den Engeln Gottes.

*** Joh 8,51–52: [51] Amen, amen, ich sage euch, wenn einer mein Wort bewahrt, (den) Tod nicht schaut er in den Aion. [52] (Es) sprachen [nun] zu ihm die Judaier: Jetzt haben wir erkannt, daß einen Dämon du hast. Abraham starb und die Propheten, und du sagst: Wenn einer mein Wort bewahrt, nicht wird er kosten (den) Tod in den Aion.

145. Die Verklärung Jesu

Mt 17,1–9	Mk 9,2–10	Lk 9,28–36
		[28] Es geschah aber etwa acht Tage nach diesen Worten,
[1] Und nach sechs Tagen mitnimmt Jesus den Petros und Jakobos und Johannes, dessen Bruder, und hinaufbringt er sie auf einen hohen Berg für sich.	[2] Und nach sechs Tagen mitnimmt Jesus den Petros und den Jakobos und den Johannes, und hinaufbringt er sie auf einen hohen Berg für sich allein.	[daß] mitnehmend Petros und Johannes und Jakobos er hinaufstieg auf den Berg, um zu beten.
[2] Und er wurde umgestaltet vor ihnen, und (es) leuchtete sein Gesicht wie die Sonne, seine Gewänder aber wurden weiß wie das Licht.	Und er wurde umgestaltet vor ihnen, [3] und seine Gewänder wurden strahlend ganz weiß, wie (sie) ein Walker auf der Erde nicht so weiß machen kann.	[29] Und es wurde bei seinem Beten die Gestalt seines Gesichtes andersartig und seine Kleidung weiß aufblitzend.
[3] Und siehe, (es) erschien ihnen Moyses und Elias, sich unterredend mit ihm.	[4] Und (es) erschien ihnen Elias mit Moyses, und sie waren sich unterredend mit Jesus.	[30] Und siehe, zwei Männer unterredeten sich mit ihm, welche waren Moyses und Elias, [31] die, erschienen in Herrlichkeit, redeten über seinen Ausgang, den er im Begriff war zu erfüllen in Jerusalem. [32] Petros aber und die mit ihm waren beschwert vom Schlaf; aufwachend aber

4 Antwortend aber sprach Petros zu Jesus: Herr, recht
ist es, daß wir hier sind; wenn
du willst, werde ich machen
hier drei Zelte, dir eines und
Moyses eines und Elias eines.

5 Während er noch redet,
siehe, eine lichte Wolke
überschattete sie,

und siehe, eine Stimme
aus der Wolke, sagend:
Dieser ist mein geliebter
Sohn, an dem ich Gefallen
fand; hört ihn! 6 Und hörend
(es), fielen die Schüler auf ihr
Gesicht und fürchteten sich
sehr. 7 Und hinzukam Jesus
und, berührend sie, sprach er:
Steht auf und fürchtet euch
nicht! 8 Erhebend aber ihre
Augen, keinen sahen sie
außer ihn, Jesus allein.
9 Und während sie
herabstiegen vom Berg,
gebot ihnen Jesus, sagend:
Zu keinem sprecht von dem
Gesicht, bis daß der
Sohn des Menschen aus
Toten erweckt ist.

5 Und antwortend sagt Pe-
tros zu Jesus: Rabbi, recht
ist es, daß wir hier sind,
und wir wollen machen
drei Zelte, dir eines und
Moyses eines und Elias eines. 6 Denn nicht wußte er,
was er antworte, denn er-
schreckt wurden sie. 7 Und
(es) entstand eine Wolke,
überschattend sie,

und (es) kam eine Stimme
aus der Wolke:
Dieser ist mein geliebter
Sohn,
hört ihn!

vgl. V 6b

8 Und plötzlich, herumschauend, keinen mehr sahen sie,
sondern Jesus allein mit
ihnen. 9 Und während sie
herabstiegen vom Berg,
auftrug er ihnen, daß
sie keinem, was sie sahen,
erzählten, außer wann der
Sohn des Menschen aus
Toten aufgestanden sei.
10 Und das Wort hielten sie
fest, unter sich streitend:
Was ist das Aus-Toten-Auf-
stehen?

sahen sie seine Herrlichkeit
und die zwei Männer, die bei
ihm stehenden. 33 Und es
geschah, als sie sich trenn-
ten von ihm, sprach Pe-
tros zu Jesus: Meister, recht
ist es, daß wir hier sind,
und wir wollen machen
drei Zelte, eines dir und
eines Moyses und eines Elias,
nicht wissend,
was er sagt.
34 Als er aber dieses sagte,
entstand eine Wolke und
überschattete sie;
sie fürchteten sich aber bei
ihrem Hineingehen in die
Wolke. 35 Und eine Stimme
kam aus der Wolke, sagend:
Dieser ist mein erwählter
Sohn,
ihn hört!

vgl. V 34b

36 Und beim
Kommen der Stimme wurde
gefunden Jesus allein.

vgl. V 37 (Nr. 147)

Und sie schwiegen, und keinem meldeten sie in jenen Tagen etwas (von dem), was sie
gesehen hatten.

146. Von der Wiederkunft des Elias

Mt 17,10–13

10 Und (es) befragten ihn die Schüler, sagend:
Was nun sagen die Schriftkundigen: *Elias*
muß kommen zuerst? 11 Der aber antwortend

Mk 9,11–13

11 Und sie befragten ihn , sagend:
Wieso sagen die Schriftkundigen: *Elias* Mal 3,23
muß kommen zuerst? 12 Der aber

Mal 3,24 sprach : *Elias kommt* zwar *und wird* alles *wiederherstellen*; [12] ich sage euch aber: Elias kam schon, aber nicht erkannten sie ihn, sondern sie taten an ihm, was sie wollten; so wird auch der Sohn des Menschen leiden von ihnen. [13] Da verstanden die Schüler, daß über Johannes den Täufer er sprach zu ihnen.	sagte ihnen: Elias zwar, kommend zuerst, stellt alles wieder her; aber wieso ist geschrieben über den Sohn des Menschen, daß er vieles leidet und verachtet wird? [13] Doch ich sage euch: Auch Elias ist gekommen, und sie taten ihm, was sie wollten, gleichwie geschrieben ist über ihn.

147. Heilung eines redelosen Knaben

Mt 17,14–21	Mk 9,14–29	Lk 9,37–43a
		[37] Es geschah aber am folgenden Tag, als sie herabkamen vom Berg, entgegenkam ihm eine große Volksmenge.
[14] Und als sie kamen zur Volksmenge,	[14] Und kommend zu den Schülern, sahen sie eine große Volksmenge um sie und Schriftkundige, streitend gegen sie. [15] Und sofort, die ganze Volksmenge, als sie ihn sahen, erschraken sie und herbeilaufend begrüßten sie ihn. [16] Und er befragte sie: Was streitet ihr gegen sie?	
kam zu ihm ein Mensch, auf die Knie fallend vor ihm [15] und sagend: Herr, erbarme dich meines Sohnes, denn er ist mondsüchtig, und schlecht ergeht es ihm; denn oft fällt er ins Feuer und oft ins Wasser.	[17] Und (es) antwortete ihm einer aus der Volksmenge: Lehrer, ich brachte meinen Sohn zu dir, habend einen redelosen Geist; [18] und wo immer er ihn ergreift, reißt er ihn nieder, und er schäumt und knirscht die Zähne und erstarrt;	[38] Und siehe, ein Mann von der Volksmenge schrie, sagend: Lehrer, ich bitte dich, zu schauen auf meinen Sohn, weil einziggeboren er mir ist, [39] und siehe, ein Geist nimmt ihn, und plötzlich schreit er und zerrt ihn mit Schaum, und kaum geht er weg von ihm, ihn schindend;
[16] Und hinbrachte ich ihn deinen Schülern, aber nicht konnten sie ihn heilen.	und ich sagte deinen Schülern, daß sie ihn hinauswerfen (sollten), aber nicht vermochten sie (es).	[40] und ich bat deine Schüler, daß sie hinauswerfen ihn, aber nicht konnten sie (es).
[17] Antwortend aber sprach Jesus: O ungläubiges und verkehrtes Geschlecht, bis wann werde ich mit euch sein? Bis wann werde ich ertragen euch? Bringt mir ihn hierher!	[19] Der aber, antwortend ihnen, sagt: O ungläubiges Geschlecht, bis wann werde ich bei euch sein? Bis wann werde ich ertragen euch? Bringt ihn zu mir! [20] Und sie brachten	[41] Antwortend aber sprach Jesus: O ungläubiges und verkehrtes Geschlecht, bis wann werde ich sein bei euch und ertragen euch? Führe her hierher deinen Sohn! [42] Noch

vgl. V 15b

18 Und anfuhr ihn
Jesus,

und
herauskam von ihm der
Dämon,

und (es) war
geheilt der Knabe von jener
Stunde (an).

19 Da, kommend die Schüler
zu Jesus für sich, sprachen
sie: Weshalb konnten wir
nicht hinauswerfen ihn?
20 Der aber sagt ihnen:
Wegen eures Kleinglaubens,
amen, denn ich sage euch:
Wenn ihr habt einen Glauben
wie ein Senfkorn, werdet ihr
sagen diesem Berg:
Geh fort
von hier nach dort, und fortgehen wird er; und nichts wird

ihn zu ihm. Und sehend ihn,
riß der Geist sofort
ihn hin und her, und fallend
auf die Erde, wälzte er sich,
schäumend.
21 Und er befrag-
te seinen Vater: Wie lange
Zeit ist es, daß dies ihm geschehen ist? Der aber sprach:
Von Kind an;
22 und oft auch ins Feuer
warf er ihn und in Gewässer,
damit er ihn vernichte; doch
wenn du etwas kannst, hilf
uns, ergriffen über uns!
23 Jesus aber sprach zu ihm:
Das Wenn-du-kannst – alles
(ist) möglich dem Glaubenden!
24 Sofort, schreiend,
sagte der Vater des Kindes:
Ich glaube; hilf meinem
Unglauben!
25 Sehend aber
Jesus, daß zusammenläuft
eine Volksmenge, anfuhr er
den unreinen Geist, sagend
ihm: Redeloser und stummer
Geist, ich befehle dir, komm
heraus aus ihm und nicht
mehr geh hinein in ihn!
26 Und
schreiend und viel zerrend
kam er heraus; und er wurde
wie tot, so daß die vielen
sagten: Er starb.
27 Jesus
aber, ergreifend seine Hand,
richtete ihn auf, und er stand
auf.

28 Und nachdem er hineinge-
gangen war in ein Haus,
befragten ihn seine Schüler
für sich:
Wieso konnten wir ihn
nicht hinauswerfen?
29 Und er sprach zu ihnen:

als er herbeikam aber, nieder-
riß ihn der Dämon, und er riß
ihn hin und her;

anfuhr aber Jesus
den unreinen Geist,

und er heilte den Knaben, und
zurückgab er ihn seinem Vater.
43a Außer sich gerieten
aber alle über die Hoheit
Gottes.

17,6 (Nr. 201):
(Es) sprach aber der Herr:

Wenn ihr hättet einen Glauben
wie ein Senfkorn, sagen würdet ihr wohl [diesem] Maulbeerfeigenbaum: Werde entwurzelt und gepflanzt im
Meer! Und gehorcht hätte er

euch unmöglich sein. # *

V 21 ist sekundär, eingedrungen aus Mk 9,29.

Diese Art kann durch nichts herauskommen, außer durch Gebet.

euch wohl. *

* Mt 21,21 (Nr. 223):
Antwortend aber sprach Jesus zu ihnen:
Amen, ich sage euch: Wenn ihr habt Glauben und nicht zweifelt, nicht allein das des Feigenbaumes werdet ihr tun, sondern auch wenn zu diesem Berg ihr sprecht: Werde weggetragen und werde geworfen ins Meer,
werden wird er (es).

Mk 11,22–23 (Nr. 223):
22 Und antwortend sagt ihnen Jesus: Habt Glauben an Gott! 23 Amen, ich sage euch:
Wer immer spricht zu diesem Berg:
Werde weggetragen und werde geworfen ins Meer, und nicht zweifelt in seinem Herzen, sondern glaubt, daß, was er redet, geschieht, zuteil wird es ihm.

148. Zweite Leidensankündigung

Mt 17,22–23

22 Als sie aber zusammengekommen waren in der Galilaia,
sprach zu ihnen Jesus:
Der Sohn des Menschen ist im Begriff übergeben zu werden in (die) Hände von Menschen,
23 und sie werden töten ihn, und am dritten Tag wird er erweckt werden.
Und sie wurden sehr betrübt.

Mk 9,30–32

30 Und von dort hinausgehend, umhergingen sie durch die Galilaia, und nicht wollte er, daß einer (es) erführe; *
31 denn er lehrte seine Schüler und sagte ihnen:
Der Sohn des Menschen wird übergeben in (die) Hände von Menschen, und sie werden töten ihn, und getötet, nach drei Tagen wird er aufstehen.
32 Die aber verstanden nicht das Wort,
und sie fürchteten sich, ihn zu befragen.

Lk 9,43b–45

43b Als aber alle staunten über alles, was er tat, sprach er zu seinen Schülern:
44 Legt euch in eure Ohren diese Worte; denn der Sohn des Menschen ist im Begriff, übergeben zu werden in (die) Hände von Menschen.
45 Die aber verstanden nicht dieses Wort, und es war verborgen vor ihnen, (so) daß sie es nicht wahrnahmen, und sie fürchteten sich, zu fragen ihn über dieses Wort.

* Joh 7,1: Und danach umherging Jesus in der Galilaia; denn nicht wollte er in der Judaia umhergehen, weil die Judaier suchten, ihn zu töten.

149. Die Steuer für das Heiligtum

Mt 17,24–27

24 Als sie aber kamen nach Kapharnaum,
kamen die die Doppeldrachmen Einnehmenden
zu Petros und sprachen: Euer Lehrer, zahlt er
nicht [die] Doppeldrachmen? 25 Er sagt: Ja.
Und kommend ins Haus, kam ihm Jesus zuvor,
sagend: Was dünkt dir, Simon? Die Könige der
Erde, von welchen nehmen sie Zoll oder Steuer?
Von ihren Söhnen oder von den Fremden?
26 Als er aber sprach: Von den Fremden, sagte
ihm Jesus: Also sind frei die Söhne. 27 Damit wir
aber nicht Anstoß geben ihnen: Gehend ans
Meer, wirf eine Angel aus und nimm den ersten
heraufsteigenden Fisch, und öffnend sein Maul,
finden wirst du einen Stater; jenen nehmend, gib
(ihn) ihnen für mich und dich!

Mk 9,33a

33a Und sie kamen nach Kapharnaum.

150. Rangstreit der Schüler Jesu

Mt 18,1–5

1 In jener
Stunde kamen die Schüler zu
Jesus, sagend: Wer also ist
(der) Größere im Königtum
der Himmel?

2 Und herbeirufend ein Kind,
stellte er es in ihre Mitte 3 und
sprach:

Amen, ich
sage euch: Wenn ihr euch
nicht umwendet und werdet
wie die Kinder,
nicht kommt ihr hinein ins
Königtum der Himmel.
4 Wer also sich erniedrigen
wird wie dieses Kind, dieser
ist der Größere im Königtum
der Himmel. ** 5 Und wer immer aufnimmt ein solches

Mk 9,33b–37

33b Und im Haus angekom-
men, befragte er sie: Was
überlegtet ihr auf dem Weg?
34 Die aber schwiegen; denn
untereinander hatten sie
beredet auf dem Weg, wer
(der) Größere (sei).
35 Und sich setzend
rief er die Zwölf und sagt
ihnen: Wenn einer will Erster
sein, soll er sein aller Letzter
und aller Diener. *
36 Und nehmend ein Kind,
stellte er es in ihre Mitte, und
umarmend es, sprach er zu
ihnen:
10,15 (Nr. 210): Amen, ich
sage euch: Wer
immer nicht aufnimmt das
Königtum Gottes wie ein Kind,
nicht kommt er hinein in
es.

37 Wer im-
mer eines solcher Kinder auf-

Lk 9,46–48

46 Aufkam aber (die) Überlegung unter ihnen, wer
(der) Größere sei von ihnen.

vgl. V 48b
47 Jesus aber kennend die
Überlegung ihres Herzens,
herbeinehmend ein Kind,
stellte er es neben sich 48 und
sprach zu
ihnen:
18,17 (Nr. 210): Amen, ich
sage euch: Wer
immer nicht aufnimmt das
Königtum Gottes wie ein Kind,
nicht kommt er hinein in
es.

Wer im-
mer aufnimmt dieses Kind

Kind in meinem Namen,
mich nimmt er auf. ***

nimmt in meinem Namen,
mich nimmt er auf; und wer
immer mich aufnimmt, nicht
mich nimmt er auf, sondern
den mich Schickenden. ***

vgl. V. 35b

in meinem Namen,
mich nimmt er auf; und wer
immer mich aufnimmt,
aufnimmt
den mich Schickenden; ***
denn (wer) der Kleinere unter
euch allen ist, dieser ist groß.

---

* Mt 20,26–27 (Nr. 214):
26 Nicht so soll es sein unter
euch, sondern wer immer will unter
euch groß werden, soll sein euer
Diener, 27 und wer immer will unter
euch sein Erster, soll sein euer
Sklave.
23,11 (Nr. 232):
Der Größere aber von euch soll sein
euer Diener.

Mk 10,43–44 (Nr. 214):
43 Nicht so aber ist es unter
euch, sondern wer immer will groß
werden unter euch, soll sein euer
Diener, 44 und wer immer will unter
euch sein Erster, soll sein aller
Sklave.

Lk 22,26 (Nr. 254):
Ihr aber nicht so,
sondern der
Größere unter euch soll werden wie
der Jüngere und der
Führende wie der
Dienende.

** Mt 23,12 (Nr. 232):
Wer aber erhöhen wird sich selbst, erniedrigt werden wird er, und wer erniedrigen wird sich selbst, erhöht werden wird er.

Lk 14,11 (Nr. 188):
Denn jeder Erhöhende sich selbst wird erniedrigt werden, und der Erniedrigende sich selbst wird erhöht werden.
Lk 18,14 (Nr. 207):
Denn jeder Erhöhende sich selbst wird erniedrigt werden, der aber Erniedrigende sich selbst wird erhöht werden.

*** Mt 10,40 (Nr. 96):
Der Aufnehmende euch, mich nimmt er auf, und der mich Aufnehmende
nimmt auf den mich Schickenden.

Lk 10,16 (Nr. 161):
Der Hörende euch, mich hört er, und der Abweisende euch, mich weist er ab; der aber mich Abweisende weist ab den mich Schickenden.

Joh 13,20: Amen, amen, ich sage euch: Wer immer aufnimmt, wen ich schicken werde, mich nimmt er auf, der aber mich Aufnehmende aufnimmt den mich Schickenden.

151. Mahnung zur Duldsamkeit

Mk 9,38–41

38 (Es) sagte ihm Johannes:
Lehrer, wir sahen einen in deinem Namen
hinauswerfend Dämonen, und wir hinderten
ihn, weil er nicht uns (nach)folgte. 39 Jesus
aber sprach : Hindert ihn nicht! Denn
keiner ist, der tun wird eine Kraft(tat) in meinem
Namen und fähig sein wird, gleich mich zu
beschimpfen; 40 denn wer nicht ist gegen uns,
für uns ist er. *

41 Denn wer immer euch zu trinken gibt einen
Becher Wassers
im Namen, daß ihr (des) Christos seid,

Lk 9,49–50

49 Antwortend aber sprach Johannes:
Meister, wir sahen einen in deinem Namen
hinauswerfend Dämonen, und wir hinderten
ihn, weil er nicht (nach)folgt mit uns. 50 (Es)
sprach aber zu ihm Jesus: Hindert (ihn) nicht!

Denn wer nicht ist gegen euch,
für euch ist er. *

Mt 10,42 (Nr. 96):
42 Und wer immer zu trinken gibt einem
dieser Kleinen einen Becher kalten (Wassers)
allein auf (den) Namen eines Schülers (hin),

amen, ich sage euch: Nicht verliert er seinen Lohn.

amen, ich sage euch : Nicht verliert er seinen Lohn.

* Mt 12,30 (Nr. 106):
Der nicht mit mir ist, gegen mich ist er, und der nicht sammelt mit mir, zerstreut.

Lk 11,23 (Nr. 169):
Der nicht mit mir ist, gegen mich ist er, und der nicht sammelt mit mir, zerstreut.

152. Warnung vor dem Anstoßgeben

Mt 18,6–9

6 Wer aber immer Anstoß gibt einem dieser Kleinen, der Glaubenden an mich, zukommt ihm ,daß umgehängt würde ein Eselsmühlstein um seinen Nacken und er versenkt würde in der Tiefe des Meeres.

7 Wehe der Welt wegen der Ärgernisse; denn (die) Notwendigkeit (besteht), daß die Ärgernisse kommen, jedoch wehe dem Menschen, durch den das Ärgernis kommt.
8 Wenn aber deine Hand oder dein Fuß dir Anstoß gibt, schlag ihn ab und wirf (ihn) von dir ! Besser für dich ist es, hineinzugehen ins Leben als Krüppel oder Lahmer, als, zwei Hände oder zwei Füße habend, geworfen zu werden ins ewige Feuer.

9 Und wenn dein Auge dir Anstoß gibt, reiß es aus und wirf (es) von dir! Besser für dich ist es, als Einäugiger ins Leben hineinzugehen, als, zwei Augen

Mk 9,42–48

42 Und wer immer Anstoß gibt einem einzigen dieser Kleinen, der Glaubenden [an mich], besser wäre es für ihn mehr, wenn herumgelegt wäre ein Eselsmühlstein um seinen Nacken und er geworfen wäre ins Meer.

43 Und wenn dir Anstoß gibt deine Hand, schlag sie ab! Besser ist es, daß du als Krüppel hineingehst ins Leben , als, die zwei Hände habend, hinzugehen in die Gehenna, in das unlöschbare Feuer. #
45 Und wenn dein Fuß dir Anstoß gibt, schlag ihn ab! Besser ist es, daß du hineingehst ins Leben als Lahmer, als, die zwei Füße habend, geworfen zu werden in die Gehenna. #
47 Und wenn dein Auge dir Anstoß gibt, wirf es weg! Besser ist es, daß du als Einäugiger hineingehst ins Königtum Gottes, als, zwei Augen

Lk 17,1–3a (Nr. 199):

1 Er sprach aber zu seinen Schülern: Unmöglich ist, daß die Ärgernisse nicht kommen, jedoch wehe, durch den sie kommen;
2 besser wäre für ihn ,wenn ein Mühlstein herumgelegt wäre um seinen Nacken und er geworfen wäre ins Meer, als daß er Anstoß gibt einem einzigen dieser Kleinen.
3a Nehmt euch in acht!

vgl. V 1

habend, geworfen zu werden in
Jes 66,24 die Gehenna
des Feuers. *

habend, geworfen zu werden in
die Gehenna, [48]wo *ihr Wurm nicht endet und das Feuer nicht gelöscht wird.* *

VV 44 und 46 sind sekundäre Wiederholungen von V 48

* Mt 5,29–30 (Nr. 44): [29]Wenn aber dein rechtes Auge dir Anstoß gibt, reiß es aus und wirf (es) von dir! Denn es ist nützlich(er) für dich, daß zugrundegeht eines deiner Glieder und nicht dein ganzer Leib geworfen wird in (die) Gehenna. [30]Und wenn deine rechte Hand dir Anstoß gibt, schlag sie ab und wirf (sie) von dir! Denn es ist nützlich(er) für dich, daß zugrundegeht eines deiner Glieder und nicht dein ganzer Leib in (die) Gehenna hingeht.

153. Mit Feuer gesalzen

Mk 9,49–50

[49]Denn jeder wird mit Feuer gesalzen werden. [50]Gut (ist) das Salz; wenn aber das Salz salzlos wird, mit was werdet ihr es würzen? * Habt in euch Salz und haltet Frieden untereinander!

* Mt 5,13 (Nr. 41):
Ihr seid das Salz der Erde; wenn aber das Salz schal wird, mit was wird es salzig gemacht werden? Zu nichts hat es mehr Kraft, außer, hinausgeworfen, zertreten zu werden von den Menschen.

Lk 14,34–35 (Nr. 191):
[34]Gut also (ist) das Salz; wenn aber auch das Salz schal wird, mit was wird es gewürzt werden? [35]Weder für (die) Erde noch für (den) Mist ist es tauglich, hinauswirft man es. Der Habende Ohren zu hören, er höre!

154. Das Gleichnis vom verirrten (bzw. verlorenen) Schaf

Mt 18,10–14

[10]Seht (zu), daß ihr nicht verachtet eines dieser Kleinen; denn ich sage euch: Ihre Engel in (den) Himmeln schauen unablässig das Angesicht meines Vaters in (den) Himmeln. #
[12]Was dünkt euch?
Wenn es geschieht, (daß) einem Menschen hundert Schafe (gehören) und (es) verirrt sich eines von ihnen, wird er nicht verlassen die neunundneunzig auf den Bergen, und gehend sucht er das verirrte? [13]Und wenn es geschieht, daß er es findet, amen, ich sage euch: Er freut sich über es mehr als über die neunundneunzig, die nicht sich verirrten.

Lk 15,3–7 (Nr. 192):

[3]Er sprach aber zu ihnen dieses Gleichnis,
sagend: [4]Welcher Mensch von euch, habend hundert Schafe und verlierend von ihnen eines, läßt nicht zurück die neunundneunzig in der Öde, und geht zu dem verlorenen, bis er es findet? [5]Und wenn er (es) gefunden hat, auflegt er (es) auf seine Schultern, sich freuend,

[6]und wenn er gekommen ist ins Haus, zusammenruft er die Freunde und die Nachbarn, sagend ihnen: Freut euch mit mir, weil ich fand mein Schaf, das verlorene. [7]Ich sage euch:

[14]So ist es nicht (der) Wille vor eurem Vater in (den) Himmeln, daß verlorengehe eines dieser Kleinen.

V 11 ist nur in einigen unbedeutenden Handschriften bezeugt.

So wird (mehr) Freude im Himmel sein über einen umkehrenden Sünder als über neunundneunzig Gerechte, welche nicht nötig haben eine Umkehr.

155. Verhalten gegen den sündigen Bruder

Mt 18,15–18

[15]Wenn aber gesündigt hat [gegen dich] dein Bruder, geh fort, überführe ihn zwischen dir und ihm allein. Wenn er dich hört, gewannst du deinen Bruder; [16]wenn er aber nicht hört, nimm mit dir noch einen oder zwei, damit *auf (dem) Mund von zwei Zeugen oder drei bestehe jedes Wort*; [17]wenn er aber vorbeihört an ihnen, sprich zur Gemeinde; wenn er aber auch an der Gemeinde vorbeihört, sei er dir wie der Heidnische und der Zöllner. [18]Amen, ich sage euch: Wieviel immer ihr bindet auf der Erde, wird gebunden sein im Himmel, und wieviel immer ihr löst auf der Erde, wird gelöst sein im Himmel.*

Dtn 19,15

Lk 17,3b (Nr. 200):

Wenn sündigt dein Bruder, fahre ihn an, und wenn er umkehrt, erlasse ihm!

* Mt 16,19 (Nr. 142): Geben werde ich dir die Schlüssel des Königtums der Himmel, und was immer du bindest auf der Erde, wird gebunden sein in den Himmeln, und was immer du löst auf der Erde, wird gelöst sein in den Himmeln. Joh 20,23: Von welchen immer ihr erlaßt die Sünden, erlassen werden sie ihnen, von welchen ihr (sie) behaltet, behalten sind sie.

156. Erhörung gemeinsamen Gebets

Mt 18,19–20

[19]Wieder [amen] sage ich euch: Wenn zwei übereinstimmen von euch auf der Erde in jeder Sache, die immer sie erbitten, geschehen wird es ihnen von meinem Vater in (den) Himmeln. [20]Denn wo zwei oder drei versammelt sind auf meinen Namen, dort bin ich in ihrer Mitte.

157. Vom Erlaß der Sünden des Bruders

Mt 18,21–22

[21]Dann, hinkommend, sprach Petros zu ihm: Herr, wie oft wird sündigen gegen mich mein Bruder, und ich werde ihm erlassen? Bis siebenmal? [22](Es) sagt ihm Jesus: Nicht sage ich dir: bis siebenmal, sondern bis siebzigmal sieben.

Lk 17,4 (Nr. 200):

[4]Und wenn siebenmal des Tags er sündigt gegen dich und siebenmal sich hinwendet zu dir, sagend: Ich kehre um, erlassen sollst du ihm!

158. Das Gleichnis vom begnadigten Schuldner und vom Aufleben der Schuld

Mt 18,23–35

23 Deswegen wurde verglichen das Königtum der Himmel einem Menschen, einem König, der Abrechnung halten wollte mit seinen Sklaven. 24 Als er aber begann, (sie) abzuhalten, wurde hingebracht zu ihm einer, ein Schuldner von zehntausend Talenten. 25 Da er aber nicht(s) hatte zurückzugeben, befahl der Herr, daß er verkauft werde und die Frau und die Kinder und alles, wieviel er hat, und daß zurückgegeben werde.

26 Fallend nun fiel der Sklave nieder vor ihm, sagend: Sei großmütig zu mir, und alles werde ich dir zurückgeben! 27 Ergriffen aber entließ der Herr jenes Sklaven ihn, und die Schuld erließ er ihm. 28 Herauskommend aber fand jener Sklave einen seiner Mitsklaven, der ihm schuldete hundert Denare, und ergreifend ihn, würgte er (ihn), sagend: Gib zurück, wenn du etwas schuldest! 29 (Nieder)fallend nun bat sein Mitsklave ihn, sagend: Sei großmütig zu mir, und ich werde dir zurückgeben. 30 Der aber wollte nicht, sondern weggehend warf er ihn ins Gefängnis, bis er zurückgebe das Geschuldete. 31 Sehend nun seine Mitsklaven das Geschehene, wurden sie sehr betrübt, und kommend erklärten sie ihrem Herrn alles Geschehene. 32 Dann, herbeirufend ihn, sagt sein Herr ihm: Böser Sklave, all jene Schuld erließ ich dir, weil du mich batest; 33 mußtest nicht auch du dich erbarmen deines Mitsklaven, wie auch ich mich deiner erbarmte? 34 Und erzürnt übergab ihn sein Herr den Folterern, bis daß er zurückgebe alles Geschuldete. 35 So wird auch mein himmlischer Vater euch tun, wenn ihr nicht erlaßt, jeder seinem Bruder, von euren Herzen.

Die „Große Einschaltung" des Lukas (Lk 9,51–18,14)
Der sogenannte lukanische Reisebericht (Lk 9,51–19,27)

159. Das ungastliche Dorf der Samariter

Lk 9,51–56

51 Es geschah aber, als sich erfüllten die Tage seiner Hinaufnahme, daß er richtete das Gesicht (darauf), zu
gehen nach Jerusalem. 52 Und er schickte Boten vor seinem Angesicht (her). Und gehend, hineinkamen sie
in ein Dorf (der) Samariter, um zu bereiten ihm (eine Herberge); 53 aber nicht nahmen sie ihn auf, weil sein
Gesicht war gehend nach Jerusalem. 54 Sehend aber (es), sprachen die Schüler Jakobos und Johannes:
2 Kön Herr, willst du, daß wir sprechen, daß *Feuer herabsteigt vom Himmel und sie vertilgt?* 55 Sich umwendend
1,10.12 aber, anfuhr er sie. 56 Und sie gingen in ein anderes Dorf.

160. Von der Nachfolge Jesu

Mt 8,19–22 (Nr. 82):

19 Und hinzukommend, ein Schriftkundiger sprach zu ihm: Lehrer, ich werde dir folgen, wo immer du hingehst. 20 Und (es) sagt ihm Jesus:
Die Füchse haben Höhlen und die Vögel des Himmels Nester, der Sohn des Menschen aber hat nicht(s), wohin er den Kopf lege.

Lk 9,57–62

57 Und als sie gingen auf dem Weg, sprach einer zu ihm: Ich werde dir folgen, wo immer du hingehst. 58 Und (es) sprach zu ihm Jesus:
Die Füchse haben Höhlen und die Vögel des Himmels Nester, der Sohn des Menschen aber hat nicht(s), wohin er den Kopf lege. 59 Er

[21]Ein anderer aber [seiner] Schüler
sprach zu ihm: Herr, erlaube mir
zuerst, fortzugehen und zu begraben meinen
Vater. [22]Jesus aber sagt ihm: Folge mir, und
laß die Toten begraben ihre Toten!

sprach aber zu einem anderen: Folge mir! Der
aber sprach : [Herr], erlaube mir,
fortgehend zuerst, zu begraben meinen
Vater. [60]Er sprach aber zu ihm:
Laß die Toten begraben ihre Toten, du aber,
weggehend, zeig an das Königtum Gottes.
[61](Es) sprach aber auch ein anderer: Folgen werde
ich dir, Herr; zuerst aber erlaube mir, mich
zu verabschieden von denen in meinem Haus.
[62](Es) sprach aber [zu ihm] Jesus: Kein die
Hand an (den) Pflug Legender und nach hinten
Sehender ist tauglich für das Königtum Gottes.

161. Aussendung der [Zweiund]siebzig

Mt 9,37–38 (Nr. 90):

[37]Da sagt er seinen Schülern: Die Ernte (ist)
zwar viel, die Arbeiter aber (sind) wenige;
[38]bittet nun den Herrn der Ernte, auf daß er
ausschicke Arbeiter in seine Ernte.
10,7–16 (Nr. 91): [16]Siehe, ich schicke euch wie
Schafe inmitten von Wölfen; werdet also
verständig wie die Schlangen und unverdorben
wie die Tauben.

[12]Hineingehend aber in das
Haus, grüßt es!
[13]Und wenn das Haus (es) wert ist,
soll kommen euer Friede auf es; wenn aber nicht
(es) wert ist, soll euer Friede zu euch
zurückkehren.

[10b]denn wert (ist) der
Arbeiter seiner Nahrung.

[8a]Kranke heilt, Tote erweckt,
Aussätzige reinigt, Dämonen werft hinaus!
[7]Hingehend aber verkündet, sagend:
Nahegekommen ist das Königtum
der Himmel.

Lk 10,1–16

[1]Danach aber aufzeigte der Herr andere
[zweiund-]siebzig und schickte sie zu zwei (und)
[zwei] (her) vor seinem Angesicht in jede Stadt
und (jeden) Ort, wohin er selbst kommen wollte. [2] Er sagte aber zu ihnen: Die Ernte (ist)
zwar viel, die Arbeiter aber (sind) wenige;
bittet nun den Herrn der Ernte, auf daß er
Arbeiter ausschicke in seine Ernte.
[3]Geht fort! Siehe, ich schicke euch wie
Lämmer inmitten von Wölfen.

[4]Tragt nicht einen Geldbeutel, nicht eine
Tasche, nicht Sandalen * und keinen entlang
des Weges grüßt! [5]In welches Haus immer aber
ihr hineingeht, zuerst sagt: Friede diesem Haus!
[6]Und wenn dort ist ein Sohn (des) Friedens,
wird ruhen auf ihm euer Friede; wenn aber nicht,
wird er auf euch
zurückkehren.
[7]In dem Haus selbst aber bleibt, essend und
trinkend das von ihnen; denn wert ist der
Arbeiter seines Lohnes. Wechselt nicht von
Haus zu Haus! ** [8]Und in welche Stadt immer
ihr hineingeht und sie euch aufnehmen, eßt das
euch Vorgesetzte
[9]und heilt die Kranken in ihr

und sagt ihnen:
Nahegekommen ist zu euch das Königtum
Gottes. [10]In welche Stadt aber immer ihr
hineingeht und sie euch nicht aufnehmen,
herausgehend auf ihre Straßen, sprecht:

[15]Amen, ich sage euch:
Erträglicher wird es ergehen (dem) Land Sodoma
und Gomorra am Tag (des) Gerichts als
jener Stadt. 11,21–23 (Nr. 99):
[21]Wehe dir, Chorazin, wehe dir, Bethsaida!
Denn wenn in Tyros und Sidon geschehen
wären die Kraft(taten), die geschehenen
bei euch, längst in Sack und Asche
wären sie umgekehrt. [22]Jedoch ich sage
euch, Tyros und Sidon wird es erträglicher
ergehen am Tag (des) Gerichts als euch. [23]Und
du, Kapharnaum, wirst du nicht bis zum Himmel
erhoben werden? Bis in (den) Hades wirst du
hinabsteigen. 10,40 (Nr. 96): Der Aufnehmende euch, mich nimmt er auf, und
der
mich Aufnehmende nimmt auf den mich
Schickenden. ****

[11]Auch den Staub, den uns anhängenden aus
eurer Stadt an den Füßen, wischen wir euch ab;
jedoch dies erkennt, daß nahegekommen ist das
Königtum Gottes! *** [12]Ich sage euch:
Sodoma wird es
an jenem Tag erträglicher ergehen als
jener Stadt.
[13]Wehe dir, Chorazin, wehe dir, Bethsaida!
Denn wenn in Tyros und Sidon geschehen
wären die Kraft(taten), die geschehenen bei
euch, längst in Sack und Asche sitzend,
wären sie umgekehrt. [14]Jedoch
Tyros und Sidon wird es erträglicher
ergehen im Gericht als euch. [15]Und
du, Kapharnaum, wirst du nicht bis zum Himmel
erhoben werden? Bis in den Hades wirst du
hinabsteigen. [16]Der Hörende
euch, mich hört er, und
der Abweisende euch, mich weist er ab; der aber
mich Abweisende weist ab den mich
Schickenden. ****

---

* Mt 10,9–10 (Nr. 91):
[9]Nicht erwerbt Gold, auch nicht Silber, auch nicht Kupfer(geld) in eure Gürtel, [10]nicht eine Tasche für (den) Weg, auch nicht zwei Gewänder, auch nicht Sandalen, auch nicht einen Stock; denn wert (ist) der Arbeiter seiner Nahrung.

Mk 6,8–9 (Nr. 128):
[8]Und er gebot ihnen, daß sie nichts tragen auf (dem) Weg, außer einen Stock nur, nicht Brot, nicht Tasche, nicht im Gürtel Kupfer (-geld), [9]sondern untergebunden Sandalen; und:
Nicht zieht an zwei Gewänder!

Lk 9,3 (Nr. 128):
Und er sprach zu ihnen:
Nichts tragt auf dem Weg, weder Stock, noch Tasche, noch Brot, noch Silber, (-geld),
noch [je] zwei Gewänder (sollten sie) haben.

** Mt 10,11b (Nr. 91):
Und dort bleibt, bis ihr hinausgeht.

Mk 6,10 (Nr. 128):
Und er sagte ihnen: Wo ihr etwa hineingeht in ein Haus, dort bleibt, bis ihr hinausgeht von dort.

Lk 9,4 (Nr. 128):
Und in welches Haus immer ihr hineingeht, dort bleibt und von dort geht hinaus!

*** Mt 10,14 (Nr. 91):
Und wer immer euch nicht aufnimmt und nicht hört eure Worte, herausgehend aus (jenem) Haus oder jener Stadt, schüttelt ab den Staub eurer Füße!

Mk 6,11 (Nr. 128):
Und welcher Ort euch nicht aufnimmt, und sie euch nicht hören, herausgehend von dort schüttelt ab den Staub unter euren Füßen, zum Zeugnis ihnen!

Lk 9,5 (Nr. 128):
Und welche immer euch nicht aufnehmen,
herausgehend von jener Stadt, schüttelt ab den Staub von euren Füßen, zum Zeugnis gegen sie!

**** Mt 18,5 (Nr. 150):
Und wer immer aufnimmt ein solches Kind in meinem Namen, mich nimmt er auf.

Mk 9,37 (Nr. 150):
[37]Wer immer eines solcher Kinder aufnimmt in meinem Namen, mich nimmt er auf; und wer immer mich aufnimmt, nicht mich nimmt er auf, sondern den mich Schickenden.

Lk 9,48 (Nr. 150):
Wer immer aufnimmt dieses Kind in meinem Namen, mich nimmt er auf; und wer immer mich aufnimmt, aufnimmt den mich Schickenden; denn (wer) der Kleinere unter euch allen ist, dieser ist groß.

Joh 13,20: Amen, amen, ich sage euch: Wer immer aufnimmt, wen ich schicken werde, mich nimmt er auf, der aber mich Aufnehmende aufnimmt den mich Schickenden.
Vgl. Joh 5,23: Damit alle ehren den Sohn, wie sie ehren den Vater. Der nicht Ehrende den Sohn, nicht ehrt den Vater, den ihn Schickenden.
Joh 15,23: Der mich Hassende, auch meinen Vater haßt er.

162. Rückkehr der [Zweiund]siebzig

Lk 10,17–20

17 Zurückkehrten aber die [zweiund]siebzig mit Freude, sagend: Herr, auch die Dämonen sind uns untertan in deinem Namen. 18 Er sprach aber zu ihnen: Ich schaute den Satan wie einen Blitz aus dem Himmel
fallend. * 19 Siehe, ich habe euch gegeben die Vollmacht, zu treten auf Schlangen und Skorpione, und auf
all die Kraft des Feindes, und gewiß wird euch nichts schädigen. 20 Jedoch darüber freut euch nicht, daß die
Geister euch untertan sind, freut euch aber, daß eure Namen eingeschrieben sind in den Himmeln.

---

* Vgl. Joh 12,31: Jetzt ist Gericht dieser Welt, jetzt wird der Herrschende dieser Welt hinausgeworfen werden nach draußen.

163. Jesu Lobpreis des Vaters und Seligpreisung der Augenzeugen

Mt 11,25–27 (Nr. 100):

25 In jener Zeit antwortend sprach Jesus:
Ich preise dich, Vater,
Herr des Himmels und der Erde, daß du
verbargst dieses vor Weisen und Verständigen
und es offenbartest Unmündigen; 26 ja, Vater,
weil so es Gefallen fand vor dir. 27 Alles wurde
mir übergeben von meinem Vater, und keiner
erkennt den Sohn außer der Vater, auch
den Vater erkennt keiner außer der Sohn
und wem immer der Sohn (es) offenbaren will. *
13,16–17 (Nr. 111):
16 Eure Augen aber (sind) selig, weil sie
sehen, und eure Ohren, weil sie hören. 17 Amen,
denn ich sage euch: Viele Propheten und
Gerechte begehrten zu schauen, was ihr seht,
und nicht schauten sie, und zu hören, was ihr
hört, und nicht hörten sie.

Lk 10,21–24

21 In eben der Stunde jubelte er [in] dem
heiligen Geist und sprach: Ich preise dich, Vater,
Herr des Himmels und der Erde, daß du
verbargst dieses vor Weisen und Verständigen
und es offenbartest Unmündigen; ja, Vater,
weil so es Gefallen fand vor dir. 22 Alles wurde
mir übergeben von meinem Vater, und keiner
erkennt, wer der Sohn ist, außer der Vater, und
wer der Vater ist, außer der Sohn
und wem immer der Sohn (es) offenbaren will. *
23 Und sich umwendend zu den Schülern für
sich, sprach er: Selig die Augen, die sehenden,
was ihr seht.
24 Denn ich sage euch: Viele Propheten und
Könige wollten schauen, was ihr seht,
und nicht schauten sie, und hören, was ihr
hört, und nicht hörten sie.

---

* Joh 3,35: Der Vater liebt den Sohn, und alles hat er gegeben in seine Hand.
Joh 17,1b–2: 1b Vater, gekommen ist die Stunde; verherrliche deinen Sohn, damit der Sohn verherrliche dich, 2 gleichwie du ihm gabst Vollmacht über alles Fleisch, damit alles, was du ihm gegeben hast, er ihnen gebe: ewiges Leben.
Joh 7,29: Ich kenne ihn, weil ich von ihm (her) bin und jener mich schickte.
Joh 10,14–15: 14 Ich bin der gute Hirt, und ich kenne die Meinigen, und (es) kennen mich die Meinigen, 15 gleichwie mich kennt der Vater und ich kenne den Vater, und mein Leben gebe ich für die Schafe.

164. Frage nach dem Hauptgebot und Gleichnis vom barmherzigen Samariter

Mt 22,34–40 (Nr. 230):

34 Die Pharisaier aber, hörend, daß zum Schweigen er
brachte die Saddukaier, kamen zusammen daselbst,
35 und (es) befragte (ihn) einer von
ihnen, [ein Gesetzeskundi-
ger,] ihn versuchend:
36 Lehrer, welches Gebot (ist)
groß im Gesetz? 37 Der
aber sagte ihm:
Dtn 6,4
Dtn 6,5 *Du sollst*
Jos 22,5 (G) *lieben (den) Herrn, deinen*
Gott, mit deinem ganzen
Herzen und mit deiner gan-
zen Seele und mit deiner
ganzen Einsicht.
38 Das ist das große und
erste Gebot. 39 Ein zweites
aber (ist) ihm gleich: *Du sollst*
Lev 19,18 *lieben deinen Nächsten wie*
dich selbst. 40 An diesen zwei
Geboten hängt das ganze
Gesetz und die Propheten.

Mk 12,28–31 (Nr. 230):

28 Und hinzukommend
einer der Schriftkundigen,
hörend sie streitend,
sehend, daß er recht
geantwortet hatte ihnen,
befragte ihn:
Welches ist (das)
erste Gebot von allem? 29 (Es)
antwortete Jesus: (Das) erste
ist: *Höre, Israel, (der) Herr*
unser Gott ist einziger Herr,
30 *und du sollst*
lieben (den) Herrn, deinen
Gott, aus deinem ganzen
Herzen und aus deiner gan-
zen Seele und aus deiner
ganzen Einsicht und aus dei-
ner ganzen Kraft.
31 (Das) zweite
(ist) dieses: *Du sollst*
lieben deinen Nächsten wie
dich selbst. Größer als dieses
ist ein anderes Gebot nicht.

Lk 10,25–37

25 Und siehe,
ein Gesetzeskundiger stand
auf,
ihn versuchend,
sagend:
Lehrer, was tuend werde ich
ewiges Leben erben? 26 Der
aber sprach zu ihm: Im Gesetz, was ist geschrieben?
Wie liest du? 27 Der aber,
antwortend, sprach: *Du sollst*
lieben (den) Herrn, deinen
Gott, aus deinem ganzen
Herzen und mit deiner gan-
zen Seele und mit deiner
ganzen Kraft und mit dei-
ner ganzen Einsicht,
und deinen Nächsten wie
dich selbst.

28 Er sprach aber zu ihm: Richtig antwortetest du; dies tue, und du wirst leben.
29 Der aber, wollend sich rechtfertigen, sprach zu Jesus: Und wer ist mein
Nächster?
30 Aufnehmend (dies) sprach Jesus: Ein Mensch stieg hinab von Jerusalem
nach Jericho und fiel unter Räuber, die ausziehend ihn und (ihm) Schläge
versetzend, weggingen, lassend (ihn) halbtot. 31 Durch Zufall aber stieg ein
Priester hinab auf jenem Weg, und sehend ihn, ging er vorbei; 32 gleicherweise
aber [war] auch ein Levit an den Ort kommend, und sehend (ihn), ging er
vorbei. 33 Ein Samariter aber, der unterwegs war, kam zu ihm, und sehend
(ihn), erbarmte er sich, 34 und hingehend verband er seine Wunden, daraufgie-
ßend Öl und Wein; ihn daraufsetzend aber auf das eigene Lasttier, führte er
ihn in eine Herberge und sorgte für ihn. 35 Und am Tag darauf, herausneh-
mend, gab er zwei Denare dem Herbergswirt und sprach: Sorge für ihn, und
was immer du dazu aufwendest, ich werde bei meinem Zurückkommen (es)
dir zurückgeben. 36 Wer von diesen dreien dünkt dir, Nächster geworden zu
sein des unter die Räuber Gefallenen? 37 Der aber sprach: Der getan hat das
Erbarmen mit ihm. (Es) sprach aber zu ihm Jesus: Geh, und du tue gleicherweise!

165. Martha und Mariam *

Lk 10,38–42

38 Bei ihrem Gehen aber hineinging er selbst in ein Dorf; eine Frau aber mit Namen Martha nahm ihn auf.
39 Und diese hatte eine Schwester, gerufen Mariam, und [die], dasitzend zu den Füßen des Herrn, hörte
sein Wort. 40 Martha aber war überbeschäftigt mit viel Dienst; hintretend aber sprach sie: Herr, nicht
kümmert dich, daß meine Schwester allein mich zurückließ zu dienen? Sprich nun zu ihr, damit sie mir
beisteht. 41 Antwortend aber sprach zu ihr der Herr: Martha, Martha, du sorgst und beunruhigst dich um
vieles, 42 eines aber ist nötig; denn Mariam wählte aus den guten Teil, welcher nicht wird weggenommen
werden von ihr.

---

* Joh 11,1: (Es) war aber einer krankend, Lazaros von Bethania, aus dem Dorf Marias und Marthas, ihrer Schwester.
Joh 12,1–3: 1 Jesus nun kam sechs Tage vor dem Pascha nach Bethania, wo Lazaros war, den Jesus aus Toten erweckte.
2 Sie machten ihm nun ein Mahl dort, und Martha diente, Lazaros aber war einer von den (zu Tisch) Liegenden mit ihm.
3 Mariam nun, nehmend eine Litra echten, wertvollen Nardenöls, salbte die Füße von Jesus, und abwischte sie mit ihren
Haaren seine Füße; das Haus aber wurde erfüllt vom Duft des Öls.

166. Das Vater-Unser

Mt 6,9–13 (Nr. 51):

9 So nun sollt ihr beten:
Unser Vater in den Himmeln; geheiligt werden soll
dein Name; 10 kommen soll dein Königtum;
geschehen soll dein Wille, wie im Himmel auch
auf Erden; 11 unser nötiges Brot gib uns heute;
12 und erlaß uns unsere Schuldigkeiten, wie
auch wir erließen unseren Schuldnern;
13 und nicht führe uns hinein in Versuchung,
sondern rette uns vom Bösen.

Lk 11,1–4

1 Und es geschah, als er war an einem Ort
betend, wie er aufhörte, sprach einer seiner
Schüler zu ihm: Herr, lehre uns beten, gleichwie
auch Johannes lehrte seine Schüler. 2 Er sprach
aber zu ihnen: Wann ihr betet, sagt:
Vater , geheiligt werden soll
dein Name; kommen soll dein Königtum;

3 unser nötiges Brot gib uns täglich,
4 und erlaß uns unsere Sünden, denn
auch wir selbst erlassen jedem uns Schuldenden;
und nicht führe uns hinein in Versuchung.

167. Das Gleichnis vom bittenden Freund

Lk 11,5–8

5 Und er sprach zu ihnen: Wer von euch wird haben einen Freund und wird gehen zu ihm mitternachts und
spräche zu ihm: Freund, leih mir drei Brote, 6 da ein Freund von mir ankam vom Weg zu mir und ich
nicht(s) habe, was ich ihm vorsetzen werde; 7 und jener von innen antwortend, spräche: Bereite mir nicht
Mühen; schon ist die Tür verschlossen, und meine Kinder sind mit mir ins Bett; nicht kann ich, aufstehend,
dir geben. 8 Ich sage euch, wenn er auch nicht ihm geben wird, aufstehend, weil er sein Freund ist, doch
wegen seiner Unverschämtheit wird er, aufgestanden, ihm geben, wieviel er bedarf.

168. Vom Bitten und von der Erhörung

Mt 7,7–11 (Nr. 59):

7 Bittet, und gegeben
werden wird euch; sucht, und finden werdet ihr;
klopft an, und geöffnet werden wird euch;
8 denn jeder Bittende empfängt, und der
Suchende findet, und dem Anklopfenden wird
geöffnet werden. 9 Oder wer von euch ist ein
Mensch, den sein Sohn bitten wird um Brot, –
wird er etwa einen Stein übergeben ihm?
10 Oder auch um einen Fisch wird er bitten, –
wird er etwa eine Schlange
übergeben ihm?

11 Wenn nun ihr, die ihr böse seid, wißt, gute
Gaben zu geben euren Kindern, um wieviel mehr
wird euer Vater in den Himmeln geben
Gutes den ihn Bittenden.

Lk 11,9–13

9 Und ich sage euch: Bittet, und gegeben
werden wird euch; sucht, und finden werdet ihr;
klopft an, und geöffnet werden wird euch;
10 denn jeder Bittende empfängt, und der
Suchende findet, und dem Anklopfenden wird
geöffnet [werden]. 11 Welchen Vater aber von
euch wird bitten der Sohn

um einen Fisch ,und
er wird anstelle eines Fisches eine Schlange
ihm übergeben? 12 Oder auch bitten wird er um
ein Ei, wird er übergeben ihm einen Skorpion?
13 Wenn nun ihr, die ihr böse seid, wißt, gute
Gaben zu geben euren Kindern, um wieviel mehr
wird der Vater, [der] aus (dem) Himmel, geben
heiligen Geist den ihn Bittenden.

169. Verteidigung gegen den Beelzebulvorwurf

Mt 12,22–30 (Nr. 106):

22 Da wurde hingebracht zu
ihm ein Besessener, blind und
stumm,
und er heilte ihn, so daß
der Stumme redete und sah.
23 Und außer sich gerieten alle
Volksmengen und sagten: Ist
etwa dieser der Sohn Davids?
24 Die Pharisaier aber,

hörend (es), sprachen: Dieser
wirft nicht hinaus die Dämonen, außer mit dem Beelzebul, (dem) Herrscher der
Dämonen. *
12,38 (Nr. 107): Da antworteten
ihm einige der Schriftkundigen und Pharisaier, sagend:
Lehrer, wir wollen von dir ein
Zeichen sehen.
25 Kennend aber ihre Gedanken, sprach er zu ihnen:

Jedes
Königtum, geteilt in sich,
wird verwüstet,

Mk 3,22–27 (Nr. 106):

22 Und die Schriftkundigen,
die von Hierosolyma herabgestiegenen, sagten:
Beelzebul
hat er, und: Mit dem Herrscher der
Dämonen hinauswirft er die
Dämonen. *

23 Und sie
herbeirufend, in Gleichnissen
sagte er ihnen:
Wie kann Satan Satan hinauswerfen? 24 Und wenn ein
Königtum in sich geteilt wird,
nicht kann bestehen jenes

Lk 11,14–23

14 Und er war hinauswerfend
einen Dämon [und der war]
stumm; es geschah aber, als
der Dämon herausging,
redete der Stumme,
und (es) staunten die
Volksmengen.

15 Einige aber
von ihnen sprachen:
Mit Beel-
zebul, dem Herrscher der
Dämonen, hinauswirft er die
Dämonen; *

16 andere aber,
(ihn) versuchend, verlangten
ein Zeichen aus (dem) Himmel von ihm. 17 Er aber,
kennend ihre Gedanken,
sprach zu ihnen:

Jedes
Königtum, in sich zerteilt,
wird verwüstet,

und jede Stadt oder (jedes) Haus, geteilt in sich, wird nicht bestehen.

[26]Und wenn der Satan den Satan hinauswirft, wurde er in sich geteilt; wie also wird bestehen sein Königtum?

[27]Und wenn ich mit Beelzebul hinauswerfe die Dämonen, eure Söhne, mit wem werfen sie hinaus? Deswegen werden sie Richter sein über euch. [28]Wenn aber mit (dem) Geist Gottes ich hinauswerfe die Dämonen, also kam zu euch das Königtum Gottes.
[29]Oder wie kann einer hineingehen in das Haus des Starken und seine Gefäße rauben, wenn er nicht zuerst band den Starken? Und dann wird er sein Haus ausrauben.

[30]Der nicht mit mir ist, gegen mich ist er, und der nicht sammelt mit mir, zerstreut. **

Königtum; [25]und wenn ein Haus in sich geteilt wird, nicht wird jenes Haus bestehen können.
[26]Und wenn der Satan aufstand wider sich und geteilt wurde, kann er nicht bestehen, sondern ein Ende hat er.

[27]Doch nicht kann einer, in das Haus des Starken hineingehend, seine Gefäße ausrauben, wenn nicht zuerst den Starken er band, und dann wird er sein Haus ausrauben.

und Haus fällt auf Haus.

[18]Wenn aber auch der Satan in sich zerteilt wurde, wie wird bestehen sein Königtum? Denn ihr sagt, daß mit Beelzebul ich hinauswerfe die Dämonen. [19]Wenn aber ich mit Beelzebul hinauswerfe die Dämonen, eure Söhne, mit wem werfen sie hinaus? Deswegen werden sie eure Richter sein. [20]Wenn aber mit (dem) Finger Gottes [ich] hinauswerfe die Dämonen, also kam zu euch das Königtum Gottes.
[21]Wann der Starke bewaffnet bewacht seinen Hof, in Frieden ist sein Besitz; [22]wenn aber ein Stärkerer als er, herbeikommend, ihn besiegt, nimmt er seine Rüstung, auf die er vertraute, und seine Beute verteilt er.
[23]Der nicht mit mir ist, gegen mich ist er, und der nicht sammelt mit mir, zerstreut. **

---

* Mt 9,32–34 (Nr. 89): [32]Während sie aber weggingen, siehe, hinbrachten sie ihm einen stummen, besessenen Menschen. [33]Und als hinausgeworfen worden war der Dämon, redete der Stumme. Und (es) staunten die Volksmengen, sagend: Niemals erschien so (etwas) in Israel. [34]Die Pharisaier aber sagten: Im Herrscher der Dämonen hinauswirft er die Dämonen.
Joh 10,20: (Es) sagten aber viele von ihnen: Einen Dämon hat er, und verrückt ist er; was hört ihr auf ihn?
** Mk 9,40 (Nr. 151): Denn wer nicht ist gegen uns, für uns ist er.
Lk 9,50 (Nr. 151): Denn wer nicht ist gegen euch, für euch ist er.

170. Vom Rückfall

Mt 12,43–45 (Nr. 108):

[43]Wann aber der unreine Geist herauskommt von dem Menschen, hindurchgeht er durch wasserlose Gegenden, suchend einen Ruheplatz, und nicht findet er. [44]Da sagt er: In mein Haus werde ich zurückkehren, von wo

Lk 11,24–26

[24]Wann der unreine Geist herauskommt von dem Menschen, hindurchgeht er durch wasserlose Gegenden, suchend einen Ruheplatz und nicht findend ; [da] sagt er: Zurückkehren werde ich in mein Haus, von wo

ich herauskam; und kommend findet er (es) leerstehend, gefegt und geschmückt.
[45]Da geht er, und mit sich nimmt er sieben andere Geister, böser als er selbst, und hineinkommend wohnen sie dort; und es wird das Letzte jenes Menschen schlimmer als das Erste. So wird es sein auch mit diesem bösen Geschlecht.

ich herauskam; [25]und kommend findet er (es) gefegt und geschmückt.
[26]Da geht er, und mitnimmt er andere Geister, böser als er selbst, sieben, und hineinkommend wohnen sie dort; und es wird das Letzte jenes Menschen schlimmer als das Erste.

171. Seligpreisung der Mutter Jesu

Lk 11,27–28

[27]Es geschah aber, als er dieses sagte, sprach eine Frau aus der Volksmenge, erhebend (ihre) Stimme, zu ihm: Selig der Leib, der dich trug und (die) Brüste, an denen du sogst. [28]Er aber sprach: Vielmehr selig die Hörenden das Wort Gottes und (es) Bewahrenden.

172. Das Zeichen des Jonas

Mt 12,38–42 (Nr. 107):

[38]Da antworteten ihm einige der Schriftkundigen und Pharisaier, sagend: Lehrer, wir wollen von dir ein Zeichen sehen.
[39]Der aber antwortend sprach zu ihnen: Ein böses und ehebrecherisches Geschlecht verlangt ein Zeichen, aber ein Zeichen wird ihm nicht gegeben werden, wenn nicht das Zeichen (des)
Jona 2,1 Jonas, * des Propheten. [40]Denn wie *Jonas war im Bauch des Seeungetüms drei Tage und drei Nächte*, so wird sein der Sohn des Menschen im Herzen der Erde drei Tage und drei Nächte. [41](Die) ninevitischen Männer werden aufstehen im Gericht mit diesem Geschlecht, und sie werden es verurteilen, weil sie umkehrten zur Verkündigung (des) Jonas, und siehe, mehr als Jonas (ist) hier.
[42](Die) Königin vom Südreich wird aufstehen im Gericht mit diesem Geschlecht , und sie wird es verurteilen, weil sie kam von den Enden der Erde, zu hören die Weisheit Solomons, und siehe, mehr als Solomon (ist) hier.

Lk 11,16.**29–32**

11,16 (Nr. 169):
Andere aber, (ihn) versuchend, verlangten ein Zeichen aus (dem) Himmel von ihm.
[29]Als aber die Volksmengen herzudrängten, begann er zu sagen: Dieses Geschlecht ist ein böses Geschlecht; ein Zeichen verlangt es, aber ein Zeichen wird ihm nicht gegeben werden, wenn nicht das Zeichen (des) Jonas. * [30]Denn gleichwie Jonas den Nineviten ein Zeichen wurde, so wird (es) sein auch der Sohn des Menschen für dieses Geschlecht.
[32](Die) ninevitischen Männer werden aufstehen im Gericht mit diesem Geschlecht, und sie werden es verurteilen; weil sie umkehrten zur Verkündigung (des) Jonas, und siehe, mehr als Jonas (ist) hier.
[31](Die) Königin vom Südreich wird aufstehen im Gericht mit den Männern dieses Geschlechts, und sie wird sie verurteilen, weil sie kam von den Enden der Erde, zu hören die Weisheit Solomons, und siehe, mehr als Solomon (ist) hier.

---

* Mt 16,1–2a.4 (Nr. 139):
[1]Und hinzukommend die Pharisaier und Saddukaier, (ihn) versuchend, verlangten sie von ihm, ein Zeichen aus dem

Mk 8,11–12 (Nr. 139):
[11]Und hinausgingen die Pharisaier und begannen zu streiten mit ihm, verlangend von ihm ein Zeichen vom

Himmel zu zeigen ihnen.
[2a]Der aber antwortend sprach zu ihnen:
[4]Ein böses und ehebrecherisches Geschlecht verlangt ein Zeichen, aber ein Zeichen wird ihm nicht gegeben werden, wenn nicht das Zeichen (des) Jonas. Und zurücklassend sie, wegging er.

Himmel, versuchend ihn.
[12]Und aufstöhnend in seinem Geist, sagt er:
Was verlangt dieses Geschlecht ein Zeichen? Amen, ich sage euch, nicht wird gegeben werden diesem Geschlecht ein Zeichen.

173. Sprüche vom Licht

Mt 5,15 (Nr. 41):

[15]Auch zündet man nicht an eine Leuchte und stellt sie unter den Scheffel, sondern auf den Leuchter, und sie leuchtet allen im Haus. *

Mt 6,22–23 (Nr. 54):
[22]Die Leuchte des Leibes ist das Auge. Wenn nun dein Auge lauter ist, wird dein ganzer Leib licht sein;
[23]wenn aber dein Auge böse ist, wird dein ganzer Leib finster sein. Wenn nun das Licht in dir Finsternis ist, wie groß (ist) die Finsternis!

Lk 11,33–36

[33]Keiner, eine Leuchte anzündend, stellt (sie) ins Verborgene, [auch nicht unter den Scheffel,] sondern auf den Leuchter, damit die Hereinkommenden das Licht sehen. *
[34]Die Leuchte des Leibes ist dein Auge. Wann dein Auge lauter ist, ist auch dein ganzer Leib licht; wenn es aber böse ist, (ist) auch dein Leib finster.
[35]Achte nun, daß nicht das Licht in dir Finsternis ist.
[36]Wenn nun dein ganzer Leib licht (ist), nicht habend einen finsteren Teil, wird er sein ganz licht, wie wann die Leuchte mit (ihrem) Strahl dich erleuchtet.

---

* Mk 4,21 (Nr. 113):
Kommt etwa die Leuchte, damit sie unter den Scheffel gestellt wird oder unter das Bett? Nicht, damit sie auf den Leuchter gestellt wird?

Lk 8,16 (Nr. 113):
Keiner aber, eine Leuchte anzündend, bedeckt sie mit einem Gefäß oder stellt (sie) unter ein Bett, sondern auf einen Leuchter stellt er (sie), damit die Hereinkommenden sehen das Licht.

Joh 8,12: Wieder nun redete zu ihnen Jesus, sagend: Ich bin das Licht der Welt; der mir Folgende geht gewiß nicht umher in der Finsternis, sondern er wird haben das Licht des Lebens.

174. Rede gegen die Pharisaier und die Gesetzeskundigen *

Mt 23,4.6–7.13.23–26.27.29–32.34–36 (Nr. 232):

[25]Wehe euch, Schriftkundige und Pharisaier, Heuchler, weil ihr reinigt das Äußere des Bechers und der Schüssel, innen aber sind sie voll von Raub und Unbeherrschtheit.
[26]Blinder Pharisaier, reinige zuerst das Innen des Bechers,

Lk 11,37–54

[37]Bei seinem Reden aber bittet ihn ein Pharisaier, daß er frühstücke bei ihm; hineingehend aber, ließ er sich nieder.
[38]Der Pharisaier aber, sehend (es), staunte, weil er nicht zuerst sich wusch vor dem Frühstück.
[39](Es) sprach aber der Herr zu ihm: Jetzt, ihr Pharisaier, das Äußere des Bechers und des Tellers reinigt ihr, euer Inneres aber ist voll von Raub und Bosheit.
[40]Unvernünftige, machte nicht der Machende das Äußere auch das Innere?
[41]Jedoch das

damit auch sein Außen
rein wird. 23 Wehe euch, Schriftkundige
und Pharisaier, Heuchler, weil ihr bezehntet die
Minze und den Dill und den Kümmel und
unterließet die gewichtigen (Teile) des Gesetzes,
das Recht und das Erbarmen und die Treue;
dieses [aber] müßte man tun und jenes nicht
lassen. 6 Sie
lieben aber das Erstlager bei den Mählern und
die Erstsitze in den Synagogen 7 und die
Begrüßungen auf den Märkten ** und gerufen zu
werden von den Menschen Rabbi.
27 Wehe euch, Schriftkundige und Pharisaier,
Heuchler, weil ihr gleicht geweißten Grabmälern,
welche außen zwar schön scheinen, innen aber
voll sind von Totengebein und jeder Unreinheit.

4 Sie binden aber schwere [und unerträgliche]
Lasten, und auflegen sie (sie) auf die Schultern
der Menschen, selbst aber mit ihrem Finger
nicht wollen sie bewegen sie. 29 Wehe euch,
Schriftkundige und Pharisaier, Heuchler, weil ihr
baut die Grabmäler der Propheten und
schmückt die Gräber der Gerechten, 30 und ihr
sagt: Wenn wir gewesen wären in den Tagen
unserer Väter, nicht wären wir gewesen ihre
Teilhaber am Blut der Propheten. 31 Daher
bezeugt ihr euch selbst, daß ihr Söhne derer
seid, die mordeten die Propheten. 32 Und ihr
machtet voll das Maß eurer Väter. 34 Deswegen
siehe : Ich
schicke zu euch Propheten und Weise und
Schriftkundige; (etliche) von ihnen werdet ihr
töten und kreuzigen, und (etliche) von ihnen
werdet ihr geißeln in euren Synagogen und
werdet ihr verfolgen von Stadt zu Stadt; 35 auf
daß komme über euch alles gerechte Blut,
ausgegossen
auf der Erde, vom Blut Abels, des
Gerechten, bis zu dem Blut (des) Zacharias, (des)
Sohnes (des) Barachias, den ihr mordetet
zwischen dem Tempel und dem Altar. 36 Amen,
ich sage euch: Kommen wird dieses alles über
dieses Geschlecht. 13 Wehe aber euch,
Schriftkundige und Pharisaier, Heuchler, weil ihr
verschließt das Königtum der Himmel vor den
Menschen; denn ihr geht nicht hinein, und
die Hineingehenden laßt ihr nicht hineinkommen. #

Inwendige gebt als Almosen, und siehe, alles ist
euch rein. 42 Aber wehe euch,
den Pharisaiern, weil ihr bezehntet die
Minze und die Raute und alles Gemüse und
vorbeigeht
am Recht und an der Liebe zu Gott;
dieses aber müßte man tun und jenes nicht
lassen. 43 Wehe euch, den Pharisaiern, weil ihr
liebt
den Erstsitz in den Synagogen und die
Begrüßungen auf den Märkten. **

44 Wehe euch,
weil ihr seid wie die unerkennbaren Gräber,
und die Menschen, [die] umhergehen darauf,
wissen (es) nicht.
45 Antwortend aber, sagt einer der Gesetzeskundigen zu ihm: Lehrer, dieses sagend be-
schimpfst du auch uns. 46 Der aber sprach:
Auch euch, den Gesetzeskundigen, wehe, weil
ihr belastet die Menschen mit unerträglichen
Lasten,
und selbst, nicht mit einem eurer Finger
rührt ihr an die Lasten. 47 Wehe euch,
weil ihr
baut die Gräber der Propheten,

eure Väter aber töteten sie. 48 Also seid ihr
Zeugen, und zustimmt ihr den Werken eurer
Väter, weil sie zwar sie töteten, ihr aber baut.
49 Deswegen
auch sprach die Weisheit Gottes: Ich werde
schicken zu ihnen Propheten und Apostel,
und (etliche) von ihnen werden sie
töten
und
verfolgen, 50 damit
gefordert wird von diesem Geschlecht das Blut
aller Propheten, das ausgegossene von Grundlegung (der) Welt (an), 51 vom Blut Abels
bis zum Blut (des) Zacharias, des
Zugrundegegangenen
zwischen dem Altar und dem Haus; ja,
ich sage euch, gefordert werden wird es von
diesem Geschlecht. 52 Wehe euch,
den Gesetzeskundigen, weil ihr
wegnahmt den Schlüssel der Erkenntnis;
ihr selbst kamt nicht hinein, und
die Hineingehenden hindertet ihr.

V 14 fehlt in den wichtigsten Handschriften.

53 Und als er von dort herauskam, begannen die Schriftkundigen und die Pharisaier
arg zu grollen und auf den Mund zu
schauen ihm wegen mehrerem, 54 nachstellend
ihm, zu erjagen etwas aus seinem Mund.

---

* Vgl. Mt 15,1–9/Mk 7,1–9 (Nr. 135)
** Mk 12,38–39 (Nr. 232):
38 Hütet euch vor den Schriftkundigen, die
wollen in Talaren umhergehen und
Begrüßungen auf den Märkten 39 und Erstsitze
in den Synagogen und Erstlager bei den
Mählern.

Lk 20,46 (Nr. 232):
Nehmt euch in acht vor den Schriftkundigen, die
umhergehen wollen in Talaren und lieben
Begrüßungen auf den Märkten und Erstsitze
in den Synagogen und Erstlager bei den
Mählern.

175. Mahnung zu furchtlosem Bekennen

Mt 10,26–33 (Nr. 93):

26 Fürchtet sie also nicht;
denn nichts ist verhüllt, was nicht
offenbart werden wird, und verborgen, was nicht
erkannt werden wird. ** 27 Was ich euch sage
in der Finsternis, sprecht im Licht,
und was ins Ohr ihr hört,
verkündet auf den
Dächern!

28 Und fürchtet euch nicht vor denen, die
töten den Leib, die Seele aber nicht töten können;

fürchtet aber mehr den, der sowohl Seele
wie Leib vernichten kann in (der) Gehenna!
29 Werden
nicht zwei Sperlinge für ein Assarion verkauft?
Und nicht einer von ihnen wird fallen auf die
Erde ohne euren Vater. 30 Von euch aber auch
die Haare des Kopfes sind alle gezählt. ***
31 Fürchtet euch also nicht! Von (den) vielen
Sperlingen unterscheidet ihr euch.
32 Jeder nun, welcher sich
bekennen wird zu mir vor den Menschen,
bekennen werde auch ich mich zu ihm

Lk 12,1–12

1 Als sich unterdessen versammelten Zehntausende der Volksmenge, so daß sie traten einander, begann er zu sagen zu seinen Schülern
zuerst: Nehmt euch selbst in acht vor dem
Sauerteig der Pharisaier, welcher ist
Heuchelei! *
2 Nichts aber ist ganz und gar verhüllt, was nicht
offenbart werden wird, und verborgen, was nicht
erkannt werden wird. ** 3 Dagegen, wieviel ihr
in der Finsternis spracht, im Licht wird es gehört
werden, und was zum Ohr ihr redetet in den
Kammern, wird verkündet werden auf den
Dächern.
4 Ich sage aber euch, meinen Freunden:
Fürchtet euch nicht vor denen, die
töten den Leib, aber danach nicht (die Möglich-
keit) haben, darüber hinaus etwas zu tun!
5 Zeigen aber werde ich euch, wen ihr fürchten
sollt: Fürchtet den, der nach dem Töten
Vollmacht hat, hineinzuwerfen in die Gehenna!
Ja, ich sage euch: Diesen fürchtet! 6 Werden
nicht fünf Sperlinge verkauft für zwei Assaria?
Und nicht einer von ihnen ist vergessen vor
Gott. 7 Aber auch
die Haare eures Kopfes sind alle gezählt. ***
Fürchtet euch nicht! Von (den) vielen
Sperlingen unterscheidet ihr euch.
8 Ich sage euch aber: Jeder, der immer sich
bekennt zu mir vor den Menschen, auch der
Sohn des Menschen wird sich bekennen zu ihm

vor meinem Vater in [den] Himmeln; [33]welcher aber mich (ver)leugnet vor den Menschen, (ver)leugnen werde auch ich ihn vor meinem Vater in [den] Himmeln. **** 12,32 (Nr. 106): [32]Und wer immer spricht ein Wort wider den Sohn des Menschen, erlassen werden wird ihm; wer aber immer spricht wider den heiligen Geist, nicht erlassen werden wird ihm, weder in diesem Aion noch im zukünftigen. *****	vor den Engeln Gottes; [9]der aber mich (Ver)leugnende vor den Menschen, wird verleugnet werden vor den Engeln Gottes. **** [10]Und jeder, der sagen wird ein Wort gegen den Sohn des Menschen, erlassen werden wird ihm; dem aber gegen den heiligen Geist Lästernden, nicht erlassen werden wird (ihm). ***** [11]Wann sie aber hinführen euch zu den Synagogen und den Hoheiten und den Mächten, sorgt nicht, wie oder was ihr verteidigen sollt oder was ihr sprechen sollt! [12]Denn der heilige Geist wird euch lehren in der Stunde selbst, was nötig ist, zu sprechen. ******

---

* Mt 16,6 (Nr. 140): Jesus aber sprach zu ihnen: Seht (zu) und nehmt euch in acht vor dem Sauerteig der Pharisaier und Saddukaier!	Mk 8,15 (Nr. 140): Und er trug ihnen auf, sagend: Seht (zu), hütet euch vor dem Sauerteig der Pharisaier und dem Sauer- teig (des) Herodes!
** Mk 4,22 (Nr. 113): Denn nicht ist Verborgenes, wenn nicht, damit es offenbart wird; und nicht wurde Geheimes, außer, damit es kommt ins Offenbare.	Lk 8,17 (Nr. 113): Denn nicht ist Verborgenes, das nicht offenbar werden wird, und nicht Verborgenes, das nicht erkannt wird und ins Offenbare kommt.

*** Lk 21,18 (Nr. 236): Aber nicht ein Haar von eurem Kopf wird zugrundegehen.

**** Mk 8,38 (Nr. 144): Denn wer immer sich schämt meiner und meiner Worte in diesem ehebrecherischen und sündigen Geschlecht, auch der Sohn des Menschen wird sich schämen seiner, wann er kommt in der Herrlichkeit seines Vaters mit den heiligen Engeln.	Lk 9,26 (Nr. 144): Denn wer immer sich schämt meiner und meiner Worte, dessen wird der Sohn des Menschen sich schämen, wann er kommt in seiner Herrlichkeit und (der) des Vaters und der heiligen Engel.
***** Mt 12,31 (Nr. 106): Deshalb sage ich euch: Jede Sünde und Lästerung wird erlassen werden den Menschen, aber die Lästerung des Geistes wird nicht erlassen werden.	Mk 3,28–29 (Nr. 106): [28]Amen, ich sage euch: Alles wird erlassen werden den Söhnen der Menschen, die Versündi- gungen und die Lästerungen, wieviel immer sie lästerten; [29]wer immer aber lästerte gegen den heiligen Geist, nicht hat Erlaß in Ewigkeit, sondern schuldig ist er ewiger Versündigung.

****** Mt 10,19–20 (Nr. 92): [19]Wann sie aber übergeben euch, sorgt nicht, wie oder was ihr reden sollt; denn gegeben werden wird euch in jener Stunde, was ihr reden sollt; [20]denn nicht ihr seid die Redenden, sondern der Geist eures Vaters (ist) der Redende in euch.	Mk 13,11 (Nr. 236): Und wann sie führen euch, übergebend, nicht vorher sorgt euch, was ihr reden sollt, sondern was immer euch gegeben wird in jener Stunde, dies redet; denn nicht seid ihr die Redenden, sondern der heilige Geist.	Lk 21,14–15 (Nr. 236): [14]Legt nun in eure Herzen, nicht vorher zu überlegen, euch zu verteidigen! [15]Denn ich werde geben euch Mund und Weisheit, der nicht werden wider- stehen oder widersprechen können alle eure Gegner.

Joh 14,26: Der Fürsprecher aber, der heilige Geist, den schicken wird der Vater in meinem Namen, jener wird euch lehren alles und erinnern euch an alles, was [ich] sprach zu euch.

176. Wider die Habgier

Lk 12,13–21

13 (Es) sprach aber einer aus der Volksmenge zu ihm: Lehrer, sprich zu meinem Bruder, teilen soll er mit
mir das Erbe. 14 Der aber sprach zu ihm: Mensch, wer stellte mich auf als Richter oder Teiler über euch?
15 Er sprach aber zu ihnen: Seht (zu) und hütet euch vor aller Habgier, denn wenn einer Überfluß hat, nicht
ist sein Leben aus seinem Besitz.
16 Er sprach aber ein Gleichnis zu ihnen, sagend: Eines reichen Menschen Land trug gut. 17 Und er überlegte bei sich, sagend: Was werde ich tun, weil nicht(s) ich habe, wo ich sammeln werde meine Früchte?
18 Und er sprach: Dies werde ich tun: Niederreißen werde ich meine Scheunen, und größere werde ich
bauen, und sammeln werde ich dort den ganzen Weizen und meine Güter; 19 und sagen werde ich meiner
Seele: Seele, du hast viele Güter liegend für viele Jahre; ruhe aus, iß, trink, freu dich! 20 (Es) sprach aber
zu ihm Gott: Unvernünftiger, in dieser Nacht fordert man ein deine Seele von dir; was du aber bereitetest, für wen wird es sein? 21 So (steht da) der Schätze Sammelnde für sich, aber nicht auf Gott (hin)
Reiche.

177. Vom Sorgen und Schätzesammeln

Mt 6,25–33 (Nr. 56):

25 Deswegen sage ich euch: Sorgt euch nicht
um euer Leben, was ihr essen sollt [oder was ihr
trinken sollt] und nicht um euren Leib, was ihr
anziehen sollt! Ist nicht das Leben mehr als
die Nahrung und der Leib (mehr) als das
Gewand? 26 Schaut auf zu den Vögeln des
Himmels, daß sie nicht säen noch ernten noch
sammeln in Scheunen,
und euer himmlischer Vater nährt sie;
unterscheidet nicht ihr euch (viel) mehr von
ihnen? 27 Wer aber von euch kann, sorgend,
hinzulegen zu seinem Alter eine einzige Elle?

28 Und um ein Gewand, was sorgt ihr euch?
Beobachtet die Lilien des Ackers, wie sie
wachsen; nicht mühen sie sich noch spinnen
sie; 29 ich sage euch aber: Auch nicht Solomon
in seiner ganzen Herrlichkeit war umkleidet wie
eine von diesen. 30 Wenn aber Gott das Gras
des Ackers, das heute ist und morgen in (den)
Ofen geworfen wird, so kleidet, nicht um viel
mehr euch, Kleingläubige? 31 Sorgt euch

Lk 12,22–34

22 Er sprach aber zu [seinen] Schülern:
Deswegen sage ich euch: Sorgt euch nicht
um das Leben, was ihr essen sollt,
und nicht um den Leib, was ihr
anziehen sollt! 23 Denn das Leben ist mehr als
die Nahrung und der Leib (mehr) als das
Gewand. 24 Beachtet die Raben
, daß sie nicht säen noch ernten, die
nicht haben eine Kammer noch eine Scheune,
und Gott nährt sie; um
wieviel mehr unterscheidet ihr euch von den
Vögeln. 25 Wer aber von euch kann, sorgend,
zu seinem Alter hinzulegen eine Elle?
26 Wenn nun nicht (das) Geringste ihr könnt,
was sorgt ihr euch um die übrigen (Dinge)?
27 Beachtet die Lilien , wie sie
wachsen; nicht mühen sie sich noch spinnen
sie; ich sage euch aber: Auch nicht Solomon
in seiner ganzen Herrlichkeit war umkleidet wie
eine von diesen. 28 Wenn aber Gott im Acker
das Gras, das heute ist und morgen in (den)
Ofen geworfen wird, so kleidet, um wieviel
mehr euch, Kleingläubige. 29 Und ihr, sucht

also nicht, sagend: Was sollen wir essen? oder: Was sollen wir trinken? oder: Womit sollen wir uns umkleiden? [32] Denn alles dieses erstreben die Völker ; denn (es) weiß euer himmlischer Vater, daß ihr alles dessen bedürft.

[33] Sucht aber zuerst das Königtum [Gottes] und seine Gerechtigkeit, und dieses alles wird euch hinzugelegt werden.

6,19–21 (Nr. 53):

[19] Sammelt euch nicht Schätze auf der Erde, wo Motte und Wurm vernichten und wo Diebe einbrechen und stehlen;

[20] sammelt euch aber Schätze im Himmel, wo weder Motte noch Wurm vernichten und wo Diebe nicht einbrechen und nicht stehlen;

[21] denn wo dein Schatz ist, dort wird sein auch dein Herz.

nicht, was ihr essen sollt und was ihr trinken sollt und beunruhigt euch nicht! [30] Denn dieses alles erstreben die Völker der Welt, euer Vater aber weiß, daß ihr dessen bedürft.

[31] Jedoch sucht sein Königtum, und dieses wird euch hinzugelegt werden.

[32] Fürchte dich nicht, kleine Herde, denn es gefiel eurem Vater, euch zu geben das Königtum.

[33] Verkauft euren Besitz und gebt ein Almosen!

Macht euch nicht veraltende Geldbeutel, einen unerschöpflichen Schatz in den Himmeln, wo ein Dieb nicht nahekommt, noch eine Motte (etwas) vernichtet;

[34] denn wo euer Schatz ist, dort wird auch euer Herz sein.

178. Mahnung zur Wachsamkeit

Mt 24,43–51 (Nr. 243):

[43] Jenes aber erkennt: Wenn der Hausherr wüßte, zu welcher (Nacht)wache der Dieb kommt, wachen würde er, und nicht ließe er (zu), daß eingebrochen wird (in) sein Haus.

[44] Deswegen werdet auch ihr bereit, denn zu welcher Stunde ihr (es) nicht meint, kommt der Sohn des Menschen. **

[45] Wer also ist der treue und verständige Sklave, den aufstellte der Herr über sein Hausgesinde, zu geben ihnen die Nahrung zur (bestimmten) Zeit? [46] Selig jener Sklave, den, kommend, sein Herr finden wird, so tuend; [47] amen, ich sage euch: Über all seinen

Lk 12,35–48

Ex 12,11

[35] Es sollen sein *eure Hüften umgürtet* und die
Leuchten brennend; [36] und ihr (sollt sein) gleich
Menschen, erwartend ihren Herrn, wann er
aufbricht von der Hochzeit, damit sie, wenn er
kommt und klopft, sogleich ihm öffnen. [37] Selig
jene Sklaven, die, kommend, der Herr finden
wird wachend; amen, ich sage euch: Umgürten
wird er sich und sie hinlegen (lassen) und
entlanggehend ihnen dienen. * [38] Und wenn er
in der zweiten und wenn er in der dritten
(Nacht)wache kommt und findet (sie) so, selig
sind jene! [39] Dies aber erkennt: Wenn der
Hausherr wüßte, zu welcher Stunde der
Dieb kommt, nicht ließe er zu,
daß eingebrochen wird (in) sein Haus.
[40] Werdet auch ihr bereit, denn zu
welcher Stunde ihr (es) nicht meint, kommt der
Sohn des Menschen. ** [41] (Es) sprach aber
Petros: Herr, sagst du zu uns dieses Gleichnis,
oder auch zu allen? [42] Und (es) sprach der
Herr: Wer also ist der treue Verwalter, der
verständige, den aufstellen wird der Herr über
seine Dienerschaft, zu geben zur (bestimmten) Zeit [die] Verpflegungsration? [43] Selig jener
Sklave, den, kommend, sein Herr finden wird, tuend so. [44] Wahrhaft, ich sage euch: Über all seinen

Besitz wird er ihn aufstellen. [48]Wenn aber
spricht jener üble Sklave in seinem Herzen: Zeit
läßt sich mein Herr, [49]und er beginnt
zu schlagen seine Mitsklaven,
ißt aber und trinkt mit den Betrunkenen,
[50]kommen wird der Herr jenes Sklaven an
einem Tag, an dem er (es) nicht erwartet, und in
einer Stunde, in der er (es) nicht erkennt, [51]und
zweiteilen wird er ihn, und seinen Teil wird er mit
den Heuchlern festsetzen; dort wird sein das
Weinen und das Klappern der Zähne.

Besitz wird er ihn aufstellen. [45]Wenn aber
spricht jener Sklave in seinem Herzen: Zeit
läßt sich mein Herr zu kommen, und er beginnt
zu schlagen die Knechte und die Mägde und zu
essen und zu trinken und betrunken zu werden,
[46]kommen wird der Herr jenes Sklaven an
einem Tag, an dem er (es) nicht erwartet, und in
einer Stunde, in der er (es) nicht erkennt, und
zweiteilen wird er ihn und seinen Teil wird er mit
den Ungläubigen festsetzen.

[47]Jener Sklave aber, der kennt den Willen
seines Herrn, aber nicht bereitete oder tat nach
seinem Willen, wird geschunden werden mit
vielen (Schlägen); [48]der (ihn) aber nicht kennt,
aber tat, was Schläge wert ist, wird geschunden
werden mit wenigen (Schlägen). Jedem aber,
dem gegeben wurde viel, viel wird verlangt
werden von ihm, und wem sie anvertrauen viel,
mehr werden sie fordern von ihm.

---

* Vgl. Joh 13,4–5: [4]Aufsteht er vom Mahl und legt die Obergewänder ab, und nehmend ein Leinen, umgürtete er sich; [5]dann schüttete er Wasser in das Becken und begann zu waschen die Füße der Schüler und abzuwischen mit dem Leinen, mit dem er war umgürtet.

** Mk 13,33.35 (Nr. 241): [33]Seht (zu), wacht! Denn nicht wißt ihr, wann die Zeit ist. [35]Wacht also! Denn nicht wißt ihr, wann der Herr des Hauses kommt, ob spät oder mitternachts oder beim Hahnenschrei oder (in der) Frühe.

179. Haß unter Nächststehenden

Mt 10,34–36 (Nr. 94):

[34]Meint nicht, daß ich kam, Frieden zu werfen auf
die Erde; nicht kam ich, Frieden zu werfen, sondern
ein Schwert. [35]Denn
ich kam, zu entzweien
einen Menschen gegen seinen Vater
und eine Tochter gegen
ihre Mutter
und eine Schwiegertochter gegen
ihre Schwiegermutter, [36]und *Feinde des Menschen*
(werden) seine Hausgenossen. **

Lk 12,49–53

[49]Feuer kam ich zu werfen auf die Erde, und
was will ich, wenn (nicht), (daß) es schon ange-
zündet wäre. [50]Eine Taufe aber habe ich getauft zu werden, und wie bin ich bedrängt, bis
daß sie vollendet wird. *
[51]Meint ihr, daß ich kam, Frieden zu geben auf
der Erde? Nein , ich sage euch: sondern
(eher) Zerteilung. [52]Denn es werden sein von jetzt
(an) fünf in einem Haus Zerteilte, drei gegen
zwei und zwei gegen drei, [53]zerteilt werden
Vater gegen Sohn und *Sohn* gegen *Vater*, Mi 7,6
Mutter gegen die Tochter, und *Tochter gegen*
die Mutter, Schwiegermutter gegen ihre
Schwiegertochter und *Schwiegertochter gegen*
die Schwiegermutter. **

* Mk 10,38 (Nr. 214): Jesus aber sprach zu ihnen: Nicht wißt ihr, was ihr erbittet. Könnt ihr den Kelch trinken, den ich trinke, oder die Taufe, die ich getauft werde, getauft werden?

** Mt 24,10 (Nr. 236):	Mk 13,12 (Nr. 236):	Lk 21,16 (Nr. 236):
Und dann werden Anstoß nehmen viele, und sie werden einander übergeben, und sie werden hassen einander.	Und übergeben wird (der) Bruder (den) Bruder zum Tod und (der) Vater (das) Kind, und aufstehen werden Kinder gegen Eltern, und sie werden töten sie.	Übergeben aber werdet ihr werden auch von Eltern und Brüdern und Verwandten und Freunden, und sie werden töten (einige) von euch.

180. Die Zeichen der Zeit – Zeit für Versöhnung

Mt 16,2–3 (Nr. 139):

[2]Der aber antwortend sprach zu ihnen:
[Wenn es Abend wird,
sagt ihr: Heiteres Wetter (kommt);
denn (es) rötet sich der Himmel;
[3]und (in der) Frühe: Heute (kommt) Sturm;
denn (es) rötet sich der sich trübende Himmel.
Das Angesicht des Himmels zwar wißt ihr zu beurteilen, die Zeichen der Zeiten aber könnt ihr nicht?]

5,25–26 (Nr. 43):

Sei ein Wohlgesonnener deinem Widersacher, (und zwar) schnell, solange du mit ihm auf dem Weg bist, damit dich nicht übergeben wird der Widersacher dem Richter und der Richter dem Diener und du ins Gefängnis geworfen wirst.
[26]Amen, ich sage dir: Nicht wirst du herausgehen von dort, bis du zurückgibst den letzten Kodrantes.

Lk 12,54–59

[54]Er sagte aber auch den Volksmengen:
Wann ihr seht [die] Wolke aufgehend im Westen, sogleich sagt ihr, daß Regen kommt, und es wird so;
[55]und wann ihr seht (den) Südwind wehend, sagt ihr, daß Hitze sein wird, und es wird.
[56]Heuchler, das Angesicht der Erde und des Himmels wißt ihr zu beurteilen, diese Zeit aber, wie(so) wißt ihr (sie) nicht zu beurteilen?
[57]Warum aber urteilt ihr nicht auch von euch
selbst aus das Rechte? [58]Denn wenn du
fortgehst mit deinem Widersacher zu einem Vorsteher, auf dem Weg gibt (dir) Mühe, loszukommen von ihm, damit er dich nicht fortschleppt zum Richter, und der Richter dich übergeben wird dem Schergen, und der Scherge dich werfen wird
ins Gefängnis. [59]Ich sage dir: Nicht
wirst du herausgehen von dort, bis auch das letzte Lepta du zurückgibst.

181. Rechtzeitige Umkehr

Lk 13,1–9

[1]Anwesend aber waren irgendwelche eben zu der Zeit, meldend ihm über die Galilaier, deren Blut Pilatos mischte mit ihren Opfern.
[2]Und antwortend sprach er zu ihnen: Meint ihr, daß diese Galilaier Sünder waren, mehr als alle Galilaier,
weil dieses sie erlitten haben? [3]Nein, ich sage euch: Sondern wenn ihr nicht umkehrt, alle werdet ihr
gleicherweise zugrundegehen. [4]Oder jene achtzehn, auf die der Turm fiel am Siloam und sie tötete, meint
ihr, daß sie Schuldner waren, mehr als alle Menschen, die Jerusalem bewohnen? [5]Nein, ich sage euch:
Sondern wenn ihr nicht umkehrt, alle werdet ihr ebenso zugrundegehen.

6 Er sagte aber dieses Gleichnis: Einen Feigenbaum hatte einer gepflanzt in seinem Weinberg, und er kam,
suchend Frucht an ihm, und nicht fand er. 7 Er sprach aber zu dem Winzer: Siehe, drei Jahre, seitdem ich
komme, suchend Frucht an diesem Feigenbaum, und nicht finde ich; hau ihn [nun] aus, weshalb auch saugt
er die Erde aus? 8 Der aber antwortend sagt ihm: Herr, laß ihn auch dieses Jahr, bis daß ich grabe (herum)
um ihn und werfe Mist, 9 vielleicht auch trägt er Frucht in der Zukunft; wenn aber nicht, aushauen wirst du
ihn.

182. Heilung einer verkrümmten Frau

Lk 13,10–17

10 Er war aber lehrend in einer der Synagogen an den Sabbaten. 11 Und siehe, eine Frau, habend einen
Krankheitsgeist achtzehn Jahre, und sie war gekrümmt und konnte sich nicht aufrichten zur Gänze. 12 Sehend aber sie, herbeirief sie Jesus und sprach zu ihr: Frau, sei befreit von deiner Krankheit, 13 und auflegte
er ihr die Hände; und auf der Stelle wurde sie wieder aufgerichtet und verherrlichte Gott. 14 Antwortend
aber der Synagogenvorsteher, unwillig, weil Jesus am Sabbat heilte, sagte der Volksmenge: Sechs Tage
sind, an denen man arbeiten muß; an ihnen nun, kommend, laßt euch heilen, aber nicht am Tag des
Sabbats. 15 (Es) antwortete ihm aber der Herr und sprach: Heuchler, löst nicht jeder von euch am Sabbat
sein Rind oder den Esel von der Krippe und wegführend tränkt er (ihn)? 16 Diese aber, die eine Tochter
Abrahams ist, die der Satan band, siehe, achtzehn Jahre, sollte sie nicht gelöst werden von dieser Fessel am
Tag des Sabbats? * 17 Und als er dieses sagte, schämten sich alle seine Gegner, und die ganze Volksmenge
freute sich über alle glanzvollen (Taten), die geschahen von ihm.

---

* Mt 12,11–12 (Nr. 103):
11 Der aber sprach zu ihnen: Wer wird sein von euch ein Mensch, der haben wird ein einziges Schaf, und wenn dieses hineinfällt an Sabbaten in eine Grube, wird er es nicht ergreifen und aufrichten? 12 Um wieviel (mehr) nun unterscheidet sich ein Mensch von einem Schaf. Deshalb ist es erlaubt, an Sabbaten recht zu tun.

Lk 14,5 (Nr. 187):
Und zu ihnen sprach er: Wem von euch wird ein Sohn oder Rind in einen Brunnen fallen, und nicht sogleich wird er ihn heraufziehen am Tag des Sabbats?

183. Die Gleichnisse vom Senfkorn und Sauerteig

Mt 13,31–33 (Nr. 116.117):	Mk 4,30–32 (Nr. 116):	**Lk 13,18–21**
31 Ein anderes Gleichnis legte		
er ihnen vor, sagend:	30 Und er sagte : Wie sollen	18 Er sagte nun: Wem
Gleich ist das Königtum	wir vergleichen das Königtum	ist gleich das Königtum
der Himmel	Gottes, oder in welchem	Gottes, und wem soll ich es
	Gleichnis sollen wir es	vergleichen?
einem	darlegen? 31 (Es ist) wie mit einem	19 Gleich ist es einem
Senfkorn, das nehmend ein	Senfkorn, das wann	Senfkorn, das nehmend ein
Mensch säte auf seinem	es gesät wird auf die	Mensch warf in seinen
Acker; 32 das kleiner zwar ist	Erde, kleiner ist	Garten,
als alle Samen,	als alle Samen auf der Erde,	
wann es aber wuchs,	32 und wann es gesät wird,	und es wuchs
größer als	aufsteigt und größer wird als	
die Gartengewächse ist es,	alle Gartengewächse und	
und es wird ein Baum, so daß	große Zweige macht, so daß unter	und wurde zu einem Baum,

Ps 103,12 (G) kommen *die Vögel des Himmels* und *nisten in seinen Zweigen*. [33] Ein anderes Gleichnis redete er zu ihnen:
Gleich ist das Königtum der Himmel
einem Sauerteig, den nehmend eine Frau hineinverbarg in drei Saton Mehl,
bis daß es durchsäuert wurde ganz.

seinem Schatten *die Vögel des Himmels nisten* können.

und *die Vögel des Himmels nisteten in seinen Zweigen*. [20] Und wieder sprach er: Mit wem soll ich vergleichen das Königtum Gottes? [21] Gleich ist es
einem Sauerteig, den nehmend eine Frau [hinein-]verbarg in drei Saton Mehl,
bis daß es durchsäuert wurde ganz.

184. Die Gleichnisrede von der engen und verschlossenen Tür

Mt 7,13–14 (Nr. 61):

[13] Geht hinein durch das enge Tor!
Denn breit (ist) das Tor und weit der Weg, der ins Verderben führende, und viele sind die Hindurchgehenden durch es;
[14] wie eng (ist) das Tor und gedrängt der Weg, der ins Leben führende, und wenige sind die ihn Findenden!

7,22–23 (Nr. 63):
[22] Viele werden sagen zu mir an jenem Tag: Herr, Herr, prophezeiten wir nicht in deinem Namen, und warfen wir (nicht) in deinem Namen Dämonen hinaus, und taten wir (nicht) in deinem Namen viele Kraft(taten)? [23] Und dann werde ich bekennen ihnen: Niemals kannte ich euch;
Ps 6,9 *geht weg von mir, die ihr wirkt*
1 Makk 3,6 *das Ungesetzliche!*

8,11–12 (Nr. 79):
[11] Ich sage euch aber: Viele werden von Osten und Westen kommen
und sich (zu Tisch) legen mit Abraham und Isaak und Jakob im Königtum der Himmel,
[12] die Söhne aber des Königtums werden

Lk 13,22–30

[22] Und er durchwanderte (die Gegend) nach Städten und Dörfern, lehrend und eine Reise machend nach Hierosolyma. [23] (Es) sprach aber einer zu ihm: Herr, ob (es) wenige sind, die gerettet werden? Der aber sprach zu ihnen:
[24] Kämpft, hineinzugehen durch die enge Tür,
denn viele, sage ich euch, werden suchen hineinzugehen und (es) nicht vermögen.

[25] Von (der Zeit) an, da aufsteht der Hausherr und verschließt die Tür und ihr beginnt, draußen zu stehen und zu klopfen an die Tür, sagend: Herr, öffne uns, und antwortend wird er euch sagen: Nicht kenne ich euch, woher ihr seid.
[26] Da werdet ihr beginnen zu sagen:
Wir aßen vor dir und tranken, und auf unseren Straßen lehrtest du;
[27] und sprechen wird er, sagend euch: Nicht kenne ich [euch], woher ihr seid; *entfernt euch von mir, alle Wirker von Unrecht!* [28] Dort wird sein das Weinen und das Klappern der Zähne, wann ihr seht Abraham und Isaak und Jakob und alle Propheten im Königtum Gottes, euch aber als Hinausgeworfene draußen. [29] Und kommen werden sie von Osten und Westen und von Norden und Süden, und sie werden sich (zu Tisch) legen
im Königtum Gottes.
[30] Und siehe, es sind Letzte, die sein werden

hinausgeworfen werden in die Finsternis draußen; dort wird sein das Weinen und das Klappern der Zähne.

Erste, und es sind Erste, die sein werden Letzte. *

---

* Mt 19,30 (Nr. 211):
Viele Erste aber werden sein Letzte und Letzte Erste.
Mt 20,16 (Nr. 212):
So werden sein die Letzten Erste und die Ersten Letzte.

Mk 10,31 (Nr. 211):
Viele Erste aber werden sein Letzte und [die] Letzte[n] Erste.

185. Wort über Herodes

Lk 13,31–33

31 In eben der Stunde hinzukamen einige Pharisaier, sagend ihm: Geh hinaus und geh fort von hier, denn
Herodes will dich töten. 32 Und er sprach zu ihnen: Geht, und sprecht zu diesem Fuchs: Siehe, hinauswerfe
ich Dämonen, und Heilungen vollbringe ich heute und morgen, und am dritten (Tag) werde ich vollendet.
33 Jedoch muß ich heute und morgen und am kommenden (Tag) gehen, weil es nicht angeht, daß ein
Prophet zugrundegeht außerhalb Jerusalems.

186. Klage über Jerusalem

Mt 23,37–39 (Nr. 232):

37 Jerusalem, Jerusalem, die tötet die Propheten und steinigt die zu ihr Geschickten, wie oft wollte ich zusammenführen deine Kinder, auf welche Weise ein Vogel zusammenführt seine Jungen unter die Flügel, und nicht wolltet ihr.
38 Siehe, gelassen wird euch euer Haus öde.
39 Denn ich sage euch: Nicht sollt ihr mich sehen ab jetzt, bis ihr sprecht: *Gesegnet der Kommende im Namen (des) Herrn.*

Lk 13,34–35

34 Jerusalem, Jerusalem, die tötet die Propheten und steinigt die zu ihr Geschickten, wie oft wollte ich zusammenführen deine Kinder, auf welche Weise ein Vogel (zusammenführt) seine Brut unter die Flügel, und nicht wolltet ihr.
35 Siehe, gelassen wird euch euer Haus (öde).
Ich sage euch [aber]: Nicht sollt ihr sehen mich ,bis [kommen wird, wann] ihr sprecht: *Gesegnet der Kommende im Namen (des) Herrn.* Ps 118,26

187. Heilung eines Wassersüchtigen

Lk 14,1–6

1 Und es geschah, als er ging in (das) Haus eines der Vorsteher [der] Pharisaier am Sabbat, Brot zu essen,
daß sie waren ihn belauernd.
2 Und siehe, ein wassersüchtiger Mensch war vor ihm. 3 Und antwortend sprach Jesus zu den Gesetzeskundigen und Pharisaiern, sagend: Ist es erlaubt am Sabbat zu heilen oder nicht? 4 Die aber blieben ruhig. Und
anfassend heilte er ihn und entließ (ihn). 5 Und zu ihnen sprach er: Wem von euch wird ein Sohn oder Rind
in einen Brunnen fallen, und nicht sogleich wird er ihn heraufziehen am Tag des Sabbats? * 6 Und nicht
vermochten sie entgegenzureden auf dieses.

* Mt 12,11–12 (Nr. 103):
[11]Der aber sprach zu ihnen:
Wer wird sein von euch ein Mensch, der haben wird ein einziges Schaf, und wenn dieses hineinfällt an Sabbaten in eine Grube, wird er es nicht ergreifen und aufrichten?
[12]Um wieviel (mehr) nun unterscheidet sich ein Mensch von einem Schaf. Deshalb ist es erlaubt, an Sabbaten recht zu tun.

Lk 13,15–16 (Nr. 182):
[15](Es) antwortete ihm aber der Herr und sprach: Heuchler, löst nicht jeder von euch am Sabbat sein Rind oder den Esel von der Krippe und wegführend tränkt er (ihn)?
[16]Diese aber, die eine Tochter Abrahams ist, die der Satan band, siehe, achtzehn Jahre, sollte sie nicht gelöst werden von dieser Fessel am Tag des Sabbats?

188. Wahl der Plätze

Lk 14,7–11

[7]Er sagte aber zu den Gerufenen ein Gleichnis, achtend darauf, wie die Erstlager sie auswählten, sagend
zu ihnen: [8]Wann du gerufen wirst von einem zu einer Hochzeit, leg dich nicht (zu Tisch) auf das Erstlager
damit nicht ein Angesehenerer als du gerufen ist von ihm, [9]und (es) kommt, der dich und ihn gerufen hat,
(und) er wird dir sagen: Gib diesem Platz! Und dann wirst du beginnen, mit Schande den letzten Platz
einzunehmen. [10]Sondern, wann du gerufen wirst, geh, laß dich nieder auf den letzten Platz, damit, wann
kommt, der dich gerufen hat, er dir sagen wird: Freund, rücke höher hinauf! Dann wird dir Ehre (zuteil)
vor allen mit (zu Tisch) Liegenden mit dir. [11]Denn jeder Erhöhende sich selbst wird erniedrigt werden, und
der Erniedrigende sich selbst wird erhöht werden. *

* Mt 23,12 (Nr. 232):
Wer aber erhöhen wird sich selbst, erniedrigt werden wird er, und wer erniedrigen wird sich selbst, erhöht werden wird er.

Lk 18,14 (Nr. 207):
Denn jeder Erhöhende sich selbst wird erniedrigt werden, der aber Erniedrigende sich selbst wird erhöht werden.

189. Von den rechten Gästen

Lk 14,12–14

[12]Er sagte aber auch dem, der ihn gerufen hatte: Wann du machst ein Frühstück oder Mahl, rufe nicht
deine Freunde und nicht deine Brüder und nicht deine Verwandten und nicht reiche Nachbarn, damit nicht
auch sie dich gegenrufen und dir Vergeltung geschieht. [13]Sondern, wann einen Empfang du machst, rufe
Arme, Krüppel, Lahme, Blinde! [14]Und selig wirst du sein, weil nicht(s) sie haben, dir zu vergelten, denn
vergolten werden wird dir bei der Auferstehung der Gerechten.

190. Das Gleichnis vom großen Mahl

Mt 22,1–10 (Nr. 227):

[1]Und antwortend sprach Jesus wieder in
Gleichnissen zu ihnen, sagend: [2]Verglichen
wurde das Königtum der Himmel einem Menschen, einem König, welcher machte eine

Lk 14,15–24

[15]Hörend aber dieses sprach einer der mit (zu
Tisch) Liegenden zu ihm: Selig, welcher ißt Brot
im Königtum Gottes. [16]Der aber sprach zu ihm:

Ein Mensch machte ein

Hochzeit für seinen Sohn. [3]Und er schickte
seine Sklaven, zu
rufen die Gerufenen zur Hochzeit, aber nicht
wollten sie kommen. [4]Wieder schickte er andere Sklaven, sagend: Sprecht zu den Gerufenen: Siehe, mein Mahl habe ich bereitet, meine
Ochsen und die Masttiere (sind) geschlachtet,
und alles (ist) bereit; auf, zur Hochzeit!
[5]Die aber, nicht kümmernd sich, gingen weg,
der eine auf den eigenen Acker, der andere zu
seinem Geschäft;

[6]die übrigen aber, ergreifend seine
Sklaven, mißhandelten und töteten (sie).

[7]Der König aber wurde zornig, und
schickend seine Heere, vernichtete er jene
Mörder, und ihre Stadt zündete er an.
[8]Da sagt er seinen Sklaven: Die Hochzeit ist
zwar bereit, die Gerufenen aber waren nicht
würdig;

[9]geht nun an die Kreuzungen der Wege, und
wieviele immer ihr findet, ruft zur Hochzeit.
[10]Und hinausgehend jene Sklaven auf die
Wege, sammelten sie alle, die sie fanden, Böse und Gute; und gefüllt wurde der
Hochzeitssaal von (zu Tisch) Liegenden.

großes Mahl und rief viele, [17]und er schickte
seinen Sklaven zur Stunde des Mahls, zu
sprechen zu den Gerufenen: Kommt,

weil es schon bereit ist!
[18]Aber sie begannen auf einmal alle, sich zu
entschuldigen. Der erste sprach zu ihm: Einen
Acker kaufte ich, und ich bin gezwungen, hinausgehend, ihn zu sehen; ich bitte dich, halte
mich für entschuldigt. [19]Und ein anderer
sprach: Fünf Joch Rinder kaufte ich, und ich
gehe, sie zu prüfen; ich bitte dich, halte mich für
entschuldigt. [20]Und ein anderer sprach: Eine
Frau heiratete ich, und deswegen kann ich nicht
kommen.

[21]Und ankommend meldete der Sklave seinem
Herrn dieses. Da, zornig geworden,

sprach der Hausherr zu seinem Sklaven:

Geh schnell hinaus auf die Straßen und
Gassen der Stadt, und die Armen und Krüppel
und Blinden und Lahmen führe herein, hierher!
[22]Und (es) sprach der Sklave: Herr, es ist
geschehen, was du befahlst, und noch ist Platz.
[23]Und (es) sprach der Herr zu dem Sklaven:
Geh hinaus an die Wege und Zäune und
zwinge (sie) hereinzukommen, damit gefüllt
wird mein Haus!

[24]Denn ich sage euch: Keiner jener Männer, die
gerufen waren, wird kosten mein Mahl.

191. Voraussetzungen der Nachfolge

Mt 10,37–38 (Nr. 95):

[37]Der
Vater oder Mutter mehr Liebende als mich, nicht
ist meiner nicht wert, und der Sohn oder Tochter
mehr Liebende als mich, nicht

Lk 14,25–35

[25]Mitgingen aber mit ihm viele Volksmengen,
und sich umwendend sprach er zu ihnen:
[26]Wenn einer kommt zu mir und nicht haßt
seinen Vater und die Mutter und die Frau und
die Kinder und die Brüder und die Schwestern
und auch noch sein eigenes Leben, nicht kann

ist meiner wert; [38]und wer nicht nimmt
sein Kreuz und folgt hinter mir, nicht
ist meiner wert. *

er sein mein Schüler. [27] Welcher nicht trägt
sein Kreuz und geht hinter mir (her), nicht kann
er sein mein Schüler. *
[28]Denn wer von euch, der einen Turm bauen
will, nicht zuerst, sich setzend, berechnet den
Aufwand, ob er hat (genug) zur Vollendung?
[29]Damit nicht etwa, wenn er setzte ein
Fundament und nicht vermag zu vollenden, alle
Schauenden beginnen, ihn zu verspotten,
[30]sagend: Dieser Mensch begann zu bauen
und nicht vermochte er zu vollenden.
[31]Oder welcher König, (daran) gehend mit
einem anderen König zusammenzutreffen zum
Krieg, wird nicht, sich setzend, zuerst beraten,
ob er fähig ist, mit zehntausend entgegen-
zutreten dem mit zwanzigtausend Kommenden
gegen ihn? [32]Wenn aber nicht, schickt er, wenn
der noch weit ist, eine Gesandtschaft (und) bittet um die (Bedingungen) für Frieden. [33]So also
kann jeder von euch, der nicht sich trennt von
all seinem Besitz, nicht sein mein Schüler.
[34]Gut also (ist) das Salz; wenn aber auch das
Salz schal wird, mit was wird es gewürzt
werden? [35]Weder für (die) Erde noch für
(den) Mist ist es tauglich, hinauswirft
man es. Der Habende Ohren zu hören, er
höre! **

---

* Mt 16,24 (Nr. 144):

Da sprach Jesus zu seinen Schülern: Wenn einer will hinter mir (her-) kommen, soll er sich selbst verleugnen und tragen sein Kreuz und mir folgen!

Mk 8,34 (Nr. 144):

Und herbeirufend die Volksmenge mit seinen Schülern, sprach er zu ihnen: Wenn einer will hinter mir folgen, soll er sich selbst verleugnen und tragen sein Kreuz und mir folgen!

Lk 9,23 (Nr. 144):

Er sagte aber zu allen: Wenn einer will hinter mir (her-) gehen, soll er sich selbst (ver)leugnen und tragen sein Kreuz täglich und mir folgen!

** Mt 5,13 (Nr. 41):

Ihr seid das Salz der Erde; wenn aber das Salz schal wird, mit was wird es salzig gemacht werden? Zu nichts hat es mehr Kraft, außer, hinausgeworfen, zertreten zu werden von den Menschen.

Mk 9,50 (Nr. 153):

Gut (ist) das Salz; wenn aber das Salz salzlos wird, mit was werdet ihr es würzen?

192. Das Gleichnis vom verlorenen Schaf

Mt 18,12–14 (Nr. 154):

Lk 15,1–7

[1]Es waren aber ihm sich nähernd alle Zöllner
und Sünder, ihn zu hören. [2]Und (es) murrten
sowohl die Pharisaier und die Schriftkundigen,
sagend: Dieser nimmt Sünder an und ißt mit
ihnen.

12 Was dünkt euch?
Wenn es geschieht, (daß) einem Menschen
hundert Schafe (gehören) und (es) verirrt sich
eines von ihnen, wird er nicht verlassen die
neunundneunzig auf den Bergen, und hingehend sucht er das verirrte? 13 Und wenn es geschieht,
daß er es findet, amen, ich sage euch:
Er freut sich über es mehr als über die
neunundneunzig, die nicht sich verirrten.

14 So ist es nicht (der) Wille von eurem Vater
in (den) Himmeln, daß verlorengehe eines
dieser Kleinen.

3 Er sprach aber zu ihnen dieses Gleichnis,
sagend: 4 Welcher Mensch von euch, habend
hundert Schafe und verlierend
von ihnen eines, nicht läßt zurück die
neunundneunzig in der Öde, und geht zu dem
verlorenen, bis er es findet? 5 Und wenn er
(es) gefunden hat, auflegt er (es) auf seine
Schultern, sich freuend,

6 und wenn er gekommen ist ins Haus, zusammenruft er die Freunde und die Nachbarn,
sagend ihnen: Freut euch mit mir, weil ich fand
mein Schaf, das verlorene. 7 Ich sage euch:
So wird (mehr) Freude im Himmel sein über
einen umkehrenden Sünder als über neunundneunzig Gerechte, welche nicht nötig haben
eine Umkehr.

193. Das Gleichnis von der verlorenen Drachme

Lk 15,8–10

8 Oder welche Frau, habend zehn Drachmen, wenn sie verliert eine Drachme, zündet nicht an eine Leuchte
und fegt das Haus und sucht sorgfältig, bis daß sie findet? 9 Und wenn sie gefunden hat, zusammenruft sie die Freundinnen und Nachbarinnen, sagend: Freut euch mit mir, weil ich fand die Drachme, die
ich verlor. 10 So, sage ich euch, entsteht Freude vor den Engeln Gottes über einen umkehrenden Sünder.

194. Das Gleichnis vom verlorenen Sohn (bzw. den verlorenen Söhnen)

Lk 15,11–32

11 Er sprach aber: Ein Mensch hatte zwei Söhne. 12 Und (es) sprach der jüngere von ihnen zum Vater:
Vater, gib mir den (mir) zufallenden Teil des Vermögens! Der aber zuteilte ihnen den Besitz. 13 Und nach
nicht vielen Tagen sammelte alles der jüngere Sohn, verreiste in ein fernes Land, und dort verpraßte er sein
Vermögen, liederlich lebend. 14 Als er aber verausgabt hatte alles, entstand eine starke Hungersnot über
jenes Land, und er begann Mangel zu leiden. 15 Und gehend, anschloß er sich einem der Bürger jenes
Landes, und er schickte ihn auf seine Äcker, zu weiden Schweine, 16 und er begehrte, sich zu sättigen von
den Schoten, die die Schweine fraßen, und keiner gab (sie) ihm. 17 In sich gehend aber, sagte er: Wieviele
Lohnarbeiter meines Vaters haben Überfluß an Broten, ich aber gehe an (der) Hungersnot hier zugrunde.
18 Aufgestanden, gehen werde ich zu meinem Vater und sagen werde ich ihm: Vater, ich sündigte gegen den
Himmel und vor dir, 19 nicht mehr bin ich wert, gerufen zu werden dein Sohn; mache mich wie einen deiner
Lohnarbeiter! 20 Und aufgestanden ging er zu seinem Vater. Noch als er aber weit entfernt war, sah ihn sein
Vater und erbarmte sich, und laufend fiel er um seinen Hals, und abküßte er ihn. 21 (Es) sprach aber der
Sohn zu ihm: Vater, ich sündigte gegen den Himmel und vor dir, nicht mehr bin ich wert, gerufen zu werden
dein Sohn. 22 (Es) sprach aber der Vater zu seinen Sklaven: Schnell bringt heraus das erste Gewand und
bekleidet ihn, und gebt einen Ring an seine Hand und Sandalen an die Füße, 23 und bringt das gemästete
Kalb, schlachtet, und essend wollen wir feiern, 24 weil dieser mein Sohn tot war und auflebte, verloren war

und gefunden wurde. Und sie begannen zu feiern. 25 (Es) war aber sein älterer Sohn auf (dem) Acker; und wie er, kommend, nahekam dem Haus, hörte er Musik und Reigen, 26 und herbeirufend einen der Knechte, erkundigte er sich, was dieses sei. 27 Der aber sprach zu ihm: Dein Bruder ist gekommen, und (es) schlachtete dein Vater das gemästete Kalb, weil gesund er ihn zurückempfing. 28 Zornig aber wurde er, und nicht wollte er hineingehen, sein Vater aber, herauskommend, bat ihn. 29 Der aber antwortend sprach zu seinem Vater: Siehe, soviele Jahre diene ich dir und niemals überging ich dein Gebot, und mir gabst du niemals einen Bock, damit mit meinen Freunden ich feiere; 30 als aber dieser dein Sohn, der auffressende deinen Besitz mit Dirnen, kam, schlachtetest du ihm das gemästete Kalb. 31 Der aber sprach zu ihm: Kind, du bist allzeit bei mir, und alles Meine ist dein; 32 feiern aber und sich freuen mußte man, weil dieser dein Bruder tot war und auflebte, und verloren (war) und gefunden wurde.

195. Das Gleichnis vom ungerechten Verwalter

Lk 16,1–13

1 Er sagte aber auch zu den Schülern: Ein Mensch war reich; der hatte einen Verwalter, und dieser wurde ihm verklagt als zerstreuend seinen Besitz. 2 Und rufend ihn, sprach er zu ihm: Was höre ich dies über dich? Gib die Rechenschaft ab über deine Verwaltung, denn nicht kannst du noch (länger) verwalten. 3 (Es) sprach aber bei sich der Verwalter: Was werde ich tun, weil mein Herr wegnimmt die Verwaltung von mir? Graben kann ich nicht, zu betteln schäme ich mich. 4 Ich erkannte, was ich tun werde, damit, wann ich entfernt werde aus der Verwaltung, sie mich aufnehmen in ihre Häuser. 5 Und herbeirufend einzeln jeden der Schuldner seines Herrn, sagte er dem ersten: Wieviel schuldest du meinem Herrn? 6 Der aber sprach: Hundert Bat Öl. Der aber sprach zu ihm: Nimm deine Schriften und, dich setzend, schnell schreibe fünfzig! 7 Danach zu einem anderen sprach er: Du aber, wieviel schuldest du? Der aber sprach: Hundert Kor Weizen. Er sagt ihm: Nimm deine Schriften und schreibe achtzig. 8 Und es lobte der Herr den Verwalter der Ungerechtigkeit, weil klug er handelte; denn die Söhne dieses Aions sind klüger als die Söhne des Lichts in ihrer eigenen Art. 9 Und ich sage euch, macht euch Freunde aus dem Mammon der Ungerechtigkeit, damit, wann es aufhört, sie euch aufnehmen in die ewigen Zelte.

10 Der Treue im Geringsten, auch im Vielen ist er treu, und der im Geringsten Ungerechte, auch im Vielen ist er ungerecht. 11 Wenn ihr nun im ungerechten Mammon nicht treu wart, wer wird das Wahre euch anvertrauen? 12 Und wenn ihr im Fremden nicht treu wart, wer wird das Eure euch geben?

Mt 6,24 (Nr. 55):	
24 Keiner kann zwei Herren dienen; denn entweder den einen wird er hassen, und den anderen wird er lieben, oder er wird an den einen sich halten, und den anderen wird er verachten. Nicht könnt ihr Gott dienen und (dem) Mammon.	13 Kein Hausdiener kann zwei Herren dienen; denn entweder den einen wird er hassen, und den anderen wird er lieben, oder er wird an den einen sich halten, und den anderen wird er verachten. Nicht könnt ihr Gott dienen und (dem) Mammon.

196. Von der Selbstgerechtigkeit der Pharisaier

Lk 16,14–15

14 (Es) hörten aber dieses alles die Pharisaier, die geldgierig sind, und sie verhöhnten ihn. 15 Und er sprach zu ihnen: Ihr seid die sich selbst Gerechtsprechenden vor den Menschen, Gott aber erkennt eure Herzen; denn das bei Menschen Hohe, ein Greuel (ist es) vor Gott.

197. Geltung des Gesetzes und Ehescheidung

Mt 11,12–13 (Nr. 98):

[12]Von den Tagen aber (des) Johannes des Täufers bis jetzt wird das Königtum der Himmel vergewaltigt, und Gewalttätige reißen es (an sich).
[13]Denn alle Propheten und das Gesetz bis zu Johannes prophezeiten.

Mt 5,18 (Nr. 42):

[18]Amen, denn ich sage euch: Bis vergeht der Himmel und die Erde, nicht ein einziges Jota oder ein einziges Häkchen vergeht vom Gesetz, bis alles geschieht.

Mt 5,32 (Nr. 45):

[32]Ich aber sage euch: Jeder Entlassende seine Frau, ausgenommen aufgrund von Unzucht, macht, daß zum Ehebruch sie genommen wird, und wer immer eine Entlassene heiratet, bricht die Ehe. *

* Mt 19,9 (Nr. 209):
Ich sage euch aber: Wer immer entläßt seine Frau – nicht bei Unzucht – und heiratet eine andere, bricht die Ehe.

Lk 16,16–18

[16]Das Gesetz und die Propheten (galten) bis Johannes; von da (an) wird das Königtum Gottes (als Evangelium) verkündet, und jeder dringt gewalttätig in es.

[17]Leichter aber ist, daß der Himmel und die Erde vergehen, als daß ein einziges Häkchen des Gesetzes (weg-) fällt.

[18]Jeder Entlassende seine Frau und Heiratende eine andere bricht die Ehe, und der eine vom Mann Entlassene Heiratende bricht die Ehe.

Mk 10,11–12 (Nr. 209):
[11]Und er sagt ihnen: Wer immer entläßt seine Frau und heiratet eine andere, bricht die Ehe gegen sie; [12]und wenn sie, entlassend ihren Mann, heiratet einen anderen, bricht sie die Ehe.

198. Gleichnis von einem Reichen und dem armen Lazaros

Lk 16,19–31

[19]Ein Mensch aber war reich, und er zog sich an Purpurgewand und Feinleinen, feiernd täglich glänzend.
[20]Ein Armer aber mit Namen Lazaros war hingeworfen vor sein Tor, geschwürig [21]und begehrend, sich zu
sättigen vom Fallenden vom Tisch des Reichen; aber auch die Hunde, kommend, beleckten seine Ge-
schwüre. [22]Es geschah aber, daß der Arme starb und daß er fortgetragen wurde von den Engeln in den
Schoß Abrahams; (es) starb aber auch der Reiche, und er wurde begraben. [23]Und im Hades erhebend
seine Augen, (denn) er war in Qualen, sieht er Abraham von weitem und Lazaros in seinem Schoß. [24]Und
rufend sprach er: Vater Abraham, erbarme dich meiner und schick Lazaros, damit er tauche die Spitze
seines Fingers in Wasser und abkühle meine Zunge, weil ich leide in dieser Flamme. [25](Es) sprach aber
Abraham: Kind, gedenke, daß du empfingst deine Güter in deinem Leben, und Lazaros gleicherweise die
Übel; jetzt aber wird er hier getröstet, du aber leidest. [26]Und zu allem diesem ist zwischen uns und euch
eine große Kluft aufgerichtet, auf daß die hinübergehen Wollenden von hier zu euch, (es) nicht können,
noch von dort zu uns sie durchgelangen. [27]Er sprach aber: Ich bitte dich nun, Vater, daß du ihn schickst ins
Haus meines Vaters, [28]denn ich habe fünf Brüder, auf daß er ihnen bezeuge, damit nicht auch sie kommen
in diesen Ort der Qual. [29](Es) sagt aber Abraham: Sie haben Moyses und die Propheten; hören sollen sie
sie. [30]Der aber sprach: Nein, Vater Abraham, doch wenn einer von den Toten kommt zu ihnen, umkehren
werden sie. [31]Er aber sprach zu ihm: Wenn Moyses und die Propheten sie nicht hören, auch nicht, wenn
einer aus Toten aufsteht, werden sie überzeugt werden.

199. Warnung vor dem Anstoßgeben

Mt 18,6–7 (Nr. 152):

6 Wer aber immer Anstoß
gibt einem dieser Kleinen,
der Glaubenden an mich,
zukommt
ihm , daß umgehängt
würde ein Eselsmühlstein um
seinen Nacken und er ver-
senkt würde in der Tiefe des
Meeres.

7 Wehe der Welt wegen der
Ärgernisse; denn (die) Notwendigkeit (besteht), daß die
Ärgernisse kommen, jedoch
wehe dem Menschen, durch
den das Ärgernis kommt.

Mk 9,42 (Nr. 152):

42 Und wer immer Anstoß
gibt einem einzigen dieser Kleinen,
der Glaubenden [an mich],
besser wäre es für
ihn mehr, wenn ein Esels-
mühlstein umgelegt wäre um
seinen Nacken und er geworfen wäre ins
Meer.

Lk 17,1–3a

1 Er sprach aber zu seinen
Schülern: Unmöglich ist, daß
die Ärgernisse nicht kommen,
jedoch wehe, durch den sie
kommen; 2 besser wäre für
ihn , wenn ein
Mühlstein umgelegt wäre um
seinen Nacken und er geworfen wäre ins
Meer, als daß er Anstoß
gibt einem einzigen dieser
Kleinen.
3a Nehmt euch in acht!

vgl. V 1

200. Verhalten gegen den sündigen Bruder

Mt 18,15 (Nr. 155):

15 Wenn aber gesündigt hat [gegen dich] dein
Bruder, geh fort, überführe ihn zwischen dir und
ihm allein. Wenn er dich hört, gewannst du
deinen Bruder.

Mt 18,21–22 (Nr. 157):

21 Dann hinkommend sprach Petros zu ihm:
Herr, wie oft wird sündigen gegen mich
mein Bruder, und ich werde ihm erlassen? Bis
siebenmal? 22 (Es) sagt ihm Jesus: Nicht sage
ich dir: bis siebenmal, sondern bis siebzigmal
sieben.

Lk 17,3b–4

3b Wenn sündigt dein
Bruder, fahre ihn an, und
wenn er umkehrt, erlasse ihm!

4 Und wenn
siebenmal des Tags er sündigt gegen
dich und siebenmal sich hinwendet zu dir,
sagend: Ich kehre um, erlassen sollst du ihm!

201. Vom Glauben

Mt 17,20 (Nr. 147)

20 Der aber sagt ihnen: Wegen eures
Kleinglaubens, amen, denn ich sage euch:
Wenn ihr habt einen Glauben wie ein Senfkorn,
werdet ihr sagen diesem Berg:

Lk 17,5–6

5 Und (es) sprachen die Apostel zum Herrn: Ver-
leihe uns Glauben! 6 (Es) sprach aber der Herr:
Wenn ihr habt einen Glauben wie ein Senfkorn,
sagen würdet ihr [diesem] Maulbeerfeigen-

Geh fort von hier nach dort,
und fortgehen wird er; und nichts wird euch
unmöglich sein. *

baum: Werde entwurzelt und gepflanzt im Meer!
Und gehorchen würde er euch. *

---

* Mt 21,21 (Nr. 223):
Antwortend aber sprach Jesus zu ihnen:
Amen, ich sage euch: Wenn ihr habt Glauben und
nicht zweifelt, nicht allein das des Feigenbaumes werdet
ihr tun, sondern auch wenn zu diesem Berg ihr sprecht:
Werde weggetragen und werde geworfen ins Meer,
werden wird er (es).

Mk 11,22–23 (Nr. 223):
22 Und antwortend sagt ihnen Jesus: Habt Glauben an
Gott! 23 Amen, ich sage euch:
Wer immer spricht zu diesem Berg:
Werde weggetragen und werde geworfen ins Meer, und
nicht zweifelt in seinem Herzen, sondern glaubt, daß,
was er redet, geschieht, zuteil wird es ihm.

202. Das Gleichnis vom Sklaven

Lk 17,7–10

7 Wer aber von euch, habend einen Sklaven pflügend oder weidend, wird, wenn er hereinkommt vom
Acker, ihm sagen: Sogleich herkommend, leg dich (zu Tisch)! 8 Sondern wird er nicht ihm sagen: Bereite,
was ich speisen werde, und dich umgürtend bediene mich, solange ich esse und trinke, und danach wirst du
essen und trinken? 9 Hat er etwa Dank dem Sklaven, weil er tat das Angeordnete? 10 So auch ihr, wann
ihr tatet alles euch Angeordnete, sagt: Unnütze Sklaven sind wir; was wir schuldeten zu tun, haben wir
getan.

203. Heilung der zehn Aussätzigen

Lk 17,11–19

11 Und es geschah beim Gehen nach Jerusalem, daß er durchzog mitten durch Samareia und Galilaia.
12 Und als er hineinkam in ein Dorf, begegneten [ihm] zehn aussätzige Männer, die stehenblieben von
weitem, 13 und sie erhoben (die) Stimme, sagend: Jesus, Meister, erbarme dich unser! 14 Und sehend (sie),
sprach er zu ihnen: Geht, zeigt euch den Priestern! Und es geschah, bei ihrem Fortgehen wurden sie rein.
15 Einer aber von ihnen, sehend, daß er geheilt wurde, kehrte zurück, mit lauter Stimme verherrlichend
Gott, 16 und er fiel aufs Gesicht vor seinen Füßen, dankend ihm; und er war ein Samariter. 17 Antwortend
aber sprach Jesus: Wurden nicht die zehn rein? Wo aber (sind) die neun? 18 Nicht fanden sich (welche),
zurückkehrend, Gott die Ehre zu geben, außer dieser Fremdstämmige? 19 Und er sprach zu ihm: Aufstehend geh! Dein Glaube hat dich gerettet.

204. Vom Kommen des Königtums Gottes

Lk 17,20–21

20 Befragt aber von den Pharisaiern, wann das Königtum Gottes kommt, antwortete er ihnen und sprach:
Nicht kommt das Königtum Gottes unter Beobachtung, 21 auch werden sie nicht sagen: Siehe, hier! oder:
Dort! Denn siehe, das Königtum Gottes ist unter euch.

205. Das Kommen des Sohnes des Menschen

Mt 24,26–27 (Nr. 237):

26 Wenn sie also sprechen zu
euch: Siehe , in der Öde ist er, geht nicht
hinaus! Siehe, in den Kammern, glaubt (es)
nicht! 27 Denn wie der Blitz ausgeht von
Osten und scheint bis Westen,
so wird
sein die Ankunft des Sohnes des Menschen.

Mt 24,37–39 (Nr. 242):
37 Denn wie die Tage
des Noe, so wird sein die Ankunft des Sohnes
des Menschen. 38 Denn wie sie waren in [jenen]
Tagen vor der Sintflut essend und trinkend,
heiratend und verheiratend, bis zu
(dem) Tag, an dem hineinging Noe in die Arche
39 und sie (es) nicht erkannten, bis die Sintflut
kam und wegtrug alle;

so wird sein [auch]
die Ankunft des Sohnes des Menschen.

Mt 10,39 (Nr. 95):
39 Der sein Leben Findende,
verlieren wird er es, und der sein Leben
Verlierende wegen meiner, finden wird er es. ****
Mt 24,40–41 (Nr. 242):
40 Dann werden sein
zwei auf dem Acker, einer wird mitge-
nommen und einer wird (zurück-)
gelassen; 41 (es werden sein) zwei
Mahlende an der Mühle, eine wird mit-
genommen und eine wird (zurück)gelassen.
Mt 24,28 (Nr. 237):
28 wo immer ist die Leiche, dort
werden sich versammeln die Geier.

Lk 17,22–37

22 Er sprach aber zu den Schülern: Kommen
werden Tage, da ihr begehren werdet, einen der
Tage des Sohnes des Menschen zu sehen, und
nicht werdet ihr sehen. 23 Und sagen werden sie
euch: Siehe dort! [oder:] Siehe hier! Geht nicht
hin und folgt
nicht! 24 Denn wie der Blitz, blitzend, vom
(einen Ende) unter dem Himmel bis zum (anderen Ende) unterm Himmel leuchtet, so wird
sein der Sohn des Menschen [an
seinem Tag]. * 25 Zuerst aber muß er vieles
leiden und verworfen werden von diesem
Geschlecht. **
26 Und gleichwie es geschah in den Tagen
Noes, so wird es sein in den Tagen des Sohnes
des Menschen:
27 Sie aßen, sie tranken,
sie heirateten, sie wurden verheiratet, bis zu
(dem) Tag, an dem hineinging Noe in die Arche
und die Sintflut kam
und alle vernichtete. 28 Gleicherweise gleichwie es geschah in den Tagen Lots: Sie aßen, sie
tranken, sie kauften, sie verkauften, sie pflanz-
ten, sie bauten; 29 an (dem) Tag aber, an dem
Lot herausging von Sodoma, regnete Feuer und
Schwefel vom Himmel und vernichtete alle.
30 Genauso wird es sein am Tag, an
dem der Sohn des Menschen offenbart wird.
31 An jenem Tag, wer sein wird auf dem Dach und
seine Sachen im Haus (hat), nicht soll er herabsteigen, sie wegzutragen, und der im Acker gleicherweise, nicht soll er zurückkehren nach hinten. ***
32 Erinnert euch der Frau Lots!
33 Wer immer sucht sein Leben sich zu erhalten,
verlieren wird er es, wer aber immer (es)
verliert, lebendigerhalten wird er es. ****

34 Ich sage euch, in dieser Nacht werden sein
zwei auf einem Bett, der eine wird mitge-
nommen werden, und der andere wird (zurück-)
gelassen werden; 35 (es) werden sein zwei
Mahlende an demselben (Ort), die eine wird mit-
genommen werden, die andere aber wird (zurück)gelassen werden. #
37 Und antwortend sagen sie ihm: Wo, Herr?
Der aber sprach zu ihnen: Wo der Leib (ist), dort
auch werden die Geier sich versammeln.

V 36 ist aus Mt 24,40 eingedrungen

* Mt 24,23–25 (Nr. 237):
[23]Dann, wenn einer zu euch spricht: Siehe, hier (ist) der Christos! oder: Hier!, glaubt (es) nicht! [24]Denn aufstehen werden Lügenchristosse und Lügenpropheten, und geben werden sie große Zeichen und Wunder, so daß sie irreführen, wenn möglich, auch die Auserwählten. [25]Siehe, vorhergesagt habe ich (es) euch.

Mk 13,21–23 (Nr. 237):
[21]Und dann, wenn einer zu euch spricht: Sieh, hier (ist) der Christos, sieh, dort!, glaubt (es) nicht! [22]Denn aufstehen werden Lügenchristosse und Lügenpropheten, und geben werden sie Zeichen und Wunder, um irrezuführen, wenn möglich, die Auserwählten. [23]Ihr aber seht (zu)! Vorhergesagt habe ich euch alles.

** Mt 16,21 (Nr. 143):
Von da (an) begann Jesus zu zeigen seinen Schülern, daß er müsse nach Hierosolyma hingehen und vieles leiden von den Ältesten und Hochpriestern und Schriftkundigen und getötet werden und am dritten Tag erweckt werden.

Mk 8,31 (Nr. 143):
Und er begann zu lehren sie: (Es) muß der Sohn des Menschen vieles leiden und verworfen werden von den Ältesten und den Hochpriestern und den Schriftkundigen und getötet werden und nach drei Tagen aufstehen.

Lk 9,22 (Nr. 143):
Er sprach: (Es) muß der Sohn des Menschen vieles leiden und verworfen werden von den Ältesten und Hochpriestern und Schriftkundigen und getötet werden und am dritten Tag erweckt werden.

*** Mt 24,17–18 (Nr. 237):
[17]Der auf dem Dach soll nicht herabsteigen, wegzutragen die (Dinge) aus seinem Haus, [18]und der auf dem Acker soll nicht zurückkehren nach hinten, wegzutragen sein Gewand.

Mk 13,15–16 (Nr. 237):
[15]Der auf dem Dach [aber] soll nicht herabsteigen und nicht hineingehen, wegzutragen etwas aus seinem Haus, [16]und der auf dem Acker soll nicht umkehren nach hinten, zu holen sein Gewand.

**** Mt 16,25 (Nr. 144):
[25]Denn wer immer will sein Leben retten, verlieren wird er es; wer aber immer verliert sein Leben wegen meiner, finden wird er es.

Mk 8,35 (Nr. 144):
[35]Denn wer immer will sein Leben retten, verlieren wird er es; wer aber verlieren wird sein Leben wegen meiner und des Evangeliums, retten wird er es.

Lk 9,24 (Nr. 144):
Denn wer immer will sein Leben retten, verlieren wird er es; wer aber immer verliert sein Leben wegen meiner, dieser wird es retten.

Joh 12,25: Der Liebende sein Leben verliert es, und der Hassende sein Leben in dieser Welt, zum ewigen Leben wird er es bewahren.

206. Das Gleichnis vom Richter und von der Witwe

Lk 18,1–8

1 Er sagte aber ein Gleichnis ihnen bezüglich der Notwendigkeit, daß sie allzeit beten und nicht ermüden,
2 sagend: Ein Richter war in einer Stadt, Gott nicht fürchtend und sich vor einem Menschen nicht scheuend.
3 Eine Witwe aber war in jener Stadt und kam zu ihm, sagend: Recht verschaffe mir vor meinem Widersacher! 4 Und nicht wollte er für (einige) Zeit. Danach aber sprach er bei sich: Wenn auch Gott ich nicht
fürchte noch vor einem Menschen ich mich scheue, 5 weil jedoch mir Mühe bereitet diese Witwe, werde ich
Recht verschaffen ihr, damit nicht am Ende sie, kommend, mir ins Gesicht schlägt. 6 (Es) sprach aber der
Herr: Hört, was der Richter der Ungerechtigkeit sagt! 7 Gott aber, wird er nicht schaffen das Recht seiner
Auserwählten, der rufenden zu ihm tags und nachts, und großmütig sein gegen sie? 8 Ich sage euch: Schaffen wird er ihr Recht in Kürze. Jedoch der Sohn des Menschen, wird er wohl kommend finden den Glauben
auf der Erde?

207. Das Gleichnis vom Pharisaier und vom Zöllner

Lk 18,9–14

[9]Er sprach aber zu einigen Vertrauenden auf sich selbst, daß sie sind Gerechte, und Verachtenden die übrigen, dieses Gleichnis: [10]Zwei Menschen hinaufstiegen zum Heiligtum zu beten, der eine ein Pharisaier und der andere ein Zöllner. [11]Der Pharisaier, sich hinstellend, betete bei sich dieses: Gott, ich danke dir, daß nicht ich bin wie die übrigen der Menschen, Räuber, Ungerechte, Ehebrecher, oder auch wie dieser Zöllner; [12]ich faste zweimal die Woche, ich verzehnte alles, wieviel ich erwerbe. [13]Der Zöllner aber, von weitem stehend, nicht wollte die Augen erheben zum Himmel, sondern er schlug seine Brust, sagend: Gott, sei gnädig mir, dem Sünder! [14]Ich sage euch, hinabstieg dieser gerechtfertigt in sein Haus in Vergleich zu jenem; denn jeder Erhöhende sich selbst wird erniedrigt werden, der aber Erniedrigende sich selbst wird erhöht werden. *

* Mt 23,12 (Nr. 232):
Wer aber erhöhen wird sich selbst,
erniedrigt werden wird er, und wer erniedrigen
wird sich selbst, erhöht werden wird er.

Lk 14,11 (Nr. 188):
Denn jeder Erhöhende sich selbst
wird erniedrigt werden, und der Erniedrigende
sich selbst wird erhöht werden.

Wirksamkeit in der Judaia

208. Jesu Aufbruch von der Galilaia in die Judaia

Mt 19,1–2

[1]Und es geschah, als Jesus beendete diese Worte, aufbrach er von der Galilaia, und er kam in die Gebiete der Judaia
jenseits des Jordanes. [2]Und es folgten ihm viele Volksmengen,
und er heilte sie dort.

Mk 10,1

[1]Und von dort, aufstehend,
kommt er in die Gebiete der Judaia [und]
jenseits des Jordanes, und zusammenkommen wieder Volksmengen zu ihm, und wie er gewohnt war, wieder lehrte er sie.

209. Von Ehescheidung und Ehelosigkeit

Mt 19,3–12

[3]Und hinzukamen zu ihm Pharisaier, versuchend ihn und sagend: Ob es erlaubt ist einem Menschen, zu entlassen seine Frau aus jedem Grund? [4]Der aber antwortend sprach:
vgl. VV 7–8

Nicht last ihr, daß der Erschaffende
von Anfang (an)
Gen 1,27; 5,2 *männlich und weiblich machte* *sie*?
[5]Und er sprach: *Dessentwegen wird zurücklas-*

Mk 10,2–12

[2]Und hinzukommende Pharisaier befragten ihn, ob es erlaubt ist einem Mann, (seine) Frau zu entlassen – versuchend ihn. [3]Der aber antwortend sprach zu ihnen: Was gebot euch Moyses? [4]Die aber sprachen: (Es) erlaubte Moyses, einen Scheidebrief zu schreiben und zu entlassen. [5]Jesus aber sprach zu ihnen: Wegen eurer Hartherzigkeit schrieb er euch dieses Gebot.
[6]Von Anfang (der) Schöpfung (an) aber
männlich und weiblich machte er sie;
[7]*dessentwegen wird zurücklas-*

sen ein Mensch den Vater und die Mutter,
und anschließen wird er sich seiner Frau,
und (es) werden sein die zwei zu einem
Fleisch. [6]Daher nicht mehr sind sie zwei, sondern ein Fleisch. Was nun Gott zusammen-
jochte, soll ein Mensch nicht trennen.
[7]Sie sagen ihm: Warum nun gebot Moyses,
einen Scheidebrief zu geben und [sie] zu
entlassen? [8]Er sagt ihnen: Moyses erlaubte
euch wegen eurer Hartherzigkeit, eure Frauen
zu entlassen; von Anfang (an) aber ist es nicht
gewesen so. [9]Ich sage euch aber: Wer
immer entläßt seine Frau – nicht bei Unzucht –
und heiratet eine andere, bricht die Ehe. *

[10](Es) sagen ihm [seine] Schüler: Wenn so ist
die Sache des Menschen mit der Frau, ist es
nicht nützlich zu heiraten. [11]Der aber sprach zu
ihnen: Nicht alle fassen [dieses] Wort, sondern
(die), denen es gegeben ist. [12]Denn (es) sind
Verschnittene, welche aus (dem) Mutterleib
geboren wurden so, und (es) sind Verschnittene, welche verschnitten wurden von den Menschen, und (es) sind Verschnittene, welche sich
selbst verschnitten wegen des Königtums der
Himmel. Der fassen Könnende soll (es) fassen!

sen ein Mensch seinen Vater und die Mutter
[und anschließen wird er sich an seine Frau], Gen 2,24 (G)
[8]*und (es) werden sein die zwei zu einem*
Fleisch; daher nicht mehr sind sie zwei, sondern ein Fleisch. [9]Was nun Gott zusammen-
jochte, soll ein Mensch nicht trennen.

vgl. VV 4–5

[10]Und im Haus wieder befragten ihn die
Schüler über dies. [11]Und er sagt ihnen: Wer
immer entläßt seine Frau
und heiratet eine andere, bricht die Ehe gegen
sie; * [12]und wenn sie, entlassend ihren Mann,
heiratet einen anderen, bricht sie die Ehe.

* Mt 5,32 (Nr. 45):
Jeder Entlassende seine Frau – ausgenommen aufgrund von Unzucht – macht, daß zum Ehebruch sie genommen wird, und wer immer eine Entlassene heiratet, bricht die Ehe.

Lk 16,18 (Nr. 197):
Jeder Entlassende seine Frau
und Heiratende eine andere bricht die Ehe,
und der eine vom Mann Entlassene Heiratende
bricht die Ehe.

210. Segnung der Kinder

Mt 19,13–15

[13]Da wurden hingebracht zu ihm Kinder, damit er die Hände auflege ihnen und bete; die Schüler aber fuhren sie an.
[14]Jesus aber sprach: Laßt die Kinder und hindert sie nicht, zu kommen zu mir; denn solcher ist das Königtum der Himmel.
Mt 18,3 (Nr. 150):
Amen, ich sage euch: Wenn

Mk 10,13–16

[13]Und hinbrachten sie zu ihm Kinder, damit er sie berühre; die Schüler aber fuhren sie an.
[14](Es) sehend aber, wurde Jesus unwillig und sprach zu ihnen: Laßt die Kinder kommen zu mir, hindert sie nicht, denn solcher ist das Königtum Gottes!

[15]Amen, ich sage euch: Wer

Lk 18,15–17

[15]Hinbrachten sie aber zu ihm auch die Säuglinge, damit er sie berühre; sehend aber (das) die Schüler, fuhren sie sie an.
[16]Jesus aber herbeirief sie, sagend: Laßt die Kinder kommen zu mir und hindert sie nicht, denn solcher ist das Königtum Gottes!

[17]Amen, ich sage euch: Wer

ihr euch nicht umwendet
und werdet wie die Kinder,
nicht kommt ihr hinein ins
Königtum der Himmel. *
15 Und als er
ihnen die Hände aufgelegt hatte, ging er von dort.

immer nicht aufnimmt das
Königtum Gottes wie ein Kind,
nicht kommt er hinein in
es. *
16 Und umarmend sie, segnete er (sie), legend die Hände
auf sie.

immer nicht aufnimmt das
Königtum Gottes wie ein Kind,
nicht kommt er hinein in
es.

---

* Joh 3,3.5: 3 (Es) antwortete Jesus und sprach zu ihm: Amen amen, ich sage dir, wenn nicht einer geboren wird von oben, nicht kann er sehen das Königtum Gottes.
5 (Es) antwortete Jesus: Amen, amen, ich sage dir, wenn nicht einer geboren wird aus Wasser und Geist, nicht kann er hineinkommen ins Königtum Gottes.

211. Von Reichtum und Nachfolge

Mt 19,16–30

16 Und siehe,
einer hinzukommend sprach zu ihm:
Lehrer, was Gutes soll ich tun,
damit ich habe ewiges Leben? 17 Der aber sprach
zu ihm: Was fragst du
mich über das Gute?
Einer ist der Gute; wenn du
aber willst ins Leben hineingehen, bewahre die Gebote!
18 Er sagt ihm: Welche?
Ex 20,12–16 Dtn 5,16–20 Jesus aber sprach: Das: *Nicht
sollst du morden, nicht
sollst du ehebrechen, nicht
sollst du stehlen, nicht sollst
du falschzeugen,*
Sir 4,1(G) 19 *ehre den Va-
Lev 19,18 ter und die Mutter,* und *lieben
sollst du deinen Nächsten
wie dich selbst.*
20 (Es) sagt ihm der junge Mann:
Dieses alles hielt ich,
wessen noch ermangle ich?
21 (Es) sagte ihm Jesus:
Wenn du willst
vollkommen sein, geh fort,
verkaufe deinen Besitz
und gib (ihn) [den]
Armen, und du wirst haben
einen Schatz in (den)
Himmeln, und auf, folge

Mk 10,17–31

17 Und als er sich auf (den) Weg
machte, herbeilaufend einer und
auf die Knie fallend vor ihm,
befragte er ihn: Guter
Lehrer, was soll ich tun,
damit ewiges Leben ich erbe?
18 Jesus aber sprach
zu ihm: Was nennst du
mich gut? Keiner (ist) gut,
wenn nicht einer, Gott.
19 Die Gebote
kennst du:
*Nicht
sollst du morden, nicht
sollst du ehebrechen, nicht
sollst du stehlen, nicht sollst
du falschzeugen, nicht sollst
du berauben, ehre deinen Vater und die Mutter.*
20 Der aber sagte ihm:
Lehrer, dieses alles hielt ich
seit meiner Jugend.
21 Jesus aber, anschauend
ihn, liebte ihn und sprach zu
ihm: Eines mangelt dir: Geh fort,
wieviel du hast, verkaufe und gib (es) [den]
Armen, und du wirst haben
einen Schatz im
Himmel, und auf, folge

Lk 18,18–30

18 Und
(es) befragte ihn ein
Vorsteher, sagend: Guter
Lehrer, was tuend
werde ich ewiges Leben erben?
19 (Es) sprach aber
zu ihm Jesus: Was nennst du
mich gut? Keiner (ist) gut,
wenn nicht einer, Gott.
20 Die Gebote
kennst du:
*Nicht
sollst du ehebrechen, nicht
sollst du morden, nicht
sollst du stehlen, nicht sollst
du falschzeugen,
ehre deinen Vater und die Mutter.*
21 Der aber sprach:
Dieses alles hielt ich
seit (meiner) Jugend.
22 (Es)
hörend aber sprach Jesus zu
ihm: Noch eines fehlt dir:
Alles, wieviel du hast, verkaufe und verteile (es den)
Armen, und du wirst haben
einen Schatz in [den]
Himmeln, und auf, folge

mir! [22]Hörend aber der
junge Mann das Wort,
wegging er betrübt; denn
er hatte viele Güter.
[23]Jesus aber sprach
zu seinen Schülern: Amen,
ich sage euch: Ein Reicher
wird schwer hineingehen ins
Königtum der Himmel!
[24]Wieder sa-
ge ich euch aber:
Müheloser ist es,
daß ein Kamel durch (das)
Loch einer Nadel hindurchgeht, als daß ein Reicher hin-
einkommt ins Königtum Gottes. [25](Es) hörend aber die
Schüler, gerieten sie außer sich
sehr, sagend : Wer also
kann gerettet werden? [26](Sie)
anschauend aber, sprach Jesus zu ihnen: Bei Menschen
ist dies unmöglich,
bei Gott aber (ist) alles
möglich.
[27]Da, antwortend sprach
Petros zu ihm: Siehe, wir
verließen alles und folgten
dir. Was also wird sein mit
uns? [28]Jesus aber sprach zu
ihnen: Amen, ich sage euch:
Ihr, die mir
Folgenden,
bei der Wiedergeburt, wann
sich setzt der Sohn des Menschen auf den Thron seiner
Herrlichkeit,
werdet auch ihr sitzen
auf zwölf Thronen, richtend
die zwölf Stämme Israels.
[29]Und jeder, welcher verließ
Häuser oder Brüder oder
Schwestern oder Vater oder
Mutter oder Kinder oder
Äcker wegen meines Na-
mens,

mir! [22]Der aber, entsetzt
über das Wort,
wegging betrübt; denn
er hatte viele Güter.
[23]Und herumschauend sagt
Jesus seinen Schülern:
Wie schwer werden die
die Güter Habenden ins
Königtum Gottes hin-
eingehen! [24]Die Schüler aber
erschraken bei seinen Worten. Jesus aber, wieder antwortend, sagt ihnen: Kinder,
wie schwer ist es, ins
Königtum Gottes hineinzu-
gehen; [25] müheloser ist es,
daß ein Kamel durch [das]
Loch [der] Nadel hindurchgeht, als daß ein Reicher ins
Königtum Gottes hinein-
geht. [26]Die aber
gerieten übermäßig außer sich,
sagend zu sich: Und wer
kann gerettet werden? [27]An-
schauend sie , sagt
Jesus :Bei Menschen
(ist es) unmöglich, doch nicht
bei Gott; denn alles (ist)
möglich bei Gott.
[28](Es) begann zu sagen ihm
Petros : Siehe, wir
verließen alles und sind dir
gefolgt.
[29](Es) sagte Jesus:
Amen, ich sage euch,
keiner ist, der verließ
Haus oder Brüder oder
Schwestern oder Mutter oder
Vater oder Kinder oder Äcker
wegen meiner und wegen des
Evangeliums,

mir! [23]Der aber, hörend
dieses,
wurde ganz betrübt; denn
er war sehr reich.
[24]Sehend aber ihn [ganz betrübt geworden], sprach Jesus: Wie schwer gehen die
die Güter Habenden ins
Königtum Gottes hin-
ein;
[25]denn müheloser ist es,
daß ein Kamel durch (die)
Öffnung einer Nadel hineingeht, als daß ein Reicher ins
Königtum Gottes hinein-
geht. [26](Es) sprachen aber
die (es) Hörenden:
Und wer
kann gerettet werden? [27]Der
aber sprach:
Das Unmögliche bei Men-
schen,
möglich ist es bei Gott.
[28]Es) sprach aber
Petros : Siehe, wir,
verlassend das Eigene, folgten
dir!
[29]Der aber sprach zu
ihnen: Amen, ich sage euch:
22,28–30 (Nr. 254): [28]Ihr aber seid
die, die verblieben sind
bei mir in meinen Versuchungen; [29]und ich vermache
euch, gleichwie mir vermachte mein Vater ein Königtum,
[30]damit ihr eßt und trinkt an
meinem Tisch in meinem Königtum, und sitzen werdet ihr
auf Thronen, die zwölf
Stämme Israels richtend.
Keiner ist, der verließ
Haus oder Frau oder Brüder
oder Eltern
oder Kinder
wegen des
Königtums Gottes, [30]der

Hundertfaches wird er empfangen, und ewiges Leben wird er erben.	30 ohne daß er empfängt Hundertfaches: jetzt in dieser Zeit Häuser und Brüder und Schwestern und Mütter und Kinder und Äcker unter Verfolgungen, und im kommenden Aion ewiges Leben.	nicht [zurück]empfängt ein Vielfaches in dieser Zeit und im kommenden Aion ewiges Leben.
30 Viele Erste aber werden sein Letzte und Letzte Erste.	31 Viele Erste aber werden sein Letzte und [die] Letzte[n] Erste.	13,30 (Nr. 184): Und siehe, es sind Letzte, die sein werden Erste, und es sind Erste, die sein werden Letzte.

212. Das Gleichnis von den Arbeitern im Weinberg

Mt 20,1–16

1 Denn gleich ist das Königtum der Himmel einem Menschen, einem Hausherrn, welcher herauskam
gleich (in der) Frühe, zu mieten Arbeiter in seinen Weinberg. 2 Übereinkommend aber mit den Arbei-
tern auf einen Denar den Tag, schickte er sie in seinen Weinberg. 3 Und herauskommend um (die)
dritte Stunde, sah er andere untätig stehend auf dem Markt, 4 und zu jenen sprach er: Geht auch ihr
fort in den Weinberg, und was immer gerecht ist, werde ich euch geben! 5 Die aber gingen hin. Wieder
[aber] herauskommend um (die) sechste und neunte Stunde, tat er ebenso. 6 Um die elfte aber herauskommend, fand er andere stehend, und er sagt ihnen: Was seid ihr hier gestanden den ganzen Tag untätig? 7 Sie sagen ihm: Weil keiner uns mietete. Er sagt ihnen. Geht auch ihr fort in den Weinberg!
8 Als es aber Abend geworden war, sagt der Herr des Weinbergs seinem Verwalter: Ruf die Arbeiter
und erstatte ihnen den Lohn, beginnend bei den Letzten bis zu den Ersten! 9 Und kommend die um die
elfte Stunde, empfingen sie je einen Denar. 10 Und kommend meinten die Ersten, daß mehr sie empfingen; und (es) empfingen [den] je einen Denar auch sie. 11 Empfangend aber murrten sie gegen den
Hausherrn, 12 sagend: Diese Letzten arbeiteten eine einzige Stunde, und gleich machtest du sie uns, die
wir trugen die Last des Tages und die Hitze. 13 Der aber, antwortend, sprach zu einem jeden von ihnen:
Freund, nicht tue ich Unrecht dir; kamst du nicht auf einen Denar überein mit mir? 14 Nimm das Deine
und geh fort! Ich will aber diesem Letzten geben wie auch dir. 15 [Oder] ist mir nicht erlaubt, was ich
will, zu tun an den Meinen? Oder ist dein Auge böse, weil ich gut bin? 16 So werden sein die Letzten
Erste und die Ersten Letzte. *

* Mt 19,30 (Nr. 211): Viele Erste aber werden sein Letzte und Letzte Erste.
Mk 10,31 (Nr. 211): Viele Erste aber werden sein Letzte und [die] Letzte[n] Erste.
Lk 13,30 (Nr. 184): Und siehe, es sind Letzte, die sein werden Erste, und es sind Erste, die sein werden Letzte.

213. Dritte Leidensankündigung

Mt 20,17–19	Mk 10,32–34	Lk 18,31–34
17 Und hinaufsteigend nach Hierosolyma,	32 Sie waren aber auf dem Weg hinaufsteigend nach Hierosolyma, und (es) war vorangehend ihnen Jesus, und sie erschraken; die Folgenden aber fürchteten sich.	

mitnahm Jesus
die zwölf [Schüler] für sich,
und auf dem Weg sprach er
zu ihnen:
[18]Siehe, hinaufsteigen wir
nach Hierosolyma, und der
Sohn des Menschen wird
übergeben werden den Hochpriestern und Schriftkun-
digen, und sie werden verurteilen ihn zum Tod [19]und
übergeben ihn
den Heiden zum Verspot-
ten
und
Geißeln und
Kreuzigen, und am dritten Tag
wird er erweckt werden.

Und mitnehmend wieder
die Zwölf , be-
gann er ihnen zu sagen das
ihm widerfahren Werdende:
[33]Siehe, hinaufsteigen wir
nach Hierosolyma, und der
Sohn des Menschen wird
übergeben werden den Hochpriestern und den Schriftkundigen, und sie werden verurteilen ihn zum Tod und
übergeben ihn
den Heiden [34]und
verspotten ihn
und anspucken
ihn
und
geißeln ihn und
töten, und nach drei Tagen
wird er aufstehen.

[31]Mitnehmend aber
die Zwölf,
sprach er
zu ihnen:
Siehe, hinaufsteigen wir
nach Jerusalem, und vollendet werden wird alles Ge-
schriebene durch die Propheten über den Sohn des Menschen;
[32]denn
übergeben werden wird er
den Heiden, und verspot-
tet und mißhan-
delt und angespuckt
werden wird er,
[33]und nachdem sie ihn
gegeißelt haben, werden sie
töten ihn, und am dritten Tag
wird er aufstehen. [34]Und sie
verstanden davon nichts, und
(es) war diese Rede verborgen vor ihnen, und nicht
erkannten sie das Gesagte.

214. Von der Rangordnung unter den Schülern Jesu

Mt 20,20–28

[20]Da kam zu ihm die Mutter
der Söhne (des) Zebedaios mit ihren
Söhnen, niederfallend und erbittend etwas von
ihm. [21]Der aber sprach
zu ihr: Was willst du?
Sie sagt ihm : Sprich, daß sitzen diese
meine zwei Söhne, einer zu deiner Rechten und
einer zu deiner Linken in deinem
Königtum. [22]Antwortend aber sprach Jesus:
Nicht wißt ihr, was ihr erbittet. Könnt ihr trinken den Kelch, den ich trinken werde?
Sie sagen ihm: Wir können. [23]Er
sagt ihnen: Zwar werdet ihr meinen
Kelch trinken,
das Sitzen aber zu meiner
Rechten und zur Linken [dies] zu geben, ist
nicht meine (Sache), sondern (ist für die,) denen es
bereitet ist von meinem Vater.

Mk 10,35–45

[35]Und hinzukommen zu ihm Jakobos und
Johannes, die Söhne (des) Zebedaios, sagend ihm: Lehrer, wir wollen, daß, was immer
wir dich bitten, du uns tust. [36]Der aber sprach
zu ihnen: Was wollt ihr, daß [ich] euch tun soll?
[37]Die aber sprachen zu ihm: Gib uns, daß,
einer zu deiner Rechten und
einer zur Linken, wir sitzen in deiner
Herrlichkeit! [38]Jesus aber sprach zu ihnen:
Nicht wißt ihr, was ihr erbittet. Könnt ihr trinken den Kelch, den ich trinke , oder die
Taufe, die ich getauft werde, getauft werden? *
[39]Die aber sprachen zu ihm: Wir können. Jesus
aber sprach zu ihnen: Den
Kelch, den ich trinke, werdet ihr trinken, und
die Taufe, die ich getauft werde, werdet ihr
getauft werden, [40]das Sitzen aber zu meiner
Rechten oder zur Linken zu geben, ist
nicht meine (Sache), sondern (ist für die,) denen
es bereitet ist.

[24]Und (es) hörend, wurden die Zehn unwillig über die zwei Brüder.
[25]Jesus aber, herbeirufend sie, sprach : Ihr wißt, daß die Führer der Völker sich ihrer bemächtigen und die Großen sie vergewaltigen.
[26]Nicht so soll es sein unter euch, sondern wer immer will unter euch groß werden, soll sein euer Diener, [27]und wer immer will unter euch sein Erster, soll sein euer Sklave; **
[28]wie der Sohn des Menschen nicht kam, bedient zu werden, sondern zu dienen und zu geben sein Leben als Lösegeld anstelle vieler.

[41]und (es) hörend, begannen die Zehn unwillig zu sein über Jakobos und Johannes.
[42]Und herbeirufend sie, sagt Jesus ihnen: Ihr wißt daß die über die Völker zu herrschen Geltenden sich ihrer bemächtigen und ihre Großen sie vergewaltigen.
[43]Nicht so aber ist es unter euch, sondern wer immer will groß werden unter euch, soll sein euer Diener, [44]und wer immer will unter euch sein Erster, soll sein aller Sklave; **
[45]denn auch der Sohn des Menschen kam nicht, bedient zu werden, sondern zu dienen und zu geben sein Leben als Lösegeld anstelle vieler.

Lk 22,24–27 (Nr. 254):
[24](Es) entstand aber auch Streit bei ihnen, wer von ihnen gilt, größer zu sein. [25]Der aber sprach zu ihnen:
Die Könige der Völker herrschen über sie, und ihre Gewalthaber werden Wohltäter gerufen.
[26]Ihr aber nicht so, sondern der Größere unter euch soll werden wie der Jüngere und der Führende wie der Dienende. **
[27]Denn wer (ist) größer: Der (zu Tisch) Liegende oder der Dienende? Nicht der (zu Tisch) Liegende? Ich aber bin in eurer Mitte wie der Dienende.

---

* Lk 12,50 (Nr. 179): Eine Taufe aber habe ich getauft zu werden, und wie bin ich bedrängt, bis daß sie vollendet wird.

** Mt 23,11 (Nr. 232):
Der Größere aber von euch soll sein euer Diener.

Mk 9,35 (Nr. 150):
Wenn einer will Erster sein, soll er sein aller Letzter und aller Diener.

Lk 9,48b (Nr. 150):
Denn (wer) der Kleinere unter euch allen ist, dieser ist groß.

Joh 13,12–17: [12]Als er nun gewaschen hatte ihre Füße [und] genommen hatte seine Obergewänder und sich wieder lagerte, sprach er zu ihnen: Erkennt ihr, was ich euch getan habe? [13]Ihr ruft mich: Der Lehrer, und: Der Herr, und recht redet ihr; denn ich bin (es). [14]Wenn nun ich wusch eure Füße, der Herr und der Lehrer, schuldet auch ihr, einander zu waschen die Füße; [15]denn ein Beispiel gab ich euch, damit, gleichwie ich euch tat, auch ihr tut. [16]Amen, amen, ich sage euch: Nicht ist ein Sklave größer als sein Herr, noch ein Gesandter größer als der ihn Schickende. [17]Wenn dieses ihr wißt, selig seid ihr, wenn ihr es tut.

215. Heilung eines Blinden *

Mt 20,29–34

[29]Und als sie herausgingen von Jericho, folgte ihm viel Volk. [30]Und siehe, zwei Blinde sitzend am Weg, hörend, daß Jesus vorbeigeht, schrien, sa-

Mk 10,46–52

[46]Und sie kommen nach Jericho. Und als er herausgeht von Jericho und seine Schüler und eine beträchtliche Volksmenge, saß der Sohn von Timaios, Bartimaios, ein blinder Bettler, am Weg.
[47]Und hörend, daß Jesus, der Nazarener, (es) ist, begann er zu schreien und zu

Lk 18,35–43

[35]Es geschah aber bei seinem Nahekommen nach Jericho:
Ein Blinder saß am Weg, bettelnd. [36]Hörend aber (die) durchziehende Volksmenge, erkundigte er sich, was dies sei. [37]Sie aber meldeten ihm: Jesus, der Nazoraier, geht vorbei. [38]Und er rief, sa-

gend: Erbarme dich unser,
[Herr], Sohn Davids!
31 Die Volksmenge aber anfuhr
sie, daß sie schwiegen; die
aber schrien mehr,
sagend: Erbarme dich unser,
Herr, Sohn Davids! 32 Und
stehenbleibend rief Jesus sie
und sprach: Was wollt
ihr, soll ich euch tun?
33 Sie sagen ihm: Herr,
daß sich öffnen unsere Augen. 34 Ergriffen aber berührte Jesus ihre Augen,
und
sogleich sahen sie wieder, und
sie folgten ihm.

sagen: Sohn Davids, Jesus,
erbarme dich meiner!
48 Und anfuhren ihn viele,
daß er schweige; der
aber schrie um vieles mehr:
Sohn Davids, erbarme
dich meiner! 49 Und
stehenbleibend sprach Jesus:
Ruft ihn! Und sie rufen den
Blinden, sagend ihm: Hab
Mut, steh auf, er ruft dich!
50 Der aber, wegwerfend sein
Gewand, aufspringend, kam
zu Jesus. 51 Und antwortend
ihm, sprach Jesus: Was willst
du, soll ich dir tun? Der Blinde aber sprach zu ihm: Rabbuni, daß ich wieder sehe!
52 Und Jesus sprach zu ihm:
Geh fort! Dein Glaube hat
dich gerettet. Und
sofort sah er wieder, und
er folgte ihm auf dem Weg.

gend: Jesus, Sohn Davids,
erbarme dich meiner! 39 Und
die Vorangehenden anfuhren
ihn, daß er schweige, er
aber schrie um vieles mehr:
Sohn Davids, erbarme
dich meiner! 40 Stehen-
geblieben aber befahl Jesus,
daß er geführt werde zu
ihm.
Als er aber nahekam,
befragte er ihn: 41 Was willst
du, soll ich dir tun? Der
aber sprach : Herr,
daß ich wieder sehe!
42 Und Jesus sprach zu ihm:
Sieh wieder! Dein Glaube hat
dich gerettet. 43 Und auf der
Stelle sah er wieder, und
er folgte ihm, verherrlichend
Gott. Und das ganze Volk,
sehend (es), gab Gott Lob.

---

* Mt 9,27–31 (Nr. 89): 27 Und dem von dort weitergehenden Jesus folgten zwei Blinde, schreiend und sagend: Erbarme dich unser, Sohn Davids! 28 Als er aber ins Haus kam, kamen zu ihm die Blinden, und (es) sagt ihnen Jesus: Glaubt ihr, daß ich dies tun kann? Sie sagen ihm: Ja, Herr. 29 Da berührte er ihre Augen, sagend: Nach eurem Glauben soll euch geschehen! 30 Und geöffnet wurden ihre Augen. Und anschnaubte sie Jesus, sagend: Seht (zu), keiner soll (es) erfahren! 31 Die aber, herauskommend, erzählten herum über ihn in jenem ganzen Land.

216. Jesus und Zakchaios

Lk 19,1–10

1 Und hineinkommend durchzog er Jericho. 2 Und siehe, ein Mann, mit Namen gerufen Zakchaios, und er
war Oberzöllner, und er (war) reich; 3 und er suchte Jesus zu sehen, wer er ist, und konnte (es) nicht wegen
der Volksmenge, weil von Gestalt klein er war. 4 Und vorauslaufend nach vorn, hinaufstieg er auf einen
Maulbeerfeigenbaum, damit er sehe ihn, weil jenes (Wegs) er im Begriff war durchzuziehen. 5 Und als er
kam an den Ort, aufschauend sprach Jesus zu ihm: Zakchaios, eilend steig herab, denn heute muß in
deinem Haus ich bleiben! 6 Und eilend herabstieg er, und aufnahm er ihn, sich freuend. 7 Und alle (es)
Sehenden murrten, sagend: Bei einem sündigen Mann hineinging er, einzukehren. 8 Stehengeblieben aber
sprach Zakchaios zum Herrn: Siehe, die Hälfte meines Besitzes, Herr, gebe ich den Armen, und wenn von
einem etwas ich erpreßte, zurückgebe ich vierfaches. 9 (Es) sprach aber zu ihm Jesus: Heute geschah Heil
diesem Haus, weil auch er ein Sohn Abrahams ist; 10 denn (es) kam der Sohn des Menschen, zu suchen und
zu retten das Verlorene.

217. Das Gleichnis von den Mna (bzw. Talenten)

Mt 25,14–30 (Nr. 245):

[14]Denn wie
ein Mensch, * verreisend,
rief die eigenen Sklaven
und ihnen übergab seinen Besitz, [15]und dem
(einen) gab er fünf Talente, dem (anderen) zwei,
dem (anderen) eines, jedem nach der eigenen
Kraft, und er verreiste. Indem sogleich
[16]wegging, der die fünf Talente empfangen
hatte, arbeitete er mit ihnen und gewann andere
fünf; [17]ebenso der die zwei (empfangen hatte),
er gewann andere zwei. [18]Der aber das eine
empfangen hatte, hingehend grub er die Erde
auf und verbarg das Silber(geld) seines Herrn.

[19]Nach viel Zeit aber kommt der Herr jener
Sklaven und hält Abrechnung mit ihnen.

[20]Und hinzukommend (der), der die fünf Talente empfangen hatte, brachte er hinzu andere
fünf Talente, sagend: Herr, fünf Talente
übergabst du mir; sieh, andere fünf Talente
gewann ich. [21](Es) sagte ihm sein Herr:
Gut, guter und treuer Sklave, über weniges
warst du treu, über vieles werde ich dich stellen;
geh ein in die Freude deines Herrn!
[22]Hinzukommend [aber] auch der mit den zwei
Talenten sprach: Herr, zwei Talente übergabst
du mir; sieh, andere zwei Talente gewann ich.
[23](Es) sagte ihm sein Herr:
Gut, guter und treuer Sklave, über weniges
warst du treu, über vieles werde ich dich stellen;
geh ein in die Freude deines Herrn!
[24]Hinzukommend aber auch (der), der das eine Talent empfangen hatte, sprach: Herr,
ich kannte dich, daß du ein
harter Mensch bist,
erntend, wo du nicht
sätest, und sammelnd von dort, (wo) du nicht

Lk 19,11–27

[11]Da sie aber hörten dieses, hinzufügend
sprach er ein Gleichnis, weil er nahe war
Jerusalem und sie meinten, daß auf der Stelle
im Begriff sei das Königtum Gottes zu
erscheinen. [12]Er sprach nun: Ein hochgeborener Mensch * zog in ein fernes Land, zu
empfangen für sich ein Königtum und zurückzukehren. [13]Rufend aber seine zehn Sklaven,
gab er ihnen zehn Mna und sprach zu ihnen:
Handelt (damit), bis ich komme!

[14]Seine Bürger aber haßten ihn und schickten
eine Gesandtschaft hinter ihm (her), sagend: Nicht
wollen wir, daß dieser als König herrsche über uns!
[15]Und es geschah bei seinem Zurückkommen,
nachdem er empfangen hatte das Königtum,
daß er sprach, daß ihm gerufen werden diese
Sklaven, denen er gegeben hatte das Silber(geld),
damit er erkenne, was sie erhandelten.
[16]Herankam aber der Erste,
sagend: Herr, dein Mna
arbeitete zehn Mna
hinzu. [17]Und er sprach zu ihm:
Wohlan, guter Sklave, weil im Geringsten
treu du warst, habe Vollmacht über zehn Städte!

[18]Und (es) kam der Zweite,
sagend: Dein Mna, Herr,
machte fünf Mna.
[19]Er sprach aber auch zu diesem:
Und du, über fünf Städte werde
(bevollmächtigt)!
[20]Und der andere kam,
sagend: Herr, siehe, dein Mna,
das ich niedergelegt hatte in einem Schweißtuch; [21]denn ich fürchtete dich, weil ein
strenger Mensch du bist! Du nimmst, was du
nicht hinlegtest, und du erntest, was du nicht
sätest.

ausstreutest; [25]und (dich) fürchtend, hingehend verbarg ich dein Talent in der Erde; sieh, du hast das Deine! [26]Antwortend aber sprach sein Herr zu ihm:	[22]Er sagt
Böser und träger Sklave, du wußtest, daß ich ernte, wo ich nicht säte, und sammle von dort, (wo) ich nicht ausstreute? [27]Du hättest also hinlegen müssen mein Silber(geld) den Geldwechslern, und kommend hätte ich empfangen das Meine mit Zins.	ihm: Aus deinem Mund werde ich dich richten, böser Sklave. Du wußtest, daß ich ein strenger Mensch bin, nehmend, was ich nicht hinlegte, und erntend, was ich nicht säte? [23]Und weshalb gabst du nicht mein Silber(geld) auf einen (Wechsel)tisch? Und ich, kommend, mit Zins hätte ich es eingefordert. [24]Und zu den
[28]Nehmt also weg von ihm das Talent und gebt (es) dem Habenden die zehn Talente.	Dabeistehenden sprach er: Nehmt weg von ihm das Mna und gebt (es) dem die zehn Mna Habenden! – [25]Und sie sprachen zu ihm: Herr, er hat zehn Mna! – [26]Ich sage euch:
[29]Denn jedem Habenden wird gegeben werden, und er wird überreich gemacht werden, von dem Nicht-Habenden aber, auch was er hat, wird weggenommen werden von ihm. ** [30]Und den unnützen Sklaven werft hinaus in die Finsternis draußen! Dort wird sein das Weinen und das Klappern der Zähne. ***	Jedem Habenden wird gegeben werden, von dem Nicht-Habenden aber, auch was er hat, wird weggenommen werden. **
	[27]Jedoch diese meine Feinde, die nicht wollten, daß ich als König herrsche über sie, führt sie hierher und schlachtet sie ab vor mir!

* Mk 13,34 (Nr. 241): Wie ein Mensch auf Reisen, (zurück)lassend sein Haus und gebend seinen Sklaven die Vollmacht, jedem sein Werk – und dem Türhüter gebot er, daß er wache.

** Mt 13,12 (Nr. 111):	Mk 4,25 (Nr. 113):	Lk 8,18 (Nr. 113):
Denn wer hat, gegeben werden wird ihm, und überreich wird er gemacht werden;	Denn wer hat, ihm wird gegeben werden;	Denn wer immer hat, gegeben werden wird ihm;
wer aber nicht hat, auch was er hat, wird weggenommen werden von ihm.	und wer nicht hat, auch was er hat, wird von ihm weggenommen werden.	und wer immer nicht hat, auch was er meint zu haben, wird weggenommen werden von ihm.

*** Vgl. die Anm. zu Mt 8,12 (Nr. 79)

Letzte Wirksamkeit in Jerusalem (Mt 21–27 / Mk 11–15 / Lk 19,28–23,56)

218. Der Einzug in Hierosolyma

Mt 21,1-9	Mk 11,1-10	Lk 19,28-40	Joh 12,12-19
		[28]Und dieses sprechend ging er vor(aus), hinaufsteigend nach Hierosolyma.	

	1 Und als sie nahekamen nach Hierosolyma und kamen nach Bethphage zum Berg der Ölbäume, da schickte Jesus zwei Schüler,	1 Und als sie nahekommen nach Hierosolyma, nach Bethphage und Bethania zum Berg der Ölbäume, schickt er zwei seiner Schüler	29 Und es geschah, als er nahekam nach Bethphage und Bethania zu dem Berg, dem Ölberg gerufenen, schickte er zwei der Schüler,	
	2 sagend ihnen: Geht in das Dorf euch gegenüber, und sogleich finden werdet ihr eine Eselin angebunden und ein Füllen bei ihr; lösend (sie), führt (sie) zu mir!	2 und sagt ihnen: Geht fort in das Dorf euch gegenüber, und sofort, hineingehend in es, finden werdet ihr ein Füllen angebunden, auf das keiner (der) Menschen noch sich setzte; löst es und bringt (es her)!	30 sagend: Geht fort in das Dorf gegenüber, in dem ihr hineingehend finden werdet ein Füllen angebunden, auf das keiner (der) Menschen jemals sich setzte, und lösend es, führt (es her)!	
	3 Und wenn einer zu euch etwas spricht, werdet ihr sagen: Der Herr hat sie nötig; sofort aber wird er sie schicken.	3 Und wenn einer zu euch spricht: Was tut ihr dies? Sprecht: Der Herr hat es nötig, und sofort schickt er es wieder hierher.	31 Und wenn einer euch fragt: Weshalb löst ihr (es)?, werdet ihr so sagen: Der Herr hat es nötig.	
	4 Dies aber ist geschehen, damit erfüllt wird das Gesagte durch den Propheten, (den) sagenden:			vgl. VV 14b–15
Jes 62,11 Sach 9,9	5 *Sprecht zur Tochter Sion: Siehe, dein König kommt zu dir, sanft und aufgestiegen auf eine Eselin und auf ein Füllen, (dem) Jungen eines Zugtiers.*			
	6 Gehend aber die Schüler und tuend, gleichwie ihnen	4 Und weggingen sie und fanden ein Füllen, angebunden bei (der) Tür draußen auf der Straße, und sie lösen es. 5 Und einige der dort Stehenden sagten ihnen: Was tut ihr, lösend das Füllen? 6 Die aber sprachen zu ihnen, gleichwie Jesus	32 Weggehend aber, fanden (es) die Geschickten, gleichwie er gesprochen hatte zu ihnen. 33 Als sie aber lösten das Füllen, sprachen seine Herren zu ihnen: Was löst ihr das Füllen? 34 Die aber sprachen: Der Herr hat es nötig.	

aufgetragen hatte
Jesus,
7 führten sie die
Eselin und das Füllen
(herbei), und auflegten sie auf sie die Gewänder, und daraufsetzte er sich auf sie.
8 Die ganz große Volksmenge aber breitete aus
ihre Gewänder auf
dem Weg, andere
aber schlugen Zweige ab von den Bäumen und breiteten
(sie) aus auf dem
Weg.
9 Die Volksmengen
aber, die ihm
vorausgehenden und
die folgenden,
schrien,
sagend:
Hosanna dem Sohn
Davids; *gesegnet der
Kommende
im Namen (des)
Herrn;*
*Hosanna
in den Höhen!*
vgl. VV 6–7
vgl. VV 4–5

gesprochen hatte,
und sie ließen sie.
7 Und sie bringen
das Füllen zu
Jesus, und sie werfen
auf es ihre Gewänder, und
er setzte sich auf es.
8 Und viele
breiteten aus
ihre Gewänder auf
den Weg, andere
aber Büschel, abschlagend (sie) von
den Äckern.
9 Und
die
Vorausgehenden und
die (ihm) Folgenden
schrien:
*Hosanna
; gesegnet der
Kommende
im Namen (des)
Herrn;* 10 gesegnet
das kommende Königtum unseres Vaters David; *Hosanna
in den Höhen!*
vgl. VV 4.7

35 Und sie führten
es zu
Jesus, und darauflegend ihre Gewänder
auf das Füllen, daraufsetzten sie Jesus.
36 Als er aber ging, unter
(ihm) breiteten sie aus
ihre Gewänder auf
dem Weg.
37 Als er aber
schon nahekam an den
Abstieg des Berges
der Ölbäume, begann
die ganze Menge der
Schüler, sich freuend
zu loben Gott mit
lauter Stimme wegen
all der Kraft(taten),
die sie sahen,
38 sagend:
*Gesegnet der
Kommende*, der König, *im Namen (des)
Herrn;*
im Himmel Friede und Herrlichkeit
in (den) Höhen!
vgl. VV 32.35

V 14 a
12 Am folgenden
(Tag) die große
Volksmenge, die
gekommen war zum
Fest, als sie hörten,
daß Jesus kommt
nach Hierosolyma,
13 nahmen die Zweige der Palmen, und
hinaus gingen sie zur
Begegnung mit ihm,
und sie schrien:
Hosanna Ps 118,25f
*; gesegnet der
Kommende
im Namen (des)
Herrn,* [und] der
König Israels!
Ps 148,1
Ijob 16,19
14 Als aber
gefunden hatte Jesus
einen Esel, setzte er
sich auf ihn, gleichwie geschrieben ist:
15 *Fürchte dich* Sach 9,9
nicht, Tochter Sion; Jes 35,4; 40,9
*siehe, dein König
kommt, sitzend auf
einem Eselsfüllen.*
16 Dieses nicht
erkannten seine
Schüler zuerst, aber
als verherrlicht wurde
Jesus, da erinnerten
sie sich, daß dieses

39 Und
einige der Phari-
saier von der Volks-
menge sprachen zu
ihm: Lehrer, fahre
deine Schüler an!
40 Und antwortend
sprach er: Ich sage
euch, wenn diese
schweigen werden,
die Steine werden
schreien.

war über ihn ge-
schrieben und dieses
sie getan hatten für
ihn. 17 (Es) bezeugte
nun die Volksmenge,
die mit ihm war, als er
den Lazaros rief aus
dem Grab und ihn er-
weckte aus Toten.
18 Deswegen [auch]
ging ihm entgegen
die Volksmenge, weil
sie hörten, daß er
getan hatte dieses
Zeichen. 19 Die Phari-
saier nun
sprachen
zueinander:
Ihr seht, daß es (euch)
nichts nützt; sieh, die
Welt ging hinter ihm
her.

219. Weissagung der Zerstörung der Stadt

Lk 19,41–44

41 Und als er nahekam, sehend die Stadt, weinte er über sie, 42 sagend: Wenn (doch) erkannt (hättest) an
diesem Tag auch du die (Bedingungen) für Frieden! Jetzt aber wurde es verborgen vor deinen Augen.
43 Denn (es) werden kommen Tage über dich, und aufwerfen werden deine Feinde einen Wall vor dir, und
rings umzingeln werden sie dich, und bedrängen werden sie dich (von) überallher, 44 und dem Erdboden
gleichmachen werden sie dich und deine Kinder in dir, und nicht werden sie lassen Stein auf Stein in dir,
dafür daß du nicht erkanntest die Zeit deiner Heimsuchung.

220. Jesus im Heiligtum

Mt 21,10–17

10 Und als er hineinging nach
Hierosolyma, erbebte die
ganze Stadt, sagend: Wer ist
dieser? 11 Die Volksmengen
aber sagten: Dieser ist der
Prophet Jesus, der vom Na-

Mk 11,11

11 Und hineinging er nach
Hierosolyma

Lk 19,45–46 (Nr. 222):

zareth der Galilaia. [12]Und
hineinging Jesus ins
Heiligtum, und hinauswarf
er alle Verkaufenden und Kaufenden im Heiligtum, und die
Tische der Geldwechsler stieß er
um und die Sitze der die Tauben Verkaufenden, [13]und er
sagt ihnen: Geschrieben ist:
Mein Haus wird Haus (des)
Gebets gerufen werden, ihr
aber macht es *zu einer Höhle*
von Räubern. [14]Und (es) kamen zu ihm Blinde und Lahme im Heiligtum, und er heilte
sie. [15]Sehend aber die Hochpriester und die Schriftkundigen das Staunenswerte, das
er tat, und die Kinder, die
schreienden im Heiligtum und
sagenden: Hosanna dem
Sohn Davids, wurden sie unwillig [16]und sprachen zu
ihm: Hörst du was diese sagen? Jesus aber sagt ihnen:
Ja. Niemals last ihr:
Aus (dem) Mund von
Unmündigen und Säuglingen
bereitetest du Lob? [17]Und
zurücklassend sie, hinausging
er aus der Stadt nach
Bethania und übernachtete
dort.

ins
Heiligtum,

vgl. VV 15–17 (Nr. 222)

und rings
anschauend alles, als schon
spät war die Stunde, hinausging
er nach
Bethania mit den Zwölf.

[45]Und
hineingehend ins
Heiligtum, begann er hinauszuwerfen die Verkaufenden,

[46]sagend ihnen: Geschrieben ist:
Und *(es) wird sein mein Haus ein* Jes 56,7
Haus (des) Gebets, ihr
aber machtet es *zu einer Höhle* Jer 7,11
von Räubern.

Ps 8,3 (G)

221. Verfluchung des Feigenbaums

Mt 21,18–19

[18](In der) Frühe aber, hinaufgehend in die Stadt,
hungerte (ihn). [19]Und sehend
einen einzelnen Feigenbaum auf dem Weg,
kam er zu ihm,
und nichts fand er an ihm außer
Blätter allein,
und er sagt ihm:
Niemals mehr soll aus dir eine
Frucht werden in Ewigkeit. Und (es) vertrocknete
auf der Stelle der Feigenbaum.

Mk 11,12–14

[12]Und am folgenden (Tag), als sie hinausgingen von Bethania, hungerte (ihn). [13]Und sehend
einen Feigenbaum von weitem, der Blätter
hatte, kam er , ob er wohl etwas fände an ihm,
und kommend zu ihm, nichts fand er außer
Blätter ; denn es war nicht die Zeit (der)
Feigen. [14]Und antwortend sprach er zu ihm:
Niemals mehr in Ewigkeit soll von dir einer eine
Frucht essen. Und (es) hörten seine Schüler.

222. Reinigung des Heiligtums

Mt 21,12–13 (Nr. 220):

[12]Und hineinging Jesus ins Heiligtum, und hinauswarf er alle Verkaufenden und Kaufenden im Heiligtum, und die Tische der Geldwechsler stieß er um und die Sitze der die Tauben Verkaufenden,

[13]und er sagt ihnen: Geschrieben ist:
Jes 56,7 *Mein*
Haus wird Haus (des) Gebets gerufen werden, ihr aber
Jer 7,11 macht es *zu einer Höhle von Räubern.*

Mk 11,15–19

[15]Und sie kommen nach Hierosolyma. Und hineingehend ins Heiligtum, begann er hinauszuwerfen die Verkaufenden und die Kaufenden im Heiligtum, und die Tische der Geldwechsler und die Sitze der die Tauben Verkaufenden stieß er um,

[16]und nicht ließ er zu, daß einer hindurchtrage ein Gefäß durch das Heiligtum. [17]Und er lehrte und sagte ihnen: Ist nicht geschrieben: *Mein Haus wird Haus (des) Gebets gerufen werden für alle Völker?* Ihr aber habt es gemacht *zu einer Höhle von Räubern.*

Lk 19,45–48

[45]Und hineingehend ins Heiligtum, begann er hinauszuwerfen die Verkaufenden

[46]sagend ihnen: Geschrieben ist: Und *(es) wird sein mein Haus ein Haus (des) Gebets,* ihr aber machtet es *zu einer Höhle von Räubern.*

Joh 2,13–17

[13]Und nahe war das Pascha der Judaier, und hinaufstieg Jesus nach Hierosolyma. [14]Und er fand im Heiligtum die Rinder und Schafe und Tauben Verkaufenden und die Wechsler dasitzend, [15]und, machend eine Peitsche aus Stricken, alle warf er hinaus aus dem Heiligtum, sowohl die Schafe als auch die Rinder, und von den Geldwechslern goß er aus das Münzgeld, und die Tische warf er um, [16]und zu den die Tauben Verkaufenden sprach er: Hinweg dieses von hier, macht nicht das Haus meines Vaters zu einem Handelshaus.

[17](Es) erinnerten sich seine Schüler, daß geschrieben ist:
Ps 69,10 *Der Eifer um dein Haus*
wird mich auffressen.

22,33 (Nr. 229): Und (es) hörend, gerieten die Volksmengen außer sich über seine Lehre.

[18]Und
(es) hörten die Hoch-
priester und die
Schriftkundigen, und
sie suchten, wie sie
ihn vernichteten;
denn sie fürchteten
ihn,
denn die
ganze Volksmenge
geriet außer sich über
seine Lehre.
[19]Und als es spät
wurde, hinausgingen
sie außerhalb der
Stadt.

[47]Und er war leh-
rend täglich im
Heiligtum. Die Hoch-
priester aber und die
Schriftkundigen
suchten ihn
zu vernichten, und
die Ersten des Volks,
[48]und nicht fanden
sie, was sie tun
(könnten), denn das
ganze Volk
klammerte sich (an
ihn), ihn hörend.

21,37 (Nr. 247): Er war aber die Tage im Heiligtum lehrend, die Nächte aber, hinausgehend, übernachtete er an dem Berg, dem Ölberg gerufenen.

223. Der vertrocknete Feigenbaum

Mt 21,20–22

[20]Und sehend (es),
staunten die Schüler, sagend:
Wie vertrocknete auf
der Stelle der Feigenbaum? [21]Antwortend
aber sprach Jesus zu ihnen:
Amen, ich sage euch: Wenn ihr habt Glauben
und nicht zweifelt, nicht allein das des
Feigenbaumes werdet ihr tun, sondern auch
wenn zu diesem Berg ihr sprecht: Werde
weggetragen und werde geworfen ins Meer,
werden wird er (es); *
[22]und alles, wieviel
immer ihr erbittet im Gebet, glaubend
werdet ihr (es) empfangen. **

6,14–15 (Nr. 51):
[14]Denn wenn ihr erlaßt den
Menschen ihre Übertretungen, wird erlassen
auch euch euer himmlischer Vater; [15]wenn ihr
aber nicht erlaßt den Menschen, auch euer Vater
wird nicht erlassen eure Übertretungen.

Mk 11,20–25

[20]Und entlanggehend (in der) Frühe, sahen sie
den Feigenbaum, vertrocknet von (den) Wurzeln
(her). [21]Und sich erinnernd sagt ihm Petros:
Rabbi, sieh, der Feigenbaum, den du ver-
fluchtest, ist vertrocknet! [22]Und antwortend
sagt ihnen Jesus: Habt Glauben an Gott!
[23]Amen, ich sage euch:
Wer immer
spricht zu diesem Berg: Werde
weggetragen und werde geworfen ins Meer, und
nicht zweifelt in seinem Herzen, sondern glaubt,
daß, was er redet, geschieht, zuteil wird es ihm. *
[24]Deswegen sage ich euch, alles, wieviel
ihr betet und erbittet, glaubt, daß ihr (es)
erhieltet, und zuteil wird es euch! **

[25]Und wann ihr (da)steht betend, erlaßt, wenn
ihr etwas habt gegen einen, damit
auch euer Vater in den Himmeln erlasse euch
eure Übertretungen. #

V 26 ist aus Mt 6,14–15 eingedrungen.

* Mt 17,20 (Nr. 147):
20 Der aber sagt ihnen: Wegen eures
Kleinglaubens, amen, denn ich sage euch:
Wenn ihr habt einen Glauben wie ein Senfkorn,
werdet ihr sagen diesem Berg:
Geh fort von hier nach dort,
und fortgehen wird er; und nichts wird euch
unmöglich sein.

Lk 17,6 (Nr. 201):
6 (Es) sprach aber der Herr:
Wenn ihr habt einen Glauben wie ein Senfkorn,
sagen würdet ihr [diesem] Maulbeerfeigenbaum: Werde entwurzelt und gepflanzt im Meer!
Und gehorchen würde er euch.

** Joh 14,13–14: 13 Und was immer ihr bittet in meinem Namen, dieses werde ich tun, damit verherrlicht wird der Vater
im Sohn. 14 Wenn etwas ihr mich bittet in meinem Namen, ich werde (es) tun.
Joh 16,23: Und an jenem Tag werdet ihr mich gar nichts fragen. Amen, amen, ich sage euch: Wenn um etwas ihr bittet
den Vater in meinem Namen, geben wird er euch.

224. Die Frage nach der Vollmacht Jesu

Mt 21,23–27

23 Und als
er kam ins Heilig-
tum, kamen zu ihm, während
er lehrte, die
Hochpriester
und die Ältesten
des Volkes,
sagend:
In welcher Vollmacht tust du
dieses? Und wer gab dir diese Vollmacht? *
24 Antwortend aber sprach
Jesus zu ihnen: Fragen werde
euch auch ich ein einziges Wort,
wenn ihr das mir sagt, werde
auch ich euch sagen, in welcher Vollmacht ich dieses tue:
25 Die Taufe (des) Johannes,
woher war sie? Vom Himmel
oder von Menschen?
Die aber überlegten
bei sich, sagend: Wenn wir
sprechen: Vom Himmel, sa-
gen wird er uns: Weshalb nun
glaubtet ihr ihm nicht?
26 Wenn wir aber sprechen:
Von Menschen, fürch-
ten wir die Volksmenge;
denn alle halten
für einen Propheten
den Johannes. 27 Und

Mk 11,27–33

27 Und sie kommen wieder
nach Hierosolyma. Und während er umhergeht im Heiligtum, kommen zu ihm
die
Hochpriester und die Schriftkundigen und die Ältesten,
28 und
sie sagten ihm:
In welcher Vollmacht tust du
dieses? Oder wer gab dir diese Vollmacht, damit du dieses
tust? * 29 Jesus aber sprach
zu ihnen: Fragen werde ich
euch ein einziges Wort, und
antwortet mir, und ich werde
euch sagen, in wel-
cher Vollmacht ich dieses tue.
30 Die Taufe (des) Johannes,
vom Himmel war sie
oder von Menschen? Antwortet mir! 31 Und sie überlegten
bei sich, sagend: Wenn wir
sprechen: Vom Himmel, wird
er sagen: Weshalb [nun]
glaubtet ihr ihm nicht?
32 Doch sollen wir sprechen:
Von Menschen? – Sie fürchteten (aber) die Volksmenge;
denn alle hielten den
Johannes wirklich (dafür), daß
er ein Prophet war. 33 Und

Lk 20,1–8

1 Und es geschah an einem
der Tage, als
er lehrte das Volk im Heiligtum und (das Evangelium)
verkündete, hinzutraten die
Hochpriester und die Schriftkundigen mit den Ältesten,
2 und sie sprachen,
sagend zu ihm: Sprich zu uns,
in welcher Vollmacht du
dieses tust, oder wer ist der
Gebende dir diese Vollmacht? *
3 Antwortend aber sprach er
zu ihnen: Fragen werde euch
auch ich ein Wort,
und sprecht zu mir:
4 Die Taufe (des) Johannes,
vom Himmel war sie
oder von Menschen?
5 Die aber überlegten
bei sich, sagend: Wenn wir
sprechen: Vom Himmel, wird
er sagen: Weshalb
glaubtet ihr ihm nicht?
6 Wenn wir aber sprechen:
Von Menschen, wird das ganze
Volk uns steinigen,
denn überzeugt ist es, daß
Johannes
ein Prophet ist. 7 Und

antwortend sprachen sie
zu Jesus: Wir wissen (es)
nicht. (Es)
sagte ihnen auch er: Auch ich
sage euch nicht, in welcher
Vollmacht ich dieses tue.

antwortend sagen sie
zu Jesus: Wir wissen (es)
nicht. Und Jesus
sagt ihnen: Auch ich
sage euch nicht, in welcher
Vollmacht ich dieses tue.

sie antworteten,
nicht
zu wissen woher. [8]Und Jesus
sprach zu ihnen: Auch ich
sage euch nicht, in welcher
Vollmacht ich dieses tue.

---

* Vgl. Joh 2,18–22: [18](Es) antworteten nun die Judaier und sprachen zu ihm: Welches Zeichen zeigst du uns, daß du dieses tust? [19](Es) antwortete Jesus und sprach zu ihnen: Löst diesen Tempel auf, und in drei Tagen werde ich ihn aufrichten. [20](Es) sprachen nun die Judaier: Sechsundvierzig Jahre wurde gebaut dieser Tempel, und du wirst in drei Tagen ihn aufrichten? [21]Jener aber redete über den Tempel seines Leibes. [22]Als er nun auferweckt wurde aus Toten, erinnerten sich seine Schüler, daß er dies redete, und sie glaubten der Schrift und dem Wort, das Jesus sprach.

225. Das Gleichnis von den zwei Kindern

Mt 21,28–32

[28]Was aber dünkt euch? Ein Mensch hatte zwei Kinder. Und kommend zum ersten, sprach er: Kind, geh
fort heute, arbeite im Weinberg! [29]Der aber antwortend sprach: Ich will nicht; zuletzt aber, Reue bekom-
mend, ging er hin. [30]Kommend aber zu dem anderen sprach er ebenso. Der aber antwortend sprach: Ich
(will), Herr! Aber nicht ging er hin. [31]Wer von den zweien tat den Willen des Vaters? Sie sagen: Der erste.
(Es) sagt ihnen Jesus: Amen, ich sage euch: Die Zöllner und die Dirnen gehen euch voran ins Königtum
Gottes.
[32]Denn (es) kam Johannes zu euch auf (dem) Weg (der) Gerechtigkeit, und nicht glaubtet ihr ihm, die
Zöllner aber und die Dirnen glaubten ihm; ihr aber, sehend (es), auch nicht zuletzt bekamt ihr Reue, ihm
zu glauben. *

---

* Lk 7,29–30 (Nr. 75): [29]Und das ganze (es) hörende Volk und die Zöllner sprachen Gott gerecht, sich taufen lassend mit der Taufe (des) Johannes; [30]die Pharisaier aber und die Gesetzeskundigen wiesen den Willen Gottes bei sich selber ab, nicht sich taufend lassend von ihm.

226. Das Gleichnis von den Weinbergpächtern

Mt 21,33–46

[33]Ein anderes
Gleichnis hört! Es war ein
Mensch, ein Hausherr, welcher pflanzte einen Weinberg,
und einen Zaun setzte er um
ihn herum, und er grub in ihm
eine Kelter, und er baute
einen Turm, und er vergab ihn
an Bauern, und er verreiste.
[34]Als aber nahekam die Zeit
der Früchte, schickte er seine
Sklaven zu den

Mk 12,1–12

[1]Und er begann, zu ihnen
in Gleichnissen zu reden:
Einen Weinberg pflanzte ein
Mensch,
und er setzte herum ei-
nen Zaun, und er grub
eine Kelter, und er baute
einen Turm, und er vergab ihn
an Bauern, und er verreiste.
[2]Und er schickte zu
den Bauern zur (rechten) Zeit

Lk 20,9–19

[9]Er begann aber zum Volk
zu sagen dieses Gleichnis:
[Ein] Mensch
pflanzte einen Weinberg,
und er vergab ihn
an Bauern, und er verreiste
geraume Zeit. [10]Und zur
(rechten) Zeit schickte er zu
den Bauern einen Sklaven,

Bauern,
zu nehmen
seine Früchte.
[35]Und die Bauern, nehmend
seine Sklaven: Den einen
schunden sie, den anderen
aber töteten sie, den anderen
aber steinigten sie. [36]Wie-
der schickte er
andere Sklaven, mehr als die
ersten, und sie taten ihnen
ebenso.

[37]Zuletzt aber schickte er zu
ihnen seinen Sohn,
sagend: Scheuen werden sie sich
vor meinem Sohn. [38]Die Bauern
aber, sehend den Sohn, sprachen bei sich: Dieser ist der
Erbe; auf, töten wir ihn, und
behalten wir sein Erbe!
[39]Und nehmend ihn, warfen
sie (ihn) hinaus außerhalb des
Weinbergs, und sie töteten
(ihn). [40]Wann nun kommt
der Herr des Weinbergs, was
wird er tun jenen Bauern?
[41]Sie sagen ihm: Als Böse
wird er sie bös zugrunde-
richten,
und den Weinberg wird er
vergeben an andere Bauern,
welche ihm abgeben werden
die Früchte zu ihren Zeiten.

[42](Es) sagt ihnen
Jesus: Niemals last ihr in den
Ps 118,22 Schriften: *(Der) Stein,*
den verwarfen die Bauenden,
dieser wurde zum Haupt-
Ps 118,23 *stein; vom Herrn wurde*
dieses, und es ist staunens-
wert in unseren Augen?
[43]Deswegen sage ich euch:

einen Sklaven, damit er von
den Bauern nehme von den
Früchten des Weinbergs;
[3]und nehmend
ihn,
schunden sie (ihn) und
schickten (ihn) leer (weg).
[4]Und wie-
der schickte er zu ihnen einen
anderen Sklaven; und jenen
schlugen sie auf den Kopf
und entehrten sie.
[5]Und einen
anderen schickte er; und
jenen töteten sie, und viele
andere, die einen schindend,
die anderen tötend.

[6]Noch einen hatte er, einen
geliebten Sohn; er schickte
ihn als letzten zu ihnen,
sagend: Scheuen werden sie sich
vor meinem Sohn. [7]Jene Bauern
aber spra-
chen zu sich: Dieser ist der
Erbe; auf, töten wir ihn, und
unser wird sein das Erbe!
[8]Und nehmend (ihn), töteten
sie ihn und warfen ihn hinaus
außerhalb des Weinbergs.

[9]Was [nun]
wird tun der Herr des
Weinbergs? Kom-
men wird er, und zugrunde-
richten wird er die Bauern,
und geben wird er den
Weinberg anderen.

[10]Und nicht last ihr diese
Schrift: *(Der) Stein,*
den verwarfen die Bauenden,
dieser wurde zum Haupt-
stein; [11]*vom Herrn wurde*
dieses, und es ist staunens-
wert in unseren Augen?

damit von der
Frucht des Weinbergs sie
ihm geben werden;
die Bauern aber,
nachdem sie (ihn)
geschunden hatten, weg-
schickten ihn leer. [11]Und
fortfuhr er, einen anderen
Sklaven zu schicken; die
aber, nachdem sie auch jenen
geschunden und entehrt hatten,
wegschickten (ihn) leer.
[12]Und fortfuhr er, einen
dritten zu schicken; die aber,
nachdem sie auch diesen
verwundet hatten, hinauswarfen
(ihn).
[13](Es) sprach aber der Herr
des Weinbergs: Was werde
ich tun? Schicken werde ich
meinen Sohn, den geliebten;
vielleicht werden sie
sich vor diesem scheuen.
[14]Sehend aber ihn,
überlegten die Bauern untereinander, sagend: Dieser ist der
Erbe; töten wir ihn, damit
unser wird das Erbe!
[15]Und hinauswerfend ihn
außerhalb des Weinbergs,
töteten sie (ihn).

Was nun
wird ihnen tun der Herr des
Weinbergs? [16]Kom-
men wird er, und zugrunde-
richten wird er diese Bauern,
und geben wird er den
Weinberg anderen.

(Es) hörend aber sprachen
sie: Niemals!
[17]Der aber, anschauend sie,
sprach: Was nun ist dieses
Geschriebene: *(Der) Stein,*
den verwarfen die Bauenden,
dieser wurde zum Haupt-
stein?

Weggenommen werden wird
von euch das Königtum
Gottes, und gegeben werden
wird es einem Volk, bringend
seine Früchte. [44 Und der
Fallende auf diesen Stein wird
zerschellen; auf wen aber
immer er fällt, zermalmen wird
er ihn.] 45 Und hörend die
Hochpriester und die Pharisaier seine Gleichnisse, erkannten sie, daß über sie er
redet; 46 und suchend, ihn
zu ergreifen,
fürch-
teten sie die Volksmengen, da
für einen Propheten sie ihn
hielten. vgl. V 45

vgl. 22,22 (Nr. 228)

12 Und sie suchten

vgl. V 12b
ihn
zu ergreifen,
aber sie fürch-
teten die Volksmenge;
denn sie erkannten, daß er
gegen sie das Gleichnis
sprach.
Und lassend ihn, gingen sie
weg.

18 Jeder
Fallende auf jenen Stein wird
zerschellen; auf wen aber
immer er fällt, zermalmen wird
er ihn. 19 Und (es) suchten
die Schriftkundigen und die
Hochpriester
vgl. V 19b
Hand
zu legen an ihn in eben der
Stunde, aber sie fürch-
teten das Volk,
denn sie erkannten, daß er
gegen sie sprach dieses
Gleichnis.

227. Das Gleichnis vom königlichen Hochzeitsmahl

Mt 22,1–14

1 Und antwortend sprach Jesus wieder in
Gleichnissen zu ihnen, sagend: 2 Verglichen
wurde das Königtum der Himmel einem Menschen, einem König, welcher machte eine
Hochzeit für seinen Sohn. 3 Und er schickte
seine Sklaven , zu
rufen die Gerufenen zur Hochzeit, aber nicht
wollten sie kommen. 4 Wieder schickte er andere Sklaven, sagend: Sprecht zu den Gerufenen: Siehe, mein Mahl habe ich bereitet, meine
Ochsen und die Masttiere (sind) geschlachtet,
und alles (ist) bereit; auf, zur Hochzeit!
5 Die aber, nicht kümmernd sich, gingen weg,
der eine auf den eigenen Acker, der andere zu
seinem Geschäft;

6 die übrigen aber, ergreifend

Lk 14,15–24 (Nr. 190):

15 Hörend aber dieses sprach einer der mit (zu
Tisch) Liegenden zu ihm: Selig, welcher ißt Brot im
Königtum Gottes. 16 Der aber
sprach zu ihm:
Ein Mensch
machte ein
großes Mahl und rief viele, 17 und er schickte
seinen Sklaven zur Stunde des Mahls, zu
sprechen zu den Gerufenen: Kommt,

weil es schon bereit ist!
18 Aber sie begannen auf einmal alle, sich zu
entschuldigen. Der erste sprach zu ihm: Einen
Acker kaufte ich, und ich bin gezwungen, hinausgehend, ihn zu sehen; ich bitte dich, halte
mich für entschuldigt. 19 Und ein anderer
sprach: Fünf Joch Rinder kaufte ich, und ich
gehe, sie zu prüfen; ich bitte dich, halte mich
für entschuldigt. 20 Und ein anderer sprach:
Eine Frau heiratete ich, und deswegen kann ich
nicht kommen.

seine Sklaven, mißhandelten und töteten
(sie).
7 Der König aber wurde zornig, und
schickend seine Heere, vernichtete er jene Mörder, und ihre Stadt zündete er an.
8 Da sagt er seinen Sklaven: Die Hochzeit ist
zwar bereit, die Gerufenen aber waren nicht
würdig;

9 geht nun an die Kreuzungen der Wege, und
wieviele immer ihr findet, ruft zur Hochzeit.
10 Und hinausgehend jene Sklaven auf die
Wege, sammelten sie alle, die sie fanden,
Böse und Gute; und gefüllt wurde der Hochzeitssaal von (zu Tisch) Liegenden.

21 Und ankommend meldete der Sklave seinem
Herrn dieses. Da, zornig geworden,

sprach der Hausherr zu seinem Sklaven:

Geh schnell hinaus auf die Straßen und
Gassen der Stadt und die Armen und Krüppel
und Blinden und Lahmen führe herein, hierher!
22 Und(es) sprach der Sklave: Herr, es ist
geschehen, was du befahlst, und noch ist Platz.
23 Und (es) sprach der Herr zu dem Sklaven:
Geh hinaus an die Wege und Zäune und zwinge
(sie) hereinzukommen, damit gefüllt wird mein
Haus!

24 Denn ich sage euch: Keiner jener Männer,
die gerufen waren, wird kosten mein Mahl.

11 Hereinkommend aber der König, zu schauen die (zu Tisch) Liegenden, sah er dort
einen Menschen, nicht bekleidet mit einem Hochzeitsgewand, 12 und er sagt ihm:
Freund, wie kamst du hier herein, nicht habend ein Hochzeitsgewand? Der aber ver-
stummte. 13 Da sprach der König zu den Dienern: Bindend seine Füße und Hände werft
ihn hinaus in die Finsternis draußen; dort wird sein das Weinen und das Klappern der
Zähne. * 14 Denn viele sind Berufene, wenige aber Auserwählte.

* Vgl. die Anm. zu Mt 8,12 (Nr. 79).

228. Die Frage der Pharisaier nach der Kaisersteuer

Mt 22,15–22

15 Dann weggehend faßten
die Pharisaier einen Beschluß,
auf daß sie ihn fingen in einem Wort. 16 Und sie schicken
ihm ihre Schüler
mit den Herodianern,

sagend: Lehrer,
wir wissen, daß wahrhaftig du
bist und den Weg Gottes in
Wahrheit du lehrst und du
dich um keinen kümmerst.
Denn nicht siehst du auf (das)

Mk 12,13–17

13 Und sie schicken
zu ihm einige der Pharisaier
und der Herodianer, damit
sie ihn fingen im Wort.

14 Und kom-
mend sagen sie ihm: Lehrer,
wir wissen, daß wahrhaftig du
bist
und du
dich um keinen kümmerst;
denn nicht siehst du auf (das)

Lk 20,20–26

20 Und
belauernd (ihn) schickten sie
Aufpasser, heuchelnd, daß sie
selbst gerecht seien, damit
sie faßten ihn beim Wort, so
daß sie übergäben ihn der
Hoheit und der Vollmacht
des Statthalters. 21 Und sie
befragten ihn, sagend: Lehrer,
wir wissen, daß richtig du
redest und lehrst und

nicht
(Rücksicht) nimmst (auf) ein

Gesicht von Menschen;
17 sprich also
zu uns, was dir dünkt: Ist es
erlaubt, Steuer zu geben
(dem) Kaiser oder nicht?
18 Er-
kennend aber ihre Bosheit,
sprach Jesus : Was
versucht ihr mich, Heuchler?
19 Zeigt mir die Steuermünze!
Die aber brach-
ten ihm hin einen Denar.
20 Und er sagt ihnen: Von wem
(ist) dieses Bild und die
Aufschrift? 21 Sie sagen
ihm: (Vom) Kaiser.
Da sagt er
ihnen: Gebt also das (des)
Kaisers (dem) Kaiser
und das Gottes Gott!
22 Und (es) hörend,
staunten sie,
und lassend ihn, gingen
sie weg.

Gesicht von Menschen, sondern in Wahrheit den Weg
Gottes lehrst du: Ist es
erlaubt, Steuer zu geben
(dem) Kaiser oder nicht?
Sollen wir geben oder sollen
wir nicht geben? 15 Der aber,
kennend ihre Heuchelei,
sprach zu ihnen: Was
versucht ihr mich?
Bringt mir einen Denar, damit
ich sehe! 16 Die aber brachten (einen).
Und er sagt ihnen: Von wem
(ist) dieses Bild und die
Aufschrift? Die aber sprachen
zu ihm: (Vom) Kaiser.
17 Jesus aber sprach zu
ihnen: Das (des)
Kaisers gebt (dem) Kaiser
und das Gottes Gott!
Und
sie erstaunten
über ihn.
vgl. 12,12c (Nr. 226)

Gesicht.
sondern in Wahrheit den Weg
Gottes lehrst: 22 Ist es uns
erlaubt, (dem) Kaiser Steuer
zu geben oder nicht?
23 Durchschau-
end aber ihre Verschlagen-
heit, sprach er zu ihnen:
24 Zeigt mir einen Denar!
Von wem
hat er Bild und
Aufschrift? Die aber sprachen:
(Vom) Kaiser.
25 Der aber sprach zu
ihnen: Daher gebt das (des)
Kaisers (dem) Kaiser
und das Gottes Gott!
26 Und nicht vermochten sie,
ihn zu fassen bei einer Rede
vor dem Volk, und staunend
über seine Antwort schwiegen
sie.

229. Die Frage der Saddukaier nach der Auferstehung

Mt 22,23–33

23 An jenem Tag hinzukamen
zu ihm Saddukaier,
sagend, nicht gebe es Auferstehung, und sie
befragten ihn, 24 sagend:
Lehrer, Moyses sprach
: *Wenn einer*
stirbt,
nicht habend
Kinder, als Schwager heira-
ten soll sein Bruder dessen
Frau, und aufstellen soll er
Nachkommenschaft seinem
Bruder. 25 Es waren
aber bei uns sieben Brüder;
und der erste, nachdem er
geheiratet hatte, starb, und
nicht habend Nachkom-
menschaft, hinterließ er seine

Mk 12,18–27

18 Und es kommen
Saddukaier zu ihm, welche
sagen, Auferste-
hung gebe es nicht, und sie
befragten ihn, sagend:
19 Lehrer, Moyses schrieb
uns: *Wenn jemandes Bruder*
stirbt und zurückläßt eine
Frau *und nicht hinterläßt ein*
Kind, daß *neh-*
me sein Bruder die Frau
und erstehen lasse er
Nachkommenschaft seinem
Bruder.
20 Sieben Brüder waren;
und der erste
nahm eine Frau und sterbend
nicht hinterließ er Nachkommenschaft; 21 und der zweite

Lk 20,27–40

27 Hinzukommend aber einige der Saddukaier – die [Da-
gegen]redenden, Auferste-
hung gebe es nicht –,
befragten ihn, 28 sagend:
Lehrer, Moyses schrieb
uns: *Wenn jemandes Bruder* Dtn 25,5f
stirbt, habend eine
Frau, und dieser
kinderlos ist, daß *neh-* Gen 38,8
me sein Bruder die Frau
und erstehen lasse er
Nachkommenschaft seinem
Bruder.
29 Nun waren sieben Brüder;
und der erste,
nehmend eine Frau, starb
kinderlos;
30 und der zweite

Frau seinem Bruder; [26]
gleicherweise auch der zweite
und der dritte
bis zu den sieben.

[27] Zuletzt aber von
allen starb die Frau.
[28] Bei der Auferstehung
nun, wessen der
sieben Frau wird sie sein?
Denn alle hatten sie.

[29] Antwortend aber sprach
Jesus zu ihnen: Ihr irrt,
nicht kennend die
Schriften und nicht die Kraft
Gottes;

[30] denn bei der Auferstehung
weder heiraten sie,
noch werden sie verheiratet,

sondern wie Engel
im Himmel sind sie.

[31] Über die Auferstehung
der Toten aber,
nicht last ihr

das euch Gesagte von Gott,
Ex 3,6 (dem) sagenden:
[32] *Ich bin der Gott Abrahams*
und der Gott Isaaks und
der Gott Jakobs? Nicht
ist er [der] Gott Toter,
sondern Lebender.
[33] Und (es) hörend, gerieten
die Volksmengen außer sich
über seine Lehre.

nahm sie, und er starb, nicht
zurücklassend Nachkommen-
schaft; und der dritte ebenso;
[22] und die sieben
nicht hinterließen Nachkommenschaft. Zuletzt von
allen starb auch die Frau.
[23] Bei der Auferstehung,
[wann sie aufstehen,] wessen
von ihnen Frau wird sie sein?
Denn die sieben hatten sie als
Frau.
[24] (Es) sagte
ihnen Jesus: Irrt ihr nicht
deswegen, nicht kennend die
Schriften und nicht die Kraft
Gottes?

[25] Denn wann sie aus Toten
aufstehen, weder heiraten sie,
noch werden sie verheiratet,

sondern sie sind wie Engel
in den Himmeln.

[26] Über
die Toten aber, daß sie
erweckt werden, nicht last ihr
im Buch von Moyses beim
Dornbusch, wie Gott zu ihm
sprach, sagend:
Ich, der Gott Abrahams
und [der] Gott Isaaks und
[der] Gott Jakobs? [27] Nicht
ist er ein Gott Toter,
sondern Lebender; viel irrt
ihr.

[31] und der dritte nahm sie,
ebenso aber auch die sieben,
nicht zurückließen sie Kinder
und starben. [32] Zuletzt
starb auch die Frau.
[33] Die Frau nun, bei der
Auferstehung, wessen
von ihnen Frau wird sie?
Denn die sieben hatten sie als
Frau.
[34] Und (es) sprach zu
ihnen Jesus: Die Söhne dieses Aions heiraten und werden verheiratet, [35] die aber
gewürdigt wurden, jenes
Aions teilhaftig zu werden und
der Auferstehung aus Toten,
weder heiraten sie,
noch werden sie verheiratet;
[36] denn auch sterben können
sie nicht mehr, denn Engel-
gleiche sind sie und Söhne
Gottes sind sie, als der
Auferstehung Söhne.
[37] Daß aber erweckt werden
die Toten,
zeigte auch Moyses beim
Dornbusch, wie er nennt
(den) Herrn
den Gott Abrahams
und Gott Isaaks und
Gott Jakobs. [38] Gott aber
ist nicht (ein Gott) Toter,
sondern Lebender, denn alle
leben ihm.
[39] Antwortend aber sprachen
einige der Schriftkundigen:
Lehrer, recht sprachst du.
[40] Denn nicht mehr wagten
sie, ihn zu fragen irgendetwas.

230. Die Frage eines Gesetzeskundigen nach dem ersten Gebot

Mt 22,34–40

[34] Die Pharisaier aber, hörend, daß zum Schweigen er
brachte die Saddukaier, ka-

Mk 12,28–34

[28] Und hinzukommend
einer der Schriftkundigen,

Lk 10,25–28 (Nr. 164):

[25] Und siehe,
ein Gesetzeskundiger stand

men zusammen daselbst,
35 und (es) befragte (ihn) einer
von ihnen, [ein Gesetzeskundiger,] ihn versuchend:
36 Lehrer, welches Gebot ist
groß im Gesetz? 37 Der
aber sagte ihm:
*Du sollst
lieben (den) Herrn, deinen
Gott, mit deinem ganzen
Herzen und mit deiner ganzen Seele und mit deiner
ganzen Einsicht.*
38 Das ist das große und
erste Gebot. 39 Ein zweites
aber (ist) ihm gleich: *Du sollst
lieben deinen Nächsten wie
dich selbst.* 40 An diesen
zwei Geboten hängt das ganze Gesetz und die Propheten.

vgl. V 46

hörend sie streitend,
sehend, daß er recht
geantwortet hatte ihnen,
befragte ihn:
Welches ist (das) erste
Gebot von allem? 29 (Es)
antwortete Jesus: (Das) erste
ist: *Höre, Israel, (der) Herr
unser Gott ist einziger Herr,*
30 *und du sollst
lieben (den) Herrn, deinen
Gott, aus deinem ganzen
Herzen und aus deiner ganzen Seele und aus deiner
ganzen Einsicht und aus deiner ganzen Kraft.*
31 (Das) zweite
(ist) dieses: *Du sollst
lieben deinen Nächsten wie
dich selbst.* Größer als dieses
ist ein anderes Gebot nicht.

32 Und (es) sprach zu ihm der
Schriftkundige: Recht, Lehrer,
in Wahrheit sprachst du: *Einziger ist (er), und nicht ist
ein anderer außer ihm;* 33 und
das *Ihn-Lieben aus dem
ganzen Herzen und aus dem
ganzen Verstehen und aus
der ganzen Kraft* und das
*Den-Nächsten-Lieben wie
sich selbst* ist überreichlich
mehr als alle Brandopfer
und Schlachtopfer. 34 Und
Jesus, sehend [ihn], daß er
vernünftig geantwortet hatte,
sprach zu ihm: Nicht weit bist
du vom Königtum Gottes.
Und keiner wagte mehr, ihn
zu befragen.

auf,

ihn versuchend, sagend:
Lehrer, was tuend werde ich
ewiges Leben erben? 26 Der
aber sprach zu ihm: Im Gesetz, was ist geschrieben?
Wie liest du? 27 Der aber,
antwortend, sprach: *Du sollst
lieben (den) Herrn, deinen
Gott, aus deinem ganzen
Herzen und mit deiner ganzen Seele und mit deiner
ganzen Kraft und mit deiner
ganzen Einsicht,*

*und deinen Nächsten wie
dich selbst.* 28 Er sprach aber zu
ihm: Richtig antwortetest du;
dies tue, und du wirst leben.

vgl. 20,39 (Nr. 229)

vgl. 20,40 (Nr. 229)

Dtn 6,4
Dtn 6,5
Jos 22,5 (G)
Lev 19,18
Dtn 6,4; 4,35
Jes 45, 21
Dtn 6,5
Jos 22,5 (G)
Lev 19,18

231. Der Christos als Davids Sohn bzw. Herr

Mt 22,41–46

41 Als aber zusammenge-
kommen waren die
Pharisaier, befragte sie Jesus,
42 sagend:

Mk 12,35–37a

35 Und antwortend
sagte Jesus, lehrend im Heiligtum: Wieso sagen die

Lk 20,41–44

41 Er sprach aber zu ihnen:
Wieso sagen sie,

Was dünkt euch über den Christos? Wessen Sohn ist er? Sie sagen ihm: Des David. [43] Er sagt ihnen: Wie nun ruft David im Geist ihn Herr,
Ps 110,1 sagend: [44] *(Es) sprach (der) Herr zu meinem Herrn: Sitze zu meiner Rechten, bis ich hinlege deine Feinde unter deine Füße?* [45] Wenn also David ihn Herr ruft, wie ist er sein Sohn? [46] Und keiner konnte antworten ihm ein Wort, und nicht wagte einer von jenem Tag (an) mehr, ihn zu befragen.

Schriftkundigen, daß der Christos Sohn Davids ist?

[36] David selbst sprach im heiligen Geist: *(Es) sprach (der) Herr zu meinem Herrn: Sitze zu meiner Rechten, bis ich hinlege deine Feinde unter deine Füße!* [37a] David selbst nennt ihn Herr, und woher ist er sein Sohn?

vgl. V 34b

der Christos sei Davids Sohn?

[42] Denn David selbst sagt im Buch (der) Psalmen: *(Es) sprach (der) Herr zu meinem Herrn: Sitze zu meiner Rechten,* [43] *bis ich hinlege deine Feinde als Fußbank deiner Füße!* [44] David also ruft ihn Herr, und wie ist er sein Sohn?

vgl. V 40

232. Rede gegen Schriftkundige und Pharisaier

Mt 23,1–39

[1] Da redete Jesus zu den Volksmengen und zu seinen Schülern, [2] sagend: Auf des Moyses Sitz setzten sich die Schriftkundigen und die Pharisaier. [3] Alles nun, was immer sie sprechen zu euch, tut und bewahrt, nach ihren Werken aber tut nicht! Denn sie reden, aber nicht tun sie. [4] Sie binden aber schwere [und unerträgliche] Lasten, und auflegen sie (sie) auf die Schultern der Menschen, selbst aber mit ihrem Finger nicht wollen sie bewegen sie. [5] Alle ihre Werke aber tun sie zum Gesehenwerden bei den Menschen; denn breit machen sie ihre Gebetsriemen, und groß machen sie die Quasten,

[6] sie lieben aber das Erstlager bei den Mählern und die

Mk 12,37b–40

[37b] und [die] große Volksmenge hörte ihn gern. [38] Und in seiner Lehre sagte er:

Hütet euch vor den Schriftkundigen, die wollen in Talaren umhergehen und Begrüßungen auf den Märkten [39] und Erstsitze in den Synagogen und Erstlager bei den Mählern,

Lk 20,45–47

[45] Während aber das ganze Volk hörte, sprach er zu [seinen] Schülern:

11,46 (Nr. 174): Der aber sprach: Auch euch, den Gesetzeskundigen, wehe, weil ihr belastet die Menschen mit unerträglichen Lasten, und

selbst, nicht mit einem eurer Finger rührt ihr an die Lasten.

[46] Nehmt euch in acht vor den Schriftkundigen, die umhergehen wollen in Talaren und lieben Begrüßungen auf den Märkten und Erstsitze in den Synagogen und Erstlager bei den Mählern,

Erstsitze in den Synagogen
7 und die Begrüßungen auf
den Märkten und gerufen zu
werden von den Menschen
Rabbi.
8 Ihr aber sollt nicht gerufen
werden Rabbi; denn einer ist
euer Lehrer, ihr alle aber seid
Brüder. 9 Auch Vater sollt ihr
nicht rufen (einen) von euch
auf der Erde, denn einer ist
euer Vater, der himmlische.
10 Auch sollt ihr nicht gerufen
werden Meister, denn euer
Meister ist einer, der Christos.
11 Der Größere aber von
euch soll sein euer Diener. *
12 Wer aber erhöhen wird
sich selbst, erniedrigt werden
wird er, und wer erniedrigen
wird sich selbst, erhöht
werden wird er. **
13 Wehe aber euch,
Schriftkundige und Pharisaier,
Heuchler, weil ihr verschließt
das Königtum der Himmel vor
den Menschen; denn ihr
geht nicht hinein, und die
Hineingehenden laßt ihr nicht
hineinkommen. #

15 Wehe euch, Schriftkundige
und Pharisaier, Heuchler, weil
ihr durchzieht das Meer und
das Trockene, zu machen einen einzigen zum Proselyten,
und wann er (es) geworden
ist, macht ihr ihn zum Sohn
(der) Gehenna, zweimal
(mehr als) ihr.

V 14 fehlt in den wichtigsten Handschriften

40 die Auffressenden die
Häuser der Witwen und zum
Schein lang Betenden: Diese
werden empfangen überreichliches Gericht.

11,43 (Nr. 174): Wehe euch, den Pharisaiern, weil ihr liebt den Erstsitz in den Synagogen und die Begrüßungen auf den Märkten.

11,52 (Nr. 174): Wehe euch, den Gesetzeskundigen, weil ihr wegnahmt den Schlüssel der Erkenntnis; ihr selbst kamt nicht hinein, und die Hineingehenden hindertet ihr.

47 die auffressen die
Häuser der Witwen und zum
Schein lang beten: Diese
werden empfangen überreichliches Gericht.

16 Wehe euch, blinde Führer, die ihr sagt: Wer
immer aber schwört beim Tempel, nichts ist es;
wer immer aber schwört beim Gold des Tem-
pels, schuldet. 17 Törichte und Blinde, wer ist
denn größer, das Gold oder der das Gold heiligende Tempel? 18 Und: Wer immer schwört
beim Altar, nichts ist es; wer immer aber schwört
bei der auf ihm (liegenden) Gabe, schuldet.
19 Blinde, was ist denn größer, die Gabe oder
der Altar, der heiligende die Gabe? 20 Der
Schwörende also beim Altar, schwört bei ihm
und bei all dem auf ihm; 21 und der Schwörende
beim Tempel, schwört bei ihm und bei dem ihn
Bewohnenden, 22 und der Schwörende beim
Himmel, schwört beim Thron Gottes und bei
dem Sitzenden auf ihm.

23 Wehe euch, Schriftkundige und
Pharisaier, Heuchler, weil ihr bezehntet die
Minze und den Dill und den Kümmel und unterließet die gewichtigen (Teile) des Gesetzes,
das Recht und das Erbarmen und die Treue;
dieses [aber] müßte man tun und jenes nicht
lassen. 24 Blinde Führer, die ihr durchseiht die
Mücke, das Kamel aber verschlingt.
25 Wehe euch, Schriftkundige und Pharisaier,
Heuchler, weil ihr reinigt das Äußere des
Bechers und der Schüssel, innen aber sind sie
voll von Raub und Unbeherrschtheit.
26 Blinder Pharisaier, reinige zuerst das Innen
des Bechers, damit auch sein Außen rein wird.

27 Wehe euch, Schriftkundige und Pharisaier,
Heuchler, weil ihr gleicht geweißten Grabmälern, welche außen zwar schön scheinen,
innen aber voll sind von Totengebein und jeder
Unreinheit. 28 So auch ihr, außen zwar scheint ihr
den Menschen gerecht, innen aber seid ihr
voll von Heuchelei und Ungesetzlichkeit.
29 Wehe euch, Schriftkundige und Pharisaier,
Heuchler, weil ihr baut die Grabmäler der
Propheten und schmückt die Gräber der Gerechten, 30 und ihr sagt: Wenn wir gewesen
wären in den Tagen unserer Väter, nicht wären
wir gewesen ihre Teilhaber am Blut der Propheten. 31 Daher bezeugt ihr euch selbst, daß
ihr Söhne derer seid, die mordeten die
Propheten. 32 Und ihr machtet voll das Maß
eurer Väter. 33 Schlangen, Brut von Nattern, wie
flieht ihr vor dem Gericht der Gehenna?
34 Deswegen siehe:

11,39–42.44.47–51 (Nr. 174):
42 Aber wehe euch, den
Pharisaiern, weil ihr bezehntet die
Minze und die Raute und alles Gemüse und
vorbeigeht
am Recht und an der Liebe zu Gott;
dieses aber müßte man tun und jenes nicht
lassen.
39 (Es) sprach aber der Herr zu ihm:
Jetzt, ihr Pharisaier,
das Äußere des
Bechers und des Tellers reinigt ihr, euer Inneres
aber ist voll von Raub und Bosheit.
40 Unvernünftige, macht nicht der Machende
das Äußere auch das Innere? 41 Jedoch das Inwendige gebt als Almosen, und siehe, alles ist
euch rein.
44 Wehe euch,
weil ihr seid wie die unerkennbaren
Gräber, und die Menschen, [die] umhergehen
darauf, wissen (es) nicht.

47 Wehe euch,
weil ihr baut die Gräber der
Propheten,

eure Väter aber töteten
sie. 48 Also seid ihr Zeugen, und zustimmt ihr den
Werken eurer Väter, weil sie zwar sie töteten,
ihr aber baut.

49 Deswegen auch sprach die Weisheit Gottes:

Ich schicke zu euch Propheten und
Weise und Schriftkundige; (etliche) von ihnen
werdet ihr töten und kreuzigen, und (etliche) von
ihnen werdet ihr geißeln in euren Synagogen
und werdet ihr verfolgen von Stadt zu Stadt;
35 auf daß komme über euch
alles gerechte Blut, ausgegossen
auf der Erde, vom Blut Abels,
des Gerechten, bis zu dem Blut (des) Zacharias, (des) Sohnes (des) Barachias, den ihr
mordetet zwischen dem Tempel und dem Altar.
36 Amen, ich sage euch: Kommen wird dieses
alles über dieses Geschlecht.
37 Jerusalem, Jerusalem, die
tötet die Propheten und steinigt die zu ihr Geschickten, wie oft wollte ich zusammenführen
deine Kinder, auf welche Weise ein Vogel
zusammenführt seine Jungen unter die Flügel,
und nicht wolltet ihr. 38 Siehe, gelassen wird
euch euer Haus öde. 39 Denn ich sage euch:
Nicht sollt ihr mich sehen ab jetzt, bis
ihr sprecht: *Gesegnet der Kommende im Namen (des) Herrn.*

Ich werde schicken zu ihnen Propheten und
Apostel, und (etliche) von ihnen
werden sie töten und
verfolgen,
50 damit gefordert wird von diesem Geschlecht
das Blut aller Propheten, das ausgegossene von
Grundlegung (der) Welt (an), 51 vom Blut Abels
bis zum Blut (des) Zacharias, des Zugrundegegangenen zwischen dem Altar und dem Haus;
ja, ich sage euch, gefordert werden wird
es von diesem Geschlecht.
13,34–35 (Nr. 186): 34 Jerusalem, Jerusalem, die
tötet die Propheten und steinigt die zu ihr Geschickten, wie oft wollte ich zusammenführen
deine Kinder, auf welche Weise ein Vogel
(zusammenführt) seine Brut unter die Flügel,
und nicht wolltet ihr. 35 Siehe, gelassen wird
euch euer Haus (öde). Ich sage euch [aber]:
Nicht sollt ihr sehen mich , bis [kommen
wird, wann] ihr sprecht: *Gesegnet der Kommende im Namen (des) Herrn.* Ps 118,26

*

Mk 9,35 (Nr. 150):
Und sich setzend rief er die Zwölf und sagt ihnen: Wenn einer will Erster sein, soll er sein aller Letzter und aller Diener.

Lk 9,48b (Nr. 150):
Denn (wer) der Kleinere unter euch allen ist, dieser ist groß.

Mt 20,26–27 (Nr. 214):
26 Nicht so soll es sein unter euch, sondern wer immer will unter euch groß werden, soll sein euer Diener, 27 und wer immer will unter euch sein Erster, soll sein euer Sklave.

Mk 10,43–44 (Nr. 214):
43 Nicht so aber ist es unter euch, sondern, wer immer will groß werden unter euch, soll sein euer Diener, 44 und wer immer will unter euch sein Erster, soll sein aller Sklave.

Lk 22,26 (Nr. 254):
Ihr aber nicht so, sondern der Größere unter euch soll werden wie der Jüngere und der Führende wie der Dienende.

** Mt 18,4 (Nr. 150):
Wer also sich erniedrigen wird wie dieses Kind, dieser ist der Größere im Königtum der Himmel.

Lk 14,11 (Nr. 188):
Denn jeder Erhöhende sich selbst wird erniedrigt werden, und der Erniedrigende sich selbst wird erhöht werden.
Lk 18,14b (Nr. 207):
Denn jeder Erhöhende sich selbst wird erniedrigt werden, der aber Erniedrigende sich selbst wird erhöht werden.

233. Die arme Witwe

Mk 12,41–44

41 Und sich setzend gegenüber dem Schatzkasten, sah er, wie die Volksmenge
Kupfer(geld) wirft in den Schatzkasten. Und
viele Reiche warfen viel; 42 und kommend, eine
arme Witwe warf zwei Lepta, das ist ein
Kodrantes. 43 Und herbeirufend seine Schüler,
sprach er zu ihnen: Amen, ich sage euch:
Diese arme Witwe warf mehr als alle in den
Schatzkasten Werfenden; 44 denn alle
warfen aus ihrem Überfluß,
diese aber warf aus ihrem Mangel alles, wieviel sie
hatte, ihren ganzen Besitz.

Lk 21,1–4

1 Aufschauend aber sah er
die in den Schatzkasten ihre Gaben werfenden Reichen. 2 Er sah aber eine
arme Witwe, werfend dort(hin) zwei Lepta,
3 und
er sprach : Wahrhaft, ich sage euch:
Diese arme Witwe warf mehr als alle;
4 denn alle diese
warfen aus ihrem Überfluß zu den Gaben,
diese aber warf aus ihrem Mangel
den ganzen Besitz, den sie hatte.

Die synoptische Apokalypse (Mt 24/Mk 13/Lk 21)

234. Ankündigung der Zerstörung des Heiligtums

Mt 24,1–2

1 Und herauskommend Jesus
vom Heiligtum, ging er weg,
und hinzukamen seine Schüler, zu zeigen ihm die Bauten
des Heiligtums. 2 Der aber
antwortend sprach zu ihnen:
Nicht seht ihr dieses
alles? Amen, ich sage euch:
Nicht wird gelassen
hier Stein auf Stein, der nicht
zerstört werden wird.

Mk 13,1–2

1 Und als er herausgeht
aus dem Heiligtum,
sagt ihm einer seiner Schüler:
Lehrer, sieh, was für Steine
und was für Bauten! 2 Und
Jesus sprach zu ihm:
Siehst du diese großen
Bauten?
Nicht wird gelassen
hier Stein auf Stein, der nicht
zerstört wird.

Lk 21,5–6

5 Und als einige sagten über
das Heiligtum,
daß mit schönen Steinen und
Weihegeschenken es ge-
schmückt ist,
sprach er:
6 Dieses, was ihr schaut,
kommen werden Tage, an denen nicht wird gelassen werden Stein auf Stein, der nicht
zerstört werden wird.

235. Der Anfang vom Ende

Mt 24,3–8

3 Als er aber saß auf dem
Berg der Ölbäume,
kamen zu ihm
die Schüler für sich,
sagend:
Sprich zu uns: Wann
wird dieses sein und was (ist)

Mk 13,3–8

3 Und als er saß auf dem
Berg der Ölbäume gegenüber
dem Heiligtum, befragte ihn
für sich Petros und Jakobos
und Johannes und Andreas:
4 Sprich zu uns: Wann
wird dieses sein und was (ist)

Lk 21,7–11

7 Sie befragten ihn aber,
sagend: Lehrer, wann nun
wird dieses sein, und was (ist)

das Zeichen deiner Ankunft
und (der) Vollendung des
Aions?
4 Und antwortend sprach
Jesus zu ihnen : Seht (zu),
daß nicht einer euch irreführt!
5 Denn viele werden kommen
in meinem Namen, sagend:
Ich bin der Christos, und
viele werden sie irreführen.
6 Ihr werdet
aber hören von Kriegen und
Gerüchten von Kriegen; seht
(zu), erschreckt nicht!
Denn es muß geschehen,
doch noch nicht
ist (es) das Ende.

7 Denn aufstehen wird Volk
gegen Volk und Königtum
gegen Königtum, und (es)
werden sein Hungersnöte und
Erdbeben an
(manchen) Orten; 8 alles
dieses aber (ist der) Anfang
(der) Wehen.

das Zeichen, wann dieses alles
im Begriff ist vollendet zu werden?
5 Jesus aber begann zu
sagen ihnen: Seht (zu),
daß nicht einer euch irreführt!
6 Viele werden kommen
in meinem Namen, sagend:
Ich bin (es), und
viele werden sie irreführen.
7 Wann
ihr aber hört von Kriegen und
Gerüchten von Kriegen,
erschreckt nicht!
Es muß geschehen,
doch noch nicht
(ist es) das Ende.

8 Denn aufstehen wird Volk
gegen Volk und Königtum
gegen Königtum, (es)
werden sein Erdbeben an
(manchen) Orten, (es) werden
sein Hungersnöte; (der)
Anfang (der) Wehen (ist)
dieses.

das Zeichen, wann dieses
im Begriff ist zu geschehen?

8 Der aber
sprach : Seht (zu),
daß ihr nicht irregeführt werdet! Denn viele werden kommen
in meinem Namen, sagend:
Ich bin (es), und: Die
Zeit ist nahegekommen! Nicht
geht hinter ihnen (her)! 9 Wann
ihr aber hört von Kriegen und
Aufständen,
ängstigt euch nicht!
Denn dieses muß geschehen
zuerst, doch nicht sogleich
(ist es) das Ende.
10 Dann sagte er ihnen:
Aufstehen wird Volk
gegen Volk und Königtum
gegen Königtum, 11 und große Erdbeben und an (man-
chen) Orten Hungersnöte und
Seuchen werden sein,
Schrecknisse und vom Him-
mel große Zeichen werden
sein.

236. Ankündigung von Verfolgungen und Drangsalen

Mt 24,9–14

9 Dann
werden sie euch übergeben
in Bedrängnis,
und sie werden
euch töten, und ihr werdet
sein Gehaßte von allen Völkern
wegen meines Namens.

vgl. V 14

Mk 13,9–13

9 Seht aber ihr auf euch selbst;
übergeben
werden sie euch in Synhedri-
en, und in Synagogen werdet
ihr geschunden werden, und
vor Statthalter und Könige
werdet ihr gestellt werden
wegen meiner,
zum
Zeugnis ihnen. 10 Aber zu
allen Völkern muß zuerst
verkündet werden das Evangelium. 11 Und wann sie euch
führen, (euch) übergebend,
nicht vorher sorgt euch, was
ihr reden sollt, sondern was

Lk 21,12–19

12 Vor diesem allem aber
werden sie ihre Hand legen
an euch, und sie werden
(euch) verfolgen, übergebend
in
die Synagogen und Gefäng-
nisse (euch), abgeführt
vor Könige und Statthalter

wegen meines Namens;
13 ablaufen wird es euch zum
Zeugnis.

14 Legt nun in eure Herzen,
nicht vorher zu überlegen,
euch zu verteidigen! 15 Denn

[10]Und dann werden Anstoß nehmen viele, und sie werden einander übergeben, und sie werden hassen einander; **

[11]und viele Lügenpropheten werden aufstehen, und sie werden viele irreführen; [12]und wegen des Übervollwerdens der Ungesetzlichkeit wird sich abkühlen die Liebe der Vielen. [13]Der Durchhaltende aber zum Ende, dieser wird gerettet werden. ***** [14]Und verkündet werden wird dieses Evangelium des Königtums auf dem ganzen Erdkreis zum Zeugnis allen Völkern, und dann wird kommen das Ende.

immer euch gegeben wird in jener Stunde, dies redet; denn nicht seid ihr die Redenden, sondern der heilige Geist. *
[12]Und übergeben wird (der) Bruder (den) Bruder zum Tod und (der) Vater (das) Kind, und aufstehen werden Kinder gegen Eltern, und sie werden töten sie; **
[13]und ihr werdet sein Gehaßte von allen wegen meines Namens. ***

Der Durchhaltende aber zum Ende, dieser wird gerettet werden.

vgl. V 10

ich werde geben euch Mund und Weisheit, der nicht werden widerstehen oder widersprechen können alle eure Gegner. * [16]Übergeben aber werdet ihr werden auch von Eltern und Brüdern und Verwandten und Freunden,

und sie werden töten (einige) von euch, **
[17]und ihr werdet sein Gehaßte von allen wegen meines Namens. *** [18]Aber nicht ein Haar von eurem Kopf wird zugrundegehen. **** [19]In eurem Durchhalten erwerbt ihr euer Leben.

---

* Lk 12,11–12 (Nr. 175): [11]Wann sie aber hinführen euch zu den Synagogen und den Hoheiten und den Mächten, sorgt nicht, wie oder was ihr verteidigen sollt oder was ihr sprechen sollt! [12]Denn der heilige Geist wird euch lehren in der Stunde selbst, was nötig ist, zu sprechen.
Joh 14,26: Der Fürsprecher aber, der heilige Geist, den schicken wird der Vater in meinem Namen, jener wird euch lehren alles und erinnern euch an alles, was [ich] sprach zu euch.

** Mt 10,35–36 (Nr. 94):
[35]Denn ich kam, zu entzweien *einen Menschen gegen seinen Vater* und *eine Tochter gegen ihre Mutter* und *eine Schwiegertochter gegen ihre Schwiegermutter,* [36]und *Feinde des Menschen (werden) seine Hausgenossen.*

Lk 12,52–53 (Nr. 179):
[52]Denn es werden sein von jetzt (an) fünf in einem Haus Zerteilte, drei gegen zwei und zwei gegen drei, [53]zerteilt werden Vater gegen Sohn und *Sohn* gegen *Vater,* Mutter gegen die Tochter, und *Tochter gegen die Mutter,* Schwiegermutter gegen ihre Schwiegertochter und *Schwiegertochter gegen die Schwiegermutter.*

*** Joh 15,21: Aber dieses alles werden sie tun an euch wegen meines Namens, weil nicht sie kennen den mich Schikkenden.
Joh 16,2: Zu aus der Synagoge Ausgestoßenen werden sie euch machen; doch (es) kommt eine Stunde, daß jeder euch Tötende meint, einen Dienst zu erbringen für Gott.

**** Mt 10,30 (Nr. 93):
Von euch aber auch die Haare des Kopfes sind alle gezählt. [31]Fürchtet euch also nicht! Von (den) vielen Sperlingen unterscheidet ihr euch.

Lk 12,7 (Nr. 175):
Aber auch die Haare eures Kopfes sind alle gezählt. Fürchtet euch nicht! Von (den) vielen Sperlingen unterscheidet ihr euch.

***** Mt 10,17–22 (Nr. 92): [17]Nehmt euch aber in acht vor den Menschen; denn sie werden euch übergeben in Synhedrien, und in ihren Synagogen werden sie euch geißeln. [18]Und vor Statthalter aber und Könige werdet ihr geführt werden wegen meiner, zum Zeugnis ihnen und den Völkern. [19]Wann sie aber übergeben euch, sorgt nicht, wie oder

was ihr reden sollt; denn gegeben werden wird euch in jener Stunde , was ihr reden sollt; 20 denn nicht ihr seid die
Redenden, sondern der Geist eures Vaters (ist) der Redende in euch. 21 Übergeben aber wird (der) Bruder (den)
Bruder zum Tod und (der) Vater (das) Kind, und aufstehen werden Kinder gegen Eltern, und sie werden sie töten.
22 Und ihr werdet sein Gehaßte von allen wegen meines Namens; der Durchhaltende aber zum Ende, dieser wird
gerettet werden.

237. Der Höhepunkt der Drangsal in der Judaia

Mt 24,15–28

15 Wann nun ihr seht *den*
Greuel der Verwüstung, den
angesprochenen durch Daniel,
den Propheten, stehend an
heiligem Ort – der Lesende soll
begreifen –, 16 dann sollen die
in der Judaia fliehen in die
Berge, 17 der auf dem Dach
soll nicht herabsteigen,
wegzutragen die (Dinge) aus
seinem Haus, 18 und der auf
dem Acker soll nicht zurückkehren nach hinten, wegzutragen sein Gewand. * 19 Wehe aber
den Schwangeren und den
Säugenden in jenen Tagen!
20 Betet aber, damit nicht
geschehe eure Flucht winters
und nicht am Sabbat!
21 Denn sein wird dann
große Bedrängnis,
dergleichen nicht geschehen
ist von Anfang
(der) Welt
bis zum Jetzt und auch
gewiß nicht geschehen wird.
22 Und wenn nicht abgekürzt
würden jene Tage, nicht
würde gerettet werden
jedes Fleisch; wegen
der Auserwählten aber
werden abgekürzt
werden jene Tage.

23 Dann, wenn einer zu
euch spricht: Siehe, hier (ist) der
Christos! oder: Hier!, glaubt
(es) nicht! 24 Denn aufstehen
werden Lügenchristosse und
Lügenpropheten, und geben

Mk 13,14–23

14 Wann aber ihr seht *den*
Greuel der Verwüstung
stehend, wo
er nicht darf – der Lesende soll
begreifen –, dann sollen die
in der Judaia fliehen in die
Berge, 15 der auf dem Dach
[aber] soll nicht herabsteigen
und nicht hineingehen,
wegzutragen etwas aus
seinem Haus, 16 und der auf
dem Acker soll nicht zurückkehren nach hinten, wegzutragen sein Gewand. * 17 Wehe aber
den Schwangeren und den
Säugenden in jenen Tagen!
18 Betet aber, damit es nicht
geschehe winters;

19 denn (es) werden sein jene
Tage eine Bedrängnis,
dergleichen nicht geschehen
ist eine solche von Anfang
(der) Schöpfung, die Gott
schuf, bis zum Jetzt und
gewiß nicht geschehen wird.
20 Und wenn nicht abgekürzt
hätte (der) Herr die Tage, nicht
würde gerettet werden
jedes Fleisch; doch wegen
der Auserwählten, die er
auswählte, abkürzte er
die Tage.

21 Und dann, wenn einer zu
euch spricht: Sieh, hier (ist) der
Christos, sieh, dort!, glaubt
(es) nicht! 22 Denn aufstehen
werden Lügenchristosse und
Lügenpropheten, und geben

Lk 21,20–24

20 Wann aber ihr seht umringt Dan 9,27; 11,31; 12,11
von Heeren Jerusalem, dann
erkennt, daß nahegekommen
ist seine Verwüstung.
21 Dann sollen die
in der Judaia fliehen in die
Berge, und die in seiner Mitte
sollen hinausziehen, und die
in den Landschaften sollen
nicht hineingehen in es,
22 weil dies Tage (der) Rache
sind, daß erfüllt wird alles
Geschriebene.
23 Wehe
den Schwangeren und den
Säugenden in jenen Tagen!

Denn große Not wird sein
auf der Erde und Zorn für
dieses Volk; 24 und fallen
werden sie durch (die)
Schärfe (des) Schwertes,
und gefangengenommen werden
sie werden zu den Völkern
allen, und Jerusalem wird sein
getreten von Völkern,
bis daß erfüllt werden (die)
Zeiten (der) Völker.

17,23–24.37 (Nr. 205):
Und sagen werden
sie euch: Siehe dort!
[oder:] Siehe hier! Geht
nicht hin

werden sie große Zeichen und
Wunder, so daß sie irreführen,
wenn möglich, auch die
Auserwählten.
25 Siehe, vorhergesagt habe
ich (es) euch. 26 Wenn
sie also sprechen zu euch:
Siehe, in der Öde ist er, geht
nicht hinaus! Siehe, in den
Kammern, glaubt (es) nicht!
27 Denn wie der Blitz ausgeht
von Osten und scheint bis
Westen,
so wird sein die
Ankunft des Sohnes des Menschen;
28 wo immer ist die Leiche,
dort werden sich versam-
meln die Geier.

werden sie Zeichen und
Wunder, um irrezuführen,
wenn möglich, die
Auserwählten. 23 Ihr aber
seht (zu)! Vorhergesagt habe
ich euch alles.
vgl. V 21

und folgt nicht!
24 Denn wie der Blitz, blitzend, vom (einen Ende) unter
dem Himmel bis zum (ande-
ren Ende) unterm Himmel
leuchtet, so wird sein
der Sohn des Men-
schen [an seinem Tag].
37 Wo der Leib (ist),
dort auch werden die Geier
sich versammeln.

* Lk 17,31 (Nr. 205): An jenem Tag, wer sein wird auf dem Dach und seine Sachen im Haus (hat), nicht steige er herab, sie zu holen, und der im Acker gleicherweise, nicht kehre er um nach hinten.

238. Die Ankunft des Sohnes des Menschen

Mt 24,29–31

29 Sogleich aber nach der
Jes 13,10 Bedrängnis jener Tage *wird*
die Sonne verfinstert werden,
und der Mond wird nicht
geben seinen Schein, und
die Sterne werden
fallen vom Himmel,
Jes 34,4 *und die Kräfte der*
Himmel werden erschüt-
tert werden. 30 Und dann wird
erscheinen das Zeichen des
Sohnes des Menschen am
Himmel, und dann werden
trauern alle Stämme der Erde,
Dan 7,13f und sie werden sehen *den*
Sohn des Menschen, kom-

Mk 13,24–27

24 Doch in jenen Tagen nach
jener Bedrängnis *wird*
die Sonne verfinstert werden,
und der Mond wird nicht
geben seinen Schein, 25 *und*
die Sterne werden sein aus
dem Himmel *fallende*,
und die Kräfte in den
Himmeln werden erschüt-
tert werden.
26 Und dann
werden sie sehen *den*
Sohn des Menschen, kom-

Lk 21,25–28

25 Und sein werden Zeichen
an Sonne und Mond und Ster-
nen,
und auf der Erde
Beklemmung (der) Völker in
Ratlosigkeit vor (dem) Tosen
und Wogen (des) Meeres,
26 da ohnmächtig werden
(die) Menschen vor Furcht
und Erwartung der herankom-
menden (Ereignisse) für den
Erdkreis, denn *die Kräfte der*
Himmel werden erschüt-
tert werden.
27 Und dann
werden sie sehen *den*
Sohn des Menschen, kom-

mend auf den Wolken des
Himmels mit Kraft und viel
Herrlichkeit; 31 und er
wird schicken seine Engel mit
großem Trompeten(stoß), und
sie werden zusammenführen
seine Auserwählten aus den
vier Winden, von (den) Enden
(der) Himmel bis zu ihren
Enden.

mend in Wolken
mit viel Kraft und
Herrlichkeit. 27 Und dann
wird er schicken die Engel
,und
er wird zusammenführen
[seine] Auserwählten aus den
vier Winden, vom Ende
(der) Erde bis zum Ende
(des) Himmels.

mend in einer Wolke
mit Kraft und viel
Herrlichkeit.

28 Wenn aber dieses
beginnt zu geschehen, aufrichtet und erhebt eure Köpfe,
weil nahekommt eure Erlö-
sung!

239. Das Gleichnis vom Feigenbaum

Mt 24,32–36

32 Vom Feigenbaum aber
lernt das Gleichnis:
Wann schon sein Zweig wird
zart und die Blätter herauswachsen, erkennt ihr,
daß nahe der
Sommer; 33 so auch ihr,
wann ihr seht alles dieses,
erkennt, daß
nahe er ist vor (den) Türen!
34 Amen, ich sage euch:
Nicht geht vorüber dieses
Geschlecht, bis alles
dieses geschieht. 35 Der
Himmel und die Erde wird
vorübergehen, meine Worte
aber werden gewiß nicht vorübergehen.
36 Über jenen Tag aber und
(die) Stunde weiß keiner,
auch nicht die Engel der
Himmel, auch nicht der Sohn,
außer der Vater allein.

Mk 13,28–32

28 Vom Feigenbaum aber
lernt das Gleichnis:
Wann schon sein Zweig wird
zart und herauswachsen die
Blätter, erkennt ihr,
daß nahe ist der
Sommer; 29 so auch ihr,
wann ihr seht dieses
geschehend, erkennt, daß
nahe er ist vor (den) Türen!
30 Amen, ich sage euch:
Nicht geht vorüber dieses
Geschlecht, bis daß dieses
alles geschieht. 31 Der
Himmel und die Erde werden
vorübergehen, meine Worte
aber werden gewiß nicht vorübergehen.
32 Über jenen Tag aber oder
die Stunde weiß keiner,
auch nicht die Engel im
Himmel, auch nicht der Sohn,
außer der Vater.

Lk 21,29–33

29 Und er sprach ein
Gleichnis zu ihnen: Seht den
Feigenbaum und alle Bäume!
30 Wann
sie schon ausschlagen,
sehend erkennt ihr von selbst,
daß schon nahe ist der
Sommer; 31 so auch ihr,
wann ihr seht dieses
geschehend, erkennt, daß
nahe ist das Königtum Gottes!
32 Amen, ich sage euch:
Nicht geht vorüber dieses
Geschlecht, bis
alles geschieht. 33 Der
Himmel und die Erde werden
vorübergehen, meine Worte
aber werden gewiß nicht vorübergehen.

240. Mahnung zur Wachsamkeit (nach Lukas)

Lk 21,34–36

[34]Nehmt euch aber in acht für euch selbst, damit nicht etwa beschwert werden eure Herzen in Rausch und Trinkerei und Lebenssorgen und herantrete zu euch plötzlich jener Tag [35]wie eine Schlinge; denn hereinbrechen wird er über alle Sitzenden auf (der) Oberfläche der ganzen Erde. [36]Wacht aber zu jeder Zeit, bittend, damit ihr vermögt zu entfliehen diesem allen, das im Begriff (ist) zu geschehen, und zu bestehen vor dem Sohn des Menschen.

241. Mahnung zur Wachsamkeit (nach Markos)

Mt 25,14–15 (Nr. 245):	**Mk 13,33–37**	Lk 19,12–13 (Nr. 217):
[14]Denn wie ein Mensch, verreisend, rief die eigenen Sklaven und ihnen übergab seinen Besitz – [15]und dem (einen) gab er fünf Talente, dem (anderen) zwei, dem (anderen) eines, jedem nach der eigenen Kraft, und er verreiste.	[33]Seht (zu), wacht! Denn nicht wißt ihr, wann die Zeit ist. [34] Wie ein Mensch auf Reisen, verlassend sein Haus und gebend seinen Sklaven die Vollmacht, jedem sein Werk –	[12]Er sprach nun: Ein hochgeborener Mensch zog in ein fernes Land, zu empfangen für sich ein Königtum und zurückzukehren. [13]Rufend aber seine zehn Sklaven, gab er ihnen zehn Mna und sprach zu ihnen: Handelt (damit), bis ich komme!
24,42 (Nr. 242): Wacht also, weil ihr nicht wißt, an welchem Tag euer Herr kommt!	und dem Türhüter gebot er, daß er wache. [35]Wacht also! Denn nicht wißt ihr, wann der Herr des Hauses kommt, * ob spät oder mitternachts oder beim Hahnenschrei oder (in der) Frühe, [36]damit nicht,	12,38.40 (Nr. 178): [38]Und wenn er in der zweiten und wenn er in der dritten (Nacht)wache kommt und findet (sie) so, selig sind jene!
24,44 (Nr. 243): [44]Deswegen werdet auch ihr bereit, denn zu welcher Stunde ihr (es) nicht meint, kommt der Sohn des Menschen.	plötzlich kommend, er euch finde schlafend. [37]Was ich aber euch sage, allen sage ich (es): Wacht!	[40]Werdet auch ihr bereit, denn zu welcher Stunde ihr (es) nicht meint, kommt der Sohn des Menschen.

* Mt 25,13 (Nr. 244): Wacht also, denn nicht wißt ihr den Tag und nicht die Stunde!

242. Mahnung zur Wachsamkeit (nach Matthaios)

Mt 24,37–42	Lk 17,26–27.30.34–35 (Nr. 205):
[37]Denn wie die Tage des Noe, so wird sein die Ankunft des Sohnes des Menschen.	[26]Und gleichwie es geschah in den Tagen Noes, so wird es sein in den Tagen des Sohnes des Menschen:
[38]Denn wie sie waren in [jenen] Tagen vor der Sintflut essend und trinkend, heiratend und verheiratend, bis zu	[27]Sie aßen, sie tranken, sie heirateten, sie wurden verheiratet, bis zu

(dem) Tag, an dem hineinging Noe in die Arche
39 und sie (es) nicht erkannten, bis die Sintflut
kam und alle wegtrug;
so wird sein [auch] die Ankunft
des Sohnes des Menschen.
40 Dann werden zwei
sein auf dem Acker, einer wird mitge-
nommen und einer wird (zurück-)
gelassen ; 41 (es werden sein) zwei
Mahlende an der Mühle, eine wird mitgenom-
men und eine wird (zurück-)
gelassen. 42 Wacht also, weil ihr nicht
wißt, an welchem Tag euer Herr kommt! *

(dem) Tag, an dem hineinging Noe in die Arche
und die Sintflut kam
und alle vernichtete.
30 Genauso wird es sein am Tag, an
dem der Sohn des Menschen offenbart wird.
34 Ich sage euch, in dieser Nacht werden sein
zwei auf einem Bett, der eine wird mitge-
nommen werden, und der andere wird (zurück-)
gelassen werden; 35 es werden sein zwei
Mahlende an demselben (Ort), die eine wird mitge-
nommen werden, die andere aber wird (zurück-)
gelassen werden. #

V 36 ist aus Mt 24,40 eingedrungen.

* Vgl. Mk 13,33.35 (Nr. 241); Mt 25,13 (Nr. 244).

243. Das Gleichnis vom treuen und vom üblen Sklaven

Mt 24,43–51

43 Jenes aber erkennt: Wenn der Hausherr
wüßte, zu welcher (Nacht)wache der Dieb
kommt, wachen würde er, und nicht ließe er (zu),
daß eingebrochen wird (in) sein Haus.
44 Deswegen werdet auch ihr bereit, denn zu
welcher Stunde ihr (es) nicht meint, kommt der
Sohn des Menschen. *
45 Wer also ist der treue und verständige
Sklave, den aufstellte der Herr über sein
Hausgesinde, zu geben ihnen die Nahrung zur
(bestimmenten) Zeit? 46 Selig jener Sklave, den,
kommend, sein Herr finden wird, so tuend;
47 amen, ich sage euch: Über all seinen
Besitz wird er ihn aufstellen. 48 Wenn aber
spricht jener üble Sklave in seinem Herzen: Zeit
läßt sich mein Herr , 49 und er beginnt zu
schlagen seine Mitsklaven,
ißt aber und trinkt mit den Betrunkenen,
50 kommen wird der Herr jenes Sklaven an
einem Tag, an dem er (es) nicht erwartet, und in
einer Stunde, in der er (es) nicht erkennt, 51 und
zweiteilen wird er ihn, und seinen Teil wird er mit
den Heuchlern festsetzen; dort wird sein das
Weinen und das Klappern der Zähne. **

Lk 12,39–40.42–46 (Nr. 178):

39 Dies aber erkennt: Wenn der Hausherr
wüßte, zu welcher Stunde der Dieb
kommt, nicht ließe er zu,
daß eingebrochen wird (in) sein Haus.
40 Werdet auch ihr bereit, denn zu
welcher Stunde ihr (es) nicht meint, kommt der
Sohn des Menschen. *
42 Wer also ist der treue Verwalter, der
verständige, den aufstellen wird der Herr über seine
Dienerschaft, zu geben zur (bestimmten) Zeit [die]
Verpflegungsration? 43 Selig jener Sklave, den,
kommend, sein Herr finden wird, tuend so.
44 Wahrhaft, ich sage euch: Über all seinen
Besitz wird er ihn aufstellen. 45 Wenn aber
spricht jener Sklave in seinem Herzen: Zeit
läßt sich mein Herr zu kommen, und er beginnt zu
schlagen die Knechte und die Mägde und zu
essen und zu trinken und betrunken zu werden,
46 kommen wird der Herr jenes Sklaven an
einem Tag, an dem er (es) nicht erwartet, und in
einer Stunde, in der er (es) nicht erkennt, und
zweiteilen wird er ihn und seinen Teil wird er mit
den Ungläubigen festsetzen.

* Vgl. Mk 13,33.35 (Nr. 241).
** Vgl. die Anm. zu Mt 8,12 (Nr. 79).

244. Das Gleichnis von den zehn Jungfrauen

Mt 25,1–13

[1]Dann wird verglichen werden das Königtum der Himmel zehn Jungfrauen, welche, nehmend ihre Lampen, hinausgingen zur Begegnung mit dem Bräutigam. [2]Fünf aber von ihnen waren töricht und fünf verständig. [3]Die törichten nämlich, nehmend ihre Lampen, nicht nahmen Öl mit sich. [4]Die verständigen aber nahmen Öl (mit) in den Gefäßen mit ihren Lampen. [5]Als aber der Bräutigam sich Zeit ließ, einnickten alle und schliefen. [6]Mitten (in der) Nacht aber entstand Geschrei: Siehe, der Bräutigam! Kommt heraus zur Begegnung mit [ihm]! [7]Da standen alle jene Jungfrauen auf, und zurechtmachten sie ihre Lampen. [8]Die törichten aber sprachen zu den verständigen: Gebt uns von eurem Öl, weil unsere Lampen erlöschen! [9](Es) antworteten aber die verständigen, sagend: Niemals! Nicht würde es genügen uns und euch; geht (viel)mehr zu den Verkaufenden und kauft euch! [10]Als sie aber weggingen zu kaufen, kam der Bräutigam, und die Bereiten gingen hinein mit ihm zur Hochzeit, und verschlossen wurde die Tür. [11]Zuletzt aber kommen auch die übrigen Jungfrauen, sagend: Herr, Herr, öffne uns! [12]Der aber antwortend sprach: Amen, ich sage euch: Ich kenne euch nicht. [13]Wacht also, weil ihr nicht wißt den Tag und nicht die Stunde! *

* Vgl. Mk 13,33.35 (Nr. 241); Mt 24,42 (Nr. 242).

245. Das Gleichnis von den Talenten (bzw. Mna)

Mt 25,14–30

[14]Denn wie ein Mensch, * verreisend, rief die eigenen Sklaven und ihnen übergab seinen Besitz –, [15]und dem (einen) gab er fünf Talente, dem (anderen) zwei, dem (anderen) eines, jedem nach der eigenen Kraft, und er verreiste. Indem sogleich [16]wegging, der die fünf Talente empfangen hatte, arbeitete er mit ihnen und gewann andere fünf; [17]ebenso der die zwei (empfangen hatte), er gewann andere zwei. [18]Der aber das eine empfangen hatte, hingehend grub er die Erde auf und verbarg das Silber(geld) seines Herrn.

[19]Nach viel Zeit aber kommt der Herr jener Sklaven und hält Abrechnung mit ihnen.

[20]Und hinzukommend (der), der die fünf Talente empfangen hatte, brachte er hinzu andere fünf Talente, sagend: Herr, fünf Talente übergabst du mir; sieh, andere fünf Talente gewann ich. [21] (Es) sagte ihm sein Herr:

Lk 19,12–27 (Nr. 217):

[12]Er sprach nun: Ein hochgeborener Mensch * zog in ein fernes Land, zu empfangen für sich ein Königtum und zurückzukehren. [13]Rufend aber seine zehn Sklaven, gab er ihnen zehn Mna und sprach zu ihnen: Handelt (damit), bis ich komme!

[14]Seine Bürger aber haßten ihn und schickten eine Gesandtschaft hinter ihm (her), sagend: Nicht wollen wir, daß dieser als König herrsche über uns! [15]Und es geschah bei seinem Zurückkommen, nachdem er empfangen hatte das Königtum, daß er sprach, daß ihm gerufen werden diese Sklaven, denen er gegeben hatte das Geld, damit er erkenne, was sie erhandelten.

[16]Herankam aber der Erste, sagend: Herr, dein Mna arbeitete zehn Mna hinzu. [17]Und er sprach zu ihm:

Gut, guter und treuer Sklave, über weniges
warst du treu, über vieles werde ich dich stellen;
geh ein in die Freude deines Herrn!
22 Hinzukommend [aber] auch der mit den zwei
Talenten sprach: Herr, zwei Talente übergabst
du mir; sieh, andere zwei Talente gewann ich.
23 (Es) sagte ihm sein Herr:
Gut, guter und treuer Sklave, über weniges
warst du treu, über vieles werde ich dich stellen;
geh ein in die Freude deines Herrn!
24 Hinzukommend aber auch (der), der das eine Talent empfangen hatte, sprach: Herr,
ich kannte dich, daß du ein
harter Mensch bist,
erntend, wo du nicht
sätest, und sammelnd von dort, (wo) du nicht
ausstreutest; 25 und (dich) fürchtend, hingehend verbarg ich dein Talent in der Erde; sieh,
du hast das Deine! 26 Antwortend aber sprach
sein Herr zu ihm:
Böser und träger Sklave, du wußtest, daß
ich ernte, wo ich nicht säte,
und sammle von dort, (wo) ich nicht ausstreute?
27 Du hättest also hinlegen müssen mein
Silber(geld) den Geldwechslern, und kommend hätte ich empfangen das Meine mit Zins.
28 Nehmt also weg von ihm
das Talent und gebt (es) dem Habenden die
zehn Talente.
29 Denn jedem
Habenden wird gegeben werden, und er wird
überreich gemacht werden, von dem Nicht-
Habenden aber, auch was er hat, wird
weggenommen werden von ihm. ** 30 Und den
unnützen Sklaven werft hinaus in die Finsternis
draußen! Dort wird sein das Weinen und das
Klappern der Zähne. ***

Wohlan, guter Sklave, weil im Geringsten
treu du warst, habe Vollmacht über zehn Städte!

18 Und (es) kam der Zweite,
sagend: Dein Mna, Herr,
machte fünf Mna.
19 Er sprach aber auch zu diesem:
Und du, über fünf Städte werde
(bevollmächtigt)!
20 Und der andere kam,
sagend: Herr, siehe, dein Mna,
das ich niedergelegt hatte in einem Schweißtuch; 21 denn ich fürchtete dich, weil ein
strenger Mensch du bist! Du nimmst, was du
nicht hinlegtest, und du erntest, was du nicht
sätest.

22 Er sagt
ihm: Aus deinem Mund werde ich dich
richten, böser Sklave. Du wußtest, daß
ich ein strenger Mensch bin, nehmend, was ich
nicht hinlegte, und erntend, was ich nicht säte?
23 Und weshalb gabst du nicht mein
Silber(geld) auf einen (Wechsel)tisch? Und ich, kommend, mit Zins hätte ich es eingefordert. 24 Und zu
den Dabeistehenden sprach er: Nehmt weg von ihm
das Mna und gebt (es) dem die zehn Mna
Habenden! – 25 Und sie sprachen zu ihm: Herr,
er hat zehn Mna! – 26 Ich sage euch: Jedem
Habenden wird gegeben werden,
von dem Nicht-
Habenden aber, auch was er hat, wird
weggenommen werden. **

27 Jedoch diese meine Feinde,
die nicht wollten, daß ich als König herrsche über sie,
führt sie hierher und schlachtet sie ab vor mir!

---

* Mk 13,34 (Nr. 241): Wie ein Mensch auf Reisen, verlassend sein Haus und gebend seinen Sklaven die Vollmacht, jedem sein Werk – und dem Türhüter gebot er, daß er wache.

** Mt 13,12 (Nr. 111):	Mk 4,25 (Nr. 113):	Lk 8,18b (Nr. 113):
Denn wer hat, gegeben werden wird ihm, und überreich wird er gemacht werden; wer aber nicht hat, auch was er hat, wird weggenommen werden von ihm.	Denn wer hat, ihm wird gegeben werden; und wer nicht hat, auch was er hat, wird von ihm weggenommen werden.	Denn wer immer hat, gegeben werden wird ihm; und wer immer nicht hat, auch was er meint zu haben, wird weggenommen werden von ihm.

*** Vgl. die Anm. zu Mt 8,12 (Nr. 79).

246. Vom Weltgericht

Mt 25,31–46

31 Wann aber kommt der Sohn des Menschen in seiner Herrlichkeit und alle Engel mit ihm, dann wird er
sich setzen auf (den) Thron seiner Herrlichkeit; 32 und (es) werden versammelt werden vor ihm alle Völker,
und er wird trennen sie voneinander, wie der Hirt trennt die Schafe von den Böcken, 33 und er wird stellen
die Schafe zu seiner Rechten, die Böcke aber zur Linken. 34 Dann wird sagen der König denen zu seiner
Rechten: Auf, (ihr) Gesegneten meines Vaters, erbt das Königtum, euch bereitet seit Grundlegung (der)
Welt. 35 Denn ich hungerte, und ihr gabt mir zu essen, ich dürstete, und ihr tränktet mich, fremd war ich,
und ihr führtet mich ein, 36 nackt, und ihr umkleidetet mich, krank war ich, und ihr schautet auf mich, im
Gefängnis war ich, und ihr kamt zu mir. 37 Dann werden antworten ihm die Gerechten, sagend: Herr, wann
sahen wir dich hungernd, und wir speisten (dich), oder dürstend, und wir tränkten dich? 38 Wann aber
sahen wir dich fremd, und wir führten (dich) ein, oder nackt, und wir umkleideten (dich)? 39 Wann aber
sahen wir dich nackt oder im Gefängnis, und wir kamen zu dir? 40 Und antwortend wird der König ihnen
sagen: Amen, ich sage euch: In dem (Maß) ihr tatet einem dieser meiner geringsten Brüder, mir tatet ihr
(es). 41 Dann wird er sagen auch denen zur Linken: Geht weg von mir, [ihr] Verfluchten, in das ewige
Feuer, das bereitete für den Teufel und seine Engel. 42 Denn ich hungerte, und nicht gabt ihr mir zu essen,
ich dürstete, und nicht tränktet ihr mich, 43 fremd war ich, und nicht führtet ihr mich ein, nackt, und nicht
umkleidetet ihr mich, krank und im Gefängnis, und nicht schautet ihr auf mich. 44 Dann werden antworten
auch sie, sagend: Herr, wann sahen wir dich hungernd oder dürstend oder fremd oder nackt oder krank
oder im Gefängnis, und wir dienten dir nicht? 45 Dann wird er antworten ihnen, sagend: Amen, ich sage
euch: In dem (Maß) ihr nicht tatet einem dieser Geringsten, auch mir tatet ihr (es) nicht. 46 Und weggehen
werden diese zu ewiger Strafe, die Gerechten aber zum ewigen Leben.

247. Schlußbemerkung des Lukas zum Wirken Jesu in Jerusalem

Mt 21,17 (Nr. 220):

Und zurücklassend sie, hinausging er aus der Stadt nach Bethania und übernachtete dort.

Mk 11,19 (Nr. 222):

Und als es spät wurde, hinausgingen sie außerhalb der Stadt.

Lk 21,37–38

37 Er war aber die Tage im
Heiligtum lehrend, die Nächte
aber, hinausgehend,
übernachtete er an dem Berg,
dem Ölberg gerufenen;
38 und das ganze Volk brach
früh auf zu ihm, im Heiligtum
ihn zu hören.

Leiden, Sterben und Auferstehung Jesu (Mt 26–27/Mk 14–15/Lk 22–23)

248. Der Beschluß des Synhedrions, Jesus zu töten *

Mt 26,1–5

1 Und es geschah, als Jesus beendete alle diese Worte, sprach er zu seinen Schülern: 2 Ihr wißt, daß nach zwei Tagen das Pascha ist, und der Sohn des Menschen wird übergeben, um gekreuzigt zu werden.
3 Da kamen zusammen die Hochpriester und die Ältesten des Volkes in den Hof des Hochpriesters, des Kajaphas genannten, 4 und sie berieten sich, damit sie Jesus mit List ergreifen und töten; 5 sie sagten aber: Nicht am Fest, damit nicht ein Tumult entsteht im Volk.

Mk 14,1–2

1 (Es) war aber das Pascha und das (Fest der) Ungesäuerten nach zwei Tagen.

Und (es) suchten die Hochpriester und die Schriftkundigen,

wie sie ihn in List ergreifend töten könnten;
2 denn sie sagten: Nicht am Fest, damit nicht sein wird ein Tumult des Volkes.

Lk 22,1–2

1 Nahekam aber das Fest der Ungesäuerten, das Pascha genannte.

2 Und (es) suchten die Hochpriester und die Schriftkundigen,

wie sie ihn beseitigen könnten, denn sie fürchteten

das Volk.

---

* Joh 11,47–53: 47 (Es) versammelten nun die Hochpriester und die Pharisaier (das) Synhedrion, und sie sagten: Was tun wir, weil dieser Mensch viele Zeichen tut? 48 Wenn wir lassen ihn so, alle werden glauben an ihn, und kommen werden die Romaier, und sie werden nehmen uns sowohl den Ort als auch das Volk. 49 Einer aber von ihnen, Kajaphas, als Hochpriester jenes Jahres, sprach zu ihnen: Ihr wißt nichts, 50 und nicht überlegt ihr, daß (es) euch nützt, daß ein einziger Mensch stirbt für das Volk und nicht das ganze Volk zugrundegeht. 51 Dies aber nicht von sich (aus) sprach er, sondern als Hochpriester jenes Jahres prophezeite er, daß Jesus werde sterben für das Volk, 52 und nicht für das Volk allein, sondern damit er auch die zerstreuten Kinder Gottes versammle in eins. 53 Von jenem Tag (an) nun beschlossen sie, daß sie ihn töteten.

249. Die Salbung in Bethania *

Mt 26,6–13

6 Als aber Jesus war in Bethania im Haus Simons des Aussätzigen,

7 kam zu ihm eine Frau, habend eine Alabasterflasche kostbaren Öls,

und

Mk 14,3–9

3 Und als er war in Bethania im Haus Simons des Aussätzigen,

während er (zu Tisch) lag, kam eine Frau, habend eine Alabasterflasche echten,
kostbaren Nardenöls; zerbrechend die Alabasterflasche,

Joh 12,1–8:

1 Jesus nun kam sechs Tage vor dem Pascha nach Bethania, wo Lazaros war, den Jesus aus Toten erweckte. 2 Sie machten ihm nun ein Mahl dort, und Martha diente, Lazaros aber war einer von den (zu Tisch) Liegenden mit ihm. 3 Mariam nun, nehmend eine Litra echten, wertvollen Nardenöls,

salbte

ausschüttete sie (es) auf seinen
Kopf, während er (zu Tisch)
lag.

8 (Es) sehend
aber die Schüler, wurden sie
unwillig, sagend:
Wozu diese Vergeudung?
9 Denn
(es) hätte dies verkauft
werden können für
viel und
gegeben werden (den) Ar-
men.

10 (Es) erkennend aber,
sprach Jesus zu ihnen: Was
bereitet ihr Mühen der Frau?
Denn ein rechtes Werk wirkte
sie an mir; 11 denn allzeit
habt ihr die Armen bei euch,

mich aber habt
ihr nicht allzeit; 12 denn da
sie schüttete dieses Öl auf
meinen Leib, zu meinem
Begräbnis tat sie (es).
13 Amen, ich sage euch:
Wo immer verkündet wird dieses Evangelium in der ganzen Welt, geredet werden
wird auch, was diese tat,
zum Gedenken an sie.

---

ausschüttete sie (es) auf seinen
Kopf.

4 (Es) waren
aber einige
unwillig bei sich selbst:
Wozu ist diese Vergeudung
des Öls geschehen? 5 Denn
es hätte dieses Öl verkauft
werden können um über
dreihundert Denare und
gegeben werden den Ar-
men; und anschnaubten sie
sie.

6 Jesus aber
sprach : Laßt sie! Was
bereitet ihr ihr Mühen?
Ein rechtes Werk wirkte
sie an mir. 7 Denn allzeit
habt ihr die Armen bei euch,
und wann ihr wollt, könnt ihr
ihnen gut tun, mich aber habt
ihr nicht allzeit. 8 Was sie
hatte, tat sie; vorwegnahm
sie, zu salben meinen Leib
zum Begräbnis.
9 Amen, ich sage euch aber:
Wo immer verkündet wird das
Evangelium in die gan-
ze Welt, auch was diese tat,
wird geredet werden
zum Gedenken an sie.

---

die Füße von Jesus, und
abwischte sie mit ihren
Haaren seine Füße; das Haus
aber wurde erfüllt vom
Duft des Öls. 4 (Es) sagt aber
Judas, der Iskariotes, einer
[von] seinen Schülern, der ihn
übergeben sollte:

5 Weshalb

wurde dieses Öl nicht verkauft
um
dreihundert Denare und
gegeben Ar-
men? 6 Er sprach aber dies
nicht, weil an den Armen
ihm lag, sondern weil ein Dieb
er war und, den Beutel
habend, das Eingeworfene er
entwendete.
7 (Es) sprach
nun Jesus : Laß sie,
damit auf den Tag meines Be-
gräbnisses sie es bewahre;
8 denn die Ar-
men allzeit habt ihr bei euch,

mich aber habt
ihr nicht allzeit.
vgl. V 7

---

* Vgl. Lk 7,36–50

250. Der Verrat des Judas Iskarioth

Mt 26,14–16

14 Dann ging einer der Zwölf,
der Judas Iskariotes
genannte,

Mk 14,10–11

10 Und Judas Iskarioth, der
eine der Zwölf,

ging weg

Lk 22,3–6

3 Hineinging aber Satan in
Judas, den Iskariotes
gerufenen, der war aus der
Zahl der Zwölf; 4 und weggehend unterredete er sich

zu den Hochpriestern, (und)
15 er sprach: Was wollt ihr mir
geben, und ich werde euch
übergeben ihn? Die aber legten ihm dreißig Silber(geldstücke) hin.
16 Und von da (an) suchte er
Gelegenheit, daß er ihn
übergebe.

zu den Hochpriestern,
damit er ihn über-
gebe ihnen. 11 Die aber,
hörend (es) freuten sich und
sagten zu, ihm Silber(geld)
zu geben.
Und er suchte,
wie er ihn gelegen
übergäbe.

mit den Hochpriestern und
Befehlshabern, wie er ihnen
übergebe ihn. 5 Und sie
freuten sich und
vereinbarten, ihm Silber(geld)
zu geben. 6 Und er willigte
ein, und er suchte
Gelegenheit, ihn ohne Volksmenge zu übergeben ihnen.

251. Die Bereitung des Paschamahles

Mt 26,17-19

17 Aber am ersten (Tag des
Festes) der Ungesäuerten
kamen die Schüler zu Jesus,
sagend: Wo, willst du, sollen
wir bereiten
dir, zu essen das
Pascha?

vgl. V 17

18 Der aber sprach:
Geht
fort in die Stadt zu dem und
dem
und sprecht
zu ihm:
Der Lehrer sagt: Meine
Zeit ist nahe, bei dir will ich
halten das Pascha mit meinen
Schülern.

19 Und (es) taten die Schüler
wie ihnen aufgetragen hatte
Jesus, und sie bereiteten
das Pascha.

Mk 14,12-16

12 Und am ersten Tag (des
Festes) der Ungesäuerten,
als man das Pascha schlachtete, sagen ihm seine Schüler:
Wo, willst du, sollen
wir weggehend bereiten,
damit du essen (kannst) das
Pascha? 13 Und er schickt
zwei seiner Schüler

vgl. V 12

und sagt
ihnen: Geht
fort in die Stadt , und
begegnen wird euch ein
Mensch, einen Tonkrug Wassers tragend; folgt ihm, 14 und
wo immer er hineingeht,
sagt dem
Hausherrn:
Der Lehrer sagt: Wo ist
meine Unterkunft, wo ich das
Pascha mit meinen Schülern
esse? 15 Und er
selbst wird euch zeigen ein
großes Oberzimmer, ausge-
legt, bereit; und dort bereitet
(es) für uns! 16 Und hinausgingen
die Schüler, und sie kamen in
die Stadt und fanden (es),
gleichwie er gesprochen hatte
zu ihnen, und sie bereiteten
das Pascha.

Lk 22,7-13

7 (Es) kam aber der Tag (des
Festes) der Ungesäuerten, [an]
dem geschlachtet werden mußte
das Pascha;

vgl. V 9

8 und er schickte
Petros und Johannes,
sprechend: Hingehend bereitet uns das Pascha, damit wir
essen. 9 Die aber sprachen zu
ihm: Wo, willst du, sollen wir
bereiten? 10 Der aber sprach
zu ihnen: Siehe, wenn ihr hineingeht in die Stadt , ent-
gegenkommen wird euch ein
Mensch, einen Tonkrug Wassers tragend; folgt ihm in das
Haus, in das er hineingeht,
11 und sagen werdet ihr dem
Hausherrn des Hauses: (Es)
sagt dir der Lehrer: Wo ist
die Unterkunft, wo ich das
Pascha mit meinen Schülern
esse? 12 Und jener
wird euch zeigen ein
großes Oberzimmer, ausge-
legt ; dort bereitet
(es)! 13 Weggehend aber
fanden sie (es),
gleichwie er gesagt hatte
zu ihnen, und sie bereiteten
das Pascha.

252. Die Bezeichnung des Verräters

Mt 26,20–25	Mk 14,17–21	Lk 22,14.21–23	Joh 13,21–30
20 Als es aber Abend geworden war, (zu Tisch) lag er mit den Zwölf. 21 Und während sie aßen, sprach er: Amen, ich sage euch: Einer von euch wird mich übergeben.	17 Und als es Abend geworden war, kommt er mit den Zwölf. 18 Und während sie (zu Tisch) lagen und aßen, sprach Jesus: Amen, ich sage euch: Einer von euch wird mich übergeben, der Essende mit mir.	14 Und als kam die Stunde, niederließ er sich und die Apostel mit ihm. vgl. VV 15–20 (Nr. 253) 21 Jedoch siehe, die Hand des mich Übergebenden (ist) mit mir auf dem Tisch.	21 Als er dieses gesprochen hatte, wurde Jesus erregt im Geist, und er bezeugte und sprach: Amen, amen ich sage euch: Einer von euch wird mich übergeben.
22 Und sehr betrübt begannen sie ihm zu sagen ein jeder: Doch nicht ich bin (es), Herr?	19 Sie begannen betrübt zu werden und ihm zu sagen einer nach dem andern: Doch nicht ich?	vgl. V 23	22 (Es) sahen einander an die Schüler, ratlos, über wen er rede.
			23 (Es) war (zu Tisch) liegend einer von seinen Schülern im Schoß von Jesus, den Jesus liebte. 24 Zunickt nun diesem Simon Petros, zu erforschen, wer (es) sei, über den er redet. 25 Sich legend nun jener so an die Brust von Jesus, sagt er ihm: Herr, wer ist (es)?
23 Der aber antwortend sprach: Der Eintauchende mit mir die Hand in die Schüssel, dieser wird mich übergeben.	20 Der aber sprach zu ihnen: Einer der Zwölf, der Eintauchende mit mir in die Schüssel.		26 (Es) antwortet Jesus: Jener ist (es), dem ich eintauchen werde den Bissen und geben werde ihm. Eintauchend nun den Bissen, [nimmt und] gibt er (ihn dem) Judas (dem des) Simon Iskariotes.
24 Der Sohn des Menschen geht zwar fort, gleichwie geschrieben ist über ihn; wehe aber jenem Menschen, durch den der Sohn des Menschen übergeben wird; besser wäre es	21 Denn der Sohn des Menschen geht zwar fort, gleichwie geschrieben ist über ihn; wehe aber jenem Menschen, durch den der Sohn des Menschen übergeben wird; besser (wäre es)	22 Denn der Sohn des Menschen geht zwar fort gemäß dem Bestimmten, jedoch wehe jenem Menschen, durch den er übergeben wird!	

für ihn, wenn nicht gezeugt worden wäre jener Mensch!	für ihn, wenn nicht gezeugt worden wäre jener Mensch!		
vgl. V 22	vgl. V 19	23 Und sie begannen zu streiten untereinander, wer es also sei von ihnen, der dies in Begriff sei zu tun.	vgl. V 22
25 Antwortend aber Judas, der ihn Übergebende, sprach: Doch nicht ich bin (es), Rabbi? Er sagt ihm: Du sagtest (es).			
		vgl. 22,3 (Nr. 250)	27 Und nach dem Bissen, da ging hinein in jenen der Satan. (Es) sagt nun zu ihm Jesus: Was du tust, tu schnell! 28 Dies [aber] erkannte keiner von den (zu Tisch) Liegenden, wozu er sprach zu ihm; 29 denn einige meinten, da den Beutel hatte Judas, daß ihm Jesus sagt: Kaufe, was wir nötig haben zum Fest, oder den Armen daß er etwas gebe. 30 Nehmend nun den Bissen, hinausging jener sofort. (Es) war aber Nacht.

253. Die Feier des letzten Abendmahles

Mt 26,26–29	Mk 14,22–25	Lk 22,15–20	1 Kor 11,23–25
		15 Und er sprach zu ihnen: Mit Begierde begehrte ich, dieses Pascha zu essen mit euch, bevor daß ich leide; 16 denn ich sage euch: Nicht (mehr) esse ich es, bis daß es erfüllt ist im Königtum Gottes.	

vgl. V 29	vgl. V 25	17 Und nehmend einen Becher, dankend, sprach er: Nehmt diesen und teilt (ihn) unter einander! 18 Denn ich sage euch: Nicht trinke ich von jetzt (an) vom Ertrag des Weinstocks, bis daß das Königtum Gottes kommt.	
			23 Denn ich übernahm vom Herrn, was ich auch überlieferte euch, daß der Herr Jesus in der Nacht, in der er
26 Während sie aber aßen, nehmend Jesus Brot und segnend, brach er (es), und gebend es den Schülern, sprach er: Nehmt, eßt ! Dies ist mein Leib.	22 Und während sie aßen, nehmend Brot, segnend brach er (es) und gab (es) ihnen und sprach: Nehmt ! Dies ist mein Leib.	19 Und nehmend Brot, dankend brach er (es) und gab (es) ihnen, sagend: Dies ist mein Leib, der für euch gegebene; dies tut zu meiner Erinnerung!	überliefert wurde, Brot nahm, 24 und dankend brach und sprach: Dies ist mein Leib für euch; dies tut zu meiner Erinnerung!
27 Und nehmend einen Becher und dankend, gab er (ihn) ihnen, sagend: Trinkt aus ihm alle!	23 Und nehmend einen Becher, dankend gab er (ihn) ihnen, und sie tranken aus ihm alle.	20 Und den Becher ebenso nach dem Essen,	25 Ebenso auch den Becher nach dem Essen,
28 Denn dies ist mein Blut des Bundes, das für viele ausgegossene zu(m) Erlaß von Sünden.	24 Und er sprach zu ihnen: Dies ist mein Blut des Bundes, das ausgegossene für viele.	sagend: Dieser Becher (ist) der neue Bund in meinem Blut, das für euch ausgegossene.	sagend: Dieser Becher ist der neue Bund in meinem Blut;
			dies tut, jedesmal wenn ihr trinkt, zu meiner Erinnerung!
29 Ich sage euch aber: Nicht trinke ich ab jetzt aus diesem Ertrag des Weinstocks bis zu jenem Tag, wann ich ihn trinke mit euch neu im Königtum meines Vaters.	25 Amen, ich sage euch : Nicht mehr trinke ich aus dem Ertrag des Weinstocks bis zu jenem Tag, wann ich ihn trinke neu im Königtum Gottes.	vgl. V 18 vgl. VV 21–23 (Nr. 252)	

254. Von der Rangordnung unter den Schülern Jesu

Mt 20,25–28 (Nr. 214):

25 Jesus aber, herbeirufend sie, sprach: Ihr wißt, daß die Führer der Völker sich ihrer bemächtigen und die Großen sie vergewaltigen. 26 Nicht so soll es sein unter euch, sondern wer immer will unter euch groß werden, soll sein euer Diener, 27 und wer immer will unter euch sein Erster, soll sein euer Sklave; * 28 wie der Sohn des Menschen nicht kam, bedient zu werden, sondern zu dienen und zu geben sein Leben als Lösegeld anstelle vieler.
19,28 (Nr. 211): Jesus aber sprach zu ihnen: Amen, ich sage euch: Ihr, die mir Nachfolgenden, bei der Wiedergeburt, wann sich setzt der Sohn des Menschen auf den Thron seiner Herrlichkeit, werdet auch ihr sitzen auf zwölf Thronen, richtend die zwölf Stämme Israels.

Mk 10,42–45 (Nr. 214):

42 Und herbeirufend sie, sagt Jesus ihnen: Ihr wißt, daß die über die Völker zu herrschen Geltenden sich ihrer bemächtigen und ihre Großen sie vergewaltigen. 43 Nicht so aber ist es unter euch, sondern wer immer will groß werden unter euch, soll sein euer Diener, 44 und wer immer will unter euch sein Erster, soll sein aller Sklave; * 45 denn auch der Sohn des Menschen kam nicht, bedient zu werden, sondern zu dienen und zu geben sein Leben als Lösegeld anstelle vieler.

Lk 22,24–30

24 (Es) entstand aber auch Streit bei ihnen, wer von ihnen gilt, größer zu sein. 25 Der aber sprach zu ihnen: Die Könige der Völker herrschen über sie, und ihre Gewalthaber werden Wohltäter gerufen. 26 Ihr aber nicht so, sondern der Größere unter euch soll werden wie der Jüngere und der Führende wie der Dienende. * 27 Denn wer (ist) größer: Der (zu Tisch) Liegende oder der Dienende? Nicht der (zu Tisch) Liegende? Ich aber bin in eurer Mitte wie der Dienende. ** 28 Ihr aber seid die, die verblieben sind bei mir in meinen Versuchungen; 29 und ich vermache euch, gleichwie mir vermachte mein Vater ein Königtum, 30 damit ihr eßt und trinkt an meinem Tisch in meinem Königtum, und sitzen werdet ihr auf Thronen, die zwölf Stämme Israels richtend.

---

* 23,11 (Nr. 232): Der Größere aber von euch soll sein euer Diener.

Mk 9,35 (Nr. 150): Wenn einer will Erster sein, soll er sein aller Letzter und aller Diener.

Lk 9,48b (Nr. 150): Denn (wer) der Kleinere unter euch allen ist, dieser ist groß.

** Vgl. Joh 13,12–14: 12 Als er nun gewaschen hatte ihre Füße [und] genommen hatte seine Obergewänder und sich wieder lagerte, sprach er zu ihnen: Erkennt ihr, was ich euch getan habe? 13 Ihr ruft mich: Der Lehrer, und: Der Herr, und recht redet ihr; denn ich bin (es). 14 Wenn nun ich wusch eure Füße, der Herr und der Lehrer, schuldet auch ihr, einander zu waschen die Füße.

255. Abschiedsworte beim letzten Abendmahl *

Lk 22,31–38

31 Simon, Simon, siehe, der Satan ausbat sich, euch zu sieben wie den Weizen; 32 ich aber bat für dich, damit nicht aufhöre dein Glaube; und du, einst bekehrt, richte auf deine Brüder! 33 Der aber sprach zu ihm: Herr, mit dir bin ich bereit, auch ins Gefängnis und in (den) Tod zu gehen! 34 Der aber sprach:

Ich sage dir, Petros, nicht wird schreien heute ein Hahn, bis du dreimal verleugnen wirst, mich zu kennen. **
35 Und er sprach zu ihnen: Als ich euch schickte ohne Geldbeutel und Tasche und Sandalen, ermangeltet
ihr etwas? Die aber sprachen: Nichts. 36 Er sprach aber zu ihnen: Aber jetzt, der Habende einen Geldbeutel, soll tragen (ihn), gleicherweise auch eine Tasche, und der Nichthabende soll verkaufen sein Gewand
Jes 53,12 und kaufen ein Schwert. 37 Denn ich sage euch: Dieses Geschriebene muß vollendet werden an mir, das:
Und unter Gesetzlose wurde er gerechnet; und das nämlich über mich hat ein Ende. 38 Die aber sprachen:
Herr, siehe, hier zwei Schwerter! Der aber sprach zu ihnen: Genug ist es.

---

* Vgl. Nr. 256

** Joh 13,36–38: 36 (Es) sagt ihm Simon Petros: Herr, wohin gehst du fort? (Es) antwortete [ihm] Jesus: Wohin ich fortgehe, kannst du mir jetzt nicht folgen, folgen aber wirst du später. 37 (Es) sagt ihm Petros: Herr, weshalb kann ich dir nicht folgen jetzt? Mein Leben werde ich für dich geben. 38 (Es) antwortet Jesus: Dein Leben wirst du für mich geben? Amen, amen, ich sage dir: Nicht wird ein Hahn schreien, bis daß du (ver)leugnest mich dreimal.

256. Auf dem Weg nach Gethsemani

Mt 26,30–35	**Mk 14,26–31**	**Lk 22,39**	**Joh 18,1a;** 13,36–38
30 Und nachdem sie (den Lobgesang) gesungen hatten, hinausgingen sie zum Berg der Ölbäume.	26 Und nachdem sie (den Lobgesang) gesungen hatten, hinausgingen sie zum Berg der Ölbäume.	39 Und hinausgehend ging er nach der Gewohnheit zum Berg der Ölbäume, (es) folgten ihm aber auch die Schüler.	1a Dieses sprechend, hinausging Jesus mit seinen Schülern jenseits des Baches Kedron,
31 Da sagt ihnen Jesus: Ihr alle werdet Anstoß nehmen an mir in dieser Nacht; denn es ist geschrieben:	27 Und (es) sagt ihnen Jesus: Alle werdet ihr Anstoß nehmen ,weil geschrieben ist:		
Sach 13,7 *Schlagen werde ich den Hirten, und (es) werden zerstreut werden die Schafe der Herde.* *	*Schlagen werde ich den Hirten, und die Schafe werden zerstreut werden.* *		
32 Nach meinem Erwecktwerden aber werde ich vorangehen euch in die Galilaia.	28 Aber nach meinem Erwecktwerden werde ich vorangehen euch in die Galilaia.		
33 Antwortend aber sprach Petros zu ihm: Wenn alle Anstoß nehmen werden an dir, ich werde niemals Anstoß nehmen.	29 Petros aber sagte ihm: Wenn auch alle Anstoß nehmen werden , doch nicht ich.		

vgl. V 35	vgl. V 31	22,33–34 (Nr. 255): [33] Der aber sprach zu ihm: Herr, mit dir bin ich bereit, auch ins Gefängnis und in (den) Tod zu gehen!	13,36–38: [36] (Es) sagt ihm Simon Petros: Herr, wohin gehst du fort? (Es) antwortete [ihm] Jesus: Wohin ich fortgehe, kannst du mir jetzt nicht folgen, folgen aber wirst du später. [37] (Es) sagt ihm Petros: Herr, weshalb kann ich dir nicht folgen jetzt? Mein Leben werde ich für dich geben.
[34] (Es) sagte ihm Jesus: Amen, ich sage dir: In dieser Nacht, ehe ein Hahn schreit, wirst du dreimal mich verleugnen.	[30] Und (es) sagt ihm Jesus: Amen, ich sage dir: Du wirst heute in dieser Nacht, ehe zweimal ein Hahn schreit, dreimal mich verleugnen.	[34] Der aber sprach: Ich sage dir, Petros, nicht wird schreien heute ein Hahn, bis du dreimal verleugnen wirst, mich zu kennen.	[38] (Es) antwortet Jesus: Dein Leben wirst du für mich geben? Amen, amen, ich sage dir: Nicht wird ein Hahn schreien, bis daß du (ver)leugnest mich dreimal.
[35] (Es) sagt ihm Petros: Und wenn es sein müßte, daß ich mit dir sterbe, nicht werde ich dich verleugnen. Gleicherweise sprachen auch alle Schüler.	[31] Der aber redete überaus (heftig): Wenn es sein müßte, daß ich mitsterbe (mit) dir, nicht werde ich dich verleugnen. Ebenso aber sagten auch alle.	vgl. V 33	vgl. V 37

* Joh 16,32: Siehe, (es) kommt eine Stunde, und sie ist gekommen, daß ihr zerstreut werdet, jeder zu dem Eigenen, und mich allein laßt; aber nicht bin ich allein, weil der Vater bei mir ist.

257. Jesus in Gethsemani

Mt 26,36–46	Mk 14,32–42	Lk 22,40–46	Joh 18,1b
[36] Dann kommt mit ihnen Jesus zu einem Platz, genannt Gethsemani, und er sagt den Schülern: Setzt euch da, bis [daß] ich hingehend dort bete! [37] Und	[32] Und sie kommen zu einem Platz, dessen Name Gethsemani, und er sagt seinen Schülern: Setzt euch hier, solange ich bete! [33] Und	[40] Gekommen aber an den Ort, sprach er zu ihnen: Betet, nicht hineinzukommen in Versuchung!	[1b] wo ein Garten war, in den hineinging er selbst und seine Schüler.

	Mt	Mk	Lk	
	mitnehmend den Petros und die zwei Söhne (des) Zebedaios, begann er betrübt zu werden und Angst zu haben.	mitnimmt er den Petros und [den] Jakobos und [den] Johannes mit sich, und er begann zu erschrecken und Angst zu haben,		
Ps 42,6.12; 43,5	38 Da sagt er ihnen: *Ganz betrübt ist meine Seele* bis zum Tod; bleibt hier und wacht mit mir!	34 und er sagt ihnen: *Ganz betrübt ist meine Seele* bis zum Tod; bleibt hier und wacht!		
	39 Und vorgehend ein wenig, fiel er auf sein Gesicht, betend und sagend:	35 Und vorgehend ein wenig, fiel er auf die Erde und betete, damit, wenn es möglich ist, vorübergehe weg von ihm die Stunde, * 36 und er sagte:	41 Und er entfernte sich von ihnen etwa einen Steinwurf, und beugend die Knie, betete er, 42 sagend:	
	Mein Vater, wenn es möglich ist, soll vorübergehen an mir dieser Kelch ** ; jedoch nicht wie ich will, sondern wie du!	Abba, Vater, alles (ist) dir möglich; nimm fort diesen Kelch weg von mir; ** doch nicht was ich will, sondern was du!	Vater, wenn du willst, nimm fort diesen Kelch weg von mir; ** jedoch nicht mein Wille, sondern der deine soll geschehen!	

(Mt)	(Mk)	(Lk)
		[[43 (Es) erschien ihm aber ein Engel vom Himmel, stärkend ihn. 44 Und geratend in Beklemmung, anhaltender betete er; und (es) wurde sein Schweiß wie Tropfen von Blut, hinabfallend auf die Erde.]]
40 Und er kommt zu den Schülern und findet sie schlafend, und er sagt dem Petros: So vermochtet ihr nicht eine einzige Stunde zu wachen mit mir?	37 Und er kommt und findet sie schlafend, und er sagt dem Petros: Simon, du schläfst? Nicht vermochtest du, eine einzige Stunde zu wachen?	45 Und aufstehend vom Gebet, kommend zu den Schülern, fand schlafend er sie vor Betrübnis, 46 und er sprach zu ihnen: Was schlaft ihr?
41 Wacht und betet, damit ihr nicht hineinkommt in Versuchung! Der Geist (ist) zwar bereit, das Fleisch aber schwach. 42 Wieder, zum zweiten (Mal) weggegangen,	38 Wacht und betet, damit ihr nicht kommt in Versuchung! Der Geist (ist) zwar bereit, das Fleisch aber schwach. 39 Und wieder weggegangen,	Aufstehend, betet, damit ihr nicht hineinkommt in Versuchung!

<table>
<tr>
<td>betete er,
sagend: Mein Vater,
wenn dieser nicht kann vor-
übergehen, ohne daß ich ihn
trinke, soll geschehen dein Wille!
43 Und gekommen, wieder
fand er sie schlafend, denn
(es) waren ihre Augen
beschwert. 44 Und lassend
sie, wieder weggegangen,
betete er zum dritten (Mal),
dasselbe Wort wieder spre-
chend. 45 Dann kommt er zu
den Schülern und sagt ihnen:
Schlaft weiter und ruht!
Siehe, nahegekommen ist die
Stunde, und der Sohn des
Menschen wird übergeben
in (die) Hände von Sündern.
46 Steht auf, gehen wir!
Siehe, nahegekommen ist der
mich Übergebende.</td>
<td>betete er, dasselbe Wort
sprechend.

40 Und wieder gekommen,
fand er sie schlafend, denn
(es) waren ihre Augen ganz
beschwert, und nicht wußten
sie, was sie ihm antworten
sollten.

41 Und er kommt das dritte
(Mal) und sagt ihnen:
Schlaft weiter und ruht! Es ist
genug; (es) kam die
Stunde, siehe, übergeben
wird der Sohn des Menschen
in die Hände der Sünder.
42 Steht auf, gehen wir!
Siehe, der mich Übergebende
ist nahegekommen.</td>
<td></td>
</tr>
</table>

* Joh 12,27: Jetzt ist meine Seele erregt, und was soll ich sagen? Vater, rette mich aus dieser Stunde? Aber deswegen kam ich in diese Stunde.

** Joh 18,11: (Es) sprach nun Jesus zu Petros: Stecke das Schwert in die Scheide! Der Kelch, den mir gegeben hat der Vater, nicht soll ich ihn trinken?

258. Die Gefangennahme Jesu

Mt 26,47–56	Mk 14,43–52	Lk 22,47–53	Joh 18,2–11
47 Und noch während er redet, siehe, Judas, einer der Zwölf, kam und mit ihm eine große Volksmenge mit Schwertern und Hölzern von den Hochpriestern und Ältesten des Volks.	43 Und sofort, noch während er redet, kommt hinzu Judas, einer der Zwölf, und mit ihm eine Volksmenge mit Schwertern und Hölzern von den Hochpriestern und den Schriftkundigen und den Ältesten (her).	47 Noch während er redet, siehe, eine Volks- menge, und der Ju- das Genannte, einer der Zwölf, voranging er ihnen,	2 (Es) wußte aber auch Judas, der ihn Übergebende, den Ort, weil oft sich versammelte Jesus dort mit seinen Schülern. 3 Judas nun, nehmend die Kohorte und von den Hochpriestern und von den Pharisaiern Diener, kommt dort- (hin) mit Fackeln und Lampen und Waffen. 4 Jesus nun, wissend alles über ihn Kom- mende, ging hinaus und sagt ihnen: Wen sucht ihr? 5 Sie

Mt	Mk	Lk	Joh
48 Der ihn Übergebende aber gab ihnen ein Zeichen, sagend: Wen immer ich küssen werde, er ist (es); ergreift ihn!	44 (Es) hatte aber gegeben ihnen der ihn Übergebende ein Zeichen, sagend: Wen immer ich küssen werde, er ist (es); ergreift ihn und führt ihn sicher ab!		antworteten ihm: Jesus, den Nazoraier. Er sagt ihnen: Ich bin (es). (Es) stand aber auch Judas, der ihn Übergebende, bei ihnen. 6 Wie er nun sprach zu ihnen: Ich bin (es), weggingen sie nach hinten und fielen zur Erde.
49 Und sogleich hinkommend zu Jesus, sprach er: Gruß (dir), Rabbi! Und abküßte er ihn.	45 Und kommend sofort, hinkommend zu ihm, sagt er: Rabbi! Und abküßte er ihn;	und nahekam er Jesus, ihn zu küssen.	7 Wieder nun fragte er sie: Wen sucht ihr? Die aber sprachen: Jesus, den Nazoraier.
50 Jesus aber sprach zu ihm: Freund, für was bist du da?		48 Jesus aber sprach zu ihm: Judas, mit einem Kuß übergibst du den Sohn des Menschen?	8 (Es) antwortete Jesus: Ich sprach zu euch: Ich bin (es). Wenn ihr also mich sucht, laßt diese fortgehen! 9 Damit erfüllt wird das Wort, das er sprach: (Von denen,) die du mir gegeben hast, nicht verlor ich von ihnen einen.
Dann, hinzukommend, legten sie Hand an Jesus, und sie ergriffen ihn.	46 die aber legten Hand an ihn, und sie ergriffen ihn.		
		49 Sehend aber die um ihn das, was sein wird, sprachen: Herr, ob wir zuschlagen sollen mit (dem) Schwert?	
51 Und siehe, einer derer mit Jesus, ausstreckend die Hand, zog heraus sein Schwert und schlagend den Sklaven des Hochpriesters, abhieb er dessen Ohr.	47 Einer aber, [einer] der Dabeistehenden, ziehend das Schwert, schlug den Sklaven des Hochpriesters, und abhieb er sein Ohr.	50 Und (es) schlug einer von ihnen den Sklaven des Hochpriesters, und abschlug er sein rechtes Ohr.	10 Simon Petros nun, habend ein Schwert, zog es und schlug den Sklaven des Hochpriesters, und abschlug er sein rechtes Ohr; (es) war aber (der) Name des Sklaven Malchos.
52 Da sagt ihm Jesus: Stecke dein Schwert weg an seinen Platz! Denn alle ein Schwert		51 Antwortend aber sprach Jesus: Laßt, bis (zu) diesem! Und berührend das Ohr, heilt er ihn.	11 (Es) sprach nun Jesus zu Petros: Stecke das Schwert in die Scheide! Der Kelch,

Nehmenden, durchs
Schwert werden sie
vernichtet werden.
53 Oder meinst du,
daß ich nicht bitten
kann meinen
Vater, und hinstellen
wird er mir jetzt mehr
als zwölf Legionen
von Engeln? 54 Wie
nun würden erfüllt die
Schriften, daß es so
geschehen muß?
55 In jener Stunde
sprach Jesus zu den
Volksmengen:

Wie gegen
einen Räuber heraus-
kamt ihr mit
Schwertern und
Hölzern, mich festzu-
nehmen? Täglich
saß ich im
Heiligtum lehrend,
und nicht ergrifft ihr
mich.
56 Dies Ganze aber
geschah, damit erfüllt
werden die Schriften
der Propheten. Dann
flohen die Schüler, al-
le ihn verlassend.

48 Und antwortend
sprach Jesus zu
ihnen:

Wie gegen
einen Räuber heraus-
kamt ihr mit
Schwertern und
Hölzern, mich festzu-
nehmen? 49 Täglich
war ich bei euch im
Heiligtum lehrend,
und nicht ergrifft ihr
mich;
doch (dies ge-
schah) damit erfüllt
werden die Schriften.

50 Und verlassend ihn,
flohen alle. 51 Und
ein junger Mann folg-
te ihm, umworfen mit
einem Leinen auf
nacktem (Leib), und
sie ergreifen ihn;
52 der aber, zurück-
lassend das Leinen,
floh nackt.

52 (Es) sprach aber
Jesus zu den an ihn
herangekommenen
Hochpriestern und
Befehlshabern des
Heiligtums und Äl-
testen: Wie gegen
einen Räuber heraus-
kamt ihr mit
Schwertern und
Hölzern?
53 Als ich täglich
war mit euch im
Heiligtum,
nicht ausstrecktet ihr
die Hände gegen
mich, doch diese ist
eure Stunde und die
Vollmacht der Fin-
sternis.

den mir gegeben hat
der Vater, nicht soll
ich ihn trinken?

259. Jesus vor dem Synhedrion und die Verleugnung des Petros

Mt 26,57–75	Mk 14,53–72	Lk 22,54–71	Joh 18,12.15–18.24–27
57 Die aber, ergreifend Jesus, führten (ihn) ab zu Kajaphas, dem Hochpriester, wo	53 Und abführten sie Jesus zum Hochpriester, und zusammenkommen alle	54 Ihn ergreifend aber, führten und hineinführten sie (ihn) in das Haus des Hochpriesters,	12 Die Kohorte nun und der Chiliarch und die Diener der Judaier mitnahmen Jesus, und sie banden ihn. vgl. V 24
die Schriftkundigen und die Ältesten zusammenkamen.	Hochpriester und Ältesten und Schriftkundigen.		
58 Petros aber folgte ihm von weitem	54 Und Petros von weitem folgte ihm	Petros aber folgte von weitem.	15 (Es) folgte aber dem Jesus Simon Petros und ein anderer Schüler. Jener Schüler aber war bekannt dem Hochpriester, und hineinging er mit
bis zum Hof des Hochpriesters,	bis innen in den Hof des Hochpriesters,		Jesus in den Hof des Hochpriesters, 16 Petros aber stand an der Tür draußen. Heraus ging nun der andere Schüler, der Bekannte des Hochpriesters, und er sprach zur Türhüterin,
und hineinkommend			und hineinführte er den Petros. 17 (Es) sagt nun dem Petros die Magd, die Türhüterin: Bist nicht auch du von den Schülern dieses Menschen? (Es) sagt jener: Ich bin (es) nicht. 18 (Es) standen
		55 Als sie aber anzündeten ein Feuer inmitten des Hofes	aber die Sklaven und die Diener, die ein Kohlenfeuer gemacht hatten, weil Kälte war
drinnen setzte er sich mit den Dienern, zu sehen das Ende.	und er war zusammensitzend mit den Dienern und sich wärmend beim Licht.	und sich zusammensetzten, setzte sich Petros mitten unter sie.	und wärmten sich; (es) war aber auch Petros bei ihnen stehend und sich wärmend. 24 (Es) schickte ihn nun Hannas gebunden zu Kajaphas, dem Hochpriester.

vgl. VV 69–75

vgl. VV 67–68

vgl. VV 66–72

vgl. V 65

56 Als aber eine
Magd ihn sah,
sitzend beim Licht,
und (auf) ihn starrte,
sprach sie: Auch
dieser war mit ihm!
57 Der aber leugnete,
sagend: Ich kenne
ihn nicht, Frau.
58 Und nach kurzem
ein anderer, sehend
ihn, sagte: Auch du
bist von ihnen. Petros
aber sagte: Mensch,
ich bin (es) nicht.
59 Und als vergan-
gen war etwa eine
Stunde, versicherte
ein anderer, sagend:
In Wahrheit, auch
dieser war mit ihm,
denn auch ein
Galilaier ist er. 60 (Es)
sprach aber Petros:
Mensch, ich weiß
nicht, was du sagst.
Und auf der Stelle,
als er noch redete,
schrie ein Hahn.
61 Und sich
umwendend der
Herr, anschaute er
Petros, und (es) er-
innerte sich Petros
des Wortes des
Herrn, wie er zu ihm
sprach: Ehe ein Hahn
schreit, wirst du heu-
te verleugnen mich
dreimal. 62 Und hinaus-
gehend nach draußen,
weinte er bitter.
63 Und die Männer,
die ihn haltenden,
verspotteten ihn,
(ihn) schindend,
64 und umhüllend ihn,
fragten sie, sagend:
Prophezeie, wer ist,
der dich schlug?
65 Und anderes vie-
les lästernd sagten sie

59 Die Hochpriester *
aber und das ganze
Synhedrion suchten
ein
Falschzeugnis gegen
Jesus, auf daß sie ihn
töteten, 60 und nicht
fanden sie (eines),
obwohl viele Falsch-
zeugen hinzukamen.

Zuletzt aber zwei

Hinzukommende
61 sprachen:
Dieser sagte: Ich
kann zerstören den
Tempel Gottes
und
während dreier Tage

bauen. **

62 Und aufstehend
sprach
der Hochpriester zu
ihm : Nichts
antwortest du
(auf das), was diese
gegen dich bezeu-
gen? 63 Jesus aber
schwieg.

Und der Hochpriester
sprach zu ihm: Ich
beschwöre dich beim
lebendigen Gott, da-

55 Die Hochpriester *
aber und das ganze
Synhedrion suchten
gegen Jesus ein
Zeugnis,
um ihn zu
töten, und nicht
fanden sie (eines);
56 denn viele falsch-
zeugten gegen ihn,
aber gleich waren
die Zeugnisse
nicht.
57 Und einige, auf-
stehend, falschzeugten
gegen ihn,
sagend: 58 Wir hör-
ten ihn, sagend: Ich
werde zerstören die-
sen Tempel , den
handgemachten, und
während dreier Tage
werde ich einen an-
deren, nicht handge-
machten, bauen. **
59 Und auch so war
nicht gleich ihr Zeug-
nis.
60 Und aufstehend in
(die) Mitte, befragte
der Hochpriester
Jesus, sagend: Nicht
antwortest du etwas
(auf das), was diese
gegen die bezeu-
gen? 61 Der aber
schwieg, und nicht
antwortete er etwas.
Wieder befragte ihn
der Hochpriester und
sagt ihm:

gegen ihn.
66 Und als es Tag
wurde, versammelte
sich der Ältestenrat
des Volkes, Hoch-
priester und Schrift-
kundige, und ab-
führten sie ihn in
ihr Synhedrion,

67 sagend:

Mt	Mk	Lk	Joh	
mit du uns sagst, ob du bist der Christos, der Sohn Gottes. 64 (Es) sagt ihm Jesus: Du sagtest (es).	Du bist der Christos, der Sohn des Gelobten? 62 Jesus aber sprach: Ich bin (es),	Wenn du bist der Christos, sprich zu uns. Er aber sprach zu ihnen: Wenn ich zu euch spreche, nicht werdet ihr glauben; 68 wenn ich aber frage, nicht werdet ihr antworten.		
Jedoch ich sage euch: Ab jetzt werdet ihr sehen *den Sohn des Menschen* sitzend zur Rechten der Kraft und *kommend auf den Wolken des Himmels*.	und ihr werdet sehen *den Sohn des Menschen* sitzend zur Rechten der Kraft und *kommend mit den Wolken des Himmels*.	69 Von jetzt (an) aber wird sein der Sohn des Menschen sitzend zur Rechten der Kraft Gottes.		Dan 7, 13
		70 (Es) sprachen aber alle: Du also bist der Sohn Gottes? Der aber sagte zu ihnen: Ihr sagt, daß ich (es) bin.		
65 Da zerriß der Hochpriester seine Gewänder, sagend: Er lästerte, was noch haben wir nötig Zeugen? Sieh, jetzt hörtet ihr die Lästerung; 66 was dünkt euch? Die aber antwortend sprachen: Schuldig (des) Todes ist er.	63 Der Hochpriester aber, zerreißend seine Gewänder, sagt: Was noch haben wir nötig Zeugen? 64 Ihr hörtet die Lästerung; was scheint euch? Die aber verurteilten ihn alle, schuldig zu sein (des) Todes.	71 Die aber sprachen: Was noch haben wir ein Zeugnis nötig? Denn selbst hörten wir (es) von seinem Mund.		
67 Dann spuckten sie in sein Gesicht, und sie schlugen ihn, andere aber ohrfeigten (ihn), 68 sagend: Prophezeie uns, Christos! Wer ist, der dich schlug?	65 Und (es) begannen einige, ihn anzuspucken und sein Gesicht zu umhüllen und ihn zu schlagen und ihm zu sagen: Prophezeie!	vgl. VV 63–65		
	Und die Diener übernahmen ihn mit Schlägen.			
69 Petros aber setzte sich draußen im Hof; und (es) kam zu ihm eine Magd,	66 Und während Petros unten ist im Hof, kommt eine der Mägde des Hochprie-	vgl. VV 56–62	25 (Es) war aber Simon Petros stehend (vgl. V 18)	

sagend: Auch du
warst mit Jesus,
dem Galilaier.
70 Der aber legunete
vor allen, sagend:
Nicht weiß ich,
was du
sagst. 71 Hinaus-
gehend aber zum Tor,
sah ihn eine andere,
und sie sagt denen
dort:
Dieser war mit Jesus,
dem Nazoraier.
72 Und wieder leugne-
te er mit einem Eid:
Nicht kenne ich den
73 Nach kurzem aber
hinzukommend, spra-
chen die Dastehen-
den zu Petros: Wahr-
haft, auch du bist von
ihnen, denn auch dei-
ne Rede macht dich
offenbar.
74 Dann begann er,
zu fluchen und zu
schwören: Nicht ken-
ne ich den Men-
schen.
Und sogleich
schrie
ein Hahn. 75 Und (es)
erinnerte sich Petros
des Wortes von
Jesus, der gesagt
hatte: Ehe ein Hahn
schreit, dreimal
wirst du mich
verleugnen, und
hinausgehend nach
draußen, weinte er
bitter.

sters, 67 und sehend
den Petros sich wär-
mend, anschauend
ihn, sagt sie: Auch du
warst mit dem Naza-
rener, dem Jesus.
68 Der aber leugnete,
sagend:
Weder weiß ich noch
verstehe ich, was du
sagst. Und hinausging
er nach draußen
in den Vorhof [,und
ein Hahn schrie].
69 Und die Magd,
sehend ihn, begann
wieder den Dabei-
stehenden zu sagen:
Dieser ist von ihnen.
70 Der aber leugne-
te wieder.
Und nach kurzem
wieder sagten
die Dabeistehenden
zu Petros: Wahr-
haft, von ihnen
bist du, denn auch ein
Galilaier du bist.
71 Der aber begann
zu fluchen und zu
schwören: Nicht ken-
ne ich diesen Men-
schen, den ihr nennt.
72 Und sofort, zum
zweiten (Mal) schrie
ein Hahn. Und (es)
erinnerte sich Petros
an das Wort , wie
Jesus zu ihm sprach:
Ehe ein Hahn
schreit zweimal, drei-
mal wirst du mich
verleugnen; und sich
hinwerfend
weinte er.

und sich wär-
mend. Sie sprachen
nun zu ihm: Bist nicht
auch du von seinen
Schülern?
(Es) leugnete
jener und sprach:
Ich bin (es) nicht.
26 (Es) sagt einer von
den Sklaven des
Hochpriesters, ver-
wandt (dem, von)
dem abschlug Petros
das Ohr: Sah ich dich
nicht im Garten mit
ihm?
27 Wieder nun leug-
nete Petros,
und sogleich
schrie
ein Hahn.

* Joh 18,19–23: 19 Der Hochpriester nun fragte Jesus über seine Schüler und über seine Lehre. 20 (Es) antwortete ihm Jesus: Ich habe in Offenheit geredet zur Welt, ich lehrte allzeit in einer Synagoge und im Heiligtum, wohin alle Judaier zusammenkommen, und im Verborgenen redete ich nichts. 21 Was fragst du mich? Frag (die), die gehört haben, was ich redete zu ihnen; sieh, diese wissen, was ich sprach. 22 Als er aber dieses sprach, einer, ein Dabeistehender der Diener, gab Jesus einen Schlag, sprechend: So antwortest du dem Hochpriester? 23 (Es) antwortete ihm Jesus: Wenn schlecht ich redete, bezeuge das Schlechte; wenn aber recht, was schindest du mich?

** Joh 2,19: (Es) antwortete Jesus und sprach zu ihnen: Löst diesen Tempel auf, und in drei Tagen werde ich ihn aufrichten.

260. Die Übergabe Jesu an Pilatos

Mt 27,1–2	**Mk 15,1**	**Lk 23,1**	**Joh 18,28a**
1 Als aber	1 Und sofort, (in der)	22,66 (Nr. 259): Und als	
Morgenfrühe gewor-	Frühe, nachdem	es Tag wurde,	
den war, faßten ei-	einen Beschluß her-	versammelte	
nen Beschluß alle	beigeführt hatten die		
Hochpriester und die	Hochpriester mit den	sich der Ältestenrat	
Ältesten des Volkes	Ältesten	des Volkes, Hochpriester	
	und Schriftkundigen	und Schriftkundige , und	
	und das	abführten sie ihn in	
	ganze Synhedrion,	ihr Synhedrion,	
gegen Jesus, um	als sie Jesus		
ihn zu töten. 2 Und			
als sie ihn gebunden	gebunden	1 Und als aufge-	
hatten, abführten	hatten, wegbrachten	standen war ihre	
und über-	sie (ihn) und über-	ganze Menge, führ-	28a Sie führen nun
gaben sie (ihn)	gaben (ihn)	ten sie ihn zu	Jesus von Kajaphas
Pilatos, dem Statt-	Pilatos.	Pilatos.	in das Praitorion.
halter.			

261. Der Tod des Judas

Mt 27,3–10	Apg 1,15–20
3 Dann, als Judas, der Übergebende ihn, sah,	15 Und in diesen Tagen, aufstehend inmitten der
daß er verurteilt wurde, Reue bekommend,	Brüder, sprach Petros; (es) war aber eine
brachte er die dreißig Silber(geldstücke) den	Menge von Namen an demselben (Ort), etwa
Hochpriestern und Ältesten, 4 sagend: Ich	hundertzwanzig: 16 Männer, Brüder, es mußte
sündigte, übergebend unschuldiges Blut. Die	erfüllt werden die Schrift, die vorhersagte der
aber sprachen: Was betrifft (das) uns? Du magst	heilige Geist durch (den) Mund Davids über
sehen! 5 Und hinwerfend die Silber(geldstücke)	Judas, der Wegführer wurde den Jesus Ergrei-
in den Tempel, entwich er, und weggehend er-	fenden, 17 weil er zugezählt worden war bei uns
hängte er sich. 6 Die Hochpriester aber, nehmend	und erlangt hatte das Los dieses Dienstes.
die Silber(geldstücke), sprachen: Nicht ist es	
erlaubt, sie zu werfen in den Tempelschatz, da	
es ein Preis für Blut ist. 7 Einen Beschluß aber	18 Dieser aber nun erwarb
fassend, kauften sie von ihnen den Acker des	ein Grundstück von (dem) Lohn der Ungerech-
Töpfers zum Begräbnis für die Fremden.	tigkeit, und vornüber gefallen, platzte er mitten

[8]Deshalb wurde gerufen
jener Acker
Blutacker bis zum Heute.
[9]Da wurde erfüllt das Gesagte durch Jeremias,
Sach 11,13 den Propheten, (den) sagenden: *Und sie nahmen*
Ps 69,26 Ps 109,8 *die dreißig Silber(geldstücke),* den Schätzpreis
des Geschätzten, den sie schätzten von (seiten
der) Söhne Israels, [10]und sie gaben sie für den
Ex 9,12 (G) Acker des Töpfers, *gleichwie* mir *aufgetragen*
hatte (der) Herr.

(entzwei), und ausgeschüttet wurden alle seine Eingeweide; [19]und bekannt wurde es allen Jerusalem Bewohnenden, so daß gerufen wurde jenes Grundstück in ihrer eigenen Sprache Hakeldamach, das ist Blutacker.
[20]Denn geschrieben ist im Buch (der) Psalmen: *Werden soll sein Gehöft öde, und nicht soll sein der Bewohnende in ihm,* und: *Sein Aufseheramt soll (über)nehmen ein anderer.*

262. Das Verhör vor Pilatos *

Mt 27,11–14

[11]Jesus aber wurde gestellt vor den Statthalter; und (es) befragte ihn der Statthalter, sagend: Du bist der König der Judaier? Jesus aber sagte : Du sagst (es). [12]Und während er angeklagt wurde von den Hochpriestern und Ältesten, antwortete er nichts. [13]Da sagt ihm Pilatos: Hörst du nicht, wieviel sie gegen dich bezeugen? [14]Und nicht antwortete er ihm, auch nicht auf ein einziges Wort, so daß der Statthalter sehr staunte.

Mk 15,2–5

[2]Und (es) befragte ihn Pilatos: Du bist der König der Judaier? Der aber, antwortend ihm, sagt: Du sagst (es). [3]Und anklagten ihn die Hochpriester vieles. [4]Pilatos aber befragte ihn wieder, sagend: Nicht antwortest du etwas? Sieh, wieviel sie dich anklagen! [5]Jesus aber antwortete nichts mehr, so daß Pilatos staunte.

Lk 23,2–5

[2]Sie begannen aber, ihn anzuklagen, sagend: Diesen fanden wir verdrehend unser Volk und hindernd, (dem) Kaiser Steuern zu geben, und sagend, er selbst sei Christos, ein König. [3]Pilatos aber fragte ihn, sagend: Du bist der König der Judaier? Der aber, antwortend ihm, sagte: Du sagst (es).

[4]Pilatos aber sprach zu den Hochpriestern und den Volksmengen: Keine Schuld finde ich an diesem Menschen. [5]Die aber bestanden darauf, sagend, daß er aufhetzt das Volk, lehrend in der ganzen Judaia und beginnend von der Galilaia bis hierher.

* Joh 18,29–38: [29]Hinausging nun Pilatos nach draußen zu ihnen und sagt: Welche Beschuldigung bringt ihr [gegen] diesen Menschen? [30]Sie antworteten und sprachen zu ihm: Wenn nicht wäre dieser ein Schlechtes Tuender, nicht hätten wir ihn dir übergeben. [31](Es) sprach nun zu ihnen Pilatos: Nehmt ihn ihr und nach eurem Gesetz richtet ihn! (Es) sprachen zu ihm die Judaier: Uns ist es nicht erlaubt, einen zu töten; [32]damit das Wort von Jesus erfüllt würde, das er sprach, bezeichnend, welchen Todes er sollte sterben.
[33]Hineinging nun wieder in das Praitorion Pilatos, und er rief Jesus und sprach zu ihm: Bist du der König der Judaier? [34](Es) antwortete Jesus: Von dir (aus) sagst du dies, oder sprachen andere zu dir über mich? [35](Es) antwortete Pilatos: Bin ich etwa ein Judaier? Dein Volk und die Hochpriester übergaben dich mir; was tatest du? [36](Es) antwortete Jesus: Mein Königtum nicht ist aus dieser Welt; wenn aus dieser Welt wäre mein Königtum, meine Diener kämpften [wohl], damit ich nicht übergeben würde den Judaiern; jetzt aber ist mein Königtum nicht von hier. [37](Es) sprach nun zu ihm Pilatos: Also doch bist du ein König? (Es) antwortete Jesus: Du sagst, daß ein König ich bin. Ich bin dazu geboren und dazu gekommen in die Welt, damit ich zeuge für die Wahrheit; jeder, der ist aus der Wahrheit, hört auf meine Stimme. [38](Es) sagt ihm Pilatos: Was ist Wahrheit? Und dies sprechend, wieder hinausging er zu den Judaiern und sagt ihnen: Ich finde an ihm keine Schuld.

263. Jesus vor Herodes

Lk 23,6–12

[6]Pilatos aber, (es) hörend, fragte, ob der Mensch ein Galilaier sei, [7]und erkennend, daß er aus dem Vollmacht(sgebiet) (des) Herodes ist, hinschickte er ihn zu Herodes, der auch selbst war in Hierosolyma in diesen Tagen. [8]Herodes aber, sehend Jesus, freute sich sehr, denn seit geraumer Zeit wollte er sehen ihn, weil er hörte über ihn, und er hoffte, irgendein Zeichen zu sehen, von ihm geschehend. [9]Er befragte ihn aber mit vielen Worten, er aber antwortete ihm nichts. [10](Es) standen aber die Hochpriester und die Schriftkundigen (da), heftig ihn anklagend. [11](Es) verachtete ihn aber [auch] Herodes mit seinen Soldaten und verspottete (ihn), umwerfend (ihm) ein prächtiges Kleid, hinschickte er ihn dem Pilatos. [12](Es) wurden aber Freunde Herodes und Pilatos an eben dem Tag miteinander; denn vorher waren sie in Feindschaft gegeneinander.

264. Freilassung des Barabbas und Verurteilung Jesu

Mt 27,15–26	**Mk 15,6–15**	**Lk 23,13–25**	**Joh 18,39–40**; 19,16a *
		[13]Pilatos aber, zusammenrufend die Hochpriester und die Vorsteher und das Volk, [14]sprach zu ihnen: Herbrachtet ihr mir diesen Menschen als abwendig machend das Volk, und siehe, als ich verhörte ihn vor euch, nichts fand ich an diesem Menschen an Schuld, die ihr anklagt gegen ihn. [15]Aber auch Herodes nicht; denn hinschickte er ihn zu uns, und siehe, nichts	

15 Zum Fest aber war
gewohnt der Statthal-
ter, freizulassen der
Volksmenge einen Ge-
fangenen, den sie
wollten. 16 Sie hatten
aber damals einen
berüchtigten Gefan-
genen, genannt [Je-
sus] Barabbas.

17 Nachdem sie
nun zusammenge-
kommen waren,
sprach zu ihnen
Pilatos: Wen wollt ihr,
soll ich euch frei-
lassen, [Jesus, den]
Barabbas oder
Jesus, den Christos
genannten? 18 Denn
er wußte, daß wegen
Neid sie ihn über-
gaben.

19 Als er sich aber
gesetzt hatte auf den
Richterstuhl, schickte
zu ihm seine Frau,
sagend: Nichts (sei
zwischen) dir und
jenem Gerechten;
denn vieles litt ich
heute im Traum we-
gen seiner.
20 Die Hochpriester
aber und die Ältesten
überredeten die
Volksmengen,
damit sie erbäten
den Barabbas, Jesus
aber vernichteten.
21 Antwortend aber

6 Zum Fest aber
freiließ er ihnen
einen Ge-
fangenen, den sie
erbaten. 7 (Es) war
aber der Barabbas
Genannte mit den
Aufrührern gebun-
den, welche bei dem
Aufruhr einen Mord
getan hatten. 8 Und
hinaufsteigend be-
gann die Volksmenge
zu bitten, gleichwie er
ihnen zu tun pflegte.
9 Pilatos aber
antwortete ihnen,
sagend: Wollt ihr,
ich soll euch frei-
lassen
den König der
Judaier? 10 Denn er
erkannte, daß wegen
Neid übergeben hat-
ten ihn die Hoch-
priester.

11 Die Hochpriester
aber
hetzten die
Volksmenge auf,
damit er (viel)mehr
den Barabbas
freilasse ihnen.

würdig (des) Todes ist
getan worden von
ihm; 16 wenn ich
(ihn) nun gezüchtigt
habe, werde ich ihn
freilassen. #

vgl. V 19

39 (Es) ist aber Ge-
wohnheit bei euch, daß
einen ich euch
freilasse am Pascha;
wollt ihr nun,
(daß) ich euch frei-
lasse
den König der
Judaier?

Mt	Mk	Lk	Joh
sprach der Statthalter zu ihnen: Wen wollt ihr, soll ich euch von den Zweien freilas- sen? Die aber spra- chen:		18 Aufschrien aber alle zusammen, sa- gend: Hinweg diesen, lasse aber frei uns den Barabbas!	40 Sie schrien nun wieder, sa- gend: Nicht diesen, sondern den Barabbas! (Es) war aber Barabbas ein Räuber.
Den Barabbas.	vgl. V 7	19 Der war wegen eines in der Stadt geschehenen Auf- ruhrs und Mordes geworfen ins Ge- fängnis. 20 Wieder aber zurief Pilatos ihnen, willens, freizulassen Jesus.	vgl. 19,4–15
22 (Es) sagt ihnen Pilatos: Was nun soll ich tun (mit) Jesus, dem Christos genannten? (Sie) sagen alle: Gekreuzigt soll er werden!	12 Pilatos aber, wieder antwor- tend, sagte ihnen: Was nun [wollt ihr], soll ich tun (mit dem) [, den ihr nennt] den König der Judaier? 13 Die aber schrien wieder: Kreuzige ihn!	21 Die aber schrien entgegen, sagend: Kreuzige, kreuzige ihn!	
23 Der aber sagte: Was denn Schlechtes tat er?	14 Pilatos aber sagte ihnen: Was denn tat er Schlechtes?	22 Der aber sprach ein drittes (Mal) zu ihnen: Was denn Schlechtes tat die- ser? Nichts schuldig (des) Todes fand ich an ihm; wenn ich (ihn) nun gezüchtigt habe, werde ich ihn freilassen. 23 Die aber drängten mit lauten Schreien, for- dernd, daß er gekreu- zigt werde, und durchdrangen ihre Schreie.	
Die aber schrien über- mäßig, sagend: Gekreuzigt soll er werden!	Die aber schrien über- mäßig: Kreuzige ihn!		
24 Sehend aber Pila- tos, daß es nichts nützt, sondern (noch) mehr Tumult entsteht, nehmend Wasser, wusch er die Hände vor der Volksmenge, sagend: Unschuldig bin ich an diesem Blut; seht ihr (zu)!			

25 Und antwortend sprach das ganze Volk: Sein Blut (komme) über uns und über unsere Kinder!			
26 Da	15 Pilatos aber, wollend der Volksmenge Genüge tun,	24 Und Pilatos entschied, geschehen solle ihre Forderung;	19,16a Da
ließ er ihnen frei den Barabbas,	freiließ ihnen den Barabbas	25 freiließ er aber den wegen Aufstand und Mord ins Gefängnis Geworfenen, den sie forderten,	vgl. 19,1
Jesus aber, geißeln (lassend), übergab er, damit er gekreuzigt werde.	und übergab Jesus, (ihn) geißeln (lassend), damit er gekreuzigt werde.	Jesus aber übergab er ihrem Willen. # V 17 fehlt in der Mehrzahl der Handschriften.	nun übergab er ihn ihnen, damit er gekreuzigt werde.

* Vgl. Joh 19,4–16

265. Verspottung durch die Soldaten

Mt 27,27–31a	Mk 15,16–20a	Joh 19,2–3
27 Dann, mitnehmend die Soldaten des Statthalters Jesus ins Praitorion, versammelten sie um ihn die ganze Kohorte.	16 Die Soldaten aber abführten ihn hinein in den Hof, das ist (das) Praitorion, und zusammenrufen sie die ganze Kohorte.	2 Und die Soldaten,
28 Und ausziehend ihn, legten sie einen scharlachroten Mantel ihm um,	17 Und anziehen sie ihm einen Purpurmantel , und umlegen sie	
29 und flechtend einen Kranz aus Dornen, auflegten sie (diesen) auf seinen Kopf und ein Rohr in seine Rechte,	ihm einen dornigen Kranz, den sie flochten;	flechtend einen Kranz aus Dornen, auflegten ihn seinem Kopf, und ein purpurfarbenes Obergewand umwarfen sie ihm,
und auf die Knie fallend vor ihm, verspotteten sie ihn, sagend: Gruß (dir), König der Judaier!	18 und sie begannen, ihn zu grüßen: Gruß (dir), König der Judaier!	3 und sie kamen zu ihm und sagten: Gruß (dir), König der Judaier!
30 Und spuckend auf ihn, nahmen sie das Rohr und schlugen auf seinen Kopf.	19 Und sie schlugen seinen Kopf mit einem Rohr und spuckten ihn an, und beugend die Knie, fielen sie nieder vor ihm.	Und sie gaben ihm Schläge.
31a Und als sie ihn verspottet hatten, auszogen sie ihm den Mantel, und anzogen sie ihm seine Gewänder.	20a Und als sie ihn verspottet hatten, auszogen sie ihm den Purpurmantel, und anzogen sie ihm seine Gewänder.	

266. Der Gang nach Golgotha

Mt 27,31b–32

31b Und abführten sie
ihn zum Kreu-
zigen. 32 Hinausge-
hend aber fanden sie
einen Menschen,
einen Kyrenaier, mit
Namen Simon;
diesen zwangen sie,
daß er trage
sein Kreuz.

Mk 15,20b–21

20b Und hinausführten
sie ihn, damit sie kreu-
zigten ihn. 21 Und sie
zwingen einen Vor-
beigehenden, Simon,
einen Kyrenaier,
kommend
vom Acker, den Vater
von Alexandros und
Ruphos, daß er trage
sein Kreuz.

Lk 23,26–32

26 Und wie sie ihn
abführten,
ergreifend Simon,
einen Kyrenaier,
kommend
vom Acker, auflegten
sie ihm das Kreuz,
(es) zu tragen hinter
Jesus (her).
27 (Es) folgte ihm
aber eine zahlreiche
Menge des Volks und
von Frauen, die ihn
betrauerten und
beklagten. 28 Sich
umwendend aber zu
ihnen sprach Jesus:
Töchter Jerusalems,
weint nicht über
mich; jedoch über
euch selbst weint
und über eure
Kinder! 29 Denn
siehe, (es) kommen
Tage, an denen sie
sagen werden: Selig
die Unfruchtbaren
und die Leiber, die
nicht gebaren, und
Brüste, die nicht
nährten.
30 Dann werden sie
beginnen *zu sagen* Hos 10,8
den Bergen: Fallt
auf uns, und den
Hügeln: Bedeckt
uns! 31 Denn wenn
am feuchten Holz sie
dieses tun, was soll
geschehen am
trockenen?
32 Mitgeführt
wurden aber auch
zwei andere Übel-
täter, um mit ihm
getötet zu werden.

Joh 19,16b–17a

16b Sie übernahmen
nun Jesus,
17a und, tragend sich
selbst das Kreuz,

267. Die Kreuzigung Jesu

Mt 27,33–44

33 Und kommend
an einen Ort, genannt
Golgotha, welches ist:
(der) Kraniou-Topos
(= Schädel-Ort) ge-
nannte, 34 gaben sie ihm
zu trinken Wein mit
Galle gemischt; und
kostend wollte er
nicht trinken.
35 Nachdem sie ihn
aber gekreuzigt
hatten,
vgl. V 38

Ps 22,19 *aufteilten*
sie sich seine Gewänder,
werfend ein Los,

36 und sitzend be-
wachten sie ihn dort.

Mk 15,22–32

22 Und sie bringen
ihn zu dem Golgotha-
Ort, welches ist
übersetzt: Kraniou-
Topos (= Schädel-
Ort). 23 Und sie ga-
ben ihm mit Myrrhe
gewürzten Wein;
der aber nahm (ihn)
nicht.
24 Und sie
kreuzigen ihn und
vgl. V 27

aufteilen
sie sich seine Gewänder,
werfend ein Los über
sie, wer was nähme.

25 (Es) war aber (die)
dritte Stunde, und sie
kreuzigten ihn.

Lk 23,33–43

33 Und als sie kamen
zu dem Ort,
den Kranion
(= Schädel) gerufenen,

kreuzigten sie dort
ihn und die Übeltäter,
den einen zur Rech-
ten, den anderen zur
Linken. 34 [[Jesus
aber sagte: Vater
erlasse ihnen, denn
nicht wissen sie, was
sie tun.]] *Sich auftei-*
lend aber seine Gewän-
der, warfen sie Lose.

Joh 19,17b–24

17b hinausging er an den

sogenannten Kraniou-
Topos (= Schädel-
Ort), der genannt wird
hebraisch Golgotha,

18 wo sie ihn
kreuzigten,
und mit ihm andere
zwei, hüben und
drüben, als mittleren
aber Jesus.

23 Die Soldaten nun,
als sie gekreuzigt
hatten Jesus, nah-
men seine Oberklei-
der und machten vier
Teile, jedem Soldaten
ein Teil, und das Un-
terkleid. (Es) war
aber das Unterkleid
nahtlos, von oben an
durchgewebt zur
Gänze. 24 Sie spra-
chen nun zueinander:
Nicht wollen wir es
zerreißen, sondern lo-
sen wollen wir um es,
wessen es sein soll;
damit die Schrift
erfüllt würde, [die
Ps 22,19 sagende]: *Aufteilten sie*
sich meine Gewänder
untereinander, und
über meine Kleidung
warfen sie ein
Los. Die Soldaten
nun machten dieses.

19 (Es) schrieb
aber auch eine Auf-

Mt	Mk	Lk	Joh
37 Und anbrachten sie über seinem Kopf seine Schuld ge- schrieben: Dieser ist Jesus, der König der Ju- daier.	26 Und (es) war die Aufschrift seiner Schuld aufge- schrieben: Der König der Ju- daier.	vgl. V 38	schrift der Pilatos, und er heftete (sie) auf das Kreuz; es war aber geschrieben: Jesus, der Nazoraier, der König der Ju- daier. 20 Diese Auf- schrift nun lasen viele von den Judaiern, denn nahe war der Ort der Stadt, wo ge- kreuzigt wurde Je- sus; und sie war ge- schrieben hebraisch, romaisch, hellenisch. 21 (Es) sagten nun zu Pilatos die Hoch- priester der Judaier: Schreibe nicht: Der König der Judaier, sondern daß jener sprach: König bin ich der Judaier. 22 (Es) antwortete Pilatos: Was ich geschrieben habe, habe ich ge- schrieben.
38 Dann werden gekreuzigt mit ihm zwei Räuber, einer zur Rechten und einer zur Linken.	27 Und mit ihm kreuzigen sie zwei Räuber, einen zur Rechten und einen zur Linken von ihm. #	vgl. VV 32–33	vgl. V 18
		35 Und dastand das Volk, schauend.	
39 Die Vorbeigehen- den aber lästerten ihn, schüttelnd ihre Köpfe 40 und sagend: Der den Tempel zerstören und in drei Tagen bauen wollte, rette dich selbst, wenn (der) Sohn Gottes du bist, [und] steig herab vom Kreuz!	29 Und die Vorbeige- henden lästerten ihn, schüttelnd ihre Köpfe und sagend: Ha, (du,) der den Tempel zerstören und bauen wollte in drei Ta- gen, 30 rette dich selbst, herabsteigend vom Kreuz!		
41 Gleicherweise auch die Hochprie- ster, spottend mit den Schriftkundigen	31 Gleicherweise auch die Hochprie- ster, spottend untereinander mit den Schriftkundigen,	(Es) verhöhnten (ihn) aber auch die Vorste- her,	

Mt	Mk	Lk	Joh
und Ältesten, sagten: 42 Andere rettete er, sich selbst kann er nicht retten; König Israels ist er, herabsteigen soll er jetzt vom Kreuz, und wir werden (Ps 22,9) glauben an ihn. 43 *Er hat vertraut auf Gott, er soll jetzt ihn retten, wenn er will;* denn er sprach: Gottes Sohn bin ich.	sagten: Andere rettete er, sich selbst kann er nicht retten; 32 der Christos, der König Israels, soll herabsteigen jetzt vom Kreuz, damit wir sehen und glauben.	sagend: Andere rettete er, er soll sich selbst retten, wenn dieser ist der Christos Gottes, der Auserwählte.	
vgl. V 48	vgl. V 36	36 (Es) verspotteten ihn aber auch die Soldaten, hingehend, Essig hinbringend ihm	
vgl. V 40	vgl. VV 29–30	37 und sagend: Wenn du bist der König der Judaier, rette dich selbst!	
vgl. V 37	vgl. V 26	38 (Es) war aber auch eine Aufschrift über ihm: Der König der Judaier (ist) dieser.	vgl. VV 19–22
44 (Auf) dieselbe (Weise) aber auch die Räuber, die mitgekreuzigten mit ihm, schmähten ihn.	Auch die Mitgekreuzigten mit ihm schmähten ihn.	39 Einer aber der gehängten Übeltäter lästerte ihn, sagend: Bist du nicht der Christos? Rette dich selbst und uns! 40 Antwortend aber sagte der andere, ihn anfahrend: Und nicht fürchtest du Gott, weil in dem selben Gericht du bist? 41 Und wir zwar gerechterweise, denn Würdiges (für das), was wir taten, empfangen wir zurück; dieser aber tat nichts Unstatthaftes. 42 Und er sagte: Jesus, gedenke meiner, wann du kommst in dein Königtum. 43 Und er	

	# V 28 ist aus Lk 22,37 eingedrungen.	sprach zu ihm: Amen, ich sage dir: Heute wirst du mit mir sein im Paradies.	

268. Der Tod Jesu

Mt 27,45–56	Mk 15,33–41	Lk 23,44–49	Joh 19,28–30.25	
45 Von der sechsten Stunde (an) aber wurde Finsternis über die ganze Erde bis zur neunten Stunde. vgl. V 51 a	33 Und als geworden war (die) sechste Stunde, Finsternis wurde über die ganze Erde bis zur neunten Stunde. vgl. V 38	44 Und (es) war schon etwa (die) sechste Stunde, und Finsternis wurde über die ganze Erde bis zur neunten Stunde, 45 als die Sonne aufhörte (zu scheinen); gespalten aber wurde der Vorhang des Tempels mittendurch.		
46 Um die neunte Stunde aber aufschrie Jesus mit lauter Stimme, sagend: *Eli, Eli, lema sabachthani?* Dies ist : *Mein Gott, mein Gott, weshalb verließest du mich?* 47 Einige aber der dort Stehenden, hörend (es), sagten: Nach Elias schreit dieser.	34 Und in der neunten Stunde schrie Jesus mit lauter Stimme : *Eloi, Eloi, lema sabachthani?* Was ist übersetzt: *Mein Gott, mein Gott, wozu verließest du mich?* 35 Und einige der Dabeistehenden, hörend (es), sagten: Sieh, nach Elias schreit er.			Ps 22,2
			28 Danach, wissend Jesus, daß schon alles vollendet war, damit vollendet wird die Schrift, sagt er: Ich dürste. 29 Ein Gefäß stand da, von Essig voll;	
48 Und sogleich laufend einer von ihnen und nehmend einen Schwamm und füllend (ihn) mit Essig und steckend (ihn)	36 Laufend aber einer [und] füllend einen Schwamm mit Essig, steckend (ihn)	vgl. V 36	einen Schwamm nun voll des Essigs auf ein Ysoprohr steckend,	

	Mt	Mk	Lk	Joh
	auf ein Rohr, gab er zu trinken ihm. 49 Die übrigen aber sagten: Laß , sehen wir, ob Elias kommt, rettend ihn.	auf ein Rohr, gab er zu trinken ihm, sagend: Laßt, sehen wir, ob Elias kommt, ihn herunterzuholen.		heranbrachten sie an seinen Mund.
				30 Als er nun den Essig nahm, sprach Jesus: Es ist vollendet,
Ps 31,6	50 Jesus aber, wieder rufend mit lautem Schrei,	37 Jesus aber, ausstoßend einen lauten Schrei,	46 Und schreiend mit lautem Schrei sprach Jesus: Vater, *in deine Hände empfehle ich meinen Geist.* Dies aber sprechend,	und neigend den Kopf,
	gab auf den Geist.	hauchte aus.	hauchte er aus.	übergab er den Geist.
	51 Und siehe, der Vorhang des Tempels wurde gespalten von oben bis unten in zwei (Stücke), und die Erde erbebte, und die Felsen wurden gespalten, 52 und die Gräber wurden geöffnet, und viele Leiber der entschlafenen Heiligen wurden erweckt; 53 und herauskommend aus den Gräbern nach seiner Erweckung, gingen sie hinein in die heilige Stadt und erschienen vielen.	38 Und der Vorhang des Tempels wurde gespalten in zwei (Stücke) von oben bis unten.	vgl. V 45	
	54 Der Hauptmann aber und die mit ihm, bewachend Jesus, sehend das Erdbeben und die Geschehnisse, fürchteten sich sehr,	39 Sehend aber der Centurio, der dabeistehende gegenüber von ihm, daß er so aushauchte,	47 Sehend aber der Hauptmann das Geschehene,	
	sagend: Wahrhaft Gottes Sohn war dieser.	sprach: Wahrhaft, dieser Mensch war Sohn Gottes.	verherrlichte er Gott, sagend: Wirklich, dieser Mensch war ein Gerechter!	
			48 Und alle Volksmengen, mitdabeistehend bei diesem Schauspiel, sehend das Geschehene,	

		schlagend die Brüste, kehrten zurück.	
55 (Es) waren aber dort	40 (Es) waren aber	49 Dastanden aber alle ihm Bekannten von weitem	25 Dastanden aber beim Kreuz von Jesus seine Mutter und die Schwester seiner Mutter, Maria, die des Klopas, und Maria, die Magdalenerin.
viele Frauen von weitem schauend,	auch Frauen von weitem schauend,	und Frauen,	
welche gefolgt waren Jesus von der Galilaia, ihm zu dienen;	vgl. V 41	die ihm mitgefolgt waren von der Galilaia, dieses zu sehen.	
56 unter ihnen war Maria, die Magdalenerin, und Maria, die Mutter des Jakobos und Joseph, und die Mutter der Söhne (des) Zebedaios.	unter ihnen auch Maria, die Magdalenerin, und Maria, (des) Jakobos des Kleinen und (des) Joses Mutter, und Salome, 41 die, als er war in der Galilaia, ihm folgten und ihm dienten,		
vgl. V 55 b	und viele andere Mitheraufgestiegene mit ihm nach Hierosolyma.		

269. Die Grablegung Jesu

Mt 27,57–61	Mk 15,42–47	Lk 23,50–56	Joh 19,38–42
57 Als es aber Abend geworden war,	42 Und als es schon Abend geworden war, da Rüsttag war, das ist: Vorsabbat,		38 Danach aber
kam ein reicher Mensch von Arimathaia, namens Joseph,	43 kommend Joseph, [der] von Arimathaia, ein vornehmer Ratsherr,	50 Und siehe, ein Mann mit Namen Joseph, der ein Ratsherr war [und] ein guter Mann und ein gerechter 51 – dieser hatte nicht mitzugestimmt (ihrem) Ratschluß und ihrem Tun – von Arimathaia,	bat den Pilatos Joseph, [der] von Arimathaia,
der auch selbst Schüler geworden war von Jesus;	der auch selbst war erwartend das Königtum Gottes,	einer Stadt der Judaier, der das Königtum Gottes erwartete,	der ein Schüler von Jesus war, ein verborgener aber wegen der Furcht vor den Judaiern, daß er abnehmen lasse den Leib des Jesus;
58 dieser, gehend zu Pilatos, erbat den Leib des Jesus.	(es) wagend ging hinein zu Pilatos und erbat den Leib des Jesus. 44 Pilatos aber staunte, daß er schon gestorben sei,	52 dieser, gehend zu Pilatos, erbat den Leib des Jesus,	

Mt	Mk	Lk	Joh
Da befahl Pilatos, daß er hergegeben werde.	und herbeirufend den Centurio, befragte er ihn, ob er bereits starb; 45 und (es) erfahrend vom Centurio, schenkte er die Leiche dem Joseph.		und (es) erlaubte Pilatos. Er kam nun, und abnahm er seinen Leib.
			39 (Es) kam aber auch Nikodemos, der gekommen war zu ihm nachts das erste (Mal), bringend eine Mischung von Myrrhe und Aloe, um hundert Litra.
59 Und nehmend den Leib, einhüllte Joseph ihn [in] reines Leinen	46 Und kaufend Leinen, herunterholend ihn, einwickelte er (ihn) mit dem Leinen	53 und herunterholend, einhüllte er ihn mit Leinen	40 Sie nahmen nun den Leib von Jesus und banden ihn mit Leinenbinden mitsamt den Essenzen, gleichwie es Sitte ist bei den Judaiern zu begraben.
60 und legte ihn in sein neues Grab, das er gehauen hatte in den Felsen,	und legte ihn in ein Grab, das gehauen war aus einem Felsen,	und legte ihn in eine steingehauene Grabstätte, wo noch keiner war gelegen.	41 (Es) war aber an dem Ort, wo er gekreuzigt wurde, ein Garten, und im Garten ein neues Grab, in das noch keiner gelegt worden war;
und hinwälzend einen großen Stein zur Tür des Grabes, ging er weg.	und hinwälzte er einen Stein an die Tür des Grabes.		42 dort(hin) nun wegen des Rüsttags der Judaier, weil nahe war das Grab, legten sie Jesus.
		54 Und Tag (des) Rüsttags war, und (der) Sabbat leuchtete auf.	
61 (Es) war aber dort Mariam, die Magdalenerin, und die andere Maria, sitzend vor dem Grabmal.	47 Maria aber, die Magdalenerin, und Maria, die von Joses, erblickten, wo er hineingelegt worden ist.	55 Die nachfolgenden Frauen aber, welche mitgekommen waren aus der Galilaia mit ihm, sahen das Grab und wie hineingelegt wurde sein Leib, 56 zurückkehrend aber bereiteten sie Essenzen und Salben. Und den Sabbat aber ruhten sie gemäß dem Gebot.	
	vgl. 16,1 (Nr. 271)		

270. Die Grabwächter

Mt 27,62–66

62 Am folgenden (Tag) aber, welcher ist (der) nach dem Rüsttag, kamen zusammen die Hochpriester und
die Pharisaier bei Pilatos, 63 sagend: Herr, wir erinnerten uns, daß jener Betrüger sprach, noch lebend:
Nach drei Tagen werde ich erweckt. 64 Befiehl also, daß gesichert werde das Grabmal bis zum dritten Tag,
damit nicht kommend seine Schüler ihn stehlen und sprechen zum Volk: Erweckt wurde er von den Toten,
und (es) wird sein der letzte Betrug schlimmer als der erste. 65 (Es) sagte ihnen Pilatos: Haltet Wache; geht
fort, sichert, wie ihr (es) kennt! 66 Die aber gehend, sicherten das Grabmal, nachdem sie den Stein versie-
gelt hatten, mit der Wache.

271. Die Auferstehungsbotschaft und das leere Grab *

Mt 28,1–10	Mk 16,1–8	Lk 24,1–12
1 Spät aber am Sabbat, beim Aufleuchten zum Ersten der Woche, kam Mariam, die Magdalenerin, und die andere Maria, zu schauen das Grabmal.	1 Und als vorüber war der Sabbat, Maria, die Magdalenerin, und Maria, die [des] Jakobos, und Salome kauften Essenzen, damit kommend sie ihn salbten. 2 Und sehr früh am Ersten der Woche gehen sie zum Grab, als aufgegangen war die Sonne.	1 Am Ersten der Woche aber ganz frühmorgens kamen sie (vgl. V 10) zur Grabstätte, bringend Essenzen, die sie bereitet hatten.
2 Und siehe, (es) geschah ein großes Erdbeben; denn ein Engel (des) Herrn, herabsteigend aus (dem) Himmel und hinzukommend, wälzte den Stein weg und setzte sich auf ihn. 3 (Es) war aber sein Anblick wie ein Blitz und sein Gewand weiß wie Schnee. 4 Aus Furcht aber vor ihm erbebten die Bewachenden, und sie wurden wie Tote.		
	3 Und sie sagten zu sich: Wer wird wegwälzen uns den Stein aus der Tür des Grabes? 4 Und aufschauend erblicken sie, daß weggewälzt war der Stein; denn er war sehr groß.	2 Sie fanden aber den Stein weggewälzt vom Grab;
	5 Und hineingehend ins Grab,	3 hineingehend aber, nicht fanden sie den Leib des Herrn Jesus. 4 Und es geschah, als sie ratlos waren über dieses,

	sahen sie einen jungen Mann sitzend zur Rechten, umworfen mit weißem Gewand, und sie erschraken.	und siehe, zwei Männer traten zu ihnen in blitzendem Kleid.
5 Antwortend aber sprach der Engel zu den Frauen: Fürchtet euch nicht, denn ich weiß, daß ihr Jesus, den Gekreuzigten, sucht;	6 Der aber sagt ihnen: Erschreckt nicht! Jesus sucht ihr, den Nazarener, den Gekreuzigten;	5 Als sie aber in Furcht gerieten und die Gesichter zur Erde neigten, sprachen sie zu ihnen: Was sucht ihr den Lebenden unter den Toten?
6 nicht ist er hier, denn erweckt wurde er, gleichwie er gesprochen hatte.	erweckt wurde er, nicht ist er hier;	6 Nicht ist er hier, sondern erweckt wurde er. Erinnert euch, wie er zu euch redete, als er noch war in der Galilaia, 7 sagend über den Sohn des Menschen, daß er müsse übergeben werden in Hände sündiger Menschen und gekreuzigt werden und am dritten Tag aufstehen.
Auf, seht den Ort, wo er lag! 7 Und schnell gehend, sprecht zu seinen Schülern : Er wurde erweckt von den Toten, und siehe, vorangeht er euch in die Galilaia, dort werdet ihr ihn sehen. Siehe, ich sprach zu euch.	sieh, der Ort, wohin sie ihn legten! 7 Doch geht fort, sprecht zu seinen Schülern und dem Petros: Vorangeht er euch in die Galilaia; dort werdet ihr ihn sehen, gleichwie er gesprochen hatte zu euch.	8 Und sie erinnerten sich seiner Worte.
8 Und weggehend schnell vom Grab mit Furcht und großer Freude, liefen sie, (es) zu melden seinen Schülern.	8 Und herausgehend flohen sie vom Grab, denn (es) hielt sie Zittern und Entsetzen; und keinem sagten sie etwas; denn sie fürchteten sich.	9 Und zurückkehrend vom Grab, meldeten sie dieses alles den Elf und allen übrigen. 10 (Es) waren aber die Magdalenerin Maria und Johanna und Maria, die (des) Jakobos, und die übrigen mit ihnen. Sie sagten zu den Aposteln dieses, 11 und (es) erschienen vor ihnen wie Geschwätz diese Worte, und nicht glaubten sie ihnen. 12 Petros aber, aufstehend, lief zum Grab, und sich vorbeugend sieht er die Leinenbinden allein, und fortging er, bei sich staunend über das Geschehene. #
vgl. V 1	vgl. V 1	
9 Und siehe, Jesus begegnete ihnen, sagend: Gruß (euch)! Die aber, hinzukommend, ergriffen seine Füße und fielen		

nieder vor ihm. [10]Da sagt ihnen Jesus: Fürchtet euch nicht! Geht fort, meldet meinen Brüdern, daß sie hingehen in die Galilaia, und dort werden sie mich sehen.

V 12 ist wohl nach Joh 20,3–10 eingefügt.

---

* Mk 16,9–11 (Nr. 278): [[[9]Auferstanden aber früh am Wochenersten, erschien er zuerst Maria, der Magdalenerin, von der er hinausgeworfen hatte sieben Dämonen. [10]Jene, gehend, meldeten (es) den mit ihm gewesenen Trauernden und Weinenden; [11]aber jene hörend, daß er lebt und gesehen wurde von ihr, glaubten nicht.]]
Joh 20,1–18: [1]Am ersten Tag der Woche aber kommt Maria, die Magdalenerin, (in der) Frühe, als noch Finsternis war, zum Grab, und sieht den Stein weggenommen vom Grab. [2]Sie läuft nun, und sie kommt zu Simon Petros und zu dem anderen Schüler, den Jesus liebte, und sagt ihnen: Wegnahmen sie den Herrn aus dem Grab, und nicht wissen wir, wohin sie ihn legten.
[3]Hinausging nun Petros und der andere Schüler, und sie kamen zum Grab. [4](Es) liefen aber die zwei gemeinsam, und der andere Schüler lief voraus, schneller als Petros, und er kam als erster zum Grab, [5]und sich vorbeugend, sieht er liegend die Leinenbinden, nicht freilich ging er hinein. [6](Es) kommt nun auch Simon Petros, folgend ihm und hineinging er ins Grab, und er sieht die Leinenbinden liegend [7]und das Schweißtuch, das auf seinem Kopf war, nicht mit den Leinenbinden liegend, sondern getrennt zusammengewickelt an einem (eigenen) Ort. [8]Da nun ging hinein auch der andere Schüler, der gekommen war als erster zum Grab, und er sah und glaubte; [9]denn noch nicht kannten sie die Schrift, daß er muß aus Toten aufstehen.
[10]Weggingen nun wieder zu ihnen die Schüler.
[11]Maria aber stand beim Grab draußen weinend. Wie sie nun weinte, vorbeugte sie sich ins Grab, [12]und sie sieht zwei Engel in Weiß (da)sitzend, einen beim Kopf und einen bei den Füßen, wo gelegen war der Leib von Jesus. [13]Und (es) sagen ihr jene: Frau, was weinst du? Sie sagt ihnen: Weil sie wegnahmen meinen Herrn, und nicht weiß ich, wohin sie ihn gelegt haben. [14]Dieses sagend, umwandte sie sich nach hinten und sieht Jesus stehend, aber nicht wußte sie, daß (es) Jesus ist. [15](Es) sagt ihr Jesus: Frau, was weinst du? Wen suchst du? Jene meinend, daß (es) der Gärnter ist, sagt ihm: Herr, wenn du ihn (weg)trugst, sprich zu mir, wohin du ihn legtest, und ich werde ihn holen. [16](Es) sagt ihr Jesus: Mariam! Sich umwendend sagt jene ihm hebraisch: Rabbuni (das heißt: Lehrer). [17](Es) sagt ihr Jesus: Berühre mich nicht! Denn noch nicht bin ich hinaufgestiegen zum Vater; geh aber du zu meinen Brüdern und sprich zu ihnen: Ich steige hinauf zu meinem Vater und eurem Vater und meinem Gott und eurem Gott. [18](Es) kommt Mariam, die Magdalenerin, meldend den Schülern: Gesehen habe ich den Herrn, und dies sprach er zu ihr.

NACHGESCHICHTEN

Nach Matthaios

272. Der Betrug des Synhedrions

Mt 28,11–15

11 Während sie aber gingen, siehe, einige der Wache, kommend in die Stadt, meldeten den Hochpriestern alles Geschehene. 12 Und sich versammelnd mit den Ältesten und einen Beschluß fassend, gaben sie beträchtliches Silber(geld) den Soldaten, 13 sagend: Sagt: Seine Schüler, (des) Nachts kommend, stahlen ihn, während wir schliefen. 14 Und wenn dies gehört wird beim Statthalter, werden wir [ihn] überreden und euch sorgenfrei machen. 15 Die aber, nehmend das Silber(geld), taten, wie sie belehrt worden waren. Und herumerzählt wurde dieses Wort bei (den) Judaiern bis zum heutigen [Tag].

273. Erscheinung des Auferstandenen auf einem Berg in der Galilaia und Sendung der Elf

Mt 28,16–20

16 Die elf Schüler aber gingen in die Galilaia auf den Berg, wohin sie Jesus bestellt hatte, 17 und sehend ihn, huldigten sie (ihm), andere aber zweifelten. 18 Und hinzukommend redete Jesus mit ihnen, sagend: Gegeben wurde mir alle Vollmacht im Himmel und auf [der] Erde. 19 Gehend nun, macht zu Schülern alle Völker, taufend sie auf den Namen des Vaters und des Sohnes und des heiligen Geistes, 20 lehrend sie, alles zu bewahren, wieviel ich euch geboten habe; und siehe, ich bin mit euch alle Tage bis zur Vollendung des Aions. *

* Mk 16,15–16 (Nr. 278): 15 Und er sprach zu ihnen: Gehend in die ganze Welt, verkündet das Evangelium der ganzen Schöpfung! 16 Der Glaubende und Getaufte wird gerettet werden, der Nichtglaubende aber wird verurteilt werden.
Joh 14,23: (Es) antwortete Jesus und sprach zu ihm: Wenn einer mich liebt, mein Wort wird er bewahren, und mein Vater wird ihn lieben, und zu ihm werden wir kommen und eine Bleibe bei ihm machen.

Nach Lukas

274. Erscheinung des Auferstandenen vor zweien auf dem Weg nach Emmaus

Lk 24,13–35 *

13 Und siehe, zwei von ihnen waren an eben dem Tag gehend in ein Dorf, entfernt sechzig Stadien von Jerusalem, mit Namen Emmaus, 14 und sie unterhielten sich untereinander über all dieses Widerfahrene. 15 Und es geschah bei ihrem Unterhalten und Streiten, daß Jesus selbst, nahegekommen, mitging mit ihnen; 16 ihre Augen aber waren festgehalten, daß sie nicht ihn erkannten. 17 Er sprach aber zu ihnen: Welche Worte (sind) dies, die ihr einander zuwerft, umhergehend? Und stehenblieben sie mürrisch. 18 Antwortend aber einer mit Namen Kleopas, sprach zu ihm: Du allein bewohnst Jerusalem und nicht kennst du das Geschehene in ihm in diesen Tagen? 19 Und er sprach zu ihnen: Welches? Die aber sprachen zu ihm: Das über Jesus, den Nazarener, der auftrat als prophetischer Mann, mächtig in Werk und Wort vor

Gott und allem Volk, 20 und wie ihn übergaben die Hochpriester und unsere Vorsteher zum Todesurteil und
ihn kreuzigten. 21 Wir aber hofften, daß er (es) ist, der Israel erlösen wird; aber mit allem diesem verbringt
er nun auch diesen dritten Tag (im Grab), seit dieses geschah. 22 Aber auch einige Frauen von uns entsetzten uns, als sie waren frühmorgens beim Grab, 23 und nicht findend seinen Leib, kamen sie, sagend, auch
eine Erscheinung von Engeln hätten sie gesehen, die sagen, daß er lebe. 24 Und weggingen einige der mit
uns zum Grab und fanden (es) so, gleichwie auch die Frauen gesprochen hatten, ihn aber sahen sie nicht.
25 Und er sprach zu ihnen: O ihr Unverständigen und Trägen im Herzen, zu glauben an alles, von dem die
Propheten redeten! 26 Mußte nicht dieses leiden der Christos und hineingehen in seine Herrlichkeit? 27 Und
beginnend von Moyses und von allen Propheten, auslegte er ihnen in allen Schriften das über sich.
28 Und nahekamen sie an das Dorf, wo sie hingingen, und er machte Miene (noch) weiter zu gehen. 29 Und
sie nötigten ihn, sagend: Bleib bei uns, weil es gegen Abend ist und sich geneigt hat schon der Tag! Und
hineinging er, zu bleiben bei ihnen. 30 Und es geschah, als er sich (zu Tisch) legte mit ihnen, nehmend das
Brot, segnete er, und brechend übergab er (es) ihnen; 31 ihre Augen aber wurden geöffnet, und sie erkannten ihn; und er wurde unsichtbar, (weg) von ihnen. 32 Und sie sprachen zueinander: War nicht unser Herz
brennend [in uns], wie er redete mit uns auf dem Weg, wie er öffnete uns die Schriften?
33 Und aufstehend in eben der Stunde, zurückkehrten sie nach Jerusalem und fanden versammelt die
Elf und die mit ihnen, 34 sagend: Wirklich wurde erweckt der Herr, und er erschien Simon. 35 Und sie legten
dar die auf dem Weg (geschehenen Ereignisse), und wie er erkannt wurde von ihnen beim Brechen des
Brotes.

* Mk 16,12–13 (Nr. 278): 12 Danach aber wurde er zweien von ihnen, die umhergingen, offenbart in anderer Gestalt, als sie gingen aufs Land; 13 und jene, weggehend, meldeten (es) den übrigen; auch jenen glaubten sie nicht.

275. Erscheinung des Auferstandenen vor den Elfen in Jerusalem

Lk 24,36–43

36 Als sie aber dieses redeten,
stellte er sich selbst in ihre Mitte, und er sagt ihnen:
Friede euch! 37 Geängstigt aber und in Furcht
geraten, meinten sie, einen Geist zu erblicken.
38 Und er sprach zu ihnen: Was seid ihr verwirrt,
und weshalb steigen Bedenken in eurem Herzen
auf? 39 Seht meine Hände und meine Füße, daß
ich (es) selbst bin; berührt mich und seht, daß
ein Geist Fleisch und Knochen nicht hat, gleichwie ihr mich (es) haben seht. 40 Und dies
sprechend, zeigte er ihnen die Hände und die
Füße. 41 Als sie aber noch ungläubig waren vor
Freude und staunend, sprach er zu ihnen: Habt
ihr etwas Eßbares hier? 42 Die aber übergaben
ihm ein Stück gebratenen Fisches; 43 und
nehmend, vor ihnen aß er. **

Joh 20,19–23 *

19 Als es nun Abend war an jenem Tag, dem ersten (der) Woche, und als die Türen verschlossen waren, wo die Schüler waren, wegen
der Furcht vor den Judaiern, kam Jesus und
stellte sich in die Mitte, und er sagt ihnen:
Friede euch!

20 Und dies
sprechend, zeigte er die Hände und die Seite
ihnen.
(Es) freuten sich nun die Schüler, sehend den
Herrn.

21 (Es) sprach nun zu ihnen [Jesus] wieder:
Friede euch; gleichwie mich geschickt hat der
Vater, schicke auch ich euch. 22 Und dies spre-
chend, anhauchte er (sie) und sagt ihnen: Emp-

fangt heiligen Geist; [23]von welchem immer ihr erlaßt die Sünden, erlassen werden sie ihnen, von welchen ihr (sie) behaltet, behalten sind sie.

---

* Mk 16,14 (Nr. 278): Später [aber] wurde er den Elfen selbst, als sie (zu Tisch) lagen, offenbart, und er schalt ihren Unglauben und (ihre) Hartherzigkeit, daß sie denen, die ihn gesehen hatten als Erweckten, nicht glaubten.
** Apg 10,40–41: [40]Diesen erweckte Gott [am] dritten Tag, und er gab, daß er sichtbar werde, [41]nicht dem ganzen Volk, sondern den von Gott vorherbestimmten Zeugen, uns, welche wir aßen und tranken mit ihm nach seinem Aufstehen aus Toten.

276. Letzte Worte Jesu an seine Schüler

Lk 24,44–49

[44]Er sprach aber zu ihnen: Diese (sind) meine Worte, die ich redete zu euch, als ich noch war mit euch: Es muß erfüllt werden alles Geschriebene im Gesetz (des) Moyses und (in) den Propheten und Psalmen über mich.
[45]Dann öffnete er ihren Verstand, zu verstehen die Schriften; [46]und er sprach zu ihnen: So ist geschrieben, daß leidet der Christos und aufsteht aus Toten am dritten Tag, [47]und daß verkündet wird in seinem Namen Umkehr zu(m) Erlaß von Sünden zu allen Völkern. * Beginnend von Jerusalem, [48](seid) ihr Zeugen für dieses. [49]Und [siehe], ich schicke die Zusage meines Vaters auf euch; ihr aber, setzt euch in der Stadt, bis daß ihr anzieht aus (der) Höhe Kraft.

Apg 1,4–8

[4]Und beim Zusammensein gebot er ihnen, von Hierosolyma nicht sich zu trennen, sondern zu erwarten die Zusage des Vaters, die ihr hörtet von mir, [5]daß Johannes zwar taufte mit Wasser, ihr aber in heiligem Geist getauft werden werdet nach diesen nicht vielen Tagen. [6]Die aber nun Zusammengekommenen fragten ihn, sagend: Herr, ob in dieser Zeit du wiedererrichtest das Königtum für Israel? [7]Er sprach aber zu ihnen: Nicht euer ist es, zu kennen Zeiten oder Fristen, die der Vater setzte in der eigenen Vollmacht, [8]sondern ihr werdet empfangen Kraft, wenn herabkommt der heilige Geist auf euch, und ihr werdet sein meine Zeugen in Jerusalem und [in] der ganzen Judaia und Samareia und bis zum Ende der Erde.

---

* Mk 16,15 (Nr. 278): Und er sprach zu ihnen: Gehend in die ganze Welt, verkündet das Evangelium der ganzen Schöpfung!

277. Die Himmelfahrt Jesu

Lk 24,50–53

[50]Hinaus führte er sie aber [nach draußen] bis gegen Bethania, und aufhebend seine Hände, segnete er sie. [51]Und es geschah, als er sie segnete, entfernte er sich von ihnen und wurde hinaufgetragen in den Himmel. *

Apg 1,9–14

[9]Und als er dieses gesprochen hatte, wurde er, während sie schauten, hinaufgehoben, und eine Wolke nahm ihn weg von ihren Augen.
[10]Und wie sie starrend waren in den Himmel, während er wegging, und siehe, zwei Männer standen neben ihnen in weißen Kleidungen,
[11]die auch sprachen: Männer, Galilaier, was steht ihr [auf]schauend in den Himmel? Dieser Jesus, der Aufgenommene (weg) von euch in den Himmel, wird so kommen, auf welche Weise ihr ihn saht weggehend in den Himmel.

52 Und sie, huldigend ihm, kehrten zurück nach
Jerusalem mit großer Freude

53 und waren unablässig
im Heiligtum, preisend Gott.

12 Dann kehrten sie zurück nach
Jerusalem vom Berg, dem Ölberg gerufenen,
der nahe ist Jerusalem, einen Sabbatweg
entfernt. 13 Und als sie hineinkamen, ins
Obergemach stiegen sie hinauf, wo sie waren
verbleibend, Petros und Johannes und Jakobos
und Andreas, Philippos und Thomas,
Bartholomaios und Matthaios, Jakobos (des)
Alphaios und Simon der Zelot und Judas (des)
Jakobos. 14 Diese alle waren ausharrend
einmütig im Gebet mit Frauen und Mariam, der
Mutter von Jesus, und seinen Brüdern.

---

* Mk 16,19 (Nr. 278): Der Herr Jesus nun, nach dem Reden zu ihnen, wurde aufgenommen in den Himmel und setzte sich zur Rechten Gottes.

Nach Markos

278. Die sekundären Markos-Schlüsse

Mk 16,9–20

[[Alles Gebotene aber meldeten sie denen um Petros eilig. Danach aber schickte auch Jesus selbst vom Osten und bis zum Westen durch sie aus die heilige und unvergängliche Verkündigung des ewigen Heils. Amen.]]

[[9 Auferstanden aber früh am Wochenersten, erschien er zuerst Maria, der Magdalenerin, von der er
hinausgeworfen hatte sieben Dämonen. * 10 Jene, gehend, meldete (es) den mit ihm gewesenen Trauernden und Weinenden; ** 11 aber jene, hörend, daß er lebt und gesehen wurde von ihr, glaubten nicht. ***
12 Danach aber wurde er zweien von ihnen, die umhergingen, offenbart in anderer Gestalt, als sie gingen
aufs Land; 13 und jene, weggehend, meldeten (es) den übrigen; auch jenen glaubten sie nicht. ****
14 Später [aber] wurde er den Elfen selbst, als sie (zu Tisch) lagen, offenbart, und er schalt ihren Unglauben
und (ihre) Hartherzigkeit, daß sie denen, die ihn gesehen hatten als Erweckten, nicht glaubten. *****
15 Und er sprach zu ihnen: Gehend in die ganze Welt, verkündet das Evangelium der ganzen Schöpfung!
16 Der Glaubende und Getaufte wird gerettet werden, der Nichtglaubende aber wird verurteilt werden.
****** 17 Als Zeichen aber werden den Glaubenden diese folgen: In meinem Namen werden sie Dämonen
hinauswerfen, in neuen Zungen werden sie reden, 18 [und in den Händen] werden Schlangen sie tragen,
und wenn immer etwas Tödliches sie trinken, nicht wird es ihnen schaden, auf Kranke werden sie (die)
Hände auflegen und recht wird es ihnen gehen.
19 Der Herr Jesus nun, nach dem Reden zu ihnen, wurde aufgenommen in den Himmel und setzte sich zur
Rechten Gottes. ******* 20 Jene aber, hinausgehend, verkündeten überall, indem der Herr mitwirkte und
das Wort festigte durch die nachfolgenden Zeichen.]]

---

* Lk 8,2 (Nr. 78): Maria, die Magdalenerin gerufene, von der sieben Dämonen herausgekommen waren.
** Zu VV 9–10 vgl. Joh 20,1.11–18 (Nr. 271*).
*** Vgl. Lk 24,9–11 (Nr. 271).
**** Vgl. Lk 24,13–35 (Nr. 274).
***** Vgl. Lk 24,36–43 = Joh 20,19–23 (Nr. 275).
****** Vgl. Mt 28,19–20 (Nr. 273).
******* Vgl. Lk 24,50–51 = Apg 1,9 (Nr. 277).

STELLENREGISTER

Das Stellenregister soll als *Ergänzung zum Parallelenverzeichnis* (S. 9–19) dienen und einen Überblick geben, an welchen Stellen bestimmte Texte sich wiederfinden lassen. Die *Nummernhinweise* (die wir den Seitenangaben vorgezogen haben) zeigen an, wo die selbständigen Einheiten (in der Regel Perikopen) in der Synopse behandelt werden: *Fettgedruckte Nummern* verweisen auf ihr Vorkommen im fortlaufenden Text eines Evangeliums, *Nummern in Grundschrift* auf die Verwendung als Paralleltexte. *Kleingedruckte Nummern* lassen erkennen, wo weitere Parallelen und Dubletten zu finden sind.
Werden nur Teile der Perikope (d. h. Einzelverse) als Paralleltext oder in Anmerkungen verwendet, sind die *Nummern eingeklammert*.

Lk (1–8)	Nr.
1,1–4	**1**
1,5–25	**6**
1,26–38	**7**
1,39–56	**8**
1,57–80	**9**
2,1–7	**10** 3
2,8–20	**11** 4
2,21–40	**12** (5)
2,41–52	**13**
3,1–6	**14**
3,7–9	**15** (62)
3,10–14	**16**
3,15–18	**17**
3,19–20	**18** 130
3,21–22	**19**
3,23–38	**20** 2
4,1–13	**21**
4,14–15	**22**
4,16–30	**23** (127)
4,31–37	**25** (65)
4,38–39	**26** 80
4,40–41	**28** 81 (37) (104)
4,42–43	**28**
4,44	**29**
5,1–11	**30** 24
5,12–16	**31** 78
5,17–26	**32** 85
5,27–32	**33** 86
5,33–39	**34** 87
6,1–5	**35** 102
6,6–11	**36** 103
6,12–16	**38** (39) (91)
6,17–20a	**66** (29) (37) (39)
6,20b–26	**67** (40)
6,27–36	**68** (47) (48) (60)
6,37–42	**69** (57) (92) (113) (135)
6,43–46	**70** (62) (63) (106)
6,47–49	**71** 64
7,1–10	**72** 79 (65)
7,11–17	**73**
7,18–23	**74** 97
7,24–35	**75** 98 (225)
7,36–50	**76**
8,1–3	**77** (90) (29) (278)
8,4–8	**110**
8,9–10	**111**
8,11–15	**112**
8,16–18	**113** (41) (93) (173) (175) (217) (245)
8,19–21	**123** 109
8,22–25	**124** 83 (82)
8,26–39	**125** 84

Lk (8–15)	Nr.
8,40–56	**126** 88
9,1–6	**128** (91) (38) (161)
9,7–9	**129**
9,10a	**131**
9,10b–17	**132**
9,18–21	**142**
9,22	**143** 205
9,23–27	**144** (93) (95) (175) (191) (205)
9,28–36	**145**
9,37–43a	**147**
9,43b–45	**148**
9,46–48	**150** (96) (161) (214) (232) (254)
9,49–50	**151** (106) (169)
9,51–56	**159**
9,57–62	**160** (82)
10,1–16	**161** (90) (91) (96) (99) (99) (128) (150)
10,17–20	**162**
10,21–24	**163** (100) (111)
10,25–37	**164** (230)
10,38–42	**165**
11,1–4	**166** (51)
11,5–8	**167**
11,9–13	**168** 59
11,14–23	**169** 106 (107) (172) (89) (139) (151)
11,24–26	**170** 108
11,27–28	**171**
11,29–32	**172** 107 (139)
11,33–36	**173** (41) (54) (113)
11,37–54	**174** (232) (135)
12,1–12	**175** (93) (106) (92) (113) (140) (144) (236)
12,13–21	**176**
12,22–34	**177** (53) (56) (93)
12,35–48	**178** (241) (243)
12,49–53	**179** (94) (214) (236)
12,54–59	**180** (43) (139)
13,1–9	**181**
13,10–17	**182** (36) (103) (187)
13,18–21	**183** (116) (117)
13,22–30	**184** (61) (63) (79) (211) (212)
13,31–33	**185**
13,34–35	**186** 232
14,1–6	**187** (36) (103) (182)
14,7–11	**188** (150) (207) (232)
14,12–14	**189**
14,15–24	**190** 227
14,25–35	**191** (41) (95) (144) (153)
15,1–7	**192** (154)
15,8–10	**193**

STICHWORTREGISTER

Das Register enthält alle in den Überschriften der Perikopen vorkommenden Begriffe. Es soll das Auffinden von Abschnitten, Stichworten, Themen und Personen erleichtern.
Damit man auch „altvertraute" Stichworte findet (oder diese in der gewohnten Schreibweise), sind solche des öfteren in Klammern beigegeben, oder es wird durch ein „s." auf die MNT-Entsprechungen verwiesen. Auf analoge Begriffe machen wir mit „vgl." aufmerksam. Angegeben werden – wie im Stellenregister – nur die Perikopen-Nummern.